U0937859

思源致远

上海交通大学史

第三卷　建成理工管结合的工科大学

（1921—1937）

主　　编　王宗光

本卷编著　盛　懿

上海交通大學出版社

内容提要

本书以恢宏的卷帙记录了上海交通大学百余年厚重历史。以历史研究的客观与责任感，以全方位视角和近距离直击结合，以学术的精神和细致的笔触，在深入、广泛挖掘档案史料和现有出版资料的基础上，全景展示了上海交通大学自1896年建校至2006年共110年的历程。这是上海交通大学这所百年名校首次对本校建校历史背景、发展过程、经费运转、系科建设与演变、教学与课程情况、各时期教职员与学生分析，以及校园传统、风格、特色的形成等，作深入、周详的梳理与总结，是一部立意严谨的校史研究著作。

《上海交通大学史》按学校发展不同历史阶段，分八卷编著，此为第三卷“建成理工管结合的工科大学”。

图书在版编目(CIP)数据

上海交通大学史. 第3卷，建成理工管结合的工科大学/王宗光主编.
—上海：上海交通大学出版社，2016
ISBN 978-7-313-14428-7

Ⅰ.①上… Ⅱ.①王… Ⅲ.①上海交通大学—校史—1921—1937
Ⅳ.①G649.285.1

中国版本图书馆CIP数据核字(2016)第012569号

上海交通大学史

第三卷　建成理工管结合的工科大学(1921—1937)

主　　编：王宗光
出版发行：上海交通大学出版社　　地　　址：上海市番禺路951号
邮政编码：200030　　电　　话：021-64071208
出 版 人：韩建民
印　　制：苏州市越洋印刷有限公司　　经　　销：全国新华书店
开　　本：787mm×1092mm　1/16　　印　　张：22.75
字　　数：419千字
版　　次：2016年3月第1版　　印　　次：2016年3月第1次印刷
书　　号：ISBN 978-7-313-14428-7/G
定　　价(共八册)：800.00元

《上海交通大学史》编纂委员会

（2011 年 1 月）

《上海交通大学史》编写组

（2011 年 1 月）

主编：王宗光

成员：（按姓氏笔画）

毛杏云　叶敦平　孙　萍　朱积川　朱隆泉　陈　泓

陈鑫木　范祖德　欧七斤　秦慰祖　龚诞申　盛　懿

蔡西玲　缪克成　漆姚敏　潘　鋐

序　一

先哲有云："欲知大道，必先知史。"历史之于国家，是兴替之镜，正身之基，致远之源，起着"鉴往知来，资政育人"的重要作用。特别是在中华民族伟大复兴的"中国梦"磅礴行进的今天，越来越注重从本民族的历史和文化传统中汲取智慧，积聚能量，夯筑根基，越来越注重传承和创新优秀传统文化的"中国声音"。习近平总书记曾反复强调：历史是最好的教科书，也是最好的老师，更是"最好的清醒剂"。"不忘历史才能开辟未来，善于继承才能善于创新。只有坚持从历史走向未来，从延续民族文化血脉中开拓前进，我们才能做好今天的事业"。

一个民族、一个国家尚且要"知道自己是谁，从哪里来，要到哪里去"，一所大学又何尝不需要挖掘自身的历史，传承厚重的文脉？作为国史与地方史的一种延伸，校史是大学文化建设的重要组成部分，也是大学文化层次的鲜明体现，更是大学精神凝练的源泉所在。离开校史，大学文化建设与精神追求就会成为无源之水，无本之木。

泱泱南洋，巍巍学府。上海交通大学诞生于19世纪末期，伴随中国近代化过程，它经历了晚清、民国和新中国三个历史时期。它的历史既是我国近代高等教育曲折发展的缩影，又是近代社会推陈出新在一所高校的生动反映。120年来，栉风沐雨、弦歌不辍，百年交大的历史就如同一座富矿，每一个采矿人都可以有自己的"发掘"：人才培养的辉煌成就；各个时代师生风采和精神风貌；不同时期校长们的办学理念和治校方略；名师大家在学科建设、教学科研中的睿智灼见；绵延百年的校风特点和精神灵魂；学校发展与国家民族命运的关系，等等，都值得思考和探究。与此相关的建校背景，学科布局、专业设置、师资建设、教学传统、优良学风、筹款方式、隶属关系、对外交流、校园变化等，也都值得细细琢磨，好好品味。这是交大百年历史文化的主要构成,亦是交大人非凡创造力的丰硕成果。

进入21世纪以后,上海交大面临的内外环境已发生很大变化。5 000多亩地的多校区办学空间、近5万人的师生规模、大批海外教师的引进、与原上海第二医科大学的强强合并,使交大多元文化背景的特点更加凸显。在此背景下,一所百年名校如何传承自己优良的文化精髓?如何让全体交大人拥有共同的文化烙印和追求,并在此基础上有所创新?如何让历史的深厚和世界的宽广交相辉映,在交大的校园里形成符合时代发展的新的精神文化?……这些涉及交大文化内核与交大人精神基因的问题,在创建世界一流大学的征程中,越来越需要做出回应与解答。而编纂一部真实、生动、系统、厚重的《上海交通大学史》,无疑能够为解读交大人精神内核与文化软实力提供智力支撑,也为交大争创世界一流大学奠定人文基石。

"盛世修史,懿年纂志"是中华民族千年传承的优良传统,也是当今社会主义文化建设的重大系统工程。《上海交通大学史》虽仅仅为一校之史,但其间世变幅度之大、时间跨度之长、经历曲折之多、涉及范围之广,在全国高校中都罕有其匹。如何真实记录学校的发展轨迹,如何系统梳理教育制度的演变,如何精彩描绘师生的生活图景,如何客观正确评论校史人物的历史贡献,如何科学总结百年办学的成败得失,凡此种种,都是编纂《上海交通大学史》的重点与难点,亦是对校史编纂者的巨大考验。所幸,自2006年110周年校庆之后,在以学校原党委书记王宗光教授领衔的校史编纂委员会的坚强领导下,集校内老领导、老同志、中青年校史研究队伍、校外专家学者的共同努力,历经十年艰辛,数易其稿,终于推出这一部卷帙恢弘的《上海交通大学史》,可谓"厚积薄发,十年一剑"。

古人云:"盖文章者,经国之大业,不朽之盛事。"翻开这部跨越三个世纪的厚重校史,重温交大往昔波澜壮阔的历程,我顿感心潮澎湃,为之动容,不胜感慨。我本人亦是上海交大在"文革"后恢复高考的第一届即"77级"学生,1982年本科毕业后,继续在母校攻读研究生,毕业后留校工作,直到1994年调离交大。应该说,我先后以学生身份与管理者身份亲身经历了交大在改革开放之后的17年岁月,对于这一时期交大学生"惜时如金"的学习热潮、享誉全国的管理体制改革、闵行新校区建设、派遣"世行生"等重大事件,都历历在目。衡诸这部《上海交通大学史》对这些史实的记载,应该说恰如其分地给予了还原与评价,较好地做到了资料翔实,持论平实,文风朴实,编排得当,征引规范。我相信,它出版面世后定能够经受时间的考验,成为一部可信耐读的优秀校史。

是为序。

姜斯宪

(上海交通大学党委书记)

2016年1月

序　二

上海交通大学是我国创建最早的高等学府之一。一百多年来，上海交大几度坎坷，历经沧桑，凝练积淀了优良的办学传统和厚重的文化底蕴，为国家造就了一批又一批各类专门人才，其中包括许多为民族独立、国家富强和科技发展、经济建设做出重大贡献的政治家、科学家、实业家、工程技术专家，可谓“桃李满天下，英才遍五洲”。新中国成立后，特别是改革开放以来，在党和政府的关心支持下，经过全体交大师生医务员工的奋发努力，百年学府焕发出勃勃生机，学校面貌发生了巨大变化。当年诞生于黄浦江畔只有数十人的南洋公学，如今已发展成为一所“综合性、研究型、国际化”的国内一流、国际知名大学，并正在向世界一流大学稳步迈进。

盛世修史，继往开来。上海交大的辉煌办学历程，既是一部承载着百余年来全体交大人励精图治、薪火相承的奋斗史，又是一个不断激励当今全体交大师生追求卓越、勇攀高峰的智慧库。上海交大历来重视校史研究与宣传教育，注重记录保存学校的发展轨迹与办学经验，更注重从中吸取不竭的精神动力。

自21世纪初年，学校将校史研究纳入大学文化和校园精神文明建设的重要部分，成立了校史编纂委员会，组织专门力量开展工作，编纂出版了一系列校史研究专著，如《上海交通大学纪事》(上下卷 2006)、《三个世纪的跨越——从南洋公学到上海交通大学》(2006)、《老交大名师》(2008)，在教书育人、对外宣传、自身文化建设等方面发挥了不可或缺的重要作用。如今，这部记载交大办学历史足迹、约计300多万言的《上海交通大学史》出版面世，这是学校校史研究的重要成果，是文化建设的基础性工程，更是向建校120周年的一次献礼。

在创建世界一流大学的征程中，大家愈来愈深刻地认识到，一所著名的大学不仅要有一流的物质条件，更要有一流的大学文化，要有经过历史沉淀又独具特色的传统风格、文化内涵与人文精神，形成引导激励全校师生的内在动力，这是一所大学的精髓和灵魂。建设以创新文化为主导的交大文化一直是创建世界一流大学的重要组成部分。《上海交通大学史》所记录的办学轨迹、展现的教育成就、总结的经验成果，正是上海交大精神文化的载体和底蕴，也是创建交大文化的根本与源泉。这部校史必将成为建设一流大学文化的重要组成，必将为创办世界一流大学提供有力的文化支撑。

"大学之道，在明明德，在亲民，在止于至善"。大学最根本的任务是培育具有社会责任、创新精神、实践能力的人才。大学的精神与文化传统对人才培育影响至深。《上海交通大学史》在梳理交大的发展脉络过程中，发掘了大量鲜活的历史事件、见微知著的师生校友轶事，提炼出真实历史背后所蕴含的大学精神、大学文化，这些都将成为莘莘学子成长成才的生动教材，有利于学生提高对"饮水思源、爱国荣校"内涵的理解，真正让"责任"成为凝结在每一位学子血液中的精神，成为一代代交大人不变的信仰。

《上海交通大学史》的出版，为广大师生、校友、教育同行以及社会各界关心交大发展的人士，提供了一部了解学校悠久历史和精神文化的优秀著述，也为交大自身大学文化建设、人才培育等提供了一份有价值的精神载体。在新的历史阶段，在国家推进双"一流"建设进程中，期待全校师生医务员工以更高境界、更大情怀，求真务实，努力拼搏，敢为人先，与日俱进，为建设中国特色世界一流大学，为中华民族伟大复兴作出不可替代的贡献。

马德秀

2011年2月第一稿

2016年1月修订

序　三

公元 1896 年，在甲午战败、民族危难之际，盛宣怀以“自强首在储才，储才必先兴学”的理念，创办南洋公学。

交通大学以“南洋”之名立，以“交通”之名兴。“交通大学”的校名源自 1921 年交通部所属四所学校合并而成大学之时。当“交通”二字的实业意义在历史的演化中渐渐淡去之时，作为校名，“交通”就成为一种文化和精神的传承。在“交通”之名下，交通大学的“大学”之道承载了“储才兴邦”的建校理想，光耀了“当为第一等人才”的办学理念，“傲立世界之巅，为民族谋进步，为人类谋福祉”，育人不辍，英杰辈出，成就了交通大学跨越三个世纪的辉煌，也让这座学府拥有了“天地交而万物通”的胸怀、气度及其独有的风格。

如果追溯到更远，中国传统文化对“交通”的理解源自庄子所云“交通成和而物生焉”，阐释的是一种宇宙观和价值观，是对宇宙万物和谐共生的哲学认知，是对自然规律的独特感悟。而“大学”一词的英文发源于中世纪西方都市生活及城邦初现时的拉丁文词汇“Universitas”，意指授予学位的由学生、教师和学者组成的多学科高等教育及研究机构。因此作为一所中国最早的现代大学，交通大学正是延续着中国传统文化的感性和西方现代文明的理性。中国传统之“交通”、现代西方文明之“大学”铸就的“交通大学”是历史与文化的交汇，也是思想与实践的贯通，所以成就其卓越，成就其辉煌。

“交通”为名，“大学”为道。

“交通”是校名，更是一种办学之道，真正让交通大学卓尔不群的，正是这种“天地交而万物通”“交通成和而物生焉”的办学之道。

大学是称谓，更是传承和创造的所在，真正让交通大学戮力同心、思源致远的，正是这种对大学精神、大学存在之根本意义的不懈追求。

在这样的大学之道下，交通大学自建校至今，无论世易时移，都赫然屹立于中国第一等学府之列。即便是几经辗转迁移，历尽艰难困苦，我们仍能在“上下交而其志同”的传承中坚持自己永恒的追求。

如今，集校史研究者多年心血编纂而成的八卷本《上海交通大学史》付梓出版，正是向世人展示交大人独特的情怀和追求，百余年的交大历史证明了：

交大是一所有追求的大学，交大人一直把感恩和责任放在首位。人才培养、科学研究、服务社会之交汇贯通是我们无时或忘的职责、本分和事业。交大人以发现和传播真理为己任，即使前路漫漫，荆棘丛生，交大人上下求索，从不懈怠。

交大是一所有灵魂的大学，交大人一直在追求思想的深邃。正是因为这种深邃，让我们拥有了宁静和淡泊，远离了喧嚣和浮华。“脱心志于俗谛桎梏，真理因得以发扬”。勤、朴、忠、诚之交汇贯通是交大人行为之准则。

交大是一所有思想的大学，交大人一直在追求文化的引领。“交通”之名赋予我们的是天地自然、社会人文相交相通之所在，更是阔达天地的视界和理想。交通大学聚天下之英才，攀智慧和思想之高峰，引领民主、科学和文化之发展。

回顾历史，交大的前辈先贤创造了无数的光荣。他们以天下兴亡、匹夫有责的气概，将办学与救国紧密结合，将求真与务实融为一体，以“明知不可为而为之”的自信和勇气站在时代最前沿，引领国家发展和社会进步，创造了无数个中国乃至世界的“第一”。面向未来，我们的梦想是把交通大学建设为一所大师云集、人才辈出、科技成果和人文思想交相辉映，在国家富强、民族复兴和人类文明进步的进程中，贡献卓著的大学！

“交通”为名，“大学”为道。交通大学的理想与风格、价值与追求将会成为真正的永恒。

2011 年 2 月第一稿

2016 年 1 月修订

序　四

巍巍学府，百年交大，历史是沧桑，也是明镜。上海交通大学一百多年来与中国近现代历史的百年兴衰相伴而行。交大“醒狮起、搏大地、壮哉吾校旗”，在中华民族救亡图存、跻身强国的历史进程中留下深深的印痕，积淀了众多精神财富。交大从艰难跋涉到奋力崛起的历史过程，一幕幕感人至深的历史场景，谱写了中国大学发展史上的辉煌篇章。对交大百余年校史的发掘与研究，并尽可能完整地编纂成书留存于世，既是一笔丰厚的历史遗产，也是一部用案例教育世人的哲学。总结和继承办学传统和经验，鉴往知新，启示后人。交大是谁、交大从哪里来、交大要往哪里去，这些问题的思考与解读，对于正在走向世界一流新征途的上海交通大学可以提供诸多有益的启迪。

峥嵘历程

上海交通大学校史编纂委员会自21世纪初开始，组织力量编写《上海交通大学史》，真实完整地记录学校从1896年至2006年共110年的办学历程和发展轨迹。经过十余年、十余位研究人员参与的编纂工作终于完成。110年的历史演变似行云流水，又波澜起伏，激发我们无限感奋，引发我们长久思索。

上海交通大学始建于1896年。其时，在清王朝的统治下，内忧外患，国难深重，一些有识之士认识到“教育救国”的重要性。中国近代实业家盛宣怀向光绪皇帝呈奏《请设学堂片》，拟于上海创办南洋公学，造就政、法、商等兴国人才，获得清政府批准。从此，交通大学的前身——南洋公学在上海徐家汇创建，招生办学；先后设立师范院、外院、中院、特班、政治班及译书院、东文学堂等，选派留学生出国深造，探索从初等、中等到高等教育的办学体系，成为中国近代学制之肇端。清末民初，国内实业扩充，工商方兴，迫切需要高级实业技术和工程管理人才。学校及时调整方向，兴办工科，先后设置的铁路科、电机科、航海科、铁路管理科等在当时均为同类大学中仅见。孙中山曾来校为学生演讲，表达他“强国强种”的勃勃雄心，提出了10年筑成10万英里铁路的宏伟计划。

1921年，学校正式定名交通大学。由于政局动荡，学校虽曾几度更名，但坚持培养交通实业人才的宗旨不变。1928年，学校划归铁道部后，办学经费充盈，校园规模扩大，办学成效显著。30年代，学校继续延聘名师，添建校舍，拓展学科，成为以工科为主，兼重管理、理科的全国著名理工科大学，有“东方MIT(美国麻省理工学院)”的美誉。抗日战争爆发，交大师生在上海、重庆两地坚持办学，历尽艰难险阻，恪守交大办学宗旨，培养了大批战时急需的工程技术人才，涌现出可歌可泣的抗日英勇斗士。抗战胜利后，交大复员上海徐家汇原址办学，迅速恢复和发展理、工、管相结合的院系建制。爱国师生为了追求民主权利与社会进步，先后开展反“甄审”“护校运动”“反饥饿、反内战、反迫害”“反美扶日”斗争等爱国民主运动，交大成为沪上的“民主堡垒”。

1949年5月，上海解放，交大的发展进入了新阶段。学校坚决贯彻新民主主义教育方针，积极参与新中国高等教育建设。师生们响应党和国家号召，纷纷投入到工业化建设的热潮之中。1952年，在高等学校“院系调整”中，交大许多学科及相关师生调往全国各地，为国家高等教育事业的布局和发展做出了贡献。1955年，国家决定交通大学西迁；1957年，在周恩来总理亲自指导下，决定交通大学分设两地，分别为交大(上海部分)、交大(西安部分)；1959年，中央决定交大(上海部分)和交大(西安部分)分别成为独立办学的上海交通大学和西安交通大学。

1961年，中央决定上海交大划归国防科委领导，成为一所国防工业高等学校。1966年，在“文革”的灾难中，学校工作全面中断，日常管理陷入混乱，知识分子成为批斗对象。校内外“造反组织”相勾结，批斗矛头直指广大师生和“老交大传统”。许多教师和科技人员忍辱负重，排除干扰，为国家教育、科技事业默默奉献，为国防科技事业做出贡献。1976年，“四人帮”被粉碎，交大师生在拨乱反正中率先批判“两个估计”，交大迎来了第二个春天。

20世纪70年代末，党的改革开放政策为社会主义现代化事业开创了新局面。上海交大在改革开放中抓住机遇和挑战，力求重振雄风，再现勃勃生机。交大党委带领全校师生积极探索并实践高校内部管理体制改革，为学校的重新崛起奠定了坚持改革开放、创新发展的思想基础。打开国门，走出校门，交大教授组团出访美国，成为新中国建立以后第一支访美的高校代表团。80 年代初，上海交大划归教育部直属，学校恢复理学科、管理学科，新建文科和新兴学科。1984 年，邓小平亲自接见上海交大干部和教师代表，热情鼓励学校的教育改革。在第六届全国人大第二次会议的《政府工作报告》中，肯定了上海交大的改革。90 年代开始，国家加大投入，加快建设闵行校区，改善办学条件，扩大办学规模，上海交大进入改革发展的快车道。

在全球科学技术迅猛发展的形势下，江泽民两次为母校题词，提出了建设世界一流大学的发展目标。教育部和上海市共建上海交大，批准实施国家旨在提升一流学科水平和创建世界一流大学的“211 工程”“985 工程”。随着综合实力增强，学校提出“综合性、研究型、国际化”的发展战略。跨入 21 世纪的上海交大发挥学科人才优势，利用大型企业的投资实力，得到闵行区政府的支持，实行大学、企业、政府三方战略联合，创建了由大学园区、研发基地、生态社会组成的“紫竹科学园区”合作新模式。交大借力及时拓展闵行校区，校园面积扩大至近 5 000 亩，顺势推进闵行校区二期建设，把世界一流大学的建设目标与新型校园的建设紧密结合，于“十一五”中期实现了闵行主校区的全面竣工和办学重心的顺利转移。1999 年，上海农学院并入交大；2005 年，上海交大与上海第二医科大学合并，成立新的上海交通大学。目前，上海交通大学已成为一所拥有理、工、农、医、文、法、管等学科，并拥有大批科学研究机构、众多附属医院的国内一流、国际知名大学，正在向世界一流大学稳步迈进。

纵观上海交通大学的发展历史，正是中国高等教育事业从无到有，由小到大，由弱到强，不断发展、创新的历史进程。

今天，我们以学校历史发展的纵向脉络为线索，编纂《上海交通大学史》，全书共 8 卷，依学校自身发展阶段划分为 8 个时期，每个时期 1 卷。其中，中华人民共和国成立之前分为 4 卷，之后分为 4 卷。全书共 300 余万字，约 1 000 帧照片。本着“以史为鉴”的精神，我们既注重历史真实性、可读性，更关注学术性、科学性，努力写成一部史料翔实、结构合理、观点鲜明、文风活泼的史学著作。

《上海交通大学史》记录办学历史，展示育人成果，总结经验得失，是学校建设一流大学文化的重要组成部分，必将为创办世界一流大学提供有力的文化支撑。校史研究是一项长期的工作，随着时代的发展与进步，对于一些历史事实的分析见解可能会有新的认识和结论。上海交大的校史研究工作还将继续坚持“以史鉴今、资政育人”宗旨，不断推陈出新，展示更多高水平的研究成果。

学人足迹

解读校史，值得自豪的是，百余年来，上海交大拥有一大批具有先进办学理念和大学精神的校长，拥有一大批学识卓越、众望所归的名师、学者，拥有一大批走出校门后为国家、民族和人类社会作出杰出贡献的莘莘学子。在不同历史时期，这些校长、教师和校友们留下许多精彩纷呈、可圈可点甚至可歌可泣的历史印迹，共同铸就了百年交大的历史丰碑。

第一，交大有一批志存高远、精于治学的校长。一代又一代掌校者为办好交大，为交大的建设与发展竭尽心智、巨擘鼎力，造就了学校的辉煌历史。

他们始终坚持“兴学强国”的教育观。一百多年前，盛宣怀创办南洋公学的目的，就是为了“强国”，提出“自强首在储才，储才必先兴学”，培养“经世济国”人才的思想。唐文治倡导培养“求实学、务实业”的救国人才，要造就“中国之奇材异能”。叶恭绰、黎照寰等是孙中山实业计划的忠实执行者，他们着力培养“实业计划的实行家”“高深建设专才”，以使中国摆脱贫弱，自立于世界民族之林。新中国成立以后，在社会主义工业化建设统一布局下，学校围绕培养多科性工科人才、国防工业人才的任务不懈努力。改革开放以来，学校顺应建设中国特色社会主义的发展要求，为实现中华民族之伟大复兴，以“继往开来，勇攀高峰”的精神，确立了创建世界一流大学的目标，制定并实践了“综合性、研究型、国际化”的发展战略，学科领域不断充实与拓展，逐步形成注重人的全面发展的创新型人才培养模式。交大人就是这样，以国家利益为己任，始终把自己的荣辱兴衰与国家的命运紧紧联系在一起。

他们始终主张“第一等人才”的培养观。唐文治提出了著名的“第一等人才”的培养观：“须知吾人欲成学问，当为第一等学问；欲成事业，当为第一等事业；欲成人才，当为第一等人才。而欲成第一等学问、事业、人才，必先砥砺第一等品行。”“争第一”的思想成为交大百余年来人才培养的基本理念。交大的“第一等人才”，明确以德育为前提和基础。唐文治曾说：“道德，基础也；科学，屋宇垣墉也。彼淹贯科学，当世宁无其人，然或忘身徇利，一旦名誉扫地，譬如基础未筑，则屋宇垣墉势必为风雨所飘摇而不能久固。”长期以来，学校除了专门学科的培养，还注重学生的人格养成。张铸、黎照寰都提出，“注重知识的获得，身体的锻炼，道德的修养，充分准备一切，务使成为一个完全的人。”“完全之人，斯有不朽之事业，此教育之本旨也。”20世纪50年代，彭康强调人才培养“要有明确的方向，这就是为社会主义服务”；应该多培养几个像钱学森那样的人民科学家，才是最大的政治。进入21世纪以来，交大十分强调青年学生的科学精神与人文精神的紧密结合，为人的全面发展着力打造健康向上的精神家园。

*他们始终坚持以世界先进的办学水准为追赶目标的发展观。*唐文治的办学心愿是“冀与欧美各国颉颃争胜”；叶恭绰认为交通大学与欧美大学“未必无同趋一轨之日”；黎照寰力求把交大办成一所国际著名大学。进入20世纪80年代，江泽民为母校题词：“百年大计，教育为本，努力把上海交大办成第一流大学。”1995年12月，江泽民再次为母校百年校庆题词：“继往开来，勇攀高峰，把交通大学建设成世界一流大学。”恰似春雨甘霖，润物无声，“建设世界一流大学”已成为上海交大人的共同理想和奋斗目标。

*他们始终践行锲而不舍、坚韧不拔的奋斗观。*交大在一百多年办学过程中，一路坎坷，几度危难，曾多次面临中途夭折的困境。但是，掌校者一次又一次坚韧不拔的努力，擎大厦于将倾，挽学脉于临危。首任校长何嗣焜为学校的创建呕心沥血，伏案发病，溘然长逝。1902年底，袁世凯趁校内学潮之机，企图迫使学校停办，盛宣怀不甘校业就此夭折，千方百计筹措办学经费，维系学脉。民国初年，百废待兴，学校又面临经费无着的状况。唐文治带头减薪，师生同舟共济，终于渡过难关。20年代，军阀混战，时局不稳，凌鸿勋临危受命就任交通部南洋大学校长，竭力维持校基，终使学校得以承续。抗战爆发后，黎照寰、张廷金、徐名材、吴保丰等主校者，忍辱负重，历尽艰辛，坚持在上海和重庆两地办学，力保学业不被中断。新中国成立后，学校经历了院系调整、迁校等重大变动，学科、师资、设备等实力大为削弱；又经历“文化大革命”的摧残破坏，上海交通大学的规模、层次一度明显处于国内著名高校之后。“文革”结束，恰逢党的改革开放政策，交大领导班子遵循党的基本路线和方针政策，不失时机地抓住了科教兴国的发展机遇，坚持改革开放实践，在激烈竞争中迈开建设世界一流大学的步伐，获得社会认可和国家支持。

“穷且益坚，不坠青云之志。”面对复杂的局面能够做到独立思考、积极应对，在一次又一次的机遇和挑战中坚持拼搏，力争最好的结果，这正是交大掌校人的基本素养。

第二，交大有一批树人育才、众望所归的名师、学者。交通大学一贯重视教师队伍建设，以拥有高水平的师资为办学之本。20世纪二三十年代，有一批如胡明复、周铭、徐名材、裘维裕、胡敦复、唐庆诒等著名教授。40年代，交通大学在重庆期间，条件十分艰苦，仍然吸引了包括张钟俊、曹鹤荪、辛一心等在内的一批留学归国的青年英才来校执教。正是先贤们无怨无悔地躬耕于三尺讲台，才奠定了交大的百年基业。

*他们具有心系国脉、底蕴深厚的爱国情怀。*学校创办初期，所聘用的教师大多为中国现代第一、第二代知识分子。他们成长于中国传统文化土壤，又受到新思想的启蒙。在当时腐朽落后的社会现实和帝国主义列强的欺凌面前，他们抱有强烈的救国、报国之志，以“国家兴亡，匹夫有责”为座右铭；坚持独立人格和职业操守，视安贫乐道、坚守节操为人生追求。他

们在风雨变幻的时局中，守望真理，矢志不移，决不以原则做交易，不辱教师之神圣使命。南洋公学特班总教习蔡元培曾向封建势力争取学生的民主权利，未果后愤然离校，另组“爱国学社”接纳辍学学生。抗战爆发，交大教师“仰天长啸，壮怀激烈”，有的忍辱负重坚守教师岗位继续传道授业，有的宁可失业不向伪政权弯腰，有的历尽艰辛远赴重庆任教。上海解放前，为保护爱国学生躲避反动军警的追捕，吴保丰、王之卓都曾用校长汽车把学生送出校门到达安全地带。新中国建立后，交大教师以极大热情投入社会主义现代化建设高潮，为了响应党和国家号召，很多交大人告别大上海，毅然奔赴祖国各地艰苦创业，为新中国高等教育事业的蓬勃发展做出贡献。“文革”中，教职工不满“四人帮”的倒行逆施，欲教不能，欲罢不忍，大多仍旧坚守业务岗位，取得众多科研成果。党的十一届三中全会后，交大师生群情激昂、解放思想，率先提出否定“两个估计”，重新恢复“老交大传统”，焕发学术青春，抢回“文革”中失去的宝贵时间，积极开创教学、科研工作的新局面。

他们具有学贯中西、能文能武的真才实学。交大教师大都具有海外留学或工作的背景，同时，他们中的许多人还具有在工商业或政府实业部门的工作经历。他们不仅始终把握世界科技发展前沿动向，而且善于应用科学理论解决实际工程技术问题。交大教师为中国工程教育作出开创性的贡献，把广阔的国际视野和实际的应用能力融入教育与教学，用严格的学术精神开展大量丰富的实践教学以资验证，这些都是交大教师的显著特点。校友们回忆，交大的“实验教育这个过程教导你如何创新”。既有高深学问，又有实际才干和经验，学贯中西、真才实学成为交大教师的基本特征。因此，早在20世纪二三十年代，交大就成为知名高等学府，被誉为“中国工程师的摇篮”。

他们具有传道授业、德技双馨的人格魅力。交大教师融“传道、受业、解惑”于一身，不仅教书，而且言传身教如何做人，把中华文化传统的道德教化、修养情操一并传授给学生。在他们心里，爱国家就是爱交大、爱学生，就是兢兢业业地上好每一节课。授课时，逻辑缜密，析理清晰，出神入化，精美绝伦，讲解科学理论游刃有余，说明实际问题信手拈来。多年以后，学子忆此仍然津津乐道：“如痴如醉，大有孙猴子在听菩提祖师说法时的闻得大道那份喜悦。”邹韬奋回忆国文教员沈永癯“尤其受他的熏陶的是他的人格的可爱”，“是我一生做事所得力的模范。”钱学森在晚年把陈石英、钟兆琳两位老师视为对他“影响最大的老师”，感悟“师恩永志于心”。众多学子在人生重大转折关头都得到交大教师真诚地呵护与无私的教诲。20世纪80年代后，交大的唐坤发、晏才宏、金正均等教师业务精湛，教学执着，深受学生爱戴，即使遭受病痛折磨，仍然坚持到生命的最后一刻，鞠躬尽瘁，死而后已。有学生怀念曾继铎教授，撰写对联，上联为“读万卷书，行万里路，桃李满天下”，下联为“不谄不媚，傲骨铮然，浩气留人间"，横批"一代名师"，可谓对交大教师学识与人格的高度概括。

第三，交大有一批秉承校风、勇于担当的莘莘学子。古今中外，校友是学校的财富，是母校的骄傲，交大更甚。交大学生的心声是"今天我以交大为荣，明天交大以我为荣"，莘莘学子带着"饮水思源、爱国荣校"的母校情怀离开交大，走向社会。

他们传承着优良的爱国传统。叶恭绰校长回忆道："交大学风，素称淳实"，"本校学生，潜心努力，有爱国不忘求学，求学不忘爱国之风。""捐躯赴国难，视死忽如归。"辛亥革命前后，校友唐榕柄在广州、白毓昆在滦州，一南一北，响应革命，后均英勇就义。五四运动、五卅运动、"一二・九"运动中，交大学生都积极参与。在抗日战争及历次革命战争中，交大学生挺身而出，前赴后继，一些人因此献出了宝贵生命。侯绍裘、陈虞钦、邹韬奋、费巩、杨大雄、杨潮、曹炎等革命英烈长眠在上海龙华、南京雨花台、重庆歌乐山及各地烈士陵园之中。1945 年后，交大的爱国进步学生战斗在第二条战线上，为争取民主进行顽强斗争，穆汉祥、史霄雯惨遭杀害，烈士安葬在交大徐汇校区的校园里，竖立纪念碑，成为永远的纪念。新中国成立后，交大毕业生满腔热情在祖国各地投身社会主义建设事业，涌现出无数优秀人物和先进事迹。黄志千、华怡等是他们的突出代表，成为交大人学习的楷模。

他们发扬了勇于创新的科学精神。探索科学、坚持真理是交大人的不懈追求。物理学教授裘维裕曾说："大学的使命，是要养成一种健全的人格，训练一种相当的科学思想，有了这种训练，毕业之后，无论什么工作都可以担负，都可以胜任。"交大人把求真务实作为毕生的行为准则，处理问题喜欢"较真"，先要弄清道理再下结论。物理系 1947 年毕业生胡国定体会到，交大的学生"对复杂的新事件，总要先独立思考弄清楚问题，再下决心怎么去做。这就是交大的'慢热'"。许多校友回忆说，交大培养了我们独立工作能力，交大教会了我们怎样去做研究；独立思考，遇到问题自己去解决已成为交大学生的习惯。这也是他们具有开拓创新能力的重要原因，为国家建功立业的素质基础。百余年来，在献身科技事业的交大校友中，有"人民科学家"钱学森，"国家最高科学技术奖"获得者吴文俊、徐光宪、王振义等；还有我国第一台中文打字机发明者周厚坤，第一台变压器的设计制造者周琦，第一台发动机的设计制造者支秉渊，第一架喷气式歼击机的设计制造者黄志千、"歼-7 之父"屠基达、"歼-8 之父"顾诵芬，第一枚液体燃料探空火箭的设计制造者王希季，第一艘万吨远洋货轮"东风号"的总设计师许学彦，第一艘核潜艇的设计者黄旭华，第一台自主设计与集成的作业型深海载人潜水器"蛟龙号"总设计师徐岂南，第一艘航空母舰"辽宁舰"总设计师朱英富，等等，他们的业绩在中国科学技术发展史上留下了浓墨重彩的一笔。

他们展现了始终如一的实干风格。求真务实是交大师生最鲜明的风格。学生在校经过严格的科学培养和精准的实验训练,深植实事求是的思想根基。唐文治校长提出"实心实力求实学,实心实力务实业"的要求;学校逐渐形成了"务朴纳,汰浮华,好实践,恶空谈,学则中西并重,而以实用为归"的校风。百余年来,交大的学子遍布各行各业,上天入地下海,声光电化齐备,既是先锋队,逢山开路、过水搭桥;又是螺丝钉,不计名利、默默奉献。交大学生崇尚实干、不骛空谈,敏于行,讷于言,能摈弃浮躁,作风扎实,实践动手能力强,已成为社会口碑。

1926 年 10 月,在学校 30 周年校庆时,为感谢培养之恩,原师范班校友捐建的自流井取义"饮水思源"赠予母校;此后,"饮水思源"碑矗立在交大校园,成为交大标识,代代相传。改革开放以来,海内外校友纷纷回校,关心母校的建设与发展,许多人捐资助学,回馈母校,一幢又一幢由校友捐赠的建筑物出现在徐汇、闵行等校园中。地球虽大,"饮水思源"亦如磁石般吸引着天涯海角的交大人遥相呼应。"饮水思源,爱国荣校"是一种承诺,它把质朴的感恩与交大人扎实勤奋的事业心紧紧联系在一起;"饮水思源,爱国荣校"是一种情怀,它把道德、理想、情操与交大人崇尚的价值观紧紧联系在一起;"饮水思源,爱国荣校"是一种境界,它把学子与母校、个人与国家、民族与人类、历史与现实、科学与进步都紧紧地联系在一起,凝聚成交大人的世界观、人生观和价值观。

一代又一代交大学子,带着他们的智慧、学识和人生理想,走向大海,走向蓝天,走向祖国最需要的地方。无论是风雨如晦的年代,还是奋发图强的岁月,无论是工业现代化的召唤,还是改革开放奔小康的实践,无论立足国内,还是走出国门,他们都在人生的舞台上,显身手、展才华,以他们的聪明才智和热血青春回馈祖国、回馈社会、回馈全人类。在一百多年的办学历程中,黄炎培、邵力子、李叔同、蔡锷、王宠惠、蒋梦麟、邹韬奋、陆定一、汪道涵、钱学森、周建南、吴文俊、徐光宪、李天和、江泽民、葛守仁、王振义等都是交大学子的杰出代表。数十万交大人足迹遍及海内外,他们把交大的拼搏精神与实干作风带向四面八方。

思源致远

2006 年,上海交大建校 110 周年之际,江泽民再次为母校题词:"思源致远"。这是对中华民族悠久的传统文化与交大百年传统精神相结合的高度概括。

"思源"最早见于北周庾信的《徵调曲》:"落其实者思其树,饮其流者怀其源。"表达了人们质朴的感恩情怀。"致远"在《周易》《论语》中均有表述,最著名的应为诸葛亮《诫子书》中"非澹泊无以明志,非宁静无以致远",成为一代又一代知识分子的座右铭。

交大人为"思源致远"赋予了更深刻的意义。"思源",凝聚着交大人对于自然、人文和社会的深厚浓重的历史观;“饮水思源,爱国荣校”被广大师生和校友们公认为交大校训。除此之外,交大人常思社会历史之源,常思人类认知之源,常思科学探究之源,寻求探索真理、开拓创新的力量源泉。“致远”,彰显出交大人刚毅淡定、高瞻远瞩的发展观。盛宣怀办学时就提出:“窃惟时事之艰大无穷,君子以致远为重。”黎照寰校长则教导学生:“才识丰,体力雄,志行高,具此三者,始能任重致远,为国效劳。”20世纪初公布的《上海交通大学章程》提出了学校的使命:建设“综合性、研究型、国际化的世界一流大学”。“思源致远”,引领着交大人在学校建设、国家自强、民族复兴的伟大事业中树立应有的境界、胸怀和高尚追求,承担起作为一名交大人必须承载于肩的历史责任。

“无边落木萧萧下,不尽长江滚滚来。”回顾上海交通大学所走过的一百多年历史,怎不令人浮想联翩。历史长河,征途漫漫,交大人闯过了一次又一次艰难险阻;面向未来,交大人仍将不懈求索,勇于面对一次又一次机遇和挑战。历史已证明,交大人必须同舟共济、结伴前行;再铸前程更要求交大人别无旁骛、同心协力。

“建设世界一流大学”是一代又一代交大人共同的梦想。在此,我们谨以这部《上海交通大学史》奉献给每一位关心和热爱交大的师生和朋友,让《上海交通大学史》成为交大历史丰碑上的又一块基石,承百年薪火,续千秋伟业。

王宗光

2011年2月第一稿

2015年12月31日修订

目 录 | CONTENTS

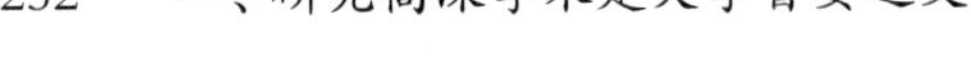

前　言

交通大学从盛宣怀创建，经过唐文治时期14年的稳定发展，到20世纪20年代初期，就以一所较为完备的工科大学面貌出现于中国的高等教育领域。本卷所叙述为1921—1937年，这16年是交通大学在原有基础上经历了重要的转折之后发展较快的16年；特别是1928—1937年的近10年，被认为是交大历史上的兴盛时期。

在1921—1937这16年中，交通大学经历了多次改组，校名也几经更换：1921年7月四校合并成交通大学，上海部分称交通大学上海学校；1922年6月改名交通部南洋大学；1927年7月又改称交通部第一交通大学；1928年11月，国民政府增设铁道部，将交通大学划为铁道部管辖，校名又相应改为铁道部交通大学。这一时期担任过校长或主任或主持过校务的前后有13位，任期较长或影响较大的有叶恭绰、淩鸿勋、蔡元培、孙科、黎照寰等著名人士。

尽管校名、组织、人事及学科数度变易，但由于始终隶属交通、铁道等实业部门管辖，因此学校在办学宗旨、培养目标、教学安排等方面没有出现大的波动，保持了校务发展上的延续性与连贯性。期间虽经历了政局动荡等外界的影响，校长的办学风格也不尽一致，但在“教育救国”“实业救国”思想的影响下，学校以培养实业人才为己任，将学习国外先进的办学理念与中国办学实际相结合，期望将学校办成“研究高深学问，培养交通专才”的高等学府，为振兴中国铁路交通事业，进而发展整个民族工业的追求贯穿始终。经过师生共同努力，特别是叶恭绰、淩鸿勋、蔡元培、孙科、黎照寰等几位校长的传承经营，在师资、学科、人才、校园等各个方面的建设都取得很大的成就，交大已经成为一所理工管结合的工科大学。

1921年，叶恭绰以交通总长的身份，将上海工业专门学校、唐山工业专门学校、北京铁路管理学校和北京邮电学校，合并成一，并定名为“交通大学”。这是交通大学历史上的一个里程碑。叶恭绰认为“交通与教育两者，倚伏相同，关系至密”，着力培养交通人才。1924年，30岁的淩鸿勋出任校长，虽世事艰难，但极力宣传工程教育，建立工业研究所，举办工业展览会，收购校地，发起募捐等，力争在不景气的环境中有所起色。蔡元培兼任校长的时间虽不长，但他强调学生需具有全面的知识，提出“三科（理科、工科、管理科）并重”的方针，随即建立数学、物理、化学、国文、英文五个系。这为交大在20世纪30年代奠定五院二系一所的格局作了铺垫。孙科以铁道部部长的身份兼任交大校长，为交大发展注入新的活力。他围绕全国铁路交通的宏伟蓝图制定学校发展规划，提出“从物质上重新建设交大，从精神上提起交大精神”,为交大投入大量经费,还将数理化三系扩充为科学学院。1930 年黎照寰接替孙科担任校长,全心致力于将交大办成一所研究高深学术、培养全面发展人才的现代高等学府。他提出“有创造之才,而无管理之才,则必无效率可言”,坚持办好管理学院。他主张“凡学生须注重于智德体三育上之修养,盖学生于学识上须有充分之涵养,于体格上须练成健全之体魄,于道德上须有相当之训练。才识丰,体力雄,志行高,俱此三者,始能任重致远,为国效劳”,为交大的发展作出重大贡献。

奠定交通大学的辉煌,很重要的还在于这一时期有一批知名的教授执教。如 20 世纪 20 年代讲授数学的胡明复、物理的周铭、化学的徐名材;30 年代讲授基础课程的五大教授:数学的胡敦复、物理的裘维裕、化学的徐名材、英文的唐庆诒、国文的陈柱。此外,还有机械的周仁,土木的淩鸿勋,管理的马寅初,电机的钟兆琳、马就云,给排水工程的顾康乐,无线电的张廷金,内燃机的黄叔培,工程力学的陈石英,铁路运输学的沈奏廷等。正是由于大师云集,群贤毕至,所以能培养出如陆定一、钱学森、张光斗、罗沛霖、王之卓等一批杰出人才,为国家民族的振兴作出了巨大贡献。

这一时期,交大在办学上继承和发扬了早年“求实学,务实业”的优良传统,形成了一套比较完善的办学特点和良好的教学作风:“门槛高”,重视招生质量,坚持择优录取;“基础厚”,重视基础理论教学和基本技能训练,建立基础学科的院、系,增加了基础课程的比重;“要求严”,对学生实行严格要求、严格考核;“重实践”,强调理论联系实际,学以致用,“学则中西并重,而以实用为归”。

学校参照麻省理工学院等高校模式办学,制定教学计划,引进或自编教科书,吸引国内外学术大师纷至沓来,杜威、马可尼、玻尔等名家大师来到交大校园,带来国际上学术和学科进展的最新信息。1926 年组建交通大学工业研究所,后发展为交通大学研究所;1926、1933 年在校内两次举办工业和铁路展览会,引来大批厂商和技术人员前来参展和观看,贯彻了教研结合思想。这种人才培养和学术研究结合的创举受到各界关注。

这一时期,以 1928 年为界,学校的学科专业设置前后区别较大。1921 年组建交通大学后,原有土木、电机、铁道管理三个专业只剩电机和机械学科。1928 年,随着学校改隶铁道部,学科门类不断增加,最终形成机械、电机、土木、管理、科学等五院二系一所的构架,奠定了交通大学理工管并驱的学科框架模式,逐步建设成为理工管结合的大学。

校园和基础设施建设方面,1926 年达 200 余亩,到 1937 年,基本上确立了中华人民共和国成立前的规模。20 世纪 20 年代学校只建成体育馆;30 年代,容闳堂、工程馆、执信西斋等等相继建成使用,新建校舍 2 万余平方米。30 年代,翻砂厂、锻铁厂、金工厂、铁木厂、工业化学实验室、道路材料实验室、图书馆书库以及无线电实验室等教学设施得以新建和扩充,为学生开阔眼界和提高实践能力创造了条件。

第一章
交通大学的合组与发展

第一节　四校合组交通大学

一、20 世纪 20 年代初期的中国高等教育

20 世纪二三十年代是中国高等教育走向近代化的重要时期，其动因是民族资本主义的发展催生教育的近代化，新文化运动给教育近代化以深刻的影响，西方教育思想的输入推动了中国教育的改革。这一时期产生的重要成果是 1922 年颁布的《壬戌学制》和 1924 年颁布的《国立大学校条例》。

辛亥革命推翻了清王朝，结束了已延续几千年的封建君主专制统治，建立了中国历史上第一个资产阶级民主共和国。1912—1919 年中国资本主义迎来了迅速发展的“短暂春天”，新成立的中华民国颁布法令，发展实业，涌现了“南张北周”(张謇、周学典)、荣氏兄弟(荣宗敬、荣德生)等著名实业家。[①] 中国民族资本主义经济发展以 1912 年为分界，1912—1927 年的 16 年与 1840—1911 年的 72 年相比，无论创办企业的总数或注入资本的总额，后 16 年均

① 秦正为：《萌动与选择：二十世纪三十年代中国社会的现代化走向》，《党的文献》2010 年第 4 期，第 52 页。

超过前72年的一倍以上。这种发展势头一直持续到20世纪20年代后期。[①] 资本主义的发展要求教育提供大批各类专门有用的人才,而当时"学堂所造成的是不会做事又不肯做事的人才"。[②] 因此学校教育与社会需求之间的矛盾十分尖锐,教育改革势在必行。

与经济发展对教育改革催生的同时,新文化运动也给教育改革以巨大的推动。1915年9月,陈独秀在上海创刊《新青年》,高举民主、科学的大旗,针对当时复古尊孔思潮进行猛烈的批判。陈独秀尖锐地指出:"孔教与帝制,有不可离散之因缘,主张尊孔,势必立君;主张立君,势必复辟。"[③]新文化运动把批判矛头指向封建教育的核心——尊孔读经,其措辞之激烈、揭露之无情、批判之深刻,都是前所未有的。新文化运动高举科学和民主两面旗帜,成为推动20世纪20年代教育改革的重要思想文化原因和动力。

除了上述经济上、思想文化上的原因外,西方主要是美国资产阶级教育理论的输入,也推动了20世纪20年代的教育改革。杜威、罗素、孟禄等来华讲学,宣传平民主义和实用主义教育思想,更加速了西方教育理论和教育思想的传入。从美国回来的一批现代知识分子和国内长期从事教育工作的学者专家也积极参与其中。与清末民初教育思想因袭日本不同的是,随着美国的教育思想逐渐传入,其在华的影响更有超过日本之势。这一时期教育团体纷纷成立,从1917年到1927年就有20多个;教育刊物纷纷出版,仅1920年前后就增加20多种,对中国教育发展产生了积极影响。很多刊物在研究教育、普及知识、提倡民主和科学等方面发挥积极作用。如创办于1917年的《新教育》大量介绍美感教育、科学教育等欧美教育理论和教育学说,特别是系统地介绍杜威实用主义教育理论,每期发行量均在万份以上,一时风行全国。

1922年11月,北洋政府以大总统徐世昌的名义颁布《学校系统改革令》,又称《壬戌学制》。改革令首立七项标准,作为制定学制的指导思想,也被时人和后人看作是整个20世纪20年代教育改革的方针,即教育宗旨。这七项标准是:应适应社会进化之需要;发挥平民教育精神;谋个性之发展;注意国民经济力;注意生活教育;使教育易于普及;多留各地方伸缩余地。七项标准是在学习美国总体教育精神下,结合中国经济、政治、文化教育全面变革的综合性产物。其主流思想是仿照美国教育,充分体现民主和科学的精神。就高等教育而言,主要是放宽对大学的限制,规定大学设数科或一科均可,其设单一科者,称某科大学;取消大学预科制,使中学和大学的衔接趋于自然、合理;采用选科制,以适应学生个性发展和社会需

---

① 杜恂诚:《民族资本主义与旧中国政府》,上海社会科学出版社1991年版,第106页。

② 胡适:《归国杂感》。《新青年》第4卷第1号,1918年。

③ 田正平主编:《中国教育史研究》(近代分卷),华东师范大学出版社2001年版,第229页。

要等。《壬戌学制》是我国教育界自觉探索教育发展规律并用以指导学制改革的结果，它的颁布表明中国高等教育体制近代化的基本完成。

1924 年 2 月，教育部又公布《国立大学校条例》20 条，上述精神进一步得到肯定。此条例一直沿用到 1949 年。条例中提出“国立大学要以教授高深学问、养成硕学闳材，以国家需要为宗旨”；还有设立评议会、教授会等组织，包括设立董事会制度的规定，使学校的组织机构更加完备，教授可以参与治校。《国立大学校条例》的颁布，“标志着中国高等教育在经历了新文化教育运动以来近十年的改革，新的体制最终完成”。[①]

上海不仅是近代经济发达的城市，《新青年》的发源地，又是一个华洋杂处、极易吸收外来文化影响的城市。交通大学作为地处上海为数不多的高等学府，从这场教育改革中得益颇多。1919 年 5 月—1921 年 7 月美国教育家杜威来华宣传他的实用主义教育思想，在上海进行了多场演讲。1920 年 6 月 1 日，杜威来到交大演讲《工业与文化的关系》，认为文化的进步是基于工业的进步，欧洲的工业革命使欧洲的文化也大大进步，因为只有工业的发展才能解放人的精神，人才有可能去研究精神上的学问。他希望交大学生在工业学校里读书，将来成为改革社会的前驱者。[②] 交大之所以能更多地吸收欧美先进教育思想的影响，更重要的是 1921—1937 年间，交大的主校者本身或是资产阶级民主主义者，或是教育近代化的积极倡导者，如叶恭绰、凌鸿勋、蔡元培、孙科、黎照寰等。他们之中虽然有的主张教育救国论，有的主张交通救国论，而在教育必须为民族复兴、为民族资本主义发展培养人才的看法上则是一致的。因而，即使政局上处于军阀割据的混乱状态，叶恭绰等学校主事者，在改革洪流的影响下，依然不畏艰辛，推动交大的改革，沿着盛宣怀、唐文治等先贤开辟的道路艰难前行。他们的努力，为把交通大学建设成为一所翘首东南、理工管结合的著名学府奠定了基础。

二、叶恭绰与交通大学合组

1921 年，叶恭绰上报北京政府并获批准，交通部所属 4 所学校进行合组，定名交通大学。

叶恭绰（1881—1968），字誉虎，号遐庵，广东番禺人，祖籍浙江余姚。祖父辈是举人、进士。早年毕业于京师大学堂仕学馆。1912 年起先后任北洋政府交通部司长、局长、次长等职。1918—1919 年，叶恭绰游历了日本和欧美各国，考察了这些国家的文化教育和政治经济状况，“自欧美归来，目击其新潮，颇有思感”，“瞻彼外国大学之功用，诚有足令人兴奋

---

① 《中国教育史研究》（近代分卷），第 240 页。

② 单中惠、王凤玉编：《杜威在华教育讲演》，教育科学出版社 2007 年版，第 279 页。

校长叶恭绰
(1921—1922 年在任)

者”。[①] 1920 年 8 月,叶恭绰被北洋政府任命为交通总长,着手组建交通大学,并担任校长。1923 年,叶恭绰应孙中山之邀,就任广州政府财政部长、广东财政厅厅长、临时政府交通总长等职。南京国民政府期间,叶恭绰曾任故宫博物院顾问、北京大学国学研究馆馆长、上海博物馆馆长等职。抗战期间,他始终保持一个爱国者应有的骨气,以卖字画度日,拒绝了日汪的多次邀请。1947 年学校 51 周年校庆,校友出于对他的尊敬和思念,改工程馆为恭绰馆,在命名典礼大会上,著名科学家茅以升在致辞中称赞“叶先生在教育、美术、文学、建筑各方面都有超人的造诣和独特的创造,同时,伟大的人格更感化了不少的青年”。[②]

叶恭绰提倡交通救国,重视交通教育,发展实业,为我国早期的交通事业及交通教育作出了很大的贡献。他所著的《交通救国论》系统阐述了交通救国思想,认为交通与教育相辅相成:“国家实力之展拓,以交通之发达为始基,而一切事业之设施,尤以人才之适用为先着,是交通与教育二者,倚伏相同,关系至密。”[③]他认为:“吾国欲生存发达,必有赖于下列诸条件,即统一完成,行政完整,军备紧缩,教育普及,实业发达是也。”[④]在他任职交通总长期间,深感专业技术人才极度匮乏,于是决心改组交通教育。他有感而发:“近年以来,我国交通事业迄无发展,深求其故,实由专门人才缺乏,不敷应用。而专门人才之所以缺乏,则实由现有各学校学制之不能统一。学制不能统一,即教授不能适应,而所造就之人才,仍不能适应实际上之需要。似此情形,自非妥筹良策、改弦更张,不足以资整理而图进步。”[⑤]

当时,交通部下辖专门学校四所:上海、唐山各有工业专门学校一所,北京

---

① 《交通大学开幕叶恭绰校长致词》,《交通大学月刊》第 1 期,1921 年 9 月 10 日。《交通大学校史》撰写组:《交通大学校史资料选编》第 1 卷,西安交通大学出版社 1986 年版,第 366 页。

② 《交大周刊》第 2 期,1948 年 4 月 18 日。

③ 陈华新等主编:《百年树人》,第 54 - 55 页。

④ 《百年树人》,第 54 - 55 页。

⑤ 《百年树人》,第 54 - 55 页。

有铁路管理学校和邮电学校。其中，上海工业专门学校办校历史悠久，规模较大，程度较高，学科也最多，有土木、电机、铁道管理三个专业，学制均为四年。叶恭绰曾言："各校历史悠久，成绩甚佳，尤其是上海、唐山两校，程度已与欧美同类大学的一二年级相当，何以所出人才究不敷用？"他心存疑惑，于1920年12月间派员分赴各校，实地调查。12月4日，叶恭绰发文通知学校："世界教育，日新月异，自欧战告终，植才方法，又见更张。本部所属各校，创立有年，成绩甚佳，惟各自为谋，终非长策。学科既嫌重复，程度亦复参差。现拟通盘筹画，从事整理，俾成有统系之学制。京沪相隔，校中情形未能周知。兹托周贻春君、孙鸿哲君亲临调查，详情概由周、孙两君面述。"①

实地调查发现交通部所属学校存在着不少需要改进之处：组织管理上，四所学校散居各处，各自为政，缺乏统一的组织系统；专业设置不合理，有的缺失，有的重复，造成有限办学资源的浪费；学科程度上，四校均为高等专门性质，实际程度却参差不齐，上海、唐山两校已经达到本科水平，而从四校总体水平来看，尚未达到大学本科水平，难以培养出高深技术人才；实习安排上，如实习阶段如何支配、与教学内容如何结合、实习机构如何管理等方面，都需要有统一机构进行调度。以上诸多弊端，影响着交通专才的培养。叶恭绰决心要以"南洋为中坚"，对交通教育进行根本的整顿。1920年12月14日，叶恭绰将调查结果和改组想法一并报呈大总统徐世昌。6天后又于12月20日以"交通要政，亟需专材"为由，向北洋政府国务会议提交《阁议创办交通大学提案》，第一次提出将交通部所属四所学校，即上海工业专门学校、唐山工业专门学校、北京铁路管理学校、北京邮电学校合并为一所学校，校名为"交通大学"。提案说：

查本部关于交通教育已经设立之学校，则有北京邮电学校、铁路管理学校、唐山工业专门学校、上海工业专门学校。已经筹具之经费，以八年度预算计之，约支出五十万元（内有东西洋留学费九万元），是交通人材教育之基础已立矣。但年来所造就之人材，究不敷用；且所学成之技术，亦间有不能适用之点。其故在四校散设各处不相联属，教授管理各为风气，监督既不能周，纠正亦遂乏术。又四校并设，其中科目有彼此俱设者，亦有彼此俱缺者，有应增而不增，有可省而不省者，既嫌复杂，又病缺略，精神既涣，成绩难期。本部现为增进交通人材，改革交通教育起见，拟以上海、唐山、北京四校合并为交通大学。将已有之学生，量其已有之学科划一增改，据其已达之程度平均分配，使之继续授业。如是，则校制可望统一，学科可图改良，监督易周，而管理与教授均便于纠正；不必另筹巨款，不必大事更张，而交通

① 上海交通大学校史编纂委员会：《上海交通大学纪事（1896—2005）》（上卷），上海交通大学出版社2006年版，第110页。

教育可收莫大之益;即使经费稍有不足,再就本部所辖机关根据铁路会计则例及电政预算,酌予开支,亦易集事,较之散设四校,不相联属、难于改良者,虽有改建之劳,其收效不可以道里计,根本解决莫善于此。为此提请会议,敬乞公决。[①]

大总统徐世昌于当月批复:“准如所拟办理。”同日,为落实对学校的改组工作,交通部由叶恭绰签署连发650、651号令。650号令为:“派徐次长世章筹办交通大学事宜,此令。”651号令为:“派沈琪、陆梦熊、关应麟、郑洪年、蒋尊祎、胡礽泰、张绢光、卢毅、徐洪、何瑞章、刘景山、刘式训、刘成志、凌鸿勋帮同筹办交通大学事宜。此令。”

1921年1月12日,交通大学筹备处开始工作,草拟《交通大学大纲》。2月,《交通大学大纲》呈报大总统徐世昌并获批准。《交通大学大纲》内容包括定名、校址、经费、学制、学程、董事会、校长、主任及教职员之任用、校长及主任之权责、评议会、行政会议、教务会议、教务处、事务处等,共14章38节。大纲的基本精神就是“先就原有各学校校址及设备,设置经济部、理工部及专门部各科,并附以中学及特别班,以期分途作育,俾无偏废。并参照各国大学学制,设置董事会,举规定教育方针、厘订学制、筹画经费、监督财政、推举校长各事,胥委由董事会执行,以昭慎重而固基础”。[②]

3月3日,上海工业专门学校凌鸿勋代校长自北京返沪,召集全体教职员大会,报告《交通大学大纲》。

3月8日,交通大学筹备处根据《交通大学大纲》设立董事会。大纲规定,董事会成员必须有下列资格之一:①有工业或经济专门学术者;②富有教育经验者;③曾办理交通事业成绩卓著者;④捐助巨款于大学者。第一届董事推定:严修、唐文治、张謇、梁士诒、叶恭绰、徐世章、陆梦熊、沈琪、刘成志、邝孙谋、关赓麟、郑洪年、凌鸿勋、孙鸿哲、刘景山、黄霭如、钟锷等17人。

3月9日,交通大学第一届董事会在北京召开第一次会议。董事16人出席会议,会议选举叶恭绰为校长。3月14日,董事会第二次会议推举徐世章为董事长。上海工业专门学校职教员于3月15日致电叶恭绰,向他表示祝贺。1921年3月24日北洋政府正式公布徐世昌大总统令:“派叶恭绰为交通大学校长,此令。”

4月1日,学校设总办事处于北京,总理京、唐、沪学校的事务,校长驻京办公。4月16日,董事会在北京召开第四次会议,选定各校负责人。各校负责人称主任,具体负责分校事

① 《上海交通大学纪事(1896—2005)》(上卷),第111页。

② 《交通大学校史资料选编》第1卷,第349页。

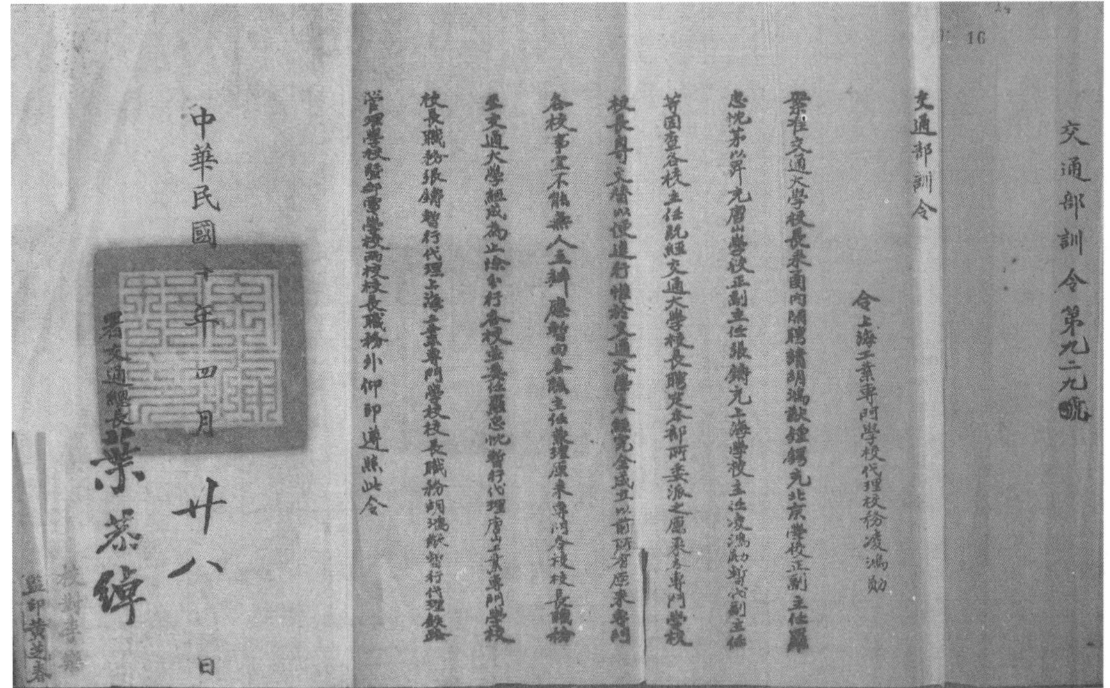
交通部訓令第九二九號

交通部訓令

令上海工業專門學校代理校務凌鴻勛

案准交通大學校長來函內開聘請胡鴻猷鍾鍔充北京學校正副主任羅忠忱茅以升充唐山學校正副主任張鑄充上海學校主任凌鴻勛暫行副主任等因查各校主任既經交通大學校長聘定本部所委派之原來各專門學校校長自應交替以便進行惟於交通大學未經完全成立以前所有原來專門各校事宜不能無人主持應暫由各該主任兼理原來專門各校校長職務至交通大學組成為止除分行各校並委任羅忠忱暫行代理唐山工業專門學校校長職務張鑄暫行代理上海工業專門學校校長職務胡鴻猷暫行代理鐵路管理學校郵電學校兩校校長職務外仰即遵照此令

中華民國十年四月廿八日

署交通總長葉恭綽

校對李樂 監印黃延春

1921年4月叶恭绰签署训令：在交通大学未完全成立以前，"应暂由各该主任兼理原来专门各校校长职务"

务，人选由校长提名后经董事会批准任命。会议决定聘请胡鸿猷为京校主任，钟锷为副主任；张铸为沪校主任，凌鸿勋为副主任；罗忠忱为唐校主任，茅以升为副主任。各校主任大都是出国深造、学有专长之士，而且均与各自任职学校有着深厚的渊源关系，熟悉学校的人事与基本情况。茅以升是唐山工业专门学校（唐校）的毕业生，张铸、凌鸿勋均是早年上海工业专门学校（沪校）的毕业生，凌鸿勋还是改组前沪校的代理校长。

5月1日，叶恭绰校长和各校主任在北京举行就职仪式，随即分别赴任。5月12日，张铸到沪校视事，受到师生一致欢迎。

合并过程中，为了统一学科，避免专业重叠的积弊，校董事会决定将办学资源合理重组，各校相同专业调整一处，专门办理，并提升到本科程度。根据第三次董事会议决：沪校专办大学理工部之电机、机械、造船三科；唐校专办理工部之土木科以及专门部之土木科；京校专办经济部之管理、邮电、商业三科。据此，沪校的土木科应调归唐校，铁路管理科迁至京校；同时，将唐校新设机械科和京校电气工程班调归沪校。

调整方案出台后，各校师生对于学科调整及人员迁移大都不满意。沪校土木科学生首先反对迁往唐山，并运动南洋公学同学会致函董事会，恳请保留上海学校的土木科，要求土木科南北分设，维持原状。董事会于5月24日复函，解释调整土木科设置的原委，希望同学会代为向上海学生转达。沪校铁路管理科移京后被作为本科看待，而京校学生因其学业程度所限仍被看作专科班，对此京校学生又群起反对。董事会以为，沪校管理科原为 4 年学制，程度较高，而京校仅 2 年，课程较简单，因此不予同等待遇。

6 月中旬，叶恭绰校长在北京主持召开第一次教务会议，沪校副主任淩鸿勋以及谢尔顿、狄克逊、张廷金等参加会议。会议就改组学校、改订各种课程及管理等事宜，进行详细讨论，并达成一致意见。在克服了种种阻力后，交通大学的改组调整事项终于在 7 月全部完成。按照改组规划，沪、唐、京三地四校合组成为交通大学，上海工业专门学校改称交通大学上海学校(交大沪校)；唐山工业专门学校改称为交通大学唐山学校(交大唐校)；北京两所学校合并，称为交通大学北京学校(交大京校)。交通大学总预算全年暂定为 583 468 元；其中总办事处 28 800 元，沪校 226 000 元，唐校 164 340 元，京校 164 328 元。交通大学教职员月薪，暂照各校工薪表办理。

9 月 10 日，改组合校后的交通大学正式开学，京、唐、沪同时举行开学典礼。叶恭绰校长就近参加了京校开学典礼，派郎国桢为代表到沪校宣读叶恭绰开学致词，宣告交通大学成立。徐汇校门上方悬挂叶恭绰手书的"交通大学上海学校"镏金匾额。

叶恭绰致词称："今者，交通大学完全成立，往者教育之事结晶于此，交通前程诚堪庆贺。"致词中对三校学生提出谆谆告诫：

> 尝以为诸君修学，当以三事为准衡：第一，研究学术，当以学术本身为前提，不受外力支配以达于学术独立境界；第二，人类生存世界贵有贡献，必能尽力致用方不负一生岁月；第三，学术独立斯不难应用，学术逾精，应用逾广，试申言之。夫学术之事，自有其精神与范围，非以外力逼迫而得善果者……交通大学自成立以来，积极改良，已为有目共见，虽因出世甚晚，较之欧美先进相形见绌，然退而言之，彼之秘密我得窥见，彼之失败，我未身尝，倘以最新最后之方法猛晋追求，未必同趋一轨之日，是在我大学同人之努力矣。[①]

叶恭绰认为要使我国实业发达，一定要在学校提倡学术与科学研究。他深刻地认识到："我国实业之不发达，由于处境使然者半，由于自身能力者亦半。而实业学校之不能尽学术上之贡献，为充分之援助，亦不无多少之关系……欧美各国实业之振兴，多由国立及私立之研究局、试验所及各学会之协助，故能新理层出，利用日宏，其重视研究之精神，几引为工业学府之天职。环顾我国，瞠乎其后，则比较完善之大学，讵能放弃责任，自封故步。"[②]在大学

① 《上海交通大学纪事(1896—2005)》(上卷)，第 120 页。

② 遐庵年谱汇稿编印会：《叶遐庵先生年谱》(1946 年)。《百年树人》，第 57 页。

组成之初，他就曾有创设研究院的打算，把研究学术、服务社会看成是学校的重要任务之一。

叶恭绰人才培养与学术研究相结合的办学思想，正是当时国外教育发展新趋向在国内教育界的反映，也是我国高等教育急需提高质量的内在要求。他深刻批判旧教育制度以文章为选材之阶、废除技艺、独尊儒术、不重视科学研究的弊端，指出："方今科学昌明，无处不有学问，小如砌墙运铁，大如行车造路，莫不含有至理，蓄有精义。非如往者，但计成功，不拘效率者……我国积习以衡文为进取之阶，于是百艺均废，惟儒术仅存。虽科举之制为厉阶，亦由学者不察，不能辨科名与学术为两事也。"[①]

叶恭绰倡导交通救国，为交大的改组并校，排除各种困难，作出了很大的努力，并对学校办学思想的转变起到积极作用。在他教研结合的办学思想指导下，学校对学科和课程设置做了调整和充实，对学科及其内容进行了仔细厘定，设有经济部、理工部、专门部及特别班，另设预科，为大学各科之预备。为了培养专门人才，在每一学科中，分设门类是这一时期学科设置的特点，不仅程度提高，务使媲美于国外大学，且为适应我国需要及提倡技术研究起见，又将每学科之内容分别门类，各级其专精，以利养成特种之技术人才。如沪校的电机科、唐校的土木科、京校的管理科，均分为四五门不等，每门聘请丰富学识的教授主持一切。他对学科进行了调整：加强理化基础，提高课程程度；增加设计类课程，加大设计能力的培养训

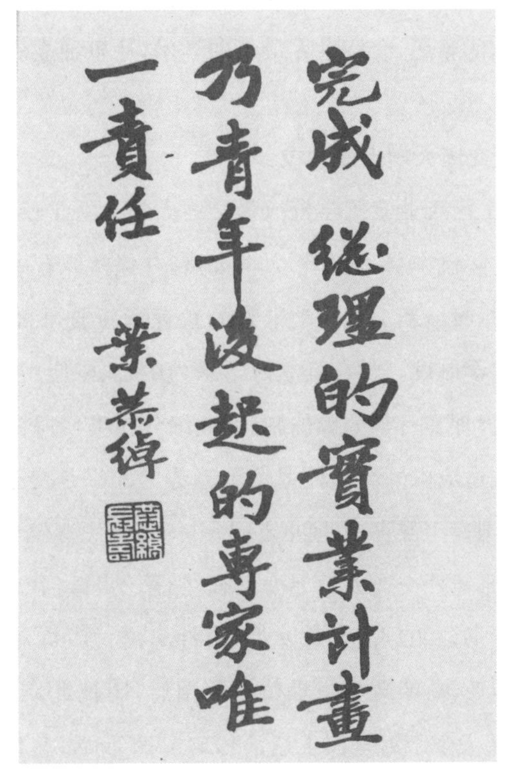

叶恭绰为交大学生毕业纪念册题词(1934)

---

① 叶恭绰:《叶恭绰校长致词》。《交通大学月刊》第1期，1921年9月10日。

练,使课程设置愈趋完善。

交通大学合组后,叶恭绰总揽校务一年有余。在这一年多时间里,教研结合的办学思想初步确定,教学上以工程见长,继承了学校原有的特色,为学校以后的发展初步奠定了基础。这段时期科学研究活动开始兴起,师生共同开展学术研究,有的进行实验测试,借以辅助实业;有的编写各类专著;有的撰文推广科学技术。学术交流及学术活动的开展,是高等学校进行科研工作的初步尝试。

叶恭绰于 1922 年离任后,仍一如既往关注着学校的发展,多方给予学校以力所能及的支持。在交大几次 10 年大庆之际他撰写纪念文章,特别是 1936 年建校 40 周年时他撰文对学校发展和建设提出三点建议:第一,大学本身应扩充学科设置,对公路、航空、国防化学等新兴之学,应根据人才经济及国家需要尽量推广;第二,为向下发展,即职业教育和函授计划,应把培养中级技术人员及现在交通机关服务人员的自修看作当务之急;第三,为向上发展,以现在的研究所为基础,于不久的将来可以扩充为正式研究院,这一方面可使有志于精进深造的大学毕业生仍能在国内继续研究,另一方面可广集学者悉心探讨工商各界的问题,解决国内当前的难题,介绍世界最新的学术,从事独立研究和发明。[①]

三、合组后的交通大学上海学校

合组后,上海工业专门学校成为交通大学上海学校,除原有电机科外,新增了机械科,学校正式定为 4 年制本科,提升了大学规格,并保留原有中、小学。学校在资源整合、程度提高的改组过程中,吸纳新文化运动带来的教育革新成果,借鉴国外先进大学的优良经验,初步建立起现代大学制度。学校确立以学术为中心、以应用为目的的教学目标,制定了一整套规章制度,教学管理实行学分单位制,专业细分门类,各科内部高年级又实行分门,使学科走向细化、专业化,适应中外高等教育发展趋势。此举是交通大学合组后取得的最大收获,被叶恭绰称为"我国专门教育中的创举"。[②]

合组后,张铸任交通大学上海学校主任。张铸(1885—1951),江苏江浦人,早年曾在南洋公学中院读书,1902 年因"墨水瓶"事件离校。1905 年奉清朝商部委派到英国格拉斯哥大学学习造船工业,获船政学士学位。回国后,历任北京政府交通部主事、技士及技正等职。1921 年任交通大学上海学校主任。1922 年离职后,曾任杭州市政府秘书长、江苏省建设厅

---

① 《百年树人》,第 58 - 59 页。

② 叶恭绰:《交通大学之回顾》。《交通大学校史资料选编》第 1 卷,第 593 页。

秘书主任、南京国民政府财政部税警科科长等职。

交通大学沪校主任张铸(1921—1922年在任)

1921年5月12日张铸主任到沪校任职，受到师生热烈欢迎。5月13日上午，张铸先行接见各科长及各职员。下午在会客厅接见各中、西教员，后在大礼堂召开全校大会，全体教职员、学生出席。张铸在讲话中，先传达叶恭绰校长对于改组交通大学的主旨："此次改组交通大学，其宗旨系将交通部原有各校程度提高，以期造就交通完全人才，以供国家之用。"张铸在随后的致词中称："教育为立国根本。现本国教育，于精神文明、物质文明两方面，应事改良与求进步之处甚多。交通事业于国家文化进步关系最重；然必有完善的交通教育，而后交通事业方能发展，国家文化方能进步……鄙人当然应该为国家尽力。"又称："母校名誉在外国方面亦是极好的。要知道这种名誉都是历任校长、教员、职员、在校学生，于校务上、精神上、教授上、学问上，各用一番苦心得来的。也是历来毕业生在外无论就何种职业，重视个人名誉，重视母校名誉，互相扶助得来的。但是现在母校改为交通大学的一部分，地位较前增高，此时极为中、外人士所注意……鄙人所希望的就是母校要与世界各大学同等的好名誉。"①

1921年7月1日起，学校正式对外改称交通大学上海学校，英文名称是：Chiao Tung University，Shanghai Branch。

9月10日，合组后的交通大学正式开学，京、唐、沪同时举行开学典礼。在沪校开学典礼上，张铸致词："鄙人到校第一次宣言内有'自今日始，诸事切实去做，也希望教职员切实去做'的两句话……现在希望诸同学也照这两句话做去……鄙人曾以勤、慎、忠、信、恒五字相勉……鄙人想此五字，并非到毕业时方需要的，做小学生、中学生、大学生时代，就要谨守这五字，力行之久，即成一种自然习惯，决不致为社会恶习惯所移动。"②

---

① 《上海交通大学纪事(1896—2005)》(上卷)，第117页。

② 《上海交通大学纪事(1896—2005)》(上卷)，第120页。

交通大学上海学校
校门(1921—1922)

张铸主任在校期间,勤勉任事,热忱母校教育事业,在延揽师资、加强管理、开展学术研究、增加基础建设等方面都有建树,为沪校顺利改组和发展起到积极的作用。据当时《申报》记载:交大沪校“自今夏改组以来,对于学科及管理切实整顿,气象日新。上星期该校张主任北上,即将最近所拟各项规程,如《优待生免费办法》《学生转学及休学规程》《大学及中学考核成绩规程》等,陈经叶校长核准公布施行”。[①] 张铸工作踏实,平易近人,他根据总办事处的方略进行校务整顿,辞退一批不称职的教职员,延揽一批年富力强的知名教授,如在留学界有名的“南中三杰”:周铭、胡刚复、胡明复。张铸还提出了更为宏伟的发展规划,计划进一步扩展学校规模,增强学术研究,添设研究院,颁给硕士、博士学位案,增设理科,分立数学、物理、化学三系等。

这一时期,学校招生数也从1920年的236人增加到1921年的300人,1922年招生数猛增到452人。1921年学校大学部学生299人,中学部369人,小学部120人,小学补习科32人。1922年,在校学生总数达到1 272人。

张铸积极提倡体育活动,认为“学校体育与德育、智育并重,诚以国运之兴衰,民族之兴替,先系于国民体力之强弱”,“盖人必精神足,身体强,而后道德有所丽,学识有所归;有完全之人才,斯有不朽之事业,此教育之本旨也”。[②] 他经常深入学生宿舍,了解督促学生的学习和锻炼,与学生一道参加早操,即使隆冬时节也不例外。在他倡导下,学生的体育活动空前活跃,仅参加技击运动的

① 《申报》1921年11月29日。

② 张铸:《交通大学上海学校通告》(1921年11月3日)。《交通大学月刊》第1期,1922年1月,第6页。

人数就达200多人。1922年春，应沪江大学邀请，由陆定一等人参加的技击队赴无锡表演，颇受欢迎。

张铸十分重视学校基础设施建设。他发起筹集体育馆、学生会集室、养病室等三大建筑的募捐活动。在当时学校经费紧张、各局拨款时有时无的情况下，他采用各种方式募捐款项近6万元。张铸还主持建成机械工程实验室，购买各种设备32 000余元。

张铸支持学生办义务夜校和参加社团等各种活动。在他支持下，南洋同学会所办的南洋义务学校从天钥桥路的草房迁到学校校外宿舍与校方所办的校役夜校合并，改善了义务学校的办学条件。1921年恢复《南洋周刊》，使之成为当时“全校最公开的言论机关”。张铸支持学生于1921年创办“以研究工程学识，讨论工程问题，引起同学对于工程上之兴趣及观念为宗旨”的工程学会。1922年创办南洋通讯社，向校外宣传学校情况，以获得社会对学校的支持。

从1921年4月任职，到1922年6月辞职离校，张铸尽管在校时间不长，但是给学校师生留下了良好的印象，他们甚至致电交通部挽留。1926年学校30周年校庆时，张铸应邀撰写《南洋毕业生服务问题》。文中说：“世界学术，日有进步。今日之我，服务于某种事业，学术上之应用，或尚游刃有余，但以学术日进之故，明日之我，服务于同一事业，或已捉襟见肘，应付为难。盖不谋补充学术，则服务问题仍未解决也。”[①]言词恳切，表明张铸对学校长远发展和学生事业前途的热切关注。

第二节　沪校更名南洋大学

一、董事会风波迭起

1922年5月，学校发生了董事会风波。这场风波前后持续近一年，以至四易校长，校务陷入混乱。引发董事会风波的直接导火索是1922年4月底爆发的第一次直奉军阀混战。在这次战争中，直系取胜，亲奉系的“交通系”梁士诒内阁垮台，交通总长兼交通大学校长叶恭绰被迫流亡国外。5月，直系高凌霄署理交通总长后，借口清除“交通系”宿弊，大批裁撤原班人马；又以交通大学系部属学校，制定教育方针、校长任用、筹划经费等权力应该属于交

---

① 《百年树人》，第64页。

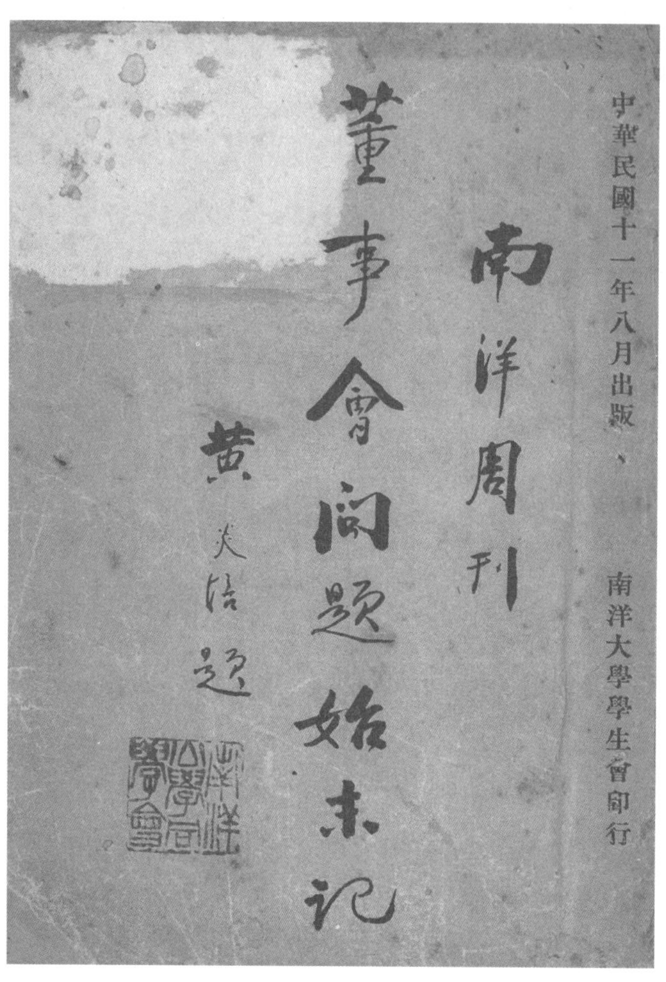

记录董事会风波的《董事会问题始末记》

通部为由,将原设董事会制度撤销,并删除《交通大学大纲》中的"董事会"一节,直接任命交通部参事陆梦熊兼任校长。

叶恭绰当初设立董事会,意在使学校教育免受变幻莫测的政局左右,不因某个人的政治生涯浮沉而飘摇甚至中断,用心可谓良苦。但综观第一届董事会,仍带有浓厚的政治色彩。首届 17 位董事中除了严修、张謇、唐文治三位社会名流外,其余均由交通部要员充任,政潮风起,部员董事云散;且董事会选举叶恭绰为校长,绝大多数董事又是叶恭绰的属员,难能真正行使监督职权。实际上,自 1921 年 11 月后,董事会就没有召开过一次会议。当时学生对董事会也不大在意。所以,董事会撤销解散的初期,并没有立即引起学生们的关注。

直到 5 月 23 日,交通大学京校学生来电上海学校,说陆梦熊无端撤换了京校主任胡鸿猷、副主任钟锷和唐校副主任茅以升,且变更学制,任用私人,故提议交大三校共同驱陆。随后,京、唐两校学生代表分别南下来校,向沪校学生通报陆梦熊这位"非法校长做了许多非法的事",要求沪校学生亦起而驱陆。沪校学生会遂向陆梦熊和交通部分别发了一份电报,表示对京、唐两校学生的声援。沪校给陆梦熊的电报直言他解散董事会,任用私人,其行为不足以掌校;且称他趁政潮之机谋取到校长职位,并非由董事会选举产生,是"非法"校长,学生"誓不承认",敦促他早日引退。致交通部的电报呈请恢复董事会制度,认为董事会制度为大学之根本,董事会为学校的最高权力机关,可以改组却不可取消。

电报发出后,陆梦熊非但没有辞职,学生们却得到沪校主任张铸被撤职的消息。陆梦熊以副主任张廷金取而代之，成为沪校主任。6月5日，沪校全体学生罢课，并派学生代表杨立惠等8人赴京请愿。此前，京、唐两校已举行全体罢课，驱陆运动进而发展成为力争保留董事会的风潮。在向社会各界发布的罢课宣言中，沪校学生会明确提出要求：重组董事会为巩固大学根本，选举合法校长，使神圣之大学近则不以一二人私意而破坏，远则不以政治变化而颠危。[①] 可见，学生的最低要求是反对陆梦熊当校长，最高目标是使学校具有相对的独立性，不为政局所牵动，而力争董事会是实现上述两项要求的途径。

学生们的奔走呼吁，得到社会各方人士特别是南洋校友的同情和声援。前校长唐文治、王清穆，社会耆老张謇吁请交通部尽快恢复董事会制度，以平息学潮。6月8日，南洋公学同学会董事黄炎培、穆湘瑶、胡敦复等联名致电交通部，认为保留董事会是化解风潮的关键，欲谋根本解决必须设立不涉政局的董事会；同时，商请唐文治、张謇等发起召集原董事会议，解决风潮。6月9日，沪校全体教职员也电请交通总长暂代校长，即行召集董事会选举校长，以解决罢课风潮。上海各大报刊对罢课均给予积极的支持。《时事新报》同日发表时评《社会上对于交大应负的责任》，向社会倡言：交大这次的罢课风潮其目的何等正大，用意何等光明，社会上一般明达人士当然都应该给他们同情。

在学生的坚决斗争和强大的社会舆论压力下，6月12日，交通部将陆梦熊撤职，并口头应允重组董事会。正当学生们额手相庆、准备复课之际，忽然接到交通部任命关赓麟为校长的消息，而董事会重组之事却只字不提。感觉受到愚弄的学生们当即致电交通部和关赓麟：在董事会未正式解决前，无论何人掌校概难承认，罢课仍然一如既往。黄炎培等人一面劝导学生复课，一面敦请前南洋公学监院福开森等出面调解。6月19日，专程从北京赶来的福开森与黄炎培、胡敦复等人一起来到学校，面见全体学生，表示愿意同赴北京代为力争保留董事会，并吁请学生复课。学生会决议于次日一律上课。复课当天，南洋公学同学会胡敦复、赵晋卿、穆湘瑶三人与福开森一道赴北京交通部，会见关赓麟，得到的却是交通大学再次改组的决议。关赓麟从未跨进沪校半步的校长一职，也就名存实亡，不日他便自动解职。

二、交通部南洋大学

1922年6月22日，国务会议通过交通总长高恩洪的提案，决议再次改组交通大学，将学校分为两校：沪校改名为交通部南洋大学；唐校改为交通部唐山大学，各设校长；原北京学校各科分别编入沪、唐两校。这样，改组大学董事会一事也就不了了之。这次改组，实际上造

---

① 南洋大学学生会编：《董事会问题始末记》。《南洋周刊》专刊，1922年8月。

交通部南洋大学校门(1922—1927)

成沪校的独立。1922年7月,沪校重新独立,挂牌为"交通部南洋大学"。南洋大学校名沿用至1927年6月第三次改组。

1922年7月—1927年6月的5年南洋大学时期,由于国内正处于北伐战争前的动荡,受政局的影响,学校负责人频繁更动,屡易其人。5年间,先后担任过校长或代行过校长职务的有雷光宇、卢炳田、陈杜衡、淩鸿勋、李范一、吴健等6人(其中雷光宇、吴健未到任),平均一年不到就换一个校长。这一时期,成为交通大学历史上校务最为混乱的时期。

1922年7月底,交通部置董事会问题于不顾,再次直接任命交通部参事雷光宇为南洋大学校长。南洋大学学生依旧不予承认,致函雷光宇不便来校就职。雷光宇也知难而退,辞却此职。8月,交通部再派外交界人士卢炳田[①]为校长,学生会仍以董事会问题没有解决,拒绝承认。9月开学后,返校的学生们见卢已到校就职,就只承认他是学校负责人,而不承认他是正式校长。卢炳田上任初始,一度努力任事,明令职责,教职员及学生还能满意。及至1923年春开学,卢炳田因招收华侨学生一事与张廷金发生矛盾,解除了张廷金教务长之职。此举遭到教职员的联名抵制,称其违背校章私自招生,不善于团结教职员。学生们认为这是交通部指派校长的弊端,于是将搁置半年多的董事会问

① 卢炳田(生卒年不详),广东中山人,曾任北洋政府驻加拿大副领事。1922年8月—1923年4月任南洋大学校长。

题重新提出，爆发了一场"驱卢学潮"。1923 年 4 月 14 日，在两次电请交通部组织董事会、重选校长的要求遭到拒绝后，全体学生再次罢课，并派代表赴京请愿，同时发布措辞强烈的《驱卢促进董事会宣言》。宣言昭示："要促进董事会的实现，所以要铲除董事会前途的障碍；要铲除董事会前途的障碍，所以不得不请卢氏走"。[①] 教职员、南洋公学同学会一致站在学生一边，鼎力支持学生的行动。张廷金被迫离校后，周铭等教授向卢炳田提出辞呈，同学会则派 4 人与学生代表同去交通部。卢炳田无法控制学校局面，只得躲进私宅闭门不出。4 月 23 日，交通部撤换卢炳田，改派海军军官出身的陈杜衡[②]为校长。学生们通过多次的斗争，见交通部再无组织董事会的诚意，决定将校长问题与董事会问题分开解决，承认陈杜衡为校长。

声势浩大的力争董事会风波持续了将近 1 年的时间，学生先后两次罢课并派人赴京请愿，虽然他们所力争的董事会未能实现，却迫使交通部在短短 1 年内连续更换了 4 任校长，并将沪校、唐校单独设置为大学，减少对学校事务的行政干预。董事会风波是 1902 年"墨水瓶"事件以来学校内部发生的最大学潮。

三、凌鸿勋主持南洋大学

交通部南洋大学时期，校务动荡，经费匮乏，学潮不断，发展滞缓。当然，主校者努力克服重重阻力，也取得了一些进展，突出的是在 1924 年 12 月—1927 年 3 月担任校长的凌鸿勋，在百般艰难中维持校务，有所成绩。

校长凌鸿勋（1924—1927 年在任）

凌鸿勋，广东番禺人，1894 年出生。1910 年考取上海高等实业学堂预科，翌年升入本科，1915 年以第一名的优异成绩毕业于上海工业专门学校土木科。凌鸿勋具国文功底，深受唐文治校长的垂青。1918 年留美归国后任职交通部。1920 年初，唐文治将他从交通部借调到学校，为回国休假的美籍土木科教授万特克代课。1920 年 10 月，校长唐文治辞职，交通部任命年仅 24 岁的凌鸿勋

① 《南洋大学学生驱卢促进董事会第一次宣言》。《南洋潮》第 1 期，1923 年 4 月 19 日。

② 陈杜衡（1864—?），河北青县人，曾任广东海军学校校长，授海军少将衔。1923 年 5 月—1924 年 11 月任南洋大学校长。

为上海工业专门学校代理校长。1921 年交大改组时,凌鸿勋任上海学校副主任,茅以升任交大唐山学校副主任,两人均风华正茂、学有专精,一时有“南凌北茅”之称。不久凌鸿勋即调回交通部,1923 年又回学校任专任教授。1924 年底,重掌交通总长的叶恭绰再度整理交通教育,撤换南洋大学校长陈杜衡,改任凌鸿勋为校长。当时凌鸿勋年届而立,成为交大历史上最年轻的校长。

凌鸿勋求学在本校,之后又在校执教多年,熟悉校情教务,对数年来学校停步不前的状况深表担忧。受任之始他就雄心勃勃地向师生表示,只要他在职一日,就会竭力任事,让学校步入发展之境。1924 年 12 月 26 日,学校召开大中学联席教务会议,凌鸿勋首次以校长身份出席会议,并发表讲话:“前奉部令派鄙人为本校校长。论资格则鄙人为后进,论才学则又疏浅,安敢当此重任?但为母校前途计,不得不勉为其难。现拟在最短时期内整顿一切,惟有赖于诸先生之相助耳。”[①]凌鸿勋同时提出有关下学期教务方针、改良教务会议、各学科经费预算、专任教员职务、改良助教职务及待遇、改良中学国文课、增加体育教学、改善体育比赛、学生管理等 9 项提案。会议对此进行讨论并做出相应决议。凌鸿勋还组织了一个校务扩充委员会,决定由周仁、谢尔顿、周铭 3 人组成改良助教职务及待遇委员会,由徐名材、徐佩璜、周铭 3 人组成学生课外活动委员会。1924 年 12 月 29 日,凌鸿勋致函交通总长叶恭绰,提出发展南洋大学的 6 条建议:①请拨各路协款;②拨款购地 70 亩,并建电机实验室;③完成三大建筑;④恢复土木科;⑤恢复本校基金;⑥争取庚子赔款。凌鸿勋准备去实现他办好学校的一番规划。

然而办学经费严重短缺成为困扰学校发展的首要难题。学校办学经费历来由交通部拨发,叶恭绰改组交通大学时大幅度提高了常年经费预算,沪校的常年经费由 16 万元增加到 22 万余元,由交通部各路局分摊,另在交通银行设立 200 万元基本金以提用年息。表面看上去数额不小,较一般国立大学宽裕。但由于当时军阀混战、政局不稳、经济凋零、路局亏空,实际上除了在改组期间经费还能勉强拨发外,其余时间,一直是时断时续,难以为继。欠拨的校款愈积愈巨,1922—1926 年 5 年间积欠款项近 40 万元。200 万元基本金早在 1922 年叶恭绰离职后就被继任者挪作他用;唐文治遗留下的基本金 3 万余两、机械科开办费 5 万余元也被历任校长提用净尽。

凌鸿勋接手时学校仅积存 468 元,任职到 1925 年底各路局欠拨经费 10 余万,实在是到了山穷水尽的地步。严重的经费匮乏使得学校无法正常运转,教职员有时连续数月领不到

---

① 《上海交通大学纪事(1896—2005)》(上卷),第 151 页。

薪水。凌鸿勋上任后只得把筹划经费作为首要任务。他三番五次地呈报学校经费告罄的紧迫情况，还亲自跑到各路局索取欠费。交通部总是行文“已转饬各路局协拨”，而各路局受连年内战的影响，自身已是难保，无暇顾及学校。在一筹莫展之际，1925 年 8 月 22 日交通部令知财政部准予“金法郎案”余款内拨给南洋大学 7.5 万元，并随即开出 2.5 万元汇票一张。学校拿着汇票到银行去取款，却是张空头支票，该账户并无款项。这笔款项分文未领，竟成画饼充饥。经费的严重不足让凌鸿勋疲于应付。

混乱不宁的社会政局也让教育这块净土备受摧残。连续两次的江浙军阀战争让校园硝烟弥漫，教学秩序受到严重影响。1924 年 9 月学校开学之际，江浙军阀混战殃及校园，学校大门被铁丝网沙包阻塞，无法开学上课，一直推延至 10 月战事结束才开学。就在学期行将结束准备考试之际，军阀们又在磨刀霍霍，准备开战。1925 年 1 月 11 日，江浙军阀又一次开战上海，军队屯集徐家汇附近，流弹纷坠，逼近校园，一时人心惶惶，学校不得不提前放假，考试延至 2 月举行。

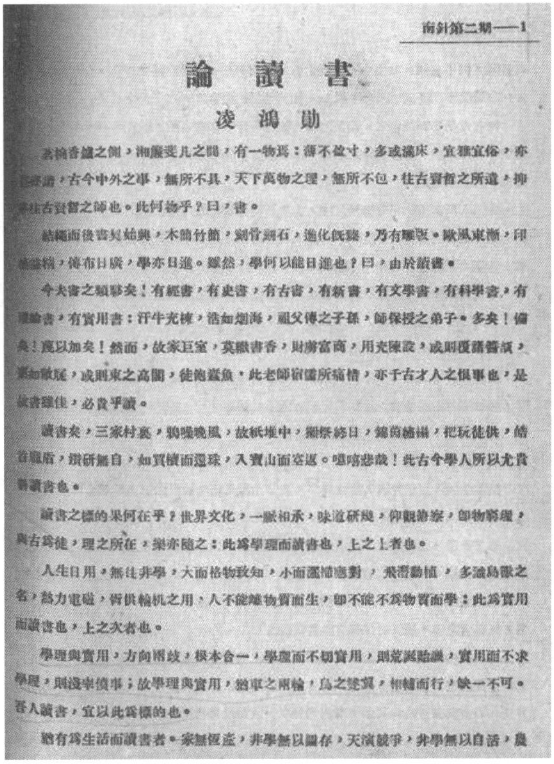
南針第二期——1

論讀書

凌鴻勛

若檀香爐之側，湘簾斐几之間，有一物焉：薄不盈寸，多或滿床，宜雅宜俗，亦[illegible]亦諧，古今中外之事，無所不具，天下萬物之理，無所不包，往古賢哲之所遺，抑[illegible]往古賢哲之師也。此何物乎？曰，書。

結繩而後書契始興，木簡竹簡，鏤骨鐫石，進化既臻，乃有雕版。歐風東漸，印[illegible]益精，傳布日廣，學亦日進。雖然，學何以能日進也？曰，由於讀書。

今夫書之類夥矣！有經書，有史書，有古書，有新書，有文學書，有科學書，有[illegible]論書，有實用書：汗牛充棟，浩如烟海，祖父傳之子孫，師保授之弟子。多矣！備矣！蔑以加矣！然而，故家巨室，莫繼書香，財虜富商，用充陳設，或則覆諸醬瓿，[illegible]如敝屣，或則束之高閣，徒飽蠹魚，此老師宿儒所痛惜，亦千古才人之恨事也，是故書雖佳，必貴乎讀。

讀書矣，三家村裏，鴉噪晚風，故紙堆中，埋葬終日，[illegible]，把玩徒供，[illegible]章摘句，鑽研無自，如買櫝而還珠，入寶山而空返。嗚呼悲哉！此古今學人所以尤貴[illegible]讀書也。

讀書之標的果何在乎？世界文化，一脈相承，味道研幾，仰觀俯察，卽物窮理，[illegible]古爲徒，理之所在，樂亦隨之：此爲學理而讀書也，上之上者也。

人生日用，無往非學，大而格物致知，小而灑掃應對，飛潛動植，多識鳥獸之名，熱力電磁，胥供輪机之用，人不能離物質而生，卽不能不爲物質而學：此爲實用而讀書也，上之次者也。

學理與實用，方向爾歧，根本合一，學理而不切實用，則荒誕貽譏，實用而不求學理，則淺率僨事；故學理與實用，猶車之兩輪，鳥之雙翼，相輔而行，缺一不可。吾人讀書，宜以此爲標的也。

猶有爲生活而讀書者。家無儋石，非學無以圖存，天演競爭，非學無以自活，農

凌鸿勋 1926 年所著的《论读书》一文(节录)

1925 年五卅运动中，附中学生陈虞钦不幸饮弹，更激发了全校师生的爱国反帝热情。此后，校园内争取民主、自由的爱国主义热潮不断高涨，学生积极参与政治运动。在处理学生的爱国运动和读书求学方面，凌鸿勋陷入两难：爱国运动当然要支持，又担忧学生遭到不测，更担心学校失去教育阵地，被卷入政治漩涡。于是，他煞费苦心，竭力倡导学生“珍惜此求学时代，多读书以救国也”，[1]以此在无奈中求得两全。

经费的短缺、政局的不宁、学生运动的高涨，以致学校日常的教学活动难以正常开展，发展计划几乎寸步难行。凌鸿勋在混乱时事中虽奋力维持，但制定的宏图大都未能实现：教员待遇非但不能提高改善，

① 凌鸿勋：《读书不忘救国，救国必须读书》。《南针》第 1 期，1926 年 4 月 1 日。

能正常支薪已算万幸了;增设道路工程科及在机械科内添设汽车门计划,也由于经费不足成为纸上谈兵;电机试验室未能建成,甚至45箱电机设备在由北京运往学校路途中被军队截留,以至凌鸿勋在1926年将他的工作总结为"愿大难偿,半成画饼"八个字自我解嘲。

凌鸿勋继承叶恭绰提出的教研结合主张,把"造就交通专门人才,力图高深学术之发展"的教学宗旨正式列入学校规章。学校重视试验与实习,教务会议专门通过《学生参观旅行案》,组织三、四年级学生利用假期参观各路局、机厂、电厂等。他重视科学研究,1926年建立国内最早的大学研究所——工业研究所,开展各项科学研究,受到社会各界广泛赞扬。

凌鸿勋当年受教于唐文治,对国学体会颇深,在任时期恢复重视国文的传统,重新开展国文大会和国文竞赛,并赋以具有时代特色的爱国思想和建国方略的内容。他还关注、支持学生社团开展各种有益的课外活动,培养学生的各种能力。他积极指导学生就业。交通部的优势之一就是学生就业,但从1924年开始,学生实习和录用都遇到困难。凌鸿勋鼓励学生自找出路,自由择业,扩大了学生就业范围。从此学校毕业生不仅服务于交通、邮政部门,还服务于工、商、政、法、文化、教育各界。筹划经年的体育馆、调养室相继建成;发起募捐工业馆(即后来的工程馆),募集基金3万余元;主持收购校西空地60余亩,开辟新球场及宿舍地区,为以后的执信西斋、大操场以及新文治堂建设留下了空间。凌鸿勋任校长期间,正值学校建校30周年大庆,学校举办了有史以来最大规模的校庆活动,举办工业展览会以及各项目的捐赠仪式,盛况空前。

凌鸿勋任校长期间,在校人数年有增加,1925年度,学校共计882名学生。

一九二五年南洋大学学生数

本校学生人数年有增加。本学年度学生计:大学部四百三十四人,中学部三百人,小学部一百四十八人,合共八百八十二人。兹列统计表于后:

民国十四年度全校学生数统计表

大学部

<table>
<tr><th>级别</th><th>科别</th><th>班别</th><th>各班人数</th><th>各科人数</th><th>各级人数</th></tr>
<tr><td rowspan="5">四年级</td><td rowspan="2">电机科</td><td>电力工程门</td><td>20</td><td rowspan="2">36</td><td rowspan="5">95</td></tr>
<tr><td>电信工程门</td><td>16</td></tr>
<tr><td rowspan="2">机械科</td><td>工业机械门</td><td>16</td><td rowspan="2">25</td></tr>
<tr><td>铁路机械门</td><td>9</td></tr>
<tr><td>铁路管理科</td><td></td><td>34</td><td>34</td></tr>
</table>

（续表）

级别	科别	班别	各班人数	各科人数	各级人数
三年级	电机科	（甲）	19	41	97
		（乙）	22		
	机械科		32	32	
	铁路管理科		24	24	
二年级	工科	（甲）	41	85	110
		（乙）	44		
	铁路管理科		25	25	
一年级	工科	（甲）	45	93	132
		（乙）	48		
	铁路管理科		39	39	
共计					434

附属中学部

级别	人数
四年级	74
三年级	75
二年级	81
一年级	70
共　计	300

附属小学部

级别	人数
三年级	58
二年级	32
一年级	32
补习科	26
共　计	148

凌鸿勋关心学生学业，但不赞成学生参加社会政治活动。1925 年 3 月，学校开除了参加五卅反日反帝活动的学生 1 人，1926 年暑假又开除了 52 名学生运动积极分子。1927 年春学生发起驱凌学潮，凌被迫辞职。凌鸿勋离开交大后，投身到中国铁路事业。1929—1937 年，他相继担任陇海等铁路工程局局长、总工程师等职务；抗战期间担任要职，负责中国西北地区铁路、公路的规划、开发工作，为大量战略设施和民用物资的运输作出了贡献；1945 年 4 月任交通部常务次长；1935 年 6 月 20 日，当选为中央研究院第一届评议会聘任评议员。1948 年 3 月当选为中央研究院第一届院士。1949 年凌鸿勋寓居香港，后又到台湾。1981 年 8 月 15 日凌鸿勋在台北病逝，享年 88 岁。

1927 年北伐军进驻上海后，委派国民革命军总司令部交通处处长李范一接管南洋大学。李范一毕业于美国麻省理工学院，获硕士学位。他到校后迅速稳定教学秩序，积极整顿校务,多方筹措经费。正当师生们希望李范一能成为正式校长时,交通部另委派吴健为校长。吴健未到任,交通部又改派前北洋政府参议员符鼎升[①]暂代校长一职。1927 年 6 月底,南京国民政府命令:“南洋大学停办,听候改组。”由此又引起交通部部属学校的第三次改组。

第三节 南京国民政府接管交通大学

一、蔡元培兼任校长

1927 年 7 月 16 日,国民政府交通部部务会议决议:改组南洋大学为第一交通大学,唐山大学改称为第二交通大学,北京交通大学改称为第三交通大学。7 月 22 日,交通部正式公布第一交通大学筹备委员会名单:符鼎升、王镜如、黄惠平、王绳善、徐佩琨、夏孙鹏、章臣桐、朱庭祺。

1927 年 7 月,在符鼎升领导下,经第一交通大学筹备委员会决定:铁路管理科改为交通管理科,分路政、电政、邮政、航政四门;电机科、机械科不变;裁撤初中、小学,高中部改为大学预科,专办大学。裁撤下来的初中、小学部分另组私立南洋模范中小学,以后演变为现今的上海南洋模范中学。

学校改组后,行政组织和人事也随之变动:废除教务长,撤销教务处,教务改由各科主任分别负责;符鼎升为代理校长,熊遂为事务主任,焦斐瞻为群育主任,徐佩琨任交通管理科主任,张廷金任电机工程科主任,王绳善任机械工程科主任,黄惠平任预科主任。这学期学校还首次招收女生,实行男女同校。因为北伐战争,外籍教师纷纷离校回国。自海外留学归国的钟兆琳、俞汝鑫、鲍国宝、蔡有常等受聘来校任教。至此,学校全部为本国教师,改变了建校以来聘请外籍教师担任学科要职的局面。

符鼎升任职后,遇到最大的问题还是经费短缺。由于交通部只拨给学校经费 1 万元,符鼎升筹划经费无门,只得向学生加倍增收学费,并取消免费生制度,引起学生的强烈不满。9 月开学不久即爆发了“驱符降费”学潮,符鼎升不得不于 1928 年 2 月辞职而去。

1928 年 2 月,交通部部长王伯群提请国民政府任命大学院院长蔡元培兼任交通部直辖第一交通大学校长,受到学校上下一致的欢迎。2 月 20 日新学期伊始,蔡元培到校就职视事,这是他继 1902 年南洋公学“墨水瓶”事件中辞去特班主任后再次到校任事。全校师生为

---

① 符鼎升(1879—?),江西宜黄人,曾任北京高等师范学校教授。

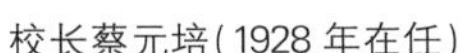

校长蔡元培(1928 年在任)

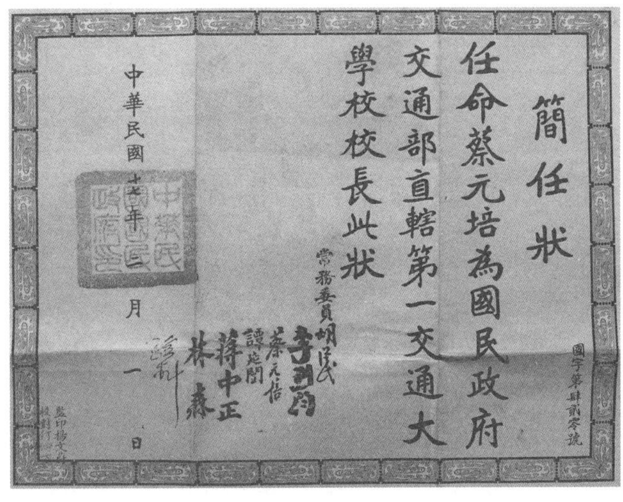

簡任狀

任命蔡元培為國民政府交通部直轄第一交通大學校校長此狀

常務委員

中華民國十七年　月　日

蔡元培被任命为校长的简任状

他举行了隆重的就职仪式,欢迎这位民国元老、教育界前辈。学校各处张贴“欢迎改进新交大的蔡校长”“有了蔡校长莫愁减费”等标语,期望他的到来能结束学校频繁变动的局面,更期望他能以他的广博的学识和丰富的管理经验办好学校。但是由于蔡元培同时是国民政府大学院院长,政务繁忙,为了帮助管理校务,交通部于 2 月 24 日又聘请交通部程孝刚兼任交通大学秘书长,主持校务。

在 2 月 20 日就职演说中,蔡元培说明了准允所请就任校长的原因:“顾及欧美各校,其校长不必具有专门之学术,且大学校长多为名誉的,顾敢应王部长所请而来。”是日,蔡元培主持召开第一次校务会议,会议通过他提出的各项议案:决定重设教务处,统摄全校教务;添设注册处、训育委员会等机构,以胡端行为注册处主任;聘请吴稚晖、杨杏佛等主持训育委员会,以加强对学生思想、学业及生活管理;宣布减收学生学费,每学期减 20 元,免收图书费、试验费、仆费等杂费。减费措施使学生们欢呼雀跃,延续半年的“驱符降费”学潮终告解决。不久,蔡元培商请交通部将学校每月经费由 1 万元增加到 1.5 万元,并提高教职员薪金发放比例,自 2 月份起薪金由七五折改为八折发给,尽管提高幅度并不是很大,却有利于安定人心。

减收学费和增发薪金额度等措施,只要经费宽裕换个其他校长也可以办到。但是,实行教授会议制度和改科设系,在当时恐怕并非易事。在蔡元培执掌交大的短短数月里,他通过助手程孝刚、杨杏佛在交大履践他的教育思想,给交大带来了新气象。4 月,程孝刚依照蔡元培的“教授治校”主张,举行第一次全体教授大会,集体决策重大校务,实行民主管理校务。

任职交大校长之后,蔡元培努力推动改科设系的教学体制改革。交大的教学单位从

1906年开办第一个商务专科以来一直是科门建制，它是按照学科来设置的。到1921年改组交大时，在科内部又细分若干小类，称作“门”。蔡元培接任时所有的课程以科门要求而设置。这种以学科分类的横向式教学建制，利于该学科教学与管理，却造成一校内其他教学资源分割，各自为政，且不利于公共基础课的管理。学系是一种纵向式教学建制，可以统合一校内部同类课程，使之加高加深，利于学科学术化发展。在就职当日召开的校务会议上，蔡元培就提出改科门为学系的建议，杨杏佛代表他说明了科门的弊端和设立学系的优点。之后，蔡元培嘱咐程孝刚、杨杏佛起草书面提案。4月27日，程孝刚在第一次全体教授大会上，正式提出经蔡元培审查的设立学系的提案，拟将所有课程归在几个学系之中，按照专门大学设系不宜过细的原则，暂时设立中国文学、外国文学、数学、物理、化学、经济、管理、电机、机械等9个学系。

在这场事关学校教学质量与课程管理的讨论中，有人主张交大为专门工科大学，无需像普通大学一样设学系；有人认为设系可以连通同类课程、增进教学效率而表示赞成；有人则主张数、理、化等基础课可以设系，专门科毋庸改系，议论纷呈，莫衷一是。4月30日，蔡元培、杨杏佛亲临学校，就设立学系再次召开全校教授大会。在听取了教授们的意见后，蔡元培提议先行设立数、理、化及国学、外国文学5个学系，其余各系再行审查，并表示未尽完善之处再行斟酌。不久，这5个学系相继成立，其他各科仍照旧未改，从而使交大建立起科门、学系并存的教学建制。新设各学系将原来分散在各科中的同类基础课程进行统一规划，完善连贯，以提高学术质量，并制定各课程学分，以供各专门科采用。学系的设立是走向学分制的预备。原有各科属于工科专门性质，课程较广泛，不必再分学系，它依据需要采用各学系的课程及学分数，又使分散的学系组合起来。再于科系之上设置教务长，统筹全校教务，协调科系联系。改科设系与科系并存使交大教学体制规范化，课程设置逐步系统化，有助于推动基础课程水平的提高，使学业管理由班级制逐渐转向学分制。

校长王伯群(1928年在任)

作为大学院院长的蔡元培，担任交大校

长不久就提出辞呈。1928 年 6 月 21 日，国民政府批准蔡元培因政务繁忙而辞去校长职务，同时任命交通部部长王伯群兼任校长。为加强管理，王伯群于 9 月将交通部第一交通大学、第二交通大学、第三交通大学合并，称交通部直辖交通大学；上海的第一交通大学改称交通大学机械工程学院、电机工程学院及交通管理学院，唐山的第二交通大学改称交通大学土木工程学院，北平的第三交通大学改称交通大学交通管理学院分院，以上海各学院为本部。1928 年 10 月，国民政府中央各部进行改组，增设铁道部。11 月，学校移归铁道部管辖，将设在上海、唐山、北平三处的交通大学各学院合并，统称铁道部交通大学，分上海本部、北平铁道管理学院和唐山土木工程学院。由于学校改隶铁道部，王伯群遂辞去校长，由铁道部部长孙科兼任校长。1929 年 6 月 10 日，国民政府铁道部训令，裁撤秘书长职，添设副校长职，并委任铁道部次长黎照寰兼任副校长，辅助孙科校长，黎照寰应命驻校办公。这样，交大历经多次改组与频繁更变，由分而合，由合而分，又由分而合。可以说，叶恭绰当年合组交大的思路和设计，虽然在时事不宁的年代屡遭反复，但毕竟合组成了一所学校，为以后发展打下了基础。

二、孙科兼任校长

孙科（1891—1973），广东中山人，孙中山之子，曾任南京国民政府行政院院长、立法院院长。1928 年 11 月—1930 年 10 月兼任交通大学校长。1928 年 11 月 26 日，孙科举行就职仪式，王伯群主持，蔡元培为监誓，颇为一时之盛。

校长孙科（1928—1930 年在任）

作为铁道部首任部长，孙科抱着满腔热忱，决意继承中山先生遗志，实现其筑路 10 万英里的宏愿。为了干一番大修铁路的宏伟事业，他重视延揽人才和交通教育，推行“交通行政与交通教育相辅而行”的政策，把培养交通建设的专门人才视为实现铁道部整个建设计划的关键。他认为：“建设之道百端，而交通为之枢纽，人才为其骨干。”[①]上任之初，他把“整理人事、培养人才”确定为发展铁道建设的四大方案之一。部中曾有人向孙科建言，若需要人才可以到教育部所属大学去选用，不必自办，况且停办大学还能节省不少经费。孙科却不以为然，主张“非自办不可”，认为求人不如求己，且交大有着数十年的办学经验。他还认为不仅要自办，而且要大办。在黎照寰悉心筹划下，孙科以铁道部部长身份的有利条件主持设立了交通教育整理委员会和铁道部选派留学委员会，以部、校双方重要职员为委员，着重对交通大学进行规划与扩充，提出了为期10年的人才培养计划与校务规划。人才计划是要在未来10年内，培养出具有高深学问的专门人才2 800名，其中包括土木工程师1 000名、经济家1 000名、机械工程师500名、电机工程师300名。校务规划包括十个方面：改善组织；增加经费；重建校舍；提高程度；充实内容；增进教学功能；改善教职员待遇；部、路、校联成一体；加强研究调查；改订毕业生实习及留学办法等，以期“从物质上重新建设交大”，同时也“从精神上提起交大的精神”。[②]

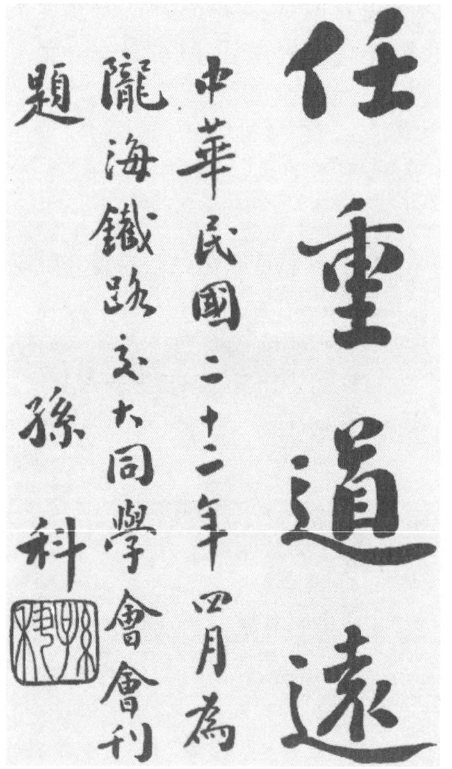

孙科为交大同学会会刊题词(1933)

为了更好地发展校务，1929年1月，交通大学成立扩充设计委员会，下设课务、设备、建筑、经济四个组委会，制订学科课程、设备经费、校舍建筑等具体方案，开始协同铁道部全面实施上述规划。经过1年多的筹划安排，到1930年秋，从领导体制、培养目标与任务、教学方针、学校规模、经费来源和校舍建筑等方面，学校都制订了比较全面的实施细则，基本上把“部(铁道部)、路(铁路)、校(交大)联成一贯”，形成“部校合作”体系和“建教合作”精神。这种体系

① 《本校卅四周年纪念会校长训词》。《交大三日刊》第41号第1版，1930年4月2日。

② 黎照寰：《铁道部建设计划中培养专才之定策》。《交大三日刊》第494号第1版，1937年3月6日。

和精神主要表现在三个方面：一是领导体制方面，学校直辖于铁道部，办学经费由铁道部拨发，校长由铁道部确定后呈请行政院转呈国民政府任命。二是在人才培养方面，学校根据铁道交通机关的需要、要求和特点，确定教学方针，设置学科，制定教学方法，开展教学和科研活动。三是人才出路问题，学校培养的是铁道交通建设所需的专门人才，部校双方注意供求调剂，毕业学生多分配到铁道交通系统。这样，校中师生都能安心教读。

孙科兼任校长期间，尽管政务繁忙，莅临学校不多，但他在谋求改进校务、完善学科上还是尽力以赴。鉴于科学教育的重要性，他在黎照寰的协助下，于1930年9月，将学校数、理、化三个系扩充为科学学院，以充分利用学校工科的优越条件，研究实用科学，并增聘教师，添置设备。这样既推动了数理化基本学科的发展，又加强基础课程的教学质量，为工程学科提供较为优越的实验条件，提高工程教育的效率。孙科对科学研究同样予以重视，认为："科学之事尤日新月异而岁不同，稍有封其故步，便为落伍。故吾校之扩张改善，实未容一日而忽也。"①他将原有工业研究所扩充为交通大学研究所，分工业研究和经济研究两大部门。同时学校还制定六条措施鼓励教师开展研究和著述，除学校拨款外，还向中华教育文化基金董事会申请基金补助，争取到分三年逐批拨发九万元的资助，有力地缓解了研究经费的拮据。

如何筹集办学经费曾经难为许多掌校者。为改善办学条件，孙科在任职期间，加大学校基本建设投入。早在20世纪20年代，学校连教师工资都不能按时如数发给，但孙科在任职期间，学校经费有了较大幅度增加。由于经费相对充裕，学校添置较多图书、仪器及卫生消防设备，校舍建设也获得较大发展。1929年2月、1930年10月，铁道部先后两次拨给学校基建经费，先后建设执信西斋、翻砂厂、锻铁厂、金工厂、铁木工厂等。在当时环境下，学校建设能有如此进展实属不易。铁木工厂落成之际，孙科特地题写了厂名。

1930年10月，孙科辞去校长一职。1933年起孙科任国民政府立法院院长历16年，虽然在政坛风雨中都有羁绊，但对母校交大关心始终如一。1933年4月，他出席交通大学成立37周年纪念会典礼并作训词，指出："九一八之后外侮之压迫……以华北战事而论，最大需要当然军火，本国不但不能制造最新战器及毒气等，连步兵械弹亦不能供给，兵工厂简陋，而原料亦待仰给外国，加以江防航海，势力外落，一旦有事，封锁堪虞，同时国内对军事必需品无法供给，乌足以言长期抵抗？由生产而至国防，专门科学技术均为当务之急，养成科学知

---

① 孙科：《执信西斋落成校长致词》。《交大三日刊》第41号，1930年4月2日。

识,推广科学人才,责在本校,义无旁贷。”[①]1947年孙科为交通大学51周年校庆题词:“建国要务交通为先,发展文化辐辏相连,创立悠久设备周全,业精勤习学有专研。锲而不舍金石可镂,满门桃李校庆年年。”[②]

1949年3月孙科经香港去法国、美国定居,1964年10月到台湾,1973年9月在台北病故,享年83岁。

校长黎照寰(1930—1944年在任)

三、部路校合作

1930年10月,按照国民政府教育部大学组织规程,学校废除副校长职,孙科辞去校长职,国民政府任命副校长黎照寰继任校长。黎照寰于10月28日宣誓就职。

交大自晚清创办以来,主管机关自商部、邮传部、交通部至铁道部,均属交通实业部门而非教育部直辖。在长期的办学过程中,各实业建设部门与学校之间形成了一种“建教合作精神”。“建教合作”的最早表现是1900年八国联军侵略天津,北洋等学堂停办,南洋公学特成立铁路班,收留南下的北洋学生。这种精神在归属铁道部以后有了更进一步的发展。铁道部除供给经费以外,尚有两个方面:一是在人才培养方面,学校依照铁道交通机关的需要,根据铁道交通工作的要求、特点确定教学方针,设置学科,制订教学方法,开展教学与科研活动,“无论质与量两方面,大学应以供给适合于需要之人才为目标”;二是人才出路问题,交大培养的是铁道交通建设所需的专门人才,因此,毕业学生多分配到铁道交通系统,“部校双方恒注意于供求之调剂,不如他方非患乏才即患实业也”。由于部校的这种合作关系,“故校中师生,均安心教读,勤求学业,蔚成良善校风”。[③]

交大归属于实业部门管辖的管理体制为交大发展获得了很多保障。实业

① 《孙哲生氏训词》。《交大三日刊》,1933年4月9日。
② 《交大五十一周年校庆时孙科题词》。《交通大学校史资料选编》第2卷,第512页。
③ 交通大学校史编写组:《交通大学校史》(1896—1949),上海教育出版社1986年版,第215—216页。

部门从自身人才需求出发，规定办校宗旨、制定人才培养目标、供给经费、任命负责人等；学校则按照上述要求，组织教育教学活动，培养各部所需专才，毕业生实习、就业由主管机关统一安排分配。学校对于教育部，除了执行一般性的教育法令和规章外，几乎不受其节制。当然同样是实业部门管辖，也只有在20世纪30年代是校、部最为融洽的阶段。30年代可以说是“建教合作”比较好的时期。铁道部在经费供给上出手大方，1929年2月和1930年10月，铁道部曾先后两次拨给上海本部第一批建设费75万元。学校办学经费扶摇直上，由先前的每月一二万元增加至五六万元，在30年代中期一般每年经费仅上海本部就逾百万之巨。在领导体制上，校长由铁道部部长呈请国民政府简任，各院院长由校长呈请铁道部任命。1930年10月，铁道部委任次长黎照寰为校长，专办教育。黎照寰校长任内，“建教合作”实施得更为完备。他的任职一直持续到抗战时期，结束了自唐文治之后校长频繁更替变动的局面。

20世纪30年代，交通大学上海本部又成为唐山土木工程学院学生在遭到日寇轰炸后的避难所。1933年1月，日本侵略者在侵占我国东北之后，又进逼华北。唐山受到日军飞机轰炸，唐山工程学院临近火线，安全不保，学校当局决定将该院学生南迁至上海本部。4月22日首批南迁师生132人抵达上海。上海本部派职员潘廷干、霍恩华及学生代表袁炳南、刘良湛等前往迎接。第二批南迁师生60人于24日抵沪。4月28日，学校在文治堂招待唐山工程学院全体学生。招待会“备有粗茶淡饭，虽十分团结，却十分凄惨”。4月29日，举行全校级际田径运动会，唐院学生与本部男女学生都踊跃参加。5月2日，学校按照教育部《东北籍学生及水灾地区学生免费办法》，对来自该地区的各学院学生卞云程、黄大柱、戴中溶等23人，给予免缴本学期各费待遇。为了及早让唐院学生复课，黎照寰校长当天与唐院教员商量复课事宜。在校长的积极推动及教师的齐心配合下，5月14日，唐山土木工程学院学生在上海本部正式恢复上课。次日，唐院师生在文治堂举行该院成立28周年纪念大会。6月24日，借读于本部的唐山土木工程学院1933届毕业生65人在文治堂举行毕业典礼。7月中旬暑假开始，唐院师生离沪，返回唐山。近3个月时间，上海本部成为唐院学生继续学业的后盾。

不管隶归交通部还是铁道部，“部校合作”与“建教合作”的管理办法使交通大学在办学过程中，凸显出振兴实业、工科为主的特色。20世纪30年代学校的稳步发展多少得益于这一体制。

1928—1935 年间
交通大学校门

四、稳步发展的 10 年

从南京国民政府成立到抗日战争全面爆发前的 10 年间，由于政局相对比较稳定，使得中国教育近代化初步完成，教育条例定型，教育稳步发展。对于交大来说，1928 年以后，教育投入逐年增加，教育管理渐趋完善，广大教职工勤勉敬业，学校各方面都有较大发展。黎照寰任职期间也多有建树。到抗战全面爆发前夕，黎照寰领导的交通大学已成为一所理工管结合的国内外知名大学，为中华人民共和国成立前交通大学的“黄金时期”。这一时期交大在院系规模、师资力量、教学水平、设备条件等方面，都达到了前所未有的高度。学校确立了继续发展工科、加速建设理科、积极扩充管理科的院系建设思路，形成了以工科为重点、理科为基础、兼重管理的学科体系。学校在通过派遣留学生培养师资的同时，还积极向海内外延揽名师，逐步建立起一支以留学归国人员为主体的“大师”队伍，逐步形成“起点高、基础厚、要求严、重实践”的教学特色。校园内新添了执信西斋、总办公厅、工程馆等建筑，使学校校园环境和基础设施大大改善。这一时期，学校在以下几方面的成绩尤为突出：

（一）理工管结合

交大的学科重点是工科。1928 年以后，学校将原有的土木科、机械科、电机科，分别扩充为土木工程学院、机械工程学院、电机工程学院。在各相应的院系下，分别添设了铁道工程门、构造工程门、铁道机械工程门、自动机械工程门、电力门和电信门等，从而形成了比较完整的以铁道、交通建设为主的工程学科体系。

要发展工程学科，又必须以理论课为基础。1928 年学校在原有课程的基础上，设立了数学系、物理系、化学系、中国文学系和外国文学系。黎照寰掌校后，认为“理科与工科通力合作，互相提携，才能造成建设有用之人才”，①鉴于“大学应有文、理、工三院方为完善，交大的管理、工程两院已有相当之历史，所缺者惟科学学院”，②于是在 1930 年将原有的数、理、化 3 个系扩建为科学学院。

黎照寰校长任职期间经常感叹于“有创造之人才，而无管理之人士，则必无效率之可言”，③“我国工商业失败多由于缺乏善良管理，管理不善又因缺乏人才”，“衣食住行四大要素，均须有科学管理方法，方可尽善尽美”。④ 于是学校坚持发展科学管理的方向，加速建设管理学科，而且将专业范围从铁道、交通管理，扩大到工业、财务和公务各个领域。1931 年春，学校正式成立管理学院，下设铁道管理、公务管理、财务管理和实业管理等 4 科。这样从 20 世纪 30 年代初起，交大就形成了独特的以工为重点、理为基础、兼重管理的学科构架。

（二）名师荟萃

20 世纪 30 年代，学校不仅硬件设施大为改善，教师队伍也日益充实。“五权宪法”“三民主义”就是学生们用生动形象的语言概括二三十年代学校的名教授。“五权宪法”指英文唐（唐庆诒）、国文陈（陈柱）、微积胡（胡敦复）、物理裘（裘维裕）、化学徐（徐名材）；“三民主义”指徐名材、周铭、胡明复。的确，30 年代的唐庆诒、陈柱、胡敦复、裘维裕、徐名材都是全校师生敬仰的大教授。他们大多负笈海外，并获得了名牌大学的学位。科学院院长兼物理系主任裘维裕是美国麻省理工学院电机科硕士，数学系主任胡敦复是美国康奈尔大学文理科学士，化学系主任徐名材是美国麻省理工学院硕士，中文系主任陈柱曾任大夏大学、暨南大学教授，外文系主任唐庆诒是美国哥伦比亚大学硕士。除此以外，当时校内的许多教授、副教授、讲师、助教也都是本校的毕业生或本校毕业后留学归国的学生。老、中、青教师协力配合，全身心地倾注于教学工作，为学校的建设与发展作出了重大贡献。

多年以后学生们回忆老师的风采还栩栩如生：裘维裕先生，鹤发童颜，戴着金丝边眼镜，

---

① 《百年树人》，第 118 页。

② 《交通大学校史》，第 232 页。

③ 《百年树人》，上海交通大学出版社 1997 年版，第 118 页。

④ 黎照寰：《纪念周中黎校长之演辞》。《交大三日刊》，1930 年 9 月 29 日。

目光四射，炯炯有神，上课时，实验室的大门忽然开启，他即从中出来，站到讲台上，同时助教先生散发他编写的英文讲义。裘先生立即开始口若悬河地讲课，全用英语讲授，非常流利清楚。那种清瘦潇洒的学者风度，令人至今难以忘怀。

徐名材知识渊博，记忆力十分惊人，讲起课来循循善诱，任何复杂的数据他都能精确地口述出来。同学们都喜欢听他的课，并学习他的博采广记的治学方法和锲而不舍的求知精神。赵富鑫先生对物理滚瓜烂熟，无书无稿，只发讲义，一边滔滔不绝地讲，一边在黑板上书写，每当写满 4 块黑板，就适时地响起下课的铃声——课课如此，从不拖堂。学生们十分钦佩和赞赏赵老师备课的认真和授课的熟练。

钟兆琳的教学方法给同学的印象是：他先把一个基本概念(特别是较难理解的概念)不厌其烦地详细、反复地讲清楚，待学生们确实理解后，他才提纲挈领地对书本上其他内容做简要的指导，随即布置大家去自学。令人信服的是：每当先弄清楚基本概念后再去消化书本上的知识，学生们会发觉既清楚又易懂，而且领会深、记得牢。

陈石英教热力工程，又有不同的风格。他上课只带粉笔，不带课本、讲义。一本《热力工程》他可以随时告诉你第几页第几道题是什么内容。他教的方法主要从示范解题入手来阐明理论与公式的运用。每次考试后，他一定要安排一节课对考题进行分析和讨论。

(三) 校园扩建

这一时期，经费相对宽裕，校舍建设迅速。1930 年 1 月，建成学生宿舍“执信西斋”，大大缓解了学生住宿条件。1930 年 10 月，铁道部就拨给学校 1930 年度急需建设费暨 1929 年度未拨建设费共 91 万余元，以供工程馆、体育场及教工宿舍等校舍建造之用。1932 年 1 月，面积达 8 700 平方米的工程馆落成，内设教室、绘图室、机械试验室、水力试验室、金工厂材料试验室、电气试验室、演讲厅等，在当时堪称一流。1933 年 3 月建成总办公厅(当时称容闳堂)。1935 年又添建了图书馆防火书库，藏书量大为增加，并改建了校门。1935 年 6 月 27 日，举行新建校门落成典礼，校门主要捐助者吴培初、凌鸿勋均派子女或代表参加。在本校军乐队奏乐声中，由吴培初女儿剪彩，校门正式落成。新校门落成，刻石为铭：1915 届毕业生谨立《重建交通大学校门记》，该级校友、前校长凌鸿勋题写碑文。此外，这一阶段还相继建成了翻砂厂、锻铁厂、金工厂、铁木工厂和各种生活用房及设施。

随着院系的扩充，为适应学校发展的需要，实验设备也迅速增加。学校创办初期，仅有物理、化学实验室，以后略有增加。在这一时期内，新建的重要实验室有 25 个，并购置了大量器材，各种仪器比较完备。

为了美化校园，学校还将原有的运动场改建成花园，并在西面新开辟一个运动场。1926

年，学校占地约为 267 亩；10 年后，校园面积增至 400 余亩，确定了中华人民共和国成立前交大校园的规模。

（四）鼓励研究

孙科任职期间，将原有的工业研究所扩充为交通大学研究所，分工业研究和经济研究两大部分，除经费上的保证外，还制定了 6 条措施，以鼓励教师专心研究和著述。研究所着重于研究铁路本身之职能、建设、管理和国民经济发展中急需解决的实际问题，10 年间完成了社会各界委托试验的钢铁、水泥、砖瓦、木材、合金等各种材料约 1 500 件。

与此同时，各院系加强了对应用科学的研究和科学知识的传播与普及。此外，这一时期，工程学会、经济学会、科学社、国际问题研究会、铁道工程研究会、读书合作社等学术性社团活动开展得红红火火，发表的著述与创办的学术刊物也较 20 年代有明显增多。

（五）英才辈出

这一时期交大“起点高、基础厚、要求严、重实践”的优良传统逐步形成，人才培养成绩斐然。20 世纪 30 年代起，学生人数逐步增长，在校学生人数，1928 年为 400 余人，1936 年增为 730 余人；本科毕业人数，1909—1926 近 20 年共计 712 人，1927—1937 的 10 年间则达 1 462 人，为前 20 年的一倍。[①] 在 1938 届毕业典礼上，黎校长强调：进入社会后，要学用结合，要积累工作经验，要把在学校学习所得和在工作中积累的经验紧密联系起来，两者不可偏废；要在积累经验的基础上，进一步提高理论水平。黎校长又指示为社会服务，应养成虚心求知的精神、从容镇静的修养、亲爱精诚的胸怀。这些教导给即将步入社会的学生以十分有益的启示。

在校受到良好的训练，毕业后就有较好的服务精神和切实的作风。交大毕业的学生参加工作后，大都被录用单位评论为“努力求学，实心任事”，“朴实谦恭，实事求是”，“忠于职守，勇于负责”，“务实业而不求名”，“重建设而轻仕途”，因此备受社会的欢迎。

广大毕业生踏上工作岗位后，活跃在各个领域，取得了令人瞩目的成绩，并涌现出一批出类拔萃的社会活动家、科学家、企业家。入选为中国科学院、中国工程院院士的航天航空工程专家钱学森、著名的水利水电专家张光斗、通信工程专家张煦、自动控制专家张钟俊、航空摄影测量与遥感专家王之卓等 10 余人，都是这一时期交大的毕业生。

---

① 根据《上海交通大学纪事（1896—2005）》（上卷）所载历年数字统计。

第二章
理工管结合的院系

第一节 院系设置概况

一、贯彻“注重实科”教育宗旨

在中国近代化过程中，“教育救国”“工业救国”的思想是社会各阶层普遍认同的救国之道。晚清时期的新政和民国时期鼓励民族工业的措施都反映了政府的努力，特别是孙中山三民主义思想在全国的广泛影响，更使实业救国思想成为大多数民众的共识。交通大学无论是隶属交通部还是铁道部，都直接承担着培养实业人才的重任和使命，因此“实业救国”乃至“交通救国”思想成为历任掌校者一贯的办学宗旨。表现在学科设置上，交大不同于学部所办大学强调学科综合性和学理性，而是更强调人才培养的专业性，重视办学如何更直接服务于民族工业。因此学校就专业设置和学科建设的主导思想就是强调工科、以工为主。

20 世纪二三十年代政府“注重实科”的高教政策首先助推了高等工科教育的发展。北洋政府，特别是国民政府成立后，出于发展经济、加强国防建设和加快工业化建设的需要，都推行培养实业人才的政策。1921 年，北洋政府就提出培养工程技术人员、组建交通大学、发展实业教育的方针。国民政府从 1928 年开始，先后改组或新建了交通部、铁道部、实业部、建设委员会、全国经济委员会、国防设计委员会（后改称资源委员会）等机构，分别制定各自兴办国营企业的计划并加以实施。到1937年，仅资源委员会所开办的企业就有20多家。这些机构的计划和项目推进了工业化进程，这样的发展态势势必向高等教育提出培养、输送大批工程技术人员的客观需求，也催生了国民政府出台“注重实科”的政策。其次，“生产教育”思想的影响，直接导致政府出台发展农工医科、限制文法科的激进方案。所谓“生产教育就是一种运用教育方法来培养具有生产技能和意识的人才，以促进社会生产的发展，改善人民经济生活的教育”。[①] 20世纪20年代，教育界一些学者痛感近代中国生产落后、经济衰落，而所谓的“新教育”仍然受传统“治术教育”思想束缚，依然与社会生产严重脱节，因此大声疾呼，要把旧日统治知识、消费知识的传授，代之以生产技术知识的灌输，极力主张实行生产教育。这一思想因切中时弊而引起有识之士的广泛回应，并由一批著名教育家和政府要员的大力倡导而成为始于20世纪20年代末的一场波澜壮阔的教育思潮和教育运动。

国民政府注重实科的思想体现在对高等教育的教育宗旨方针与高校的院系建制上。1929年4月26日，国民政府公布了由国民党第三次全国代表大会议决的《中华民国教育宗旨及其实施方针》。实施方针共八条，其中第四条的内容是：“大学及专门教育，必须注重实用科学，充实学科内容，养成专门智识技能，并切实陶融为国家社会服务之健全品格。”[②]1929年夏，国民政府公布的《大学组织法》与《大学规程》规定“大学分文、理、法、教育、农、工、商、医各学院”；“至少具备三学院，并遵照中华民国教育宗旨及其实施方针，大学教育注重实用科学之原则，必须包括理学院或农、工、医各学院之一”者始得称为大学，不合此条件者，只能为学院。[③]

交通大学在这样的背景下办学，不能不受到影响。从国民政府成立，交大归属铁道部开始，交大以尊重办学规律为前提，在专业设置上与“注重实科”教育宗旨相适应，更注重与民族工业发展的实际要求相吻合。经过近30年的摸索，学校办学模式不断拓展，逐步形成理工管结合的学科框架，成为我国理工科大学一种典范和特色。

从南京国民政府成立到抗战全面爆发前的10年，学校逐渐步入中华人民共和国建立前的发展黄金时期。这一时期交大在院系规模、师资力量、教学水平、设备条件等方面，都达到了前所未有的高度。学校确立了继续发展工科、加速建设理科、积极扩充管理科的院系建设思路，形成了以工科为重点、理科为基础、兼重管理的学科体系。到1937年，交大设置科学学院（分数学、物理、化学三系）、管理学院（分铁道、财务、公务、实业四个管理门）、土木工程学院（分铁路、构造、市政、道路四个工程门）、机械工程学院（分铁道、工业、自动三个机械工

① 王炳照、阎国华主编：《中国教育思想通史》（第七卷），湖南教育出版社1994年版，第192－193页。

② 教育部编：《第一次中国教育年鉴》（甲编），开明书店1934年版，第16－17页。

③ 中国第二历史档案馆编：《中华民国历史档案资料汇编》（第五缉第一编教育一），江苏古籍出版社1994年版，第174页。

程门)、电机工程学院(分电力门、电信门),另有中国文学、外国文学两系。在延续20世纪20年代课程设置原则的基础上,这一时期课程设置与教学计划也随着院系规模的扩大、国内外理工教育的发展、交通工业建设的实际需要,进行了一些调整与修正,各学院具体的课程名称、学分数、每周授课时都有合理安排。

二、"五院二系"的格局

从1921年组建交通大学开始,为了适应培养专门人才的需要,学科设置的特点就是在每一学科中进行分门设类。叶恭绰主持交通大学时就要求:"各科之内容,亦力加整顿,不仅程度提高,务使媲美于国外大学,且为适应本国需要及提倡技术研究起见,复将每一学科之内容分门别类,各及其专精,一例养成特种之技术人才。如南洋之电机、唐山之土木、北京之管理,均分为四五门不等。每门复延有丰富学识之教授,主持一切。此殆我国专门教育之创举,亦即欧美最新之趋势也。"[①]

当时在教研结合办学思想指导下,对学科和课程设置都作相应调整和充实,仿照国外教育对本校学科重新仔细厘定,按照学科规划设经济部、理工部、专门部及特别班,另设预科(或称附中)为大学各科之预备,其中经济部设有商科、铁路管理科;理工部设有造船科、机械科、电气科、土木工程科;专门部设有商科、机械科、行船科、电气科、邮电科、土木工程科、铁路管理科。但实际上这只是一个学科规划,各校改组后的学科只是在原有基础上按照这个方向进行了一些调整,并没有完全实现这个规划要求。1921年7月本校1913年由铁路科改建的土木工程科迁往唐山,1918年建立的铁路管理科迁往北京,而唐山的机械科调整到上海加以扩充,成立机械工程科。这样交通大学上海学校的理工部设有电机工程科(四年级分电力工程、有线电信、无线电信3门);机械工程科(四年级分机厂工务、铁路机务、工业管理3门),共计2科6门,学制四年。原有的附属中学仍为大学各科的预备,附属小学为中学的预备,学制分别为四年、三年。电机工程科和机械工程科的课程设置在一、二年级基本相同,从三年级开始两科课程根据专业要求各有侧重,四年级时则根据分设的门类课程更专业化。1922年7月交通大学改组,上海学校为交通部南洋大学,随之原搬到北京的铁路管理科重新迁回上海。学科重新进行调整,原电机工程的有线电信门和无线电信门合并为电信门,原机械工程科机厂工务和工业管理门合并为工业机械门,此时南洋大学的学科为三科四门:电机工程科(电信门、电力门)、机械工程科(铁道机械门、工业机械门)、铁路管理科,另有附中、附

① 叶恭绰:《交通大学之回顾》,《南洋大学三十周年纪念征文集》(1926年)。《交通大学校史资料选编》第1卷,第590页。

小。1926 年后,中小学采用新学制,附中为三三制,附小为二年制的高小。1927 年 6 月,南京政府命令南洋大学停办,听候改组。7 月,南洋大学正式改名交通部第一交通大学;8 月,又将铁路管理科改成交通管理科。这样学校设有电机工程科(电信工程门、电力工程门)、机械工程科(铁路机械门、工业机械门)、交通管理科(车务管理门、财务管理门)等三科六门。

1928 年 9 月交大再次改组后,将原来第一、第二、第三交通大学合并称交通部直辖交通大学,11 月移归铁道部后,原本上海的部分称为交通大学上海本部。在孙科和黎照寰任校长的近十年间,交大院系建设的基本思想是:继续发展工科,加速建设理科,积极扩充管理科。

工科是交大历来建设的重点。1928 年以后,学校继续加强工科的建设,将原有的土木科、机械科、电机科分别扩充为土木工程学院、机械工程学院、电机工程学院,在三个学院中又着重添设了交通、铁路建设所需要的各种工程学科。当时交通、通讯的重要工具为火车、电报、电话等,为了能够建筑铁路,制造机车和电话、电报等机械设备,在土木工程学院改设了铁道工程门、道路工程门和构造工程门;在机械工程学院改设了铁道机械工程门和自动机械工程门;在电机工程学院发展了电力门和电信门。这样,就形成了比较完整的以铁道、交通建设为主的工程学科体系。

工科虽然是学校建设的重点,但要发展工程学术,又必须以理论课为基础,因此学校创办初期即开设数学、物理、化学等基础理论课程。直到 1928 年秋,校长蔡元培和秘书长程孝刚,鉴于数学、物理、化学和国文、外文为各科的基础科目,于是设立了数学系、物理系、化学系、中国文学系和外国文学系。1929 年 7 月国民政府颁布《大学组织法》后,校长孙科和副校长黎照寰既鉴于科学教育的重要,又鉴于"大学应有文、理、工三院方为完善,交大的管理、工程两院已有相当之历史,所缺者惟科学学院",[①]于是决定将数、理、化三个系扩充为科学学院。经过一年多的积极筹备,学校于 1930 年 9 月正式成立了科学学院,裘维裕为院长。

交大早在 1918 年就设立了铁路管理科。这一时期,又积极地扩充管理学科,将专业范围从铁道、交通管理,扩大到工业、财务和公务各个领域。至 1931 年春,学校正式建成管理学院,下设铁道管理、公务管理、财务管理、实业管理等四个科,钟伟成为院长。

20 世纪 30 年代初期,交大院系建设和发展是很快的。1930 年成立了科学学院,1931 年成立了管理学院,同时扩充完善了各工程学院,逐步形成五院二系的学科格局:科学学院、管

① 黎照寰在 1929 年 9 月 24 日教务会议上的发言。《上海交通大学纪事(1896—2005)》(上卷),第 207 页。

理学院、土木工程学院、机械工程学院、电机工程学院和中国文学系、外国文学系，形成了以工为重点，理为基础，兼重管理的教学体系。

1937 年交通大学院系专业设置图

- 交通大学上海本部
  - 外语系
  - 中国文学系
  - 电机工程学院
    - 电信门
    - 电力门
  - 机械工程学院
    - 自动机械工程门
      - 乙组　飞机
      - 甲组　汽车
    - 工业机械工程门
    - 铁道机械工程门
  - 土木工程学院
    - 道路工程门
    - 市政工程门
    - 构造工程门
    - 铁道工程门
  - 管理学院
    - 实业管理科
    - 公务管理科
    - 财务管理科
    - 铁道管理科
  - 科学学院
    - 化学系
    - 物理系
    - 数学系

第二节　科学学院

一、学院概况

科学学院于 1930 年成立。设立科学学院主要有两个目的：一是利用本校工科的优越条件研究“切近实用科学”，“想在这个工程气味十足的学府里，造成一批切合实用的科学人才，为中国科学界的生力军，更在于希望这批人，去推广科学教育到一般民众队里去”；[①]二是当时交大数学、物理、化学各项实验设备落后于国内许多大学的理学院，教师人数也比较少，设立科学学院后必然增加教师、添置设备，不仅能推动交大数、理、化各基本学科的发展，更可

① 《交通大学科学学院概况》，《交大季刊》第 13 期，1934 年 5 月；《科学学院院史》，《交通大学廿四级毕业纪念刊》，1935 年 5 月。

科学学院全体教师合影(1935)

以为工程学科加强基础课程教学，提供较为优越的实验条件，提高工程教育的效率。总之，交大设立科学学院的动机，是为了“应用科学与理论科学的互相提携”，理科与工科“通力合作”，[①]而不是为了搞纯理论的研究。

科学学院成立时规定的教育宗旨是：“(一)期在养成科学创造人才，以应工业文化之需求。(二)灌输基本科学知识，以供高等教育之师资。所有各科教材，均本多年之经验，搜集精华，加以融化。凡有新颖之学理，随时增授，以资广博。施教方法，除平时试验外，尤注重习题，务使学生对于所选各系学科，有彻底之了解，深切之认识。”[②]后来又规定：“本大学科学学院以造就各项基本科学专门人才为宗旨。”[③]

科学学院在教学上十分重视对学生进行科学思想的训练。院长裘维裕认

---

① 《交通大学科学学院概况》，《交大季刊》第13期，1934年5月；《科学学院院史》，《交通大学廿四级毕业纪念刊》，1935年5月。

② 《交通大学概况及课程一览》1932年2月。

③ 《交通大学一览》(1936年度)。上海交通大学档案馆历史档案(以下简称“上交档”)：Ls3－373。

为:“大学的使命,并不是教授学生一种吃饭的本领,或者解决学生的出路问题。大学的使命,是要养成学生一种健全的人格,训练一种相当的科学思想。有了这种训练,毕业以后,无论什么工作,就都可以担负,都可以胜任。”在对学生训练科学思想与灌输知识的关系上,裘维裕认为,学生在“大学里所读的各种科学,是给他们更进一步的科学思想的训练”,“大学重要的使命,是给学生一种科学思想的训练,并不是灌输给他们一种职业上的知识”;如果只给学生灌输知识,忽视对学生进行科学思想的训练,是“舍本逐末,断然不能希望有良好的结果”。[①] 针对当时“学生大半时间是用在记忆别人的结果和学习运用这种结果的方法,只有很少时间学生用自己的能力来思想和判断”的情况,裘维裕强调要培养学生独立进行研究问题的能力。根据这种思想,科学学院各系都比较重视引导学生进行自由研究,许多课程的教学,把训练科学思想摆在重要的位置上。各系都开设了一些研究课程,如数学系有“数学问题”;物理系有“实验研究”“问题讨论”;化学系有“化学论著”“特殊试验方法”“研究技能”等。各系均有“研究论文”一科。此外,还设置了“科学思想史”“化学史”“近代物理导引”等关于科学技术发展史的课程。通过这些研究课程和科学史的教学,使学生开阔眼界、活跃思想、增长知识、掌握方法,探索科学技术发展的规律性,培养创造性和追求科学的理想以及为科学献身的精神。

数学系主任
胡敦复

二、数学系

数学系成立于1928年秋,首任主任朱言钧。1930年秋,科学学院成立后,扩充了数学系,聘胡敦复为主任。这时数学系仅有教授1人,讲师3人。1934年招满四级学生后,教授增至4人,讲师3人。至1936年,教授为5人,讲师2人。

数学系刚成立时,规模不大,学生人数很少。1930年科学学院第一届仅招生18人,一年级不分系,到二年级分给数学系5

① 裘维裕:《科学思想的训练应是大学的一种使命》。《交大季刊》第10期,1933年2月。

人。满四级学生后，每年学生近10人左右，1934年数学系学生共11人；1936年学生10人。

数学系成立初不招收本科学生，只为学校各学院开设微积分和微分方程等基础课程。1930年秋科学学院招收本科生后第二年分系，才有数学系学生，从此逐步开设专业课程。至1933年度，学生已有四级，课程设置才初步形成体系。数学系课程18门，计92学分；其他各院系为数学系开设课程15门，计86学分；数学系为其他院系开课7门，计42学分。此后，数学系除个别学科上略有增减，课程设置变化不大。现将数学系1936年课程列表如下：

表2-1　数学系1936年度课程表

课程名称	每学期学分数								课程学分数	每周授课时数
	第一学期	第二学期	第三学期	第四学期	第五学期	第六学期	第七学期	第八学期		
国文	2	2							4	3
英文	4	4							8	5
党义	1	1							2	1
物理	4	4	4	4					16	4
物理试验	2	2	2	2					8	3
化学	4	4							8	4
化学试验	2	2							4	3
微积分	4	4							8	4
方程式论	2	2							4	2
图形几何	1								1	3
机械画图		1							1	3
军事训练	0	0							0	3
德文			4	4	3	3			14	5—4
高等微积分			4	4					8	4
微分方程式			2	2					4	2
空间解析几何			3	3					6	3
理论力学			4	4					8	4
科学思想史			2	2					4	3
数学问题			0	0	0	0	0	0	0	2—4
体育			0	0					0	2
函数论					3	3			6	3
实函数论					3	3			6	3

(续表)

课程名称	每学期学分数								课程学分数	每周授课时数
	第一学期	第二学期	第三学期	第四学期	第五学期	第六学期	第七学期	第八学期		
近世几何					3	3			6	3
近世代数					3	3			6	3
理论物理(甲)					3	3			6	3
无穷级数论					3	3			6	3
电磁学					3	3			6	3
经济学					2	2			4	3
近代解析(甲)							3	3	6	3
近代解析(乙)							3	3	6	3
微分几何							3	3	6	3
数论							3		3	3
群论								3	3	3
近代物理							3	4	7	3—4
理论物理(乙)							3	2	5	3—2
专家演讲							1	1	2	2
研究论文							3	3	6	5
共计	26	26	25	25	26	26	22	22	198	

以上课程表显示:第一,数学系学生知识面广。学生四年内共需学习近40门课程,198学分。其中,数学系自行开设专业课程21门,共96学分,约占49%,内计:微积分学3门,共20学分;解析数学5门,30学分;代数学4门,16学分;几何学3门,18学分;研究课程2门,8学分;其他如科学思想史、数学问题4门,4学分。另外,请外系开设的课程有:中外文学3门,共26学分;物理学9门,56学分;化学2门,12学分;工科课程2门,2学分;管理课程2门,6学分等。可见通过这些课程学习,学生掌握的知识面相对宽。

第二,注重基础,循序渐进。低年级重在基础课,高年级才进入专业课程,注重较深理论。一年级全部为基础课程,二年级的数学和物理课程各占全年学分的五分之二。数学方面有高等微积分、微分方程和空间解析几何等;物理方面有理论力学,其内容与要求完全与物理系二年级该课程相同。到三年级,重点转向专业课程,如函数论、实函数论、近世代数、无穷级数、数论等。物理课程约占全年课程的五分之一,内容和要求与物理系三年级同类课程相同。数学系三年级要求加深与拓展理论,近世几何和近世代数专门讲授数学方面的新发展，使学生了解近代数学理论，开阔视野，为进一步研究高深理论打基础。四年级课程进一步专门化，使学生站在更高的起点上，主要课程有近代解析（甲、乙）、微分几何、数论、群论、专家演讲和数学论文等。

第三，既重视基础理论，又重视工程学科的应用。数学系物理、化学、工程和管理课程近80学分，约占全部课程的40%。二年级着重研究空间几何及微分方程式问题，三年级着重研究近世代数、近世几何、复函数论及实函数论问题，四年级研究的范围为近代解析甲、乙和微分几何、数论及群论等问题。为引导学生对数学上的重要问题或新的领域进行研究，以培养学生的科学思想和创造精神，二年级还设科学思想史，目的在使学生了解科学思想源流及各重要科学的发展，尤其注重数学及有关数学的各学科，并把理论与应用结合起来。这些课程对培养学生独立进行研究的能力和打开学术视野有一定作用。

三、物理系

物理系是交大的基础学科，成立于1928年秋，由裘维裕任系主任。1930年组建科学学院，裘任院长兼任系主任。物理系初建时规模较小，仅有教授1人，讲师3人，助教2人。1934年学生招满四届后，增至教授4人，讲师6人，助教4人。此后教师队伍比较稳定，到1936年有教授5人，讲师7人，兼任讲师2人，助教4人。

科学学院院长兼物理系主任裘维裕

为适应教学需要，物理系设备建设发展比较快。1932年建立了高等力学试验室和高等热工试验室，1933年建立了高等电磁学试验室、高等光学试验室和流体动力学试验室，1936年建立起近代物理试验室。至此，物理系已有各种实验室17个，如普通物理试验室2个，高等力学试验室、高等热学试验室各1个，高等电磁学试验室5个，高等光学试验室2个，近代物理试验室4个，X射线试验室1个，宇宙线检验室1个，另外还有研究室2个、阅览室1个、暗室1个、储藏室2个、仪器修理室1个、电池室2个。各项仪器大致具备，尤以高等电磁学、光学、近代物理及X光试验室等设备臻美。物理仪器设备约值20万元,较贵重的仪器有:分度机、比长器、球面器、球面测光仪、阴极射线示波器、振子示波器、右氏X射线材料检验机连25万伏特高压发电机及X射线试管、12万5千伏特高压发电机,以及各种X射线仪器、高温计、各种多频振动器、标准仪器、验电器、放射线检验器、光电管和各种放射物质等。

物理系建立初期,没有本科学生,仅为各学院开设基础物理课程。1930年秋,招收本科生后,开始专业课程的教育。到1933年度,物理系学生满四个年级后,课程陆续增加,先后计有44门课程,其中本系课程23门;还为其他各学院设物理课程10门。至1936年课程设置趋于稳定,并形成了较为完善的学科体系。课程设置如下:

表2-2 物理系1936年度课程表

课程名称	每学期学分数								课程学分数	每周授课时数	备注
	第一学期	第二学期	第三学期	第四学期	第五学期	第六学期	第七学期	第八学期			
国文	2	2							4	3	
英文	4	4							8	5	
党义	1	1							2	1	
物理	4	4	4	4					16	4	
物理试验	2	2	2	2					8	3	
化学	4	4							8	4	
化学试验	2	2							4	3	
微积分	4	4							8	4	
图形几何	1								1	3	
机械画图		1							1	3	
金工实习		1							1	3	
军事训练	0	0							0	3	
德文			4	4	3	3			14	5—4	
理论力学			4	4					8	4	
精密度量与图解法			1	1					2	2	
高等微积分			4	4					8	4	
微分方程式			2	2					4	2	
定性分析化学			3						3	4	
定量分析化学				3					3	4	
经济学			2	2					4	3	

（续表）

课程名称	每学期学分数								课程学分数	每周授课时数	备注
	第一学期	第二学期	第三学期	第四学期	第五学期	第六学期	第七学期	第八学期			
体育			0	0					0	2	
理论物理(甲)					3	2			5	3—2	
理论物理(乙)					3	2			5	3—2	
电磁学					3	3			6	3	
高等物理试验(一)					2				2	4	
高等物理试验(二)						2			2	4	
物质动力论					3				3	3	
电振学						3			3	3	
近代物理导引						3			3	3	
电路学概要					3				3	3	
问题讨论						1			1	2	
气象学					2	2			4	2	甲组选修
天文学					3	3			6	3	甲组选修
热力工程					3	3			6	6	乙组选修
机械工程试验					2	2			4	3	乙组选修
近代物理							3	4	7	3—4	
光学							4	2	6	4—2	
真空管论							3		3	3	
高等物理试验(三)							2		2	4	
高等物理试验(四)							2		2	4	
高等物理试验(五)							2	2	4	4	
专家演讲及问题讨论							1	1	2	2	
实验研究							3	6	9	6—12	
函数论							3	3	6	3	甲组选修
气体动力学							3	3	6	3	甲组选修
电机工程							3	3	6	3	乙组选修
电机工程试验							2	2	4	3	乙组选修
共计	24	25	26	26	甲组 25 乙组 25	甲组 24 乙组 24	26 25	21 20	197 195		

以上课程表显示:第一,物理系课程多,四年47门功课全部实行学分制。其中,物理系开设的28门课程,共123学分,内计:普通物理学5门,26学分;力学2门,10学分;热学1门,3学分;电磁学5门,14学分;光学2门,6学分;理论物理2门,10学分;近代物理学3门,14学分;应用物理学5门,28学分;研究科目3门,12学分。其他院系开设19门:中、外文学3门,26学分;数学3门,20学分;化学4门,18学分;工程科目7门,23学分;管理课程2门,6学分。全部课程中,有8门是高年级的选修课。

第二,重视基础,注重从低到高循序渐进。低年级第一、第二学年全部为基础课程,并且特别注重普通物理和物理试验,各年级侧重不同,一年级注重力学和热学,二年级则注重电学、光学和声学,但理论力学仍是重要的专业基础课。数学和化学也是基础课程,约占二年课程的三分之一以上。第三、第四学年为高年级,则偏重于理论的提高与应用。

在一、二年级时,学生合班上课,到三年级,则分为甲、乙两组。各组必修课程相同,选修课程甲组偏重于理论方面,为研究高深理论的学生打基础;乙组偏重于应用方面。第三学年的课程,大部分进入专门化,有理论物理(甲、乙)、电磁学、高等物理试验和电振学、近代物理导引、电路学概要等。理论物理(甲)以理论力学为预修课程,专述高等力学的数学原理。理论物理(乙)专述热传导的数学理论与热力学及其应用。电磁学注重讲授基本观念,在教学中理论与实验并重。高等物理试验分(一)、(二)两门,试验(一)包含力学、物理学、热学中基本物理量的准确量度法;试验(二)的目的在使学生明白电学各种精密量法,以及各种仪器的用法。近代物理导引概述物理学的发展,其中专注重于实验方面。

第四学年毕业班,则为专门研究课程,主要有近代物理、光学、真空管论、高等物理试验和专家演讲、实验研究等。近代物理综述近代物理学的发展,其目的是使学生对于近代理论物理上升到明晰的概念,电磁光学论、电子论、相对论、量子论、原子构造及波动力学等均分段论述。光学研究光之现象及基本原理,其中以物理为主。四年级的高等物理试验分为(三)、(四)、(五),试验(三)注重研究各种高频电路及高频电流量法;试验(四)目的是使学生有精确度量及使用复杂光学仪器的能力,并掌握光谱学的基本试验方法;试验(五)的主要目的是使学生认识近代物理中的专门技巧。

第三,重视理论与实际应用的结合,培养学生的能力。物理系注重培养学生拥有巩固的基本物理知识和相当的实用知识。除理论讲授外,注重实验。总实验课程有42学分,约占全部课程的20%,从普通物理实验到高等物理实验,四年中连续不断。在四年级设实验研究1门,作为毕业考核课程,由教师指定物理学方面的某一问题,让学生个人进行研究,培养学生实验工作及研究能力。这时,物理系的实验教学已经从依附于理论教学的地位独立出来，专门设课，由著名教授裘维裕、周铭等亲自指导。实验课程有完整的讲义，特别受学生欢迎的是周铭编写的《普通物理实验指导书》，全部用英文撰写，系统完整，独具一格。

四、化学系

化学系主任
徐名材

交大化学系创建于1928年秋，徐名材为主任。化学系初建时没有本科学生，只担任各学院化学基础课的教学，教师也不多。1930年秋设立科学学院时，化学系仅有教授1人，讲师5人，助教3人。此后，发展较快，至1934年，有教授6人，讲师8人，助教5人，另有特约工业化学专家讲师5人。到1936年，有教授7人，讲师10人，兼任讲师1人，助教6人。学生从1931年分到二年级的8人开始，亦发展较快。到1934年共有学生42人，第一届毕业生6人。至1936年，学生共计65人，成为交大科学学院中学生人数最多的一个系。

随着化学系的发展，设备不断增加。建系初首先注重建设分析化学试验室。1928年建立分析化学第一试验室，主要供各工程学院学生实习分析之用。1931年建立分析化学第二试验室，供化学系各级学生实习定性定量分析之用。1932年建立有机化学试验室和理论化学试验室。1933年建立工业化学试验室。1934年又建立专供工业分析用的第三实验室。1935年建立微量化学试验室。至1936年全系有普通化学试验室1所，定性及定量分析试验室2所，有机化学、物理化学、微量化学、工业分析试验室和工业化学试验室各1所，天平室2所，储藏室2所，暗室1所，研究室3所，阅览室1所，标本室1所，此外，还有油漆试验室4间，比较重要的仪器八百余种。普通化学实验室所需之简单理论化学仪器，分析化学所需的定性、定量器械，及有机化学室所需之配制药品等均较齐备。专用仪器有物理化学试验及工业分析应用的各项标准器具。最为完备的是工业分析及化学工程两方面的仪器。

化学系开始仅设化学基础课程。1930年招收本科生后，化学系开设化学专业课程,两年间发展很快。到 1933 年,化学系本科生已发展为四个年级,已开设 34 门课程,其中本系课程有 24 门,计 124 学分;其他院系为化学系开设的课程有 17 门,共计 73 学分。以上两项,总计 197 学分。此外,化学系为其他院系开设的课程有 10 门,计 33 学分。化学系系主任徐名材于 1933 年还对化学系课程进行了修改:化学分析一课划分为定性分析、定量分析、高等定量分析和工业分析四种;减轻工业化学的分量,增设油漆化学、染料和国防化学的课程;同时,增加了一些工程方面的课程,这样使化学系的课程更增强了实用性。到 1936 年化学系的课程设置已比较完善。具体列表如下。

表 2-3　化学系 1936 年度课程表

课程名称	每学期学分数								课程学分数	每周授课时数	备注
	第一学期	第二学期	第三学期	第四学期	第五学期	第六学期	第七学期	第八学期			
国文	2	2							4	3	
英文	4	4							8	5	
党义	1	1							2	1	
物理	4	4	4	4					16	4	
物理试验	2	2	2	2					8	3	
化学	4	4							8	4	
化学实验	2	2							4	3	
微积分	4	4							8	4	
图形几何	1								1	3	
机械画图		1							1	3	
金工实习		1							1	3	
军事训练	0	0							0	3	
德文			4	4	2	2			12	5	
化学计量法			2	2					4	2	
定性分析			6.5						6.5	11	
定量分析				5					5	8	
有机化学			3	3	2	2			10	3—2	
有机化学试验(一)(二)			1.5	3	1.5	1.5			7.5	3—6 3	
化学文献			1		1				2	1	
化学史				1		1			2	1	

（续表）

课程名称	每学期学分数								课程学分数	每周授课时数	备注
	第一学期	第二学期	第三学期	第四学期	第五学期	第六学期	第七学期	第八学期			
体育			0	0					0	2	
理论化学(一)					3	3			6	4	
工业化学					3	3	5	5	16	3—5	
理论化学实验(一)					1.5	1.5			3	3	
工业分析					4				4	7	
高等定量分析						4			4	7	
矿物学					2				2	2	甲组选修
工业微菌学						2			2	2	甲组选修
高等无机化学					2	2			4	2	甲组选修
特殊试验方法					1.5	1.5			3	3	甲组选修
电机工程					3	3			6	6	乙组选修
热力工程					3	3			6	3	乙组选修
胶质化学							2		2	2	
工业化学试验							4	2	6	9—3	
专家演讲及讨论							1.5	1.5	3	3	
研究论文							2	6	8	4—13	
理论化学(二)							2	2	4	2	甲组选修
微量分析化学							2	4	6	3—6	甲组选修
研究技能								2	2	3	甲组选修
理论化学试验(二)							2		2	3	甲组选修
有机化学试验(二)							2		2	3	甲组选修
高等无机化学							2		2	2	乙组选修
化工机械							3	3	6	3	乙组选修
化工管理							2	2	4	3	乙组选修
机械工程试验							2		2	3	乙组选修
电机工程试验								2	2	3	乙组选修
共计	24	25	24	24	甲组 23.5 乙组 24	甲组 23.5 乙组 24	甲组 22.5 乙组 23.5	甲组 22.5 乙组 21.5	甲组 189 乙组 190		

从上述课程表中显示:第一,化学系的课程齐全,选修课颇具特色。化学系专业课程33门,计129.5学分(包括选修),其中普通化学3门,16学分;分析化学6门,22.5学分;有机化学5门,19.5学分;理论化学4门,13学分;工程化学7门,32学分;研究课程4门,14学分;其他课程4门,12.5学分(其中选修7.5学分)。此外,其他院系为化学系学生开的课程有:国文、外文3门,24学分;普通物理4门,24学分;数学1门,8学分;管理课1门,2学分;工程课程7门(包括选修),19学分。全部课程有选修课16门,占总数三分之一。

第二,重基础,从低到高循序渐进。低年级打基础,全为公共基础课。二年级大部分也是化学专业基础课程,主要有定性分析化学、定量分析化学、有机化学、有机化学试验、化学计算法等。分析化学作为二年级主要课程,目的是使学生受到化学分析的基本训练,培养灵巧手术及熟悉操作方法,除写实验报告外,尚需解答指定的问题,以期获得心灵手敏之效。化学计算法注重讲授微分方程式在化学工业上的应用,使学生获得学习理论化学及化学工程所需的重要的数学基础。有机化学和有机化学试验讲授各种脂肪及芳香属化合物,并注重各种主要化合物的制法、特性及其用途。

进入高年级,课程设置要求在理论与实践两方面进行较高深的研究,内容包括有机化合物的反应、综合及构造,尤注重于樟脑族、植物碱族药物、含金属原子的有机物以及有机化学发展近况等。有机化学试验,二年级时着重于熟悉有机化学试验上所需要的各种方法及手续,三年级则注重于有机分析,使学生在有机物的定性、定量分析方面获得相当的训练。从三年级起学生上课分为甲、乙两组,甲组注重于学术研究,必须兼修较高深的理论化学、分析化学及矿物学、工业微菌学等;乙组侧重于工业应用,必须兼修化工机械、化工管理和机械工程、电机工程等,使有志于研究学术及从事工业者,得就个性所近分别选习。两组亦有共同课程,如理论化学、工业化学、理论化学试验、高等定量分析和工业分析等。到了第四学年,对学生要求更高。两组学生除进修共同课程,如工业化学、工业化学试验、胶质化学和研究论文等,其中尤其是工业化学一课,已分为(一)(二)甲乙四个科目,可见其重要。在三年级修课程(一)只注重于方法的科学根据及其普遍的应用性,就各类工业性质讲授,对于理论及技术均加以相当注意,其目的在使学生对于工业化学有充分的认识,有助于运用已获得的化学知识去解决新的化学工业中的问题。四年级修工业化学(二)、(二)甲、(二)乙三个科目。工业化学(二)甲专授工业化学中的油漆工业一部分。工业化学(二)乙与(二)甲并行,深入研究工业化学中用煤质作原料的工业,内容包括煤气、制焦、煤胶分馏染料中间物、染料、爆炸物、毒气,以及其他同类工业品。工业化学试验采用国产原料制造工业用品,做较大规模的试验,其主要目的在于使学生掌握化学工业制造上的各种基本工作法,熟悉各种器械的应用，以培养学生独立解决实际问题的能力。

第三，注意理论与实际结合。化学上重视理论教学，更注重实际应用。系主任徐名材认为：中国“欲奋发自强，以达安富尊荣之地位，自非利用科学开发富源不为功；而非谋化学工业之发展，亦无以收地不爱宝物尽其用之效。成败利钝，其枢纽全在人才”。[①] 对于化学课程内容，他认为“化学工程之学术，实具有三层基础，数理化三者缺一不可”。[②] 在他的这种思想指导下，交大化学系不搞纯科学研究，化学系的课程设置和教学方法多仿照美国麻省理工学院化学工程科。因而在教学上对于化学工程问题特别注重，工程化学和与化工有关的工程应用课，约占全部课程的三分之一。除理论教学外，尤注重实验。实验课程共约 60 余学分，贯穿于四年的学程中。一年级进行普通化学试验，二年级学习初步的和基本的各种定性、定量分析，三年级为高等化学分析，四年级注重工程化学试验。在实验教学中，除要求学生掌握方法外，还注意培养学生具有正确、谨慎、诚实诸美德。

第四，重视培养学生的研究能力和创造精神，开设化学史、化学文献和研究技术等课程。化学史使学生明了化学思想发展的历史及各时期的重要发明，熟悉前代大师对于化学的贡献及其生平言行。化学文献使学生认识全部化学文献的概况，熟悉重要参考书的应用，尤其注重于从科学专刊上收集、考证材料的方法，以提高研究问题的水平。研究技术课程的目的是授于学生以研究所需的各项技能，培养其创造能力。

第三节　管理学院

一、从铁路管理科到管理学院

交大的管理学科最早设立于 1918 年，交通管理学院始于 1928 年，先后更名为铁道管理学院、管理学院，于 1931 年正式确立管理学院。1918 年，唐文治校长鉴于“吾国铁路路政穷败，实由于缺乏管理专才所致”而设立铁路管理科，中学科科长徐经郛兼铁路管理科科长。1920 年夏，交通大学合组，各校学科进行调整，铁路管理科被迁往北京学校（交大京校），作为该校的大学部（经济部），学制由三年升格为四年；而将京校原设管理科作为专门部，学制三年。1922 年夏，交通大学改组，上海、唐山、北京三校分立，迁往京校的铁路管理科迁回上

---

① 徐名材：《四十年来之化工教育》。《交通大学四十周纪念刊》(1936)。

② 徐名材：《四十年来之化工教育》。《交通大学四十周纪念刊》(1936)

海,称南洋大学铁路管理科,聘胡仁源为科长。1925 年胡辞职后,由校长凌鸿勋兼任科长,10 月聘俞希稷任科长。

1927 年 7 月,南洋大学改称交通部第一交通大学,各学科均予以扩充,铁路管理科改为交通管理科,计划分设路政、电政、邮政、航政 4 门。1928 年秋,交通部再次将所属各校组成交通大学,以沪校为本部,改科为学院,交通管理科于是升格为交通管理学院,由原交通管理科主任徐佩琨任院长。交大改隶铁道部后,于 1929 年 7 月,又将交通管理学院改为铁道管理学院,分车务管理与财务管理两门,聘钟伟成为院长。1930 年秋增设材料门。在钟伟成的倡议与积极筹备下,1931 年春,铁道管理学院扩充并定名管理学院,除原有铁道管理科外,添设实业管理、财务管理、公务管理三科。至此,管理学院的规模基本定型。

二、专业与课程设置

理工科大学里设立管理学科,当时从国内来说尚属首创。其原因有以下几个方面:一是交通、铁道本身是一个大系统,必须有科学的管理,"有创造之人才,而无管理之人士,则必无效率之可言";二是鉴于当时"我国工商业失败多由于缺乏善良管理,管理不善,又因缺乏人才","衣食住行四大要素,均须有科学管理方法,方克尽善尽美";[①]三是当时许多校友在实际工作中的体会和希望;四是当时世界上许多发达国家已将科学管理广泛应用于各个方面,而科学管理的原理和方法又非常复杂,需要大学来培养各方面的管理人才。

交大管理学院的办院宗旨是逐步发展的。早在铁路管理科时期,办学宗旨是"为造就国有铁路属于管理方面之人才"。[②] 到交通管理学院时期,其宗旨是"造就交通管理专门人才"。一、二、三年级不分科,到四年级分铁路及营业两门。在铁道管理学院时期,宗旨是"造就铁道管理专门人才",一、二、三年级仍不分科,到四年级分车务与财务两门。[③]

1931 年管理学院成立后,宗旨是:"期在养成各项科学管理专门人才,以应政府及社会各界建设之需要。各科以经济学理为体,科学方法为用。在铁道管理科,注重车务、材料管理及会计等各学系。在实业管理科,注重工厂管理、成本会计及人事管理等各学系。在财务管理科,注重财政统计及金融银行等各学系。在公务管理科,注重官厅管理、社会组织及公用事业等各学系。所有各科教材,除课本外,指定参考图籍,并请专家到堂讲授学理,或现代

---

① 黎照寰:《纪念周中黎校长之演辞》。《交大三日刊》第 1 版,1930 年 9 月 24 日。

② 赵祖康编:《南洋大学概况》(1926 年 1 月)。《交通大学校史资料选编》第 1 卷,第 396 页。

③《交通大学校史》(1896—1949),第 253 页。

问题，借资研究。”[①]

由于科学管理在20世纪20年代还是一门新兴的学科，因此在交通管理学院时期和铁道管理学院时期，课程设置比较杂乱，有些课程内容重复，相互脱节；许多课程搬用美国一些大学的教材，脱离我国的实际。钟伟成任院长后，针对这些问题，对课程设置进行一些重要的修订。他提出交大管理学院要培养的不是办事人员，而是指挥负责人员。办事人员所需要者为办事之技能，而“指挥负责人员所需要者，办事技能而外，更须具有高深之见解与健全之决断”，修订课程设置“即欲谋所以履践此二种需要为目的”。[②] 对于课程内容，钟伟成认为：“科学管理学术，经纬万端，与工程、法规、会计、经济等学科，息息相关……必先养成一班中心之管理人才，于工商基本学术有相当探讨，于科学管理学科更博采精研，再须明了本国之经济情形社会状况，求得合于国情之科学管理方法以实施之于本国一切工商实业。”[③]

这一时期，管理学院课程设置的基本情况是：全院“设铁道管理、实业管理、财务管理及公务管理四科。各科皆以管理学为中心课目，而以经济、会计、统计、预算及组织等为各科共同之基本科目。惟应用专门课目，则以科别而互异，如铁道管理科注重车务、运价、站务管理及行车管理等；实业管理科注重工程程序、工厂管理、成本会计、人事管理等；公务管理科注重行政管理、市政管理、比较政府以及各种公法等；财务管理科注重公私财政以及金融银行等。各科课程，一、二年级授以原理方面，三、四年级偏重应用方面”。[④]

管理学院各科的课程，随着学院的扩大，经过几次修改充实调整，到1936年形成了较完善的学科体系。

兹将各科1936年度各类课程列表于下。从表中可以看出，在各科课程中，管理基础课程比较多，而本科的专门课程则较少，两者之间的比例，分别为：铁道管理科2.5∶1，实业管理科1.9∶1，财务管理科2.26∶1，公务管理科1.75∶1，各科的专门课程在全部课程中的比例就更小了，一般只占五分之一左右；在实业管理科，专门课程还不到六分之一，而数、理、化及工程技术课程约占三分之一；各科交叉的课程也比较多，如财政学约占各科课程的十分之一；国文、英文约占各科课程的17％。

---

① 《交通大学概况及课程一览》，1932年2月。

② 《铁道管理学院第二次院务会议记录》（1929年12月30日）。

③ 钟伟成：《告毕业同学书》。《交大三日刊》，1931年1月28日。

④ 《交通大学概况》（1936年）。上交档：Ls03－433。

表 2-4 1936 年管理学院课程

课程类别	铁道管理科		实业管理科		财务管理科		公务管理科	
	学分	百分比	学分	百分比	学分	百分比	学分	百分比
经济学	18	9.8	16	8.5	22	12.2	16	8.5
会计学	20	10.9	15	8	31	17.1	14	7.4
统计学	14	7.6	8	4.3	14	7.73	14	7.4
政治学	12	6.6	2	1.1	16	8.84	21	11.2
商业学	10	5.5	14	7.5	12	6.63	10	5.3
财政学	19	10.4	15	8	34	18.8	21	11.2
运输学	15	8.2	2	1.1			2	1.05
铁 道	27	14.8			4	2.2	2	1.05
实 业	4	2.2	22	11.7	6	3.32	11	6.1
政 府					3	1.66	36	19.1
专家演讲及研究论文	8	4.4	8	4.3	8	4.42	8	4.2
国文、外文	31	16.9	31	16.6	31	17.1	33	17.5
数理化及工科课程	5	2.7	54	28.9				
共计	183	100	187	100	181	100	188	100

课程内容概要：

(1) 经济学。经济学课程共 9 门：经济学原理，政治经济地理，经济学说，经济统制制度，中国富源，经济思想史，估值学，国际商业政策以及关税问题。

(2) 会计学。会计学课程共计 9 门：会计学原理，高等会计，成本会计，政府会计，铁道会计，会计问题，审计学以及银行会计。

(3) 统计学。统计学课程共 3 门：统计数学，统计学以及高等统计学。

(4) 政治学。政治学课程共 8 门：政治学，国权学说，近代史，党义，近代文化，中国革命史选讲，中国外交史以及远东政治发达史等。

(5) 商业。商业课程共 7 门：商业组织，国内外贸易，营业管理，广告学，商法，保险学以及商业财务管理等。

(6) 铁道管理学。铁道管理学课程共 11 门：铁道发达史，铁路组织，铁道客运业务，货运业务，铁道货等运价，铁道行车，铁道法规，铁道终点及车场管理，铁道材料管理，铁道管理以及机车管理等。

(7) 运输学。运输学课程共 10 门：运输大意，铁道运输原理，运输整联，市郊运输，铁道运输，水道运输，航业管理，港埠管理，道路管理以及道路汽车运输等。

(8) 实业管理学。实业管理学课程共9门：公用事业，工业法规，总务管理，劳动问题，心理学，人事管理，工厂管理，实业运输管理，以及采购及贮藏学等。

(9) 财政学。财政学课程共12门：货币及银行学，高等银行学，公司理财，财政学，社会学，租税论，理财数学，海关业务，投资学，预算学，铁道财政以及国内外汇兑等。

(10) 政府。关于研究政府的课程共16门：中国政府，地方政府，比较政府，外交事务，行政管理时事，市政府管理，公务管理，法学大意，民法，行政法，宪法，刑法，国际公法，盐务行政，关务行政以及邮政业务等课程。

管理学院各科都有专家演讲和研究论文两门课程。专家演讲由学校聘请铁道管理专家、银行家、实业界名人等主讲。研究论文即是毕业论文。

管理学院实验室有：①车务实验室，成立于1934年，设有轨道、岔道转辙器、号志、机车及可用电气行驶客货车辆模型等；②车务电报实验室，成立于1930年，备有莫尔斯机6架，听音器20具；③统计实验室，成立于1934年，备有计算机3架，及零星工具等；④会计实验室，成立于1934年，备有计算机2架及零星工具等，另有幻灯，供各课讲授时映演实际情形所用。学院阅览室有书籍二千余册，杂志十余种。

管理学院1936年度各科课程表选引部分如下：

表2-5　铁道管理科1936年度课程表

课程名称	每学期学分数								课程学分数	每周授课时数	备注
	第一学期	第二学期	第三学期	第四学期	第五学期	第六学期	第七学期	第八学期			
国文	2	2	2	2					8	3—2	
英文	3	3	3	3					12	5—3	
统计数学	3	3							6	3	
制图学	1								1	3	
经济学原理	4	4							8	4	
会计学原理	3	3							6	5	
铁道运输原理	2								2	3	
铁道发展史		2							2	3	
近代史	2	2							4	2	
政治经济地理	2								2	3	

(续表)

课程名称	每学期学分数								课程学分数	每周授课时数	备注
	第一学期	第二学期	第三学期	第四学期	第五学期	第六学期	第七学期	第八学期			
中国富源		2							2	2	
党义	1	1							2	1	
现代文化		2							2	3	
军事训练	0	0							0	3	
法文											任选一门
日文											
俄文			2	2	2	2			8	4—3	
德文											
演说学			1						1	2	
理财数学			2	2					4	3	
货币及银行学			3	3					6	3	
商业财务及管理			2	2					4	2	
高等会计			3	3					6	4	
财政学			2						2	3	
铁道工程				2					2	3	
铁道组织		3							3	3	
铁道客运业务			2						2	3	
经济统制制度			2						2	3	
中国外交史		2	2						4	2	
体育		0	0						0	2	
公事英文								1	1	2	
统计学							3	3	6	5	
商法							2	2	4	2	
国内外贸易							2		2	3	
国内外汇兑								2	2	3	
机车管理						2			2	2	
铁道号志					2				2	2	
成本会计					2				2	2	

（续表）

课程名称	每学期学分数								课程学分数	每周授课时数	备注
	第一学期	第二学期	第三学期	第四学期	第五学期	第六学期	第七学期	第八学期			
铁道财政					2				2	3	
市郊运输						2			2	2	
水道运输					2				2	3	
港埠管理						2			2	3	
道路汽车运输					2				2	3	
航空运输						1			1	2	
铁道货运业务					3				3	4	
铁道货等运价						3			3	4	
航业管理						2			2	3	
中文公文程式								1	1	2	
经济学说							2	2	4	3	
劳动问题							2		2	3	
人事管理								2	2	3	
高等统计学							2		2	3	
运输整联							2		2	3	
铁道行车							3		3	4	
铁道会计							3	3	6	3	
铁道终点及车场管理								3	3	4	
铁道材料管理							2	2	4	2	
铁道法规							2		2	3	
预算学								3	3	3	
专家演讲							1	1	2	5	
铁道研究及论文							3	3	6	3	
共计	23	24	26	19	15	14	29	28	183		

表 2-6 实业管理科 1936 年度课程表

课程名称	每学期学分数								课程学分数	每周授课时数	备注
	第一学期	第二学期	第三学期	第四学期	第五学期	第六学期	第七学期	第八学期			
国文	2	2	2	2					8	3—2	
英文	3	3	3	3					12	5—3	
数学	4	4							8	4	
物理	2	2							4	3	
物理试验	1	1							2	2	
化学	2	2							4	2	
化学试验	1	2							3	2—4	
制图学	1								1	3	
中国富源		2							2	3	
经济学原理	4	4							8	4	
政治经济地理	2								2	2	
党义	1	1							2	1	
军事训练	0	0							0	3	
法文											任选一门
日文			2	2	2	2			8	4—3	
俄文											
德文											
演说学			1						1	2	
会计学原理			3	3					6	5	
货币及银行学			3	3					6	3	
商业组织				2					2	2	
运输大意			3						3	3	
经济统制制度				2					2	3	
应用力学			3						3	3	
机械原理				3					3	3	
材料力学				3					3	3	
心理学			3						3	3	
工厂实习			1	1					2	3	

（续表）

课程名称	每学期学分数								课程学分数	每周授课时数	备注
	第一学期	第二学期	第三学期	第四学期	第五学期	第六学期	第七学期	第八学期			
体育			0	0					0	2	
统计学					3	3			6	5	
商法					2	2			4	2	
国内外贸易					2				2	3	
国内外汇兑						2			2	3	
公司理财						2			2	3	
成本会计					2				2	2	
高等成本会计						3			3	4	
审计学					2				2	4	
机械工程					3	3			6	3	
机械工程试验					2				2	3	
电机工程					3	3			6	3	
电机工程试验						2			2	3	
工程材料					3				3	3	
工业制造概论						3			3	3	
中文公文程式							1		1	2	
公事英文								1	1	2	
高等统计学							2		2	3	
劳动问题								2	2	3	
工业法规							2		2	3	
工厂管理							3		3	3	
营业管理								2	2	2	
广告学								2	2	3	
采购及贮藏学							3	2	5	3—2	
实业运输管理								3	3	3	
保险学（水、火险）							2		2	3	
人事管理								2	2	3	
总务管理							2		2	2	

(续表)

课程名称	每学期学分数								课程学分数	每周授课时数	备注
	第一学期	第二学期	第三学期	第四学期	第五学期	第六学期	第七学期	第八学期			
预算学								3	3	3	
估值学								2	2	2	
社会学							2		2	3	
专家演讲							1	1	2	5	
事业管理研究论文							3	3	6	3	
共计	23	23	24	24	24	25	21	23	187		

表 2-7 财务管理科(三、四年级)1936 年度课程表

课程名称	每学期学分数								课程学分数	每周授课时数	备注
	第一学期	第二学期	第三学期	第四学期	第五学期	第六学期	第七学期	第八学期			
统计学					3	3			6	5	
商法					2	2			4	3	
公用事业						2			2	3	
国内外贸易					2				2	3	
国内外汇兑						2			2	3	
审计					4				4	4	
成本会计					2				2	2	
高等成本会计						3			3	4	
政府会计					2				2	3	
预算学						2			2	3	
高等银行学					1	1			2	2	
铁道管理					2				2	3	
铁道财政						2			2	3	
海关业务						2			2	3	
法文											任选一门
日文											
德文					2	2			4	3	
俄文											

（续表）

课程名称	每学期学分数								课程学分数	每周授课时数	备注
	第一学期	第二学期	第三学期	第四学期	第五学期	第六学期	第七学期	第八学期			
公事英文					1				1	2	
中文公文程式							1		1	2	
经济学说							2	2	4	3	
经济思想史							1	1	2	2	
高等统计学							2		2	3	
租税论							3	3	6	3	
投资学								2	2	3	
国际商业政策							2		2	2	
关税问题								2	2	2	
铁道会计							2	2	4	3	
银行会计							2		2	3	
会计问题								2	2	3	
盐务行政							3		3	3	
人事管理								2	2	3	
专家演讲							1	1	2	5	
财务管理研究论文							3	3	6	3	
一二年级学分数									97		
共计	24	24	25	24	21	21	22	20	181		

表 2-8　公务管理科(三四年级)1936 年度课程表

课程名称	每学期学分数								课程学分数	每周授课时数	备注
	第一学期	第二学期	第三学期	第四学期	第五学期	第六学期	第七学期	第八学期			
国文					2				2	3	
中文公文程式						1			1	2	
公事英文					1				1	2	
统计学					3	3			6	5	
预算学						3			3	3	
政府会计					2				2	3	

(续表)

课程名称	每学期学分数								课程学分数	每周授课时数	备注
	第一学期	第二学期	第三学期	第四学期	第五学期	第六学期	第七学期	第八学期			
审计学					4				4	4	
公用事业						2			2	3	
总务管理						2			2	2	
商法					2	2			4	2	
法文											任选一门
日文											
德文					2	2			4	3	
俄文											
国联组织					2				2	3	
国际公法					2				2	2	
地方政府						2			2	2	
市政管理					2				2	2	
宪法						2			2	3	
比较政府						2			2	3	
铁道管理						2			2	3	
经济学说							2		4	3	
高等统计学									2	3	
人事管理							2		2	3	
外交事务							2		2	2	
刑法									2	2	
远东政治发达史							2		2	3	
公务管理									3	3	
行政法							3		3	3	
租税论							3		6	3	
盐务行政									3	3	
关务行政							3		3	3	
铁道会计							2		4	3	
民法									2	3	

（续表）

课程名称	每学期学分数								课程学分数	每周授课时数	备注
	第一学期	第二学期	第三学期	第四学期	第五学期	第六学期	第七学期	第八学期			
专家演讲							1		2	5	
研究论文							3		6	3	
一二年级学分数									91		
共计	24	24	25	24	22	23	23	23	188		

三、师生概况

1918 年铁路管理科成立后，仅有教员 4 名：徐经郛、徐广德、李伟伯、俞希稷。1922 年，从京校迁回上海后，教员增为 6 名，徐广德、唐荣滔、陈长乐、王季长、俞希稷、周思忠。扩建为学院后，教师队伍亦不断扩大。1928 年交通管理学院有教员 18 名，职员 2 名。1929 年改为铁道管理学院后，在这一年内就新聘了教员 12 人。1931 年成立管理学院时又新增师资，全院有教授 2 人、副教授 3 人、特约教授 1 人，讲师 27 人，助教 4 人，合计 37 名。到抗日战争全面爆发前，教员人数虽变化不大，但学术结构趋于合理。据 1937 年 6 月版《交通大学一览》“教员名录”，全院有教员 40 人，其中教授 5 人，副教授 12 人，讲师 18 人、助教 5 人。具体情况如下：

院长兼教授：钟伟成；教授：林叠、俞希稷、李炳华、汪仲良；副教授：严砺平、安绍芸、王炳南、查修、郑惠益、曹丽顺、郁仁充、沈奏廷、冯建维、熊大惠、谭炳勋、陈振铣；讲师：蒋士麒、张宗谦、夏晋麟、周德熙、胡纪常、钟仰麒、余良、翟克恭、崔晓岑、钱素君、何家成、诸肇民、刘泮珠、刘忠业、胡宝昌、杨学坤、王同文、黄宝桐；助教：黄宗瑜、王烈望、徐松麟、胡亦生、任家诚。其中留学国外并获得博士学位的有 9 位，获得硕士学位的有 12 位，形成了一支阵容较强的师资队伍。这个时期的教师中不乏国内素有名望、学有专精之人，如著名经济学家马寅初、会计专家俞希稷、铁路运输学家沈奏廷、经济学家杨荫溥、李权时等。

管理学院学生人数相对比较稳定。在 20 世纪 20 年代管理科时期，四个年级一般合计在 120 人左右，平均每班 30 人，如 1924 年有 126 人，1926 年有 124 人。扩为学院后，内分专业，扩大招生，学生人数有所增加。1928 年交通管理学院学生共 174 人；1929 年，铁道管理学院学生共 197 人；到 1936 年，管理学院共有学生 196 人，计铁道管理科 72 人，实业管理科 42 人，公务管理科 23 人，财务管理科 59 人。从 1920 年首届学生毕业到 1937 年为止，共

1935届管理学院全体学生合影

毕业学生17届(1921年无学生毕业),毕业624人。毕业生大多数在铁路、交通部门担任管理工作,也有一些或任职于银行、政府、工厂、学校等部门,或公费自费出国深造。后来比较著名的毕业或肄业学生有原中国致公党中央主席董寅初、语言学家许国璋、外交官刘山、国际问题专家宦乡、会计专家龚清浩、足球健将戴麟经等人。

四、历任科长、院长

1920年到1937年期间,先后担任管理科(学院)科长、院长的先后有徐经郛、徐广德、胡仁源、凌鸿勋、俞希稷、徐佩琨、黎照寰、钟伟成等8人。

首任管理科科长徐经郛,号守五,是交大1907年商务专科毕业生,后被学校派往美国宾夕法尼亚大学留学,获得理财科硕士学位。1911年回校任教,曾任中学科科长、英文科科长。1921年春,徐辞职另就津浦管理局之职,由管理科教员徐广德接任科长,任职一年多。

1922年7月胡仁源担任科长。胡仁源,字次珊,浙江吴兴人。1901—1902年曾在公学特班学习,为总教习蔡元培所赏识。后留学英国习工业工程,回国后授予工科进士。1913年,担任北京大学预科学长,后又担任工科学长、代理校长。1921年任交大机械科教授,1925年2月辞去科长之职。当时的校长凌鸿勋一时找不到适合的继任人选,暂由自己兼任。

1925年9月，管理科教员俞希稷任科长。俞希稷，江西婺源人，美国伊利诺大学商学士、威斯康辛大学政治经济学硕士毕业，管理科创建时即担任教职。1927年离校任国民政府财政部会计司司长，后又回校长期担任教授。

俞希稷1927年7月离校后，徐佩琨接任，改为学院后任院长。徐佩琨，字叔刘，早年就读交大。1914年土木科毕业后留学美国，获经济学硕士学位。1928年10月交大从交通部划归新设铁道部管辖；1929年6月黎照寰任副校长后，即在校务、人事、教学等方面进行了大刀阔斧的调整，引起少数院系主任的不满，其中以徐佩琨的意见最大。不久，徐佩琨被铁道部调离交大，派往东北考察路政，院长一职由黎照寰暂代。

在叶恭绰、郑鸿年、茅以升的举荐下，1929年9月，孙科、黎照寰聘任钟伟成任铁道管理学院院长，此后一直到1952年交通大学管理学院调整撤销为止。在长达20年之久的任职内，他对管理学院的建立与发展以及形成交大理工管结合的办学特色，起到十分重要的作用。他的管理教育实践和思想是交大办学传统的一个组成部分，为我国早期管理学科的发展做出了重要贡献。

管理学院院长钟伟成

钟伟成（1898—1986），江苏江都人。1915年就读于上海圣约翰大学。1918年赴美留学。1921年获伊利诺大学商学学士后，再入芝加哥大学研究院研修管理学。1922年回国后先后担任交通部秘书、暨南大学教授等。建国后曾任交通大学校务委员会常务委员、东吴大学第一副校长等。专长铁路材料管理、企业管理，著有《铁路材料管理学》《工商管理》等。钟伟成是一位力主管理科学救国的爱国知识分子，笃信管理科学是振兴国家经济、提高政府效率的利器。他认为，管理科学方法效果极为显著，“施之于工商业，则生产之效率增加，成本减少；施之于劳工，则工作之能率增加，劳资之纠纷减少；推而至于施行于一切组织，均纲举目张，事无不举”。[①] 20世纪初以来欧美、日本各国

① 《交大三日刊》，1931年1月28日。

在工商业、行政组织及一切领域中推行科学管理,生产激增,行政高效;同时管理学术和教育正方兴未艾,管理科学被称为又一次工业革命,便是最好的例证。然而,他反观我国新兴工业的管理,“实在谈不上什么科学管理,最坏的现象,就是把家庭制度搬到工厂中去,好像一个工厂专为供养亲戚朋友而开的一样”。两相对照,他认为,我国经济落后,除了帝国主义经济侵略这个外因以外,“则管理的落伍所不能不负一大部分的责任”。作为接受过西方高等教育、体验过西方现代物质文明的中国新一代知识分子,钟伟成痛感我国长期处于贫穷落后、内乱不已、强敌入侵的局面,认为其根本原因在于实业不振,政治不良。要振兴中国实业,“于利用机械之中,同时必须采用管理科学,双管齐下,急起直追,然后方能达到迎头赶上的目的”。要改良政治,创造最高效率的政府,必须“参照国情,积极采用欧美行政管理学的精华”。有鉴于此,他疾呼在我国工业、交通、商业、行政等各个实施科学管理;全国工商界以及一切社会企业都需要研究管理科学,职位愈高愈需要;全国大学各学院均应管理科学为必修科之一,教育部门应当多办几所训练管理人才的学校,以供给将来建设新中国的需要。

20世纪二三十年代,管理学刚刚登陆中国不久,在实际运用和学术研究方面未能得到重视。很多人对其不甚了解,甚至还存有误解,认为管理仅为常识而非科学,无需列入教育学科。早在1934年10月,教育部以不合部令为由,指令交大更改院系名称,其中管理学院应改为国内大学中普遍设立的商学院。由于交大当时隶属铁道部,对更改令未加理会。1937年8月教育部主辖交大后再令更名。黎照寰校长上呈反对更改院名。早年钟伟成发表《辟误解“管理”者》一文,认为管理学院与商学院性质相异,商学是从个人立场研究市场竞争之专门技术,只适用于商业;而管理学则从社会立场研究如何运用诸种科学原理与实验方法,以支配事业中之“人”“物”“财”,可应用于各种事业组织。因性质差异,两者课程内容差别很大,商学院以直接或间接贸易学术为主体;管理学院以组织效能、业务统制、人事管理、成本会计等问题为主体。钟伟成最后认为,交大管理学院担负着培养全国管理人才的重任,负有特殊使命,非一般商学院培养一般商业人才可比。钟伟成对管理学的本质理解,对管理教育的不懈追求,由此可见一斑。最后,教育部对更名之争作了让步。在钟伟成等人的坚持下,交大管理学院名称和组织维持不变,使全国唯一的管理教育仍旧能够延续下来。

钟伟成在管理学院办院宗旨和人才培养目标上定位比较明确。1931年管理学院扩充时,他发表《告毕业同学书》,明确地说明办院宗旨:“管理学院名下分设四科,一为铁道管理科,所以培养铁道部自用之人才;二为工业管理科,三为财务管理科,四为公务管理科,所以供给工商实业及其他行政机关等一切管理人才。”按照这种观点,1932年管理学院正式确定办院宗旨:“期在养成各项科学管理专门人才,以应政府及社会各界建设之需要。”其中的公务管理即行政管理，是我国高校中最早设立的此类专业。对管理专才的培养目标，钟伟成认为培养的不是办事人员，而是指挥负责人员。办事人员所需要的是办事技能，而指挥负责人员除所需办事技能而外，“更须具有高深之见解与健全之决断”，是能务实耐苦、深思力行、“不做大官，要做大事”的管理专家。

在教学中，钟伟成主张管理学院“各科以经济学理为体，科学方法为用”，注重“训练学生能将一切经济原理适用于日常生活中，而不致有墨守成规之讥”，培养学生“确定学理的治事法则，去代替主观的尝试习惯”。从 1931 年起，钟伟成陆续对课程设置进行了一些重要的修订，到 1936 年形成了较为完善的课程体系。他认为管理学院课程“有一贯之体系，主辅相倚，轻重有别”，全院铁道、实业、财务、公务各科“皆以管理学为中心课目，而以经济、会计、统计、预算及组织等为各科共同之基本科目……一、二年级授以原理方面，三、四年级偏重应用方面”。他很重视基础课程，各科的“基本科目”比较多，而本科的专门课程则较少，两者比例大致保持在 2. 1∶1，专门课程在全部课程中的比例更低，一般在 5∶1 左右。各科的交叉课程也比较多，如财政学约占全部课程的 10%，国文、外文约占 17%。对于这种课程设置，他解释道：“治学如造金字塔，基础务其大，上层建筑务其专，及其成也，巍然而不可摇。”

在具体实施教育方针中，钟伟成及时借鉴美国伊利诺大学管理学院、宾夕法尼亚沃顿商学院等先进的管理学成果和教育经验。同时，他更注意立足本国国情，使管理学在中国能够开花结果，培养适合中国社会实际所需之才。为努力使管理教育本土化，他在教学中采取一些措施：一是自编教材，到 1936 年，全院教师写成了 50 余本比较切合中国实际的讲义和著作，使将近一半的课程采用了自编中文教材，其中他自编教材两部：《铁路材料管理学》《工商管理》。二是注重参观实习。他与教员定期带学生分赴工厂或路局参观实习。三是聘请专家来院演讲。第一个来院演讲的专家是马寅初。此外，钟伟成还重视国文，有关历史学科如中国外交史的教学和研究。

第四节　土木工程学院

一、从土木工程科到土木工程学院

土木专业是交大最早建立的工程专业，始设于 1906 年，时称铁路专科，1913 年正式改称土木科。1921 年交通大学合组时议定“沪校专办大学理工科之电气、机械及造船三科”，原办土木科并入唐山工程学院。土木科师生不愿北迁，说服南洋公学同学会出面反对并入唐校。1921 年 3 月 8 日,为保留学校土木科,南洋公学同学会致函交通大学董事会,建议不宜将唐山与本校的土木科合并办理,而是"正宜开拓,使两处各仍其旧,以利沟通南北之邮"。[1] 董事会复函说明原委,并请转达土木科师生。4 月,代理校长兼交通大学董事凌鸿勋致电土木科学生,称交通部将上海土木科、唐山机械科互调,将性质相近机械、电机二科归并上海一处,有利于教授。改组以后,必将两校规模扩充,程度加高。[2] 7 月,土木科移并于唐山学校。1922 年交通大学沪、唐、京三校分立时,土木科未能如管理科迁回,但改组后的南洋大学一直努力恢复土木科。1924 年 12 月 29 日,刚刚上任的凌鸿勋致函交通总长叶恭绰,提出 6 条扩展南洋大学的建议,其中就有恢复土木科一项。社会建设界也鉴于土木人才的缺乏和交大土木专业的办学传统,要求复建土木专业。1925 年 1 月,中华全国道路建设协会致函交通部育才科,吁请于南洋大学内恢复土木工程科,以期造就专门人才。后因政局不稳,经费难筹,未能如愿复建。

1928 年学校改组后,复设土木科的内外条件已经成熟。5 月 14 日,学校以校长蔡元培的名义呈请交通部添设土木科,呈文称:"现革命依次成功,建设正当开始,须有市政建筑道路人材;再者,前南洋大学土木科停办后仪器设备保管良好,极少散失。"[3]5 月 20 日,交通部即批复准予下学期添设土木科,招收新生归入工科内授课,所需经费在原有设备及月支经费下开支,不另行拨款。

改隶铁道部后,铁道部长兼校长孙科鉴于当时国内铁路交通、建筑事业的发展,土木工程人才颇感缺乏,于是着手扩充土木科为土木工程学院。铁道部于 1929 年 9 月聘铁道部技正孙谋兼代院长,学生则由机械、电机两院转入。故开办伊始,学院即有三个年级,中辍 8 年之久的土木专业得以重新恢复。学院成立后发展迅速,1930 年 4 月,铁道部技正李谦若任院长。至 1930 年秋学院设立了 4 个年级,分为铁道工程、构造工程、市政工程 3 门;1933 年秋又增设了道路工程门,成为 20 世纪 30 年代发展最快的学院。

二、专业和课程设置

土木工程是国家发展交通建筑事业的基础。不但需要一定的理论要求,而且更需要有精细具体的实际操作能力。它要求学生掌握基本的土木工程知识外,还要对各类工程有相当的研究能力。所以学院在建立时就明确规定:"本院教授宗旨,在培植各项土木工程建设

---

① 南洋公学同学会:《请保留母校土木科致交通大学董事会函》(1921 年 3 月 8 日)。《交通大学校史资料选编》第 1 卷,第 355 页。
② 《申报》"本埠新闻",1921 年 4 月 19 日。
③ 蔡元培:《呈交通部添增土木科函》(1928 年 5 月 14 日)。西安交通大学档案馆历史档案(以下简称"西交档"):2218。

人才。先于一二年级，授以土木工程之基本课程。至三年级课程，以铁道建筑、铁道弧线及土工构造理论、钢骨混凝土理论为主，而又以给水工程、道路工程、材料实验等副之。至四年级则分铁道工程、构造工程、市政工程3门。分班授课，使各生能专攻而更明了所学之门径。另加征论文，借以考验自动研究之能力。"[①]强调基本知识与基本理论的训练，从低到高，由浅入深。同时，土木工程又强调实际测量、正确计算、周密规划的实际运作，所以交大土木工程学院在教学上比较重视实际，除讲授外，特别注重习题、运算、工程实习、参观考察。由于土木工程院课程内容侧重研究铁道和道路交通问题，因此增加各种测量实习课，尤其重视野外作业。例如：二年级有平面测量、高等测量、天文及大地测量，暑假里还有三周时间的地形测量实习；三年级有铁道及道路测量、地形测量，暑假里有三周时间的铁道及水文测量实习；四年级还有航空测量。除测量实习外，学院还经常组织学生参观车站、桥梁、隧道、轮渡、港岸和自来水厂、水泥厂、污水排泄厂等。这样，把理论基础与实践知识结合起来，提高学生的能力。

交大土木工程学院的课程设置，变化不大。以1936年度各年级课程为例。

表2-9　土木工程学院1936年度课程表(一、二、三年级)

课程名称	每学期学分数						课程学分数	每周授课时数
	第一学期	第二学期	第三学期	第四学期	第五学期	第六学期		
国文	2	2					4	3
英文	2	2					4	3
党义	1	1					2	1
物理	3	3	3	3			12	3
物理试验	2	2	2				6	3
化学	3	3					6	3
化学试验	2	2					4	3
微积分	4	4					8	4
机械画图		2					2	6
图形几何	3						3	6

① 《交通大学概况及课程一览》(1932年2月)。上交档：Ls3－395。

(续表)

课程名称	每学期学分数						课程学分数	每周授课时数
	第一学期	第二学期	第三学期	第四学期	第五学期	第六学期		
工厂实习		1					1	3
军事训练	0	0						3
高等工程数学			2	2			4	2
化学分析			2				2	3
力 学			5				5	5
图形力学			2				2	3
材料力学				5			5	6
工程材料				3			3	3
工程地质学			2	2			4	2
工程图学			1	1			2	3
平面测量(讲授)			4				4	4
平面测量(实习)			1				1	3
高等测量(讲授)				3			3	3
高等测量(实习)				1			1	3
天文及大地测量				4			4	4
工程经济学				3			3	3
暑假地形测量实习				3			3	三星期
体 育			0	0				2
水力学					4		4	4
中文公文程式						1	1	1
机械工程					3	2	5	3—2
机械工程试验						2	2	3
铁道弧线及土方					3		3	3
铁道及道路测量实习					1		1	3
铁道建筑						3	3	3
道路工程					3		3	3
构造理论					3	3	6	3
构造计划					2	2	4	3

（续表）

课程名称	每学期学分数						课程学分数	每周授课时数
	第一学期	第二学期	第三学期	第四学期	第五学期	第六学期		
钢骨混凝土理论					3		3	3
石工及基础						3	3	4
地形测量计算及制图					1		1	3
自来水工程						3	3	3
营造工程						3	3	3
道路计划						1.5	1.5	3
材料试验					2		2	3
道路材料试验						2	2	4
暑期铁道及水文测量实习						3	3	三星期
共计	22	22	24	30	25	28.5	151.5	

表 2-10　土木工程学院 1936 年度课程表(四年级)

课程名称	第七学期	第八学期	课程学分数	每周授课时数
普通必修				
飞机场计划	1		1	2
电机工程	3	2	5	3—2
电机工程试验		2	2	3
铁道及水文测量				
计算与绘图	1		1	3
铁道养护	2	2	4	2
桥梁计划	4		4	6
沟渠及污水处置	3		3	3
河道及海港工程		3	3	3
工程合同		1	1	2
航空测量	2		2	2
工程设计		2	2	3
钢骨混凝土房屋计划		2	2	3
土木工程研究及论文	2	2	4	2

(续表)

课程名称	第七学期	第八学期	课程学分数	每周授课时数
特殊必修				
铁道工程门				
铁道运输		3	3	3
铁道号志	2		2	2
铁道车场及终点		3	3	3
铁道选线	4		4	4
铁道工程算题	1.5	1.5	3	3
构造工程门				
高等构造	2	2	4	3
桥梁工程	2		2	2
高等构造计划		3	3	5
铁道工程		2	2	2
钢骨混凝土桥梁计划	2		2	4
市政工程门				
城市计划		2	2	3
高等铁路工程	2		2	2
卫生工程试验		1.5	1.5	3
市政管理	3		3	3
市政工程		1.5	1.5	2
净水学	3		3	3
卫生工程计划		2	2	3
道路工程门				
道路桥梁工程		3	3	3
高等道路工程	2	2	4	2
道路管理	3		3	3
城市设计		2	2	3
道路运输		2	2	2
道路交通问题		2	2	2
自动车运用及构造	3		3	3

以上课程表显示：第一，重视基础课程，又注意专业课程。土木工程院开设课程中测量及绘图课程12门，27学分；工程材料课程4门，14学分；铁道工程课程10门，29学分；构造工程课程15门，47学分；市政工程课程8门，20学分；道路工程课程6门，16.5学分；水力工程课程2门，7学分。以上共57门，160.5学分。另有数、理、化及国文、英文等普通基础课程51学分，一般工程基础课程29学分，管理课程16学分。基础课程约占各门课程的40%，普通基础课程约占各门课程的25%，专业门特殊必修的24门课程60学分。尽管最后分专业门不同，但每个学生必须修满总分。四年中规定铁道工程门200.5学分、构造工程门198.5学分、市政工程门200.5分、道路工程门204.5分。

第二，各学年课程循序渐进，各有侧重。一、二年级完全是基本课程，掌握基本的土木知识。第一学年的课程与机械、电机工程学院相同，全部都是基础课程。物理和化学均连续两年(物理，一年级学力学和热学，二年级学电、光、声学和化学，一年级学普通化学试验，二年级学化学分析)。第二学年基本课程有两个方面：一是关于材料学方面的课程，如材料力学、材料试验、工程材料等。材料力学对于土木工程尤为重要，它是研究结构工程、钢骨混凝土学的理论基础。材料力学课程注重研究工程材料之强弱及其外表与内部因受外界压力、引力、旋力或扭力之影响。工程材料讲授各种材料的种类、构造、性质、用途与试验。材料试验是前两门的辅助课程。二是关于测量方面的课程，如平面测量的讲授与实习、高等测量的讲授与实习、天文及大地测量等。平面测量注重讲授各种仪器的使用方法及导线测量法、测量物体位置法、水准仪高低及剖面测量法、视距测量法、绘图法及经纬水准仪之校正法等。高等测量讲授平板仪测量法、三角网测量大纲及基线角度测量法、面积及土方计算法、水文及流量测量法等。天文及大地测量讲授地球上各物体的坐标及其定义，球形上地平制、赤道制、黄道制座标的系统，时之计算法，视差改正法，经纬度时及真方向之观测法及计算法筹。到了第三学年，除一般土木专业基础课程外，铁道和道路建筑方面的课程增加相当的比例。主要课程有构造理论和构造计划。构造理论是建筑学的基础课程，它是根据静力学原理，运用简捷的方法计算各种结构的受力。构造计划课系补充构造理论中属于计划方面的内容，课程内容均有计算、图样及重量估计。铁道和道路方面的课程有铁道建筑、铁道弧线及土方、铁道及道路测量、道路工程、道路计划、道路材料实验等。铁道建筑课程包括累积图，土方成本、挖泥石工具及机器、开山洞、次要建筑场、敷轨道等问题。铁道弧线及土方讲授路线测量队的组织，踏勘线、初测、定测的普通手续、单孤线、双弧线、反弧线、介弧线、竖弧线、岔道、过道、联接道及土方之测量与计算法等。道路课程包含各种公路、市街的设计与修筑。第四学年是土木工程学院的高年级毕业阶段，开始分设专业工程门，主要分成铁道工程、构造工程、市政工程、道路工程四个门。制定第四学年的专门教学计划课程计划，规定有普通必修和特殊必修。共同的普通必修课有电机工程及试验、铁道养护、桥梁计划、沟渠及污水处置、河道及海港工程和土木工程研究论文等。四个工程门的专修课程，虽然各有侧重，但是关于铁道、道路、桥梁等的建设与管理问题，是各门都要研究的重要课题。如在铁道工程门和道路工程门，特殊必修课程几乎全是研究铁道、道路和桥梁的建筑问题。构造工程门的特殊必修课程有高等构造、桥梁工程、铁道工程、钢骨混凝土桥梁计划等，都以研究桥梁、铁道等结构为主要内容。市政工程门的特殊必修课，主要包括两个方面的内容：一是关于城市给水、卫生、市容建设；二是关于街道与路线网的联络、交通控制、道路、铁道、海港、河埠、飞机场的设计与建设。这种由低年级到高年级，由基本理论到专业门的课程设置，反映学习的渐进性和规律性。

土木工程学院设备也较齐全，有卫生试验室、水泥试验室、普通材料试验室；1933 年秋，增设道路材料试验室，并添办多种主要试验机器；1934 年春，又进一步扩充道路材料实验室，并得全国经济委员会的资助，添设土壤试验机器，同时尽量购置测量仪器、普通材料试验机器、卫生试验仪器等。

三、师生概况

1930 年 9 月土木工程学院成立之初，有院长兼教授李谦若 1 人，副教授杨培琫、顾康乐、裴冠西、钱昌淦、潘承梁、陈六琯、曾昭恒等 7 人，讲师王云瞻、苏鉴轩、郑惠祥、江元仁 4 人，助教邹敬传、冯时行、陈昌贤 3 人，合计 15 人。① 上述教师成为 20 世纪 30 年代土木工程学院的基本师资力量，以后虽逐年有所增聘，但是总体上保持稳定，且学术结构渐趋于合理。到 1937 年时，土木工程学院有教授 6 人，副教授 3 人，讲师 6 人，助教 5 人，共有 20 人，详细名单如下：院长兼教授：李谦若；教授：杨培琫、顾康乐、康时清、叶家俊、潘承梁；副教授：金悫、郑日孚、王云瞻；讲师：钱昌淦、李景潞、江祖岐、谢钦哲、邹敬传、冯时行；助教：顾兆勋、黄慎修、胡清瑗、张光棣、谢元。②

上述教师简历有以下几个特点：①大多数教师是本校土木专业毕业生。上述 20 人中

---

①《交通大学上海同学录》，1930 年。

②《交通大学一览》，1937 年 6 月。

有 13 人毕业本校，占 65％。他们热爱教学，师德高尚，以身作则，严于律己，并延续良好的办学传统和教风。②讲师以上的教师基本有着海外留学的经历，其中有 11 名曾留学美国，各有 1 人留学英国、德国，当中获得硕士学位的有 8 人，且不少人在国内外担任过教职或工程师，具有扎实的专业基础知识和较强的社会实践能力。

1928 年复设土木科时，学生由预科升入及添招一年级新生一班，同时准许机械和电机两院二、三年级学生转入学院。由于土木工程在当时颇受社会重视，就业容易，报名转院的学生很多，所以学院成立初期，即有一、二、三年级三个班。1929 年秋，学院有二年级学生 63 人，三年级学生 61 人，一年级工程学院不分班。到 1937 年全院共有学生 127 人。1931 —1937 年共毕业学生 7 届计 312 人，多数就业于铁路、道路、建筑、高校部门，或留学海外，不少人成就斐然，其中著名者有大地测量专家陈永龄（1931 届），铁路专家华允璋（1932 届），我国摄影测量与遥感学科的奠基人、曾任交通大学校长王之卓，水利泰斗张光斗（1934 届），铁路桥梁工程专家王序森（1935 届）、刘曾达（1936 届），实业家殷之浩（1936 届）等。

1935 届土木工程学院全体学生合影

土木工程学院
代理院长孙谋

四、历任院长

1929年学院筹备成立时，孙科校长聘铁道部技正孙谋代理院长职务。不及一年，孙谋即辞职，仍任铁道部技正。

孙谋(1884—1970年)，字铁生，江苏吴县人，早年留学美国哥伦比亚大学，获土木工程师。代理院长时曾讲授铁路工程课程，始终关心母校的发展。抗战期间，留在上海租界中的交大为了保护学校不被日伪接管，成立董事会，孙谋被聘为董事。1990年，其女孙琇莹(1937届)、女婿秦本鉴夫妇捐赠30万美元，在交大徐汇校区、闵行校区各建一个供教师和学生课外活动使用的场馆，并为纪念其父而命名为"铁生馆"。

1930年4月，孙科校长聘任铁道部另一名技正李谦若为代理院长。

李谦若(1886—1969)，字叔和，江苏苏州人。著名土木工程和测量专家。1904年入上海震旦学院读书，1907年赴美国康奈尔大学土木工程系留学。1911年获学士学位。后回国参加辛亥革命，受聘于铁道和水利部门。1930—1945年在交通大学，历任教授、土木工程学院院长、系主任、教务长。后又先后执教于复旦大学、厦门大学、大同大学、光华大学、大夏大学、上海工专、苏州工专、大连海军学校和中国矿业学院等，为祖国的铁路、桥梁、矿山的勘测建设和教书育人奋斗了一生。在文化大革命初期，因受造反派诬陷、迫害，患病时仍得不到良好的救治，于1969年逝世。李谦若执掌交大土木学院长达15年，期间兢兢业业，勇于开拓，亲上讲台授课，关心爱护师生，为该学院的教学管理、师资聘任、人才培养作出了贡献。

李谦若上任后，首先改善课程设置和教学计划，提高教学质量。当时教务处只安排一年级的课程，二年级以后的课程则由各学院自行安排。为了使土木工程学院毕业生的水平能和国际著名大学的毕业生一样，他调查了美国各著名大学土木工程专业的教学计划、课程设置和教材情况，精心设计交大的教学计划，选择结构学和测量学等专业基础课程，并选用当时最新、最实用的美国麻省理工学院的教材。所以交大土木工程学院二年级以上的教材全是英文的，学生的专业水平和英语水平都很高。

土木工程学院院长李谦若

李谦若还聘请一些德才兼备、真才实学，又能致力于教学的知名学者任教。如聘请了金恚教二年级的应用力学，江祖歧教三年级的结构理论，王云瞻教桥梁结构学，杨培琫教混凝土结构学，顾康乐教给水工程和污水处理工程。李谦若和教授们为了给学生打下扎实的专业基础，对学生也很严格。除第一个月外，每周都有考试并公布成绩，还有多次事先不通知的临时测验，以便了解学生的学习程度，督促学生学习。

李谦若还亲自主讲高等测量、大地测量、天文学、水力学、野外测量实习等课程。测量是门实践性很强的课程，他制定的教学计划规定每年暑假中留出三周时间，让二年级学生到野外进行大地测量，三年级学生到外地进行道路测量，以培养学生的实际工作经验、作风和素养。实习由助教带队，他也亲自参加指导。他要求学生在测量中严格遵守操作程序，并谆谆教导学生，如何避免可能的错误，如何提高精度。同时他要求学生在野外工作时，不怕苦、不怕累。在这方面，他以身作则，不怕酷暑和疲劳，经常亲自到各组去指导和检查。他对学生的身体健康和生活也非常关心和爱护，学生们都非常尊敬他。但也害怕他的严格，担心万一被他检查出什么毛病，或误差太大，就要重新测量，那就太辛苦了。他对测量实习一贯很重视，直到 1960 年 74 岁高龄时，还亲自带学生去北京门头沟进行测量实习。

在教学管理方面，李谦若十分严格，他平时话不多，说话时轻声细语，但凡是他的学生，对他严格、严谨的教学作风无不留下深刻的印象。在一次测量实习时，他发现有一个数据是学生没有经过实地测量，为了省事而估算的。他果断地命令学生把全部测量重做一遍，否则就判他们这次实习成绩零分。李谦若严正地对那些学生们说：科学必须实事求是，绝不能有半点虚假，更不能投机取巧，尤其是土建和测量工作，人命关天。他还说，一个人工作质量的好坏，反映了他的综合素质；一个工厂产品质量的好坏，反映了这个工厂的综合素质，中国要富强，大家做事就必须认真负责、兢兢业业，不能敷衍、马虎、偷懒。

多年后,不少学生反映,李教授这种严格的训练,不但当时对他们的触动很大,而且对他们以后工作态度和作风的影响也极其深远,甚至是终生的。

李谦若还经常教育学生要有理想、有抱负,重视培养学生的牺牲精神,吃苦耐劳和实事求是的科学作风。1931 年,他在交通大学第 31 届毕业典礼纪念特刊上,送上语重心长的临别赠言:“诸位此后将脱离学校生活,对于人民、社会、国家甚至对于全世界,将要抱着重大的牺牲精神,去努力贡献于伟大的事业……诸位到社会上去服务,不能像在学校求学时代的那样自由的,随随便便的习惯……我最近为毕业生出路问题,以私人资格向各机关接洽时,发现他们来信都是千篇一律地要‘能吃苦,成绩好’的学生。可见大学毕业生的文凭是可恃而不足恃,唯有耐劳吃苦成绩优异的大学毕业生方能博得社会的欢迎。”他还专门写了一篇文章《吃苦》,刊于交通大学第 35 届毕业典礼特刊上。

第五节 电机工程学院

一、从电机专科到电机工程学院

交大电机专业建于 1908 年上海高等实业学堂时期,在全国设立最早,始称电机专科,民国后改称电气机械科。1921 年交通大学改组时,北京学校的邮电班并入,组成电机工程科,美国人谢尔顿任科长,一二三年级不分门,四年级分电力工程、有线电信、无线电信 3 门。1924 年,有线、无线电信两门合并为电信门。1927 年秋,谢尔顿辞职回国,张廷金任主任。1928 年秋,电机工程科扩充为电机工程学院,张廷金任院长,仍设电力、电信两门。

二、专业和课程设置

电机工程专业是一门新兴的专业,人才奇缺,专业要求具有较深的理论知识与实验技能,教学上要由低到高、循序渐进。电机工程学院成立后制订的办院宗旨规定:“养成各项电机工程建设人才。先于一、二年级,注重基本学科及工厂实习。三年级,注重电机工程及试验。到四年级,在电信门注重无线电及电话、电报;电力门注重电力厂及输电学等科。除讲授书本外,另加习题,使各生研究,借以发展其自动探讨学理之能力。”[①]所以在教学上有三个特点:一是注重理论教学。理论课程占的比重大,约占全部课程一半以上,贯穿于四年级的

---

① 《交通大学概况及课程一览》(1932 年 2 月)。上交档:Ls3 - 395。

学程之中，而且内容比较深，难度较大。一、二年级注重基础学科，到三、四年级，有许多电机的原理和电信、电力理论课程，其中特别是直流电机与交流电机，对于学生来说是一个难关。二是重视试验和实习。各门重要的功课均有试验相辅而行，试验和实习课程有十余门，约占全部课程的六分之一。重要的理论课程和试验课程都由教授把关。三是功课重，要求严。电机工程课程理论深，难度较大，除指定的教材外，教授还另外增加许多材料，学生在上课前，要用许多时间进行预习，平时习题也很多。如交流电机直流电机等，一学期有一百余题。除做习题外，一般每星期必须考试一次，或交模范电机计划一次或两次；一学期有小考三四次。试验课程一般每星期有 2 门，占用大量时间，要求极为严格。

该院课程设置与土木工程学院相似，在一、二、三学年不分系科，到第四学年分电信、电力 2 门。初期学科范围比较狭窄，电机专业课程仅十五六门，随着电机科学技术的发展，课程逐年充实，到 1936 年形成了比较完善的体系。以 1936 年度为例，课程列表如下：

表 2－11　电机工程学院 1936 年度课程表(一、二、三年级)

课程名称	每学期学分数								课程学分数	每周授课时数	备注
	第一学期	第二学期	第三学期	第四学期	第五学期	第六学期	第七学期	第八学期			
国文	2	2							4	3	
英文	2	2							4	3	
党义	1	1							2	1	
物理	3	3							6	3	
物理试验	2	2							4	3	
化学	3	3							6	3	
化学试验	2	2							4	3	
机械图画		2							2	6	
图形几何	3								3	6	
工厂实习	1	1							2	3	
微积分	4	4							8	4	
军事训练										3	
微分方程式			2	2					4	2	
应用力学			4	3					7	4—3	
物理			3	3					6	3	
物理试验			2	2					4	3	

(续表)

课程名称	每学期学分数								课程学分数	每周授课时数	备注
	第一学期	第二学期	第三学期	第四学期	第五学期	第六学期	第七学期	第八学期			
工程化学			1	1					2	1	
化学分析			2	2					4	3	
机械设计			3						3	6	
机械原理画				3					3	6	
机械原理			3						3	3	
机械工程设备			4						4	4	
木工实习				1					1	3	
平面测量实习			2						2	4	
材料力学				3					3	3	
电机工程大意				4					4	4	选修
金工实习			1	1					2	3	
体育										2	
热力工程					3	3			6	3	
机械工程试验					2	2			4	3	
直流电机					4	4			8	4	
量电学					2	2			4	2	
直流电机试验					2	2			4	3	
工程材料					3				3	3	
机械计划					2	2			4	4	
交流电圈						4			4	4	
水利学					3				3	3	
工程经济学					3				3	4	
工业管理						2			2	3	
电话学						3			3	3	
蓄电池					1				1	1	
共计	23	22	27	25	25	24			146		
成本会计					3				3	3	选修
电气材料					3				3	3	
工程数学					3				3	3	

表 2－12　电机工程学院 1936 年度课程表(四年级)

电信工程门					
课程名称	每学期学分数		课程学分数	每周授课时数	备注
	第七学期	第八学期			
交流电机	5	4	9	5—4	
电机计划	2		2	3	
电话输电学	3		3	3	
电话及电报学		3	3	3	
自动电话	3		3	3	
电话及电报学试验		2	2	2	
无线电工程	3	3	6	3	
无线电试验	2	2	4	3	
无线电计划		1	1	2	
无线电收发	1	1	2	3	
交流电机试验	2	2	4	3	
内燃机	2		2	2	
电机工程研究		1	1	3	
专家演讲	2	1	3	4—2	
传影学		1	1	1	
铁道号志		2	2	2	
总计	25	20	45		
必修			191		
选修			12		
交流电机	5	4	9	5—4	
电机计划	2	2	4	3	
电力输电学	4		4	4	
电光学	3		3	3	
交流电机试验	2	2	4	3	
电力厂	3		3	3	
电力厂计划		2	2	3	
蒸汽发力厂	3	3	6	3	
无线电工程	3		3	3	

(续表)

电信工程门					
课程名称	每学期学分数		课程学分数	每周授课时数	备注
	第七学期	第八学期			
电信试验		2	2	3	
电机工程研究		1	1	3	
内燃机		2	2	2	
馈电学		2	2	2	
专家演讲	2	1	3	4—2	
电力铁道		3	3	3	
铁道号志		2	2	2	
电厂原动机		3	3	3	
总计	27	21	48		
必修			194		
选修			17		

从以上课程表显示:第一,重视基础课程的教学。电机工程虽然分成许多门类,但它们都有专业基础、工程技术基础、公共基础的课程。打好扎实基础是进行进一步深入研究的条件。电机工程学院开设的课程约占总学分数的40%,其中,电信工程专门课程7门,18学分;电力工程专门课程7门,22学分;一般电机工程课程约13门,55学分(电力门54学分)。此外,工程技术课程17门,55学分;数、理、化10门,48学分,国文、外文课程5门,15学分。1936年的课程编排更具有代表性,电机工程学院的全部课程中,属于各门的专门课程只占10%,加上选修课也只有15%左右。而一般电机工程课程、工程技术基础课程和国文、英文及数、理、化等共同基础课程几乎各占30%。电机工程课程与基础课程之比约为3∶5,而基础课程约占全部课程的五分之三。

第二,从基础到专业循序渐进。电机工程学院的一、二年级课程与机械工程学院一、二年级大体相同。三年级增加相近专门化内容,大部分是电机工程的基本课程。如:三年级直流电机是主要科目,注重讲授电路、磁路的基本原理,电枢线圈的设计,发电机和电动机的构造、设计、运用特性、发热及效率,电动机的速度控制及应用,输电、馈电及电力铁道设计上的原则,抵消电枢反应及改善整流的原理与方法,特式发电机与电动机。直流电机试验与直流电机相辅而行。所做实验,大多数是用来证实直流电机的理论,同时注重各种电机的使用方法，并研习各种量电器具的构造和校正方法。热力工程和机械工程试验2门，均是重要的机械基础课程。此外，量电学和机械计划等也是三年级的重要课程。到了四年级可以根据高年级毕业班的要求，专门化地单独编制课程表。四年级的功课，大都是以三年所学的原理施诸于实用，分电信、电力2门，其中有共同的必修课如交流电机、交流电机试验、电机计划和无线电工程等。电信门所注重的是以电传递消息的各种方法，一切皆以准确清楚为主，主要的课程有电话输电学、电话及电报学、自动电话和无线电试验等。电力门所学的是电力的各种问题，如原动机蒸汽发力厂、发电厂等科，培养学生具有较强的研究与操作能力。

另外，电机工程试验设备原已初具规模，改称学院后又不断扩充。到1936年学院设有电机工程试验及报话试验两大部分。在电机工程试验方面，有标准室及量度试验室、直流电机试验室、交流电机试验室、电力铁道电动机试验室、电光试验室；在报话试验方面，有无线电试验室、有线电话电报试验室、电传图影试验室等。各种机件、仪器相当完备。

三、师生概况

1921年组成电机工程科时，有专业教授5名、兼任教授1名。除谢尔顿、汤姆生2名美籍教授外，新聘张廷金、陈石英、周仁3名留学归国人员担任专业教授，另聘由唐山学校南下的机械科教授、美国人熊爱佛来兼任电机教授。6名教授中，中国人占一半，开始改变自电机专业成立以来长期依赖外籍师资的局面。以后随着留学生特别是本校电机专业留学生的归国来校，逐渐过渡到专业师资由中国教师担任。1923年9月，周仁改任机械科教授兼科长，新聘留美生胡端行、吴玉麟（原本校毕业生），又挑选成绩优异的本校电机科毕业生陈章、居崑、陈寿3人担任助教。1927年谢尔顿、汤姆生回国后，又新聘本校留学归国学生王鲁新、钟兆琳、俞汝鑫担任教职。到1928年，电机科共有教员18名（含数学、物理等公共基础理论课），全部为中国人，且大部分为留学归国的本校校友。在由电机科扩充为电机工程学院的过程中，师资进行了进一步调整和充实，1929年时，有院长兼教授1人、副教授5人、讲师4人、助教3人，合计13人。到1937年6月，教师增至19人，名单如下：院长兼教授：张廷金；教授：胡端行、钟兆琳、寿俊良、马就云；副教授：庄智焕、曹凤山；讲师：周琦、包可永、吴济、居崑、刘侃；助教：史钟奇、李志熙、高崇龄、段乃文、徐桂莹、王兆华、秦冕钧。在上述19人当中，除包可永、吴济2人外，其余16名教师都先后毕业于交大电机专业；除7名助教选自近年电机学院毕业生外，其余11名教师中，有海外留学经历的

8人(其中5人获硕士学位),任教前在工厂企业有过任职经历的9人,是一支有着丰富的理论知识和实践经验、热爱交大、相对稳定的师资力量。其中教学成绩突出、深受历届学生喜爱的教师有张廷金、钟兆琳、曹凤山、寿俊良,马就云、包可永等。

因学校电机专业历史悠久,教学质量全国领先,且毕业前景优于学校其他学院,因此生源一直很稳定,报考者几倍于甚至十倍于招生数,是学校历年录取分数最高的学院。在20年代电机科时期,电机、机械两工科一、二年级一起授课,到三、四年级才分班教授,因此直至三、四年级时才能确定电机科的人数。1924年三、四年级电机科合计85人,1926年78人。一般来说,一二年级的学生数要超过三四年级学生数,如此测算,电机科学生应在150—200名之间。1928年秋扩充为学院后,学生数量略有增加,一、二年级与机械学院学生不分系别,共有学生231人,电机工程学院三、四年级有学生102人。以后学生人数变化不大,到1937年全院有学生134人。从1921年组成电机工程科到1936年,共毕业学生17届539人,每届平均毕业约32人。毕业生大多数就业于电厂、电机厂、铁路、交通部门,担任技术工作,并在现代电机技术和制造领域占着相当重要的位置,使得交大电机教育享有“中国电机工程师的摇篮”之

1935届电机工程学院全体学生合影

称。也有一些毕业生或任职于学校等部门，或公费自费出国深造，其中不乏知名毕业生，仅建国后的两院院士就有朱物华、蔡金涛、李文采、褚应璜、钱钟韩、张钟俊、丁舜年、张煦、孙俊人、罗沛霖、吴祖垲等11人，还有交通大学校长吴保丰（1921届）、电子学教育家陈章（1921届）、台湾"经济之父"尹仲容（1925届）、"广播三巨头"之一钱凤章（1925届）、无产阶级革命家陆定一（1926届）、中国国际电台创始人之一卢宗澄（1927届），有"民国状元"之称的朱雷章（1928届）、西北工业大学名誉校长季文美（1934届）、船舶制造专家辛一心（1934届）、机械工业部副部长周建南、实业家沈家桢（1937届），等。

四、历任科长、院长

1921—1937年的17年间，谢尔顿、张廷金先后执掌电机科。他们为电机科的教学管理和人才培养作出了很大的贡献。谢尔顿自从1910年来校任电机教授兼科长，一直到1927年离职，任职长达18年。他按照美国的课程要求，一丝不苟，为交通大学电机学科的建设打下了扎实的基础。他也一直爱护、提携青年好学者。1915年9月，交大中院生张廷金留美学成归来。在谢尔顿的支持和帮助下，张廷金在中国首开了无线电课和建立无线电专业。在短短的时间内，交大成为国内无线电教学的首创者。

电机科科长
谢尔顿

张廷金（1886—1959），字贡九，江苏无锡人。1904年考入南洋公学中院，1909年毕业后，考取中国第一批庚子赔款留美生赴美留学。先后在俄亥俄州立大学、哈佛大学获学士、硕士学位，主修无线电专业。1915年，回国执教交大，历任交通大学上海学校副主任、主任，南洋大学代理校长、代理教务长等。1942年8月，出面维持交通大学在租界中办学，1945年秋辞职。译著《科学的工厂管理法》。

从回国任教母校，一直到抗战胜利后离开交大，张廷金在交通大学任教近

30年。1915年张廷金担任电机科教授,1927年5月开始担任电机科科长,以后历任电机工程学院院长、工学院院长、学校校长。他以自己的汗水和成绩见证并参与了早期交大电机科乃至中国电信事业的建设与发展。来校后,张廷金在电机系讲授无线电,开设了“无线电原理”“电学”等课程。他关注国际上相关专业的发展,并将最新的技术引入课堂。他所讲授的电机、火花发电机等,都是他在美国时刚有的课程。电子管等出现后,他的讲课内容又同步更新到电子管、真空管,使学生不出课堂就可了解国外专业学术动向。张廷金讲课认真,为人严谨,加之有很高的声望,学生们都非常尊重他,上课时认真得近乎“恭敬”。为了使学生理论知识与实践知识相贯通,张廷金从校外请来庄智焕(曾任工业部电子司司长)、包可永(曾任上海市电报局局长)等两位校友来校兼课,教授电话电报。为了训练学生撰写论文的能力,他要求电机工程系四年级毕业班的每位学生都要写一篇专题报告,在教师指导下轮流向班上同学宣读。这种像研究生教学一样的讨论会,至今仍为各大院校所采用。

张廷金非常重视实验。他的助教回忆说:“张先生动手能力极强,喜欢独自操作新实验。”教学过程中他也常用无线电台进行演示。任教不久,他就在交大组建了无线电实验室。1920年,实验室已配备了他自己设计制造的无线电电台以及无线电发射机、微波中继通讯终端站电话机、长波收发报机、短波收发报机、谐义振荡器、真空管振荡器、晶体控制振荡器、真空放大器总阻桥等设备。电台试行收发后,距离远及秦皇岛、汉口、广东、日本等地。这是国内第一部大功率无线电电台。1921年,成绩优秀的电机科应届毕业生陈章被选留校,作为张廷金的助手,协助指导四年级学生的无线电实验。在张廷金的主持下,交大的无线电实验室在全国高校中独树一帜,实验室条件首屈一指,以至于进出其中做实验的学生们都颇觉自豪。经过严格的专业学习和训练,电信系的学生实际操作能力非常强。20世纪30年代,胡宗南部队筹建无线电电台,就直接点名要交大学生。刚刚毕业的电信系学生戴宗溶去西北,不孚所望,果然在短时间里就把电台建起来了,无线电网

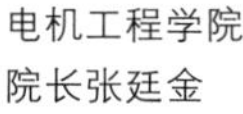
电机工程学院院长张廷金

覆盖了天水、兰州等整个军部。1934 年，国际上“业余无线电”研究兴盛，张廷金敏锐地洞察到无线电通讯的广阔前景，发动学生们加入到这一研究行列，自己则和助教一起从旁指导。半个世纪后，他的学生提及此事时说道：“这是张先生的功劳，在这样的时机带动中国学生向无线电进军，加入国际行列。”张廷金的课和实验都是在工程馆后面的小红楼里进行的，因此，学生们称他为“小红楼主人”。电机科学生在毕业纪念册中盛赞张廷金教授为“饱学之士”，是“于电机工程极富经验者”。

张廷金认为，学生养成坚强的人格与良好的学习习惯十分必要。他提出，工程学习者在学生时代“非先培养创始之能力与领袖之精神不可”。他在《工程同学应有创始之能力与领袖之精神》一文中写道：工程学科与其他学科不一样，工程学科绝不能沿袭旧式，要立足于竞争之世界，因此须有创造能力；要负责于工程重任，因此须有领袖决策能力。然而，能力与精神之养成，事业之最终成功，有赖于个人的自觉修习。因为，“事业成功得力于环境对象者十之一二，得力于研摩自修者十之八九”。他又写下《赠毕业同学》一文，以“好女勿穿嫁来衣”作喻，叮嘱即将离校的学生坚持自我修习，“诸君大学四年，课程今已修毕，而将来事业之发展，非仅恃此数年学校之所得可以应付无穷”，“吾人在学校所受之学术，不过方圆平直之学，正如嫁来之衣，数量有限，断不能以此自豪。欲来日之自足自给，取之左右而逢其源，则有待乎诸君之猛进研摩”。

张廷金负责管理电机系所有上课、实验以及毕业分配等重要事情。特别对于毕业生分配，他一手掌握着重要的用人单位、排列次序，另一手则掌握着毕业学生的学习成绩和工作能力，尽量把合适的毕业生介绍到各单位就业。张煦（1934 届电机毕业生、中国科学院院士）毕业那年，恰逢中央研究院物理研究所请交通大学推荐最优秀的学生前往就业。张廷金了解学生的成绩、素质并经认真考察后，将张煦推荐至研究所。70 多年后，张煦回忆求学往事时仍说：“我记忆最深的是张廷金（贡九）教授……我感谢他处事公正和合理。”张廷金身材高大，看起来很威严，颇具学者风度。然而，他并不严厉，相反，对于学生，他非常宽容，总是尽量满足他们的要求。他的学生罗沛霖（1935 届毕业生、中国科学院院士）对此颇有体会。罗沛霖大学毕业时得知学校有推荐清华留美电讯专业的报考名额，虽自知学业不全面，很可能不会考取，但还是决心一试。于是，他去找张廷金。当罗沛霖提出要求报考清华留美生后，张廷金说：“你分数条件有点欠缺。但推荐 4 个人，现在才有 3 个，可以加你一个。”果然推荐他去报考。结果，罗沛霖没有如愿考上。他就再去找张廷金请求推荐电讯部门的工作。张廷金还是和颜悦色地为他谋划。

第六节 机械工程学院

一、从机械工程科到机械工程学院

交大的机械工程专业设于1921年交通大学改组过程中。按照改组方案,交通大学上海学校专办电机、机械两科,学制均为四年。原交通部唐山工业学校新设的机械科调整到上海加以扩充,成立机械工程科,先聘美国人迪克逊(H. S. Dickerson)为科长,不久改由周仁任科长,同年开始招生,并于11月建成规模宏大的机械工程实验室。机械科与电机科学生一二年级同班设课,三四年级分班学习,四年级内分机械工务、铁路机械两门。内部分门变动较大。1922年9月,机械工务门改称机厂工务门,1923年9月又添设工业管理门,1924年四年级又并分为工业机械门、铁道机械门。1927年后,王绳善任科长,仍分工业机械门和铁道机械门。1928年秋改称机械工程学院,王绳善改任院长。1932年1月罗英俊任院长,1933年胡端行任院长。1934年秋,由全国经济委员会补充开办费8 000元,在四年级添设汽车工程门,1935年秋又在航空委员会支助下设立航空组;汽车门、航空组合称自动工程门,分甲、乙两组,甲组为汽车,乙组为飞机。到1937年,机械工程学院设工业机械、铁道机械、自动工程3门。

二、专业与课程设置

机械工程学院设立时,规定办院宗旨是:“养成各项机械工程建设人才。一、二年级的课程与电机工程学院大致相同。至三年级课程,以机械工程及试验为重。至四年级,在铁道机械门,加授铁道应用之各项机械学;在工业机械门,加授原动力厂之设备与计划、内燃机、输电学、厂房计划及工业管理等课目。除讲授书本外,另加习题,并聘请专家演讲,以增研究。”[①]就是说,交大机械工程学院主要为交通及实业建设培养专门人才。

机械工程学院在教学上,强调“学理与手艺并进”。院长王绳善认为:“机械工程是学理与手艺并进的!而手艺尤为重要……将学理与手艺混而为一,才有所发明!”[②]要把“学理”与“手艺”“混而为一”,就要多做实验,多实习参观,为此,机械学院的试验、实习和设计、计划课

① 《交通大学概况及课程一览》(1932年2月)。上交档:Ls3-395。

② 王绳善:《在民二十级机械工程研究会成立大会之训词》。《交大三日刊》第90号,1930年12月6日。

程约占全部课程的40%，并委派一些有真才实学的教授进行指导。

从1928年成立学院开始，机械工程学院几经扩充，课程亦相继增加，到1936年基本稳定。一、二、三年级不分系别，四年级分为铁道机械工程、工业机械工程、自动机械工程3门（自动机械工程门又分为甲乙两组）。课程设置的大致情况是：一年级课程多半属于自然科学，内容与土木、电机等学院大致相同；二年级课程属于工程学的基本训练，课程内容与电机工程学院大体相同；三年级课程注重机械工程方面的各学科；四年级分门研究专门应用学科，如铁道机械工程门，注重铁道机务人才的训练；工业机械工程门，注重实业工厂机械人才的训练；自动机械工程门，注重交通建设及各项自动机工程人才之训练。现将1936年度课程列表于下。

表2－13　机械工程学院1936年度课程表(一、二、三年级)

课程名称	每学期学分数						课程学分数	每周授课时数	备注
	第一学期	第二学期	第三学期	第四学期	第五学期	第六学期			
国文	2	2					4	3	
英文	2	2					4	3	
物理	3	3	3	3			12	3	
物理试验	2	2		2			6	3	
化学	3	3					6	3	
化学试验	2	2					4	3	
图形几何	3						3	6	
机械画图		2					2	6	
微积分	4	4					8	4	
党义	1	1					2	1	
工厂实习	1	1					2	3	
军事训练	0	0					0	3	
微分方程			2	2			4	2	
应用力学			4	3			7	4—3	
工程化学			1	1			2	1	
化学分析			2	2			4	3	
机械原理			3				3	3	
机械工程设备				4			4	4	

(续表)

课程名称	每学期学分数						课程学分数	每周授课时数	备注
	第一学期	第二学期	第三学期	第四学期	第五学期	第六学期			
工程材料				3			3	3	
材料力学				4			4	4	
机械实用设计			3				3	6	
机械原理画				3			3	6	
木工实习			1				1	3	
电机工程大意				2			2	2	
测量			2				2	4	
金工实习			1	1			2	3	
体育			0	0			0	2	
机械工程试验					2	2	4	3	
电机工程					5	5	10	5	
电机工程试验					2	2	4	3	
实业管理						2	2	3	
水力学					3		3	3	
经济学					3		3	4	
机械设计原理					3	3	6	3	
机械计划					3	3	6	6	
高级金工实习					2	2	4	3	
成本会计						3	3	3	
热力工程					3	3		3	
共计	23	22	22	30	26	25	148		

表 2-14 机械工程学院 1936 年度课程表(四年级铁道机械门、工业机械门)

课程名称	每学期学分数		课程学分数	每周授课时数	备注
	第七学期	第八学期			
蒸汽发力厂工程	3	3	6	3	
机械工程试验	2	2	4	3	
汽车工程	3		3	3	
中文公文程式	1		1	2	

（续表）

课程名称	每学期学分数		课程学分数	每周授课时数	备注
	第七学期	第八学期			
专家演讲	1	1	2	2	
机械工程研究		1	1	3	铁道机械门必修
铁道机械工程	3	3	6	3	铁道机械门必修
机车计划	4	4	8	7	铁道机械门必修
车辆设计	2	2	4	3	铁道机械门必修
铁道设备	2		2	2	铁道机械门必修
铁道管理		2	2	3	铁道机械门必修
电力铁道		3	3	3	铁道机械门必修
内燃机	2		2	2	其中2门，按6学分计
汽轮机		3	3	3	
铁道运输	3		3	3	
铁道车场及终点		3	3	3	
内燃机	2	2	4	2	工业机械门必修
发力厂计划	4	4	8	7	工业机械门必修
厂房计划	2	2	4	3	工业机械门必修
汽轮机	3		3	3	工业机械门必修
电力厂		3	3	3	工业机械门必修
汽车工程试验		2	2	3	工业机械门必修
航海机械工程	3	3	6	3	工业机械门必修
金属淬火学	3		3	3	其中2门，按6学分计
暖气及通风设备		3	3	3	
铁道机械门（共计）	24	24	196		
工业机械门（共计）	24	23	195		

表2-15　机械工程学1936年度课程表（四年级自动机械工程门）

课程名称	每学期学分数		课程学分数	每周授课时数	备注
	第七学期	第八学期			
内燃机	3		3	3	甲乙组公共必修
专家演讲	1	1	2	2	甲乙组公共必修

(续表)

课程名称	每学期学分数		课程学分数	每周授课时数	备注
	第七学期	第八学期			
中文公文程式	1		1	2	甲乙组公共必修
机械工程试验	2	2	4	3	甲乙组公共必修
机械工程研究		1	1	3	甲乙组公共必修
自动车工程	3	3	6	3	甲组必修
自动车工程试验	4	4	8	6	甲组必修
自动车设计	4	4	8	7	甲组必修
大客车车身设计	2		2	3	甲组必修
自动车保养		2	2	2	甲组必修
道路汽车运输		2	2	2	甲组必修
蒸汽发力厂工程	3	3	6	3	甲、乙组各选修其中1或2门
汽体动力学	3	3	6	3	
金属淬火学	3		3	3	
自动车制造		3	3	3	
道路工程	3		3	3	
共计	23	22	193		甲组共计193学分,乙组单独必修课程在这时尚未规定

上述课程表显示:第一,该院课程多,全部采用学分制。学院四年内的课程计有图画4门,11学分;工厂实习4门,9学分;机械工程试验2门,8学分;普通机械工程课程,铁道机械工程门,有11门,共46学分;工业机械工程门,有15门,共66学分;自动机械工程门,有13门,54学分;自动车工程课程,自动机械工程门,有7门,共32学分;工业机械工程门,有3门,共11学分;铁道机械工程门,有1门,3学分;铁道机械工程课程属于铁道机械门的专门学科,共4门,20学分。按照专业门统计:铁道门四年共61门课,196学分;工业机械门61门课,195学分;自动机械门52门课193学分。除军事训练和体育课外,全部按学分计。

第二,重视基础课,循序渐进。一、二学年大部分是基础课程,主要是对学生讲授基础理论,进行基本训练。这两年内共修99学分,物理、化学、微积分、微分方程、物理试验、化学试验、国文、英文等基础课程有71学分,约占72%。物理是最重要的课程,必修2年。

其中也有侧重，一年级第一学期的物理全部是力学，如运动学、动力学、静力学等；第二学期除继续学力学，再加上物性学、热学等，都是各种工程原理的预备。到第二学年，物理课则注重电学、磁学、光学、声学等，还有应用力学和材料力学。这是对物理中的力学和物性学用于工程上的部分作进一步的研究。化学也是二学年重要的课程，一年级注重于普通化学的理论及实用方面，尤以基本化学原理及重要物质的性质为中心，借以启发学生的理解力；到第二学年，则由普通化学转到工程化学，各种工程材料的制造、性质、使用等都作详细研究，尤其是对钢铁、燃料、水泥等进行重点研究。第三学年主要还是专业基础课，增加某些专门化的课程，注重于机械工程方面的学科，其中主要的课程有：热力工程，讲授汽体及蒸汽热力学，各种实用循环及对于汽压机、制冰机、内燃机、蒸汽机、汽轮机的应用，蒸汽表及蒸汽图的用法，热动机的实际情形，马达的各种损失及其减缩损失寻常所用的方法等；机械计划，包括机械设计原理和机械计划，是两门紧密关联的课程，前者从理论及实践方面，讨论各种机械及机件的设计方法，后者则应用机械设计的原理。进入第四学年后，作为高年级的课，开始分专业门教学，主要是研究专门的应用课程。铁道机械工程门的主要课程有：铁道机械工程，注重讲授机车构造及应用原理；机车计划，研习各种机车之设计、原理及其构造，并使学生绘制整个机车的实用工作图；车辆设计，讲授铁路车辆的计划及创造原理。工业机械门的重要课程有：磁力厂计划，应用热力工程及蒸汽发力厂工程所包括的原理，计划蒸汽发力厂；厂房计划，内容包括厂房所用各种材料结构等。自动机械工程门主要有自动车工程、自动车设计、机械工程研究、自动车制造等课程。

学院成立后，各实验室的机械仪器相当完备。主要设备有机械工程试验室、金工厂、锻铁厂、翻砂厂、木模厂、纺织机试验室、图书室、铁道及普通机械模型图书室。机械工程试验室包括蒸汽工程、内燃机工程、水利工程、自动机等和锅炉间、燃料滑油试验室等。纺织机械室下分原料分析部、机织部、纺纱部试验等。

三、师生概况

1921 年机械科成立时，除狄克逊科长兼任教授外，另有专业教授胡仁源、曹珽、熊爱佛来 3 人，电机教授陈石英兼任机械科教授，另有物理、数学教授过养默、胡明复等。1922 年后陆续聘周仁、胡端行、黄叔培、梁士超、王绳善、蔡有常等教授。到 1928 年，机械科共有教员 17 名。改称学院后，教师人数有所增聘，职称聘定也比较规范，师资总体素养逐渐提高。1932 年时机械工程学院有教授 5 人、副教授 4 人、讲师 10 人、助教 2 人，合计 21 人。到 1937

年6月时,有教授8人,副教授6人,讲师14人,助教4人,共32人:院长兼教授:胡端行;教授:陈石英、白克阿夫(Aldred F. Barker)、梁士超、黄叔培、杜光祖、许培(Alphonse E. Hubert)、胡嵩嵒;副教授:李淑、蔡有常、徐缄三、马翼周、钱乃桢、姜长英;讲师:张寰镜、姚祖训、蒋汝舟、盛祖钧、吴良弼、金莱斯·白克(Kenneth G. Barker)、王树芳、梁兴贵、曾润琛、孙家谦、骆来侠、麦尔思(D. F. Myers)、许贯三、吴金堤;助教:陆传礼、夏循元、孙永澄、张烨。

机械工程学院和电机、土木工程学院相比,相同之处是多数教师为本校校友,职务结构大体一致。不同的方面有两点:一为有4名外籍教师,二是人数上多于其他学院。

学生方面,机械科设立时,其师生大多自唐山学校迁来。刚刚成立时即有四个年级,第二年就有学生毕业。到1924年时有四年级学生37人,三年级学生40人,一二年级电机、机械合班共计170名。1926年三、四年级各32人,一、二年级与电机合计193人。1928年秋,机械、电机两院一、二年级合班,共有学生231人,三、四年级学生48人。到1937年全院学生共164人。1921—1937年,本院共毕业学生17届计376人,平均每届毕业约22人,其中日后在各个领域当中作出突出贡献的有人民科学家钱学森(1934届)、歼八飞机总设计师黄志千(1937届)、“中央研究院”院士叶玄(1936届)等。

1934届机械工程学院全体学生合影(前排右二为钱学森)

四、历任科长、院长

从 1921 年机械科成立到 1937 年为止，共有狄克逊（任期为 1921—1922）、周仁（1922—1927）、王绳善（1927—1932）、罗英俊（1932—1933）、胡端行（1933—1937）等 5 人先后担任科长、院长职务。其中任职时间较长的是周仁、王绳善、胡端行三人。

机械科科长周仁

周仁（1892—1973），字子竞，著名冶金陶瓷学家，我国最早的特殊钢及合金铸铁研究与生产者之一。1935 年 6 月 20 日，任中央研究院第一届评议会当然评议员，1948 年 9 月当选为中央研究院院士。1955 年当选为中国科学院学部委员（院士）。1908 年入南京师范学堂学习，1910 年毕业后赴美国康奈尔大学攻读机械学，1915 年获机械工程硕士学位。1914 年，在美国参与发起成立中国科学社。回国后，1919 年参与筹建四川钢铁厂，任总工程师。1922 年任南洋大学教授，后兼机械系主任、教务长。1928 年，任中央研究院工程研究所所长。1949 年后任中国科学院工学实验馆馆长、上海冶金陶瓷研究所所长、上海硅酸盐化学与工学研究所所长、上海科技大学校长等职。在我国率先研制成功球墨铸铁，组织并参与了含氟铁矿石的高炉冶炼研究，取得了创造性成果，是我国古陶瓷科学研究工作的带头人。

1922 年春节，周仁被南洋大学聘为机械系教授。当时他刚满 30 岁，但已有相当的教学经验。他把满腔热情倾注于教学中，讲解详尽透彻，深入浅出。他那儒雅的风度、平和的语气，加上结合国情的精辟分析，常使学生听得入迷。他的课像磁石一样吸引着学生。与之形成鲜明对照的是当时机械系系主任、美国教授狄克逊（Dication）讲的课，学生很不满意。于是，1923 年 6 月，机械系的一个班级向学校提出“免除狄凯逊的职务，由周仁任系主任”，其他班级也纷纷响应。校长虽然欣赏周仁的才华，但苦于不能随便与狄克逊毁约。学生们再次请愿，校长无奈，遂同狄克逊商量，狄只好启程回国。1923 年 9 月，周仁代理机械科（即系）科长（系主任）。交大不少学生得知周仁是在美国康奈尔大学留学的，毕业以后也纷纷去康奈尔大学深造。1924 年，周仁被任命为南洋大学教务长。在南洋大学执教6年整,周仁曾参与当时国内冶金机械工业水平最高的永利制碱厂重型制碱设备的设计铸造。

1927年,南洋大学校长凌鸿勋去职,学生纷纷要求周仁出任校长。周仁借故辞职离校,出任南京中央大学工学院院长。于是王绳善出任机械工程学院院长。

机械工程学院院长王绳善

王绳善,1890年生,江苏上海人。1910年本校铁路专科毕业后经邮传部派赴英国留学,获英国格兰斯哥大学机械科学士。回国后先后担任株钦铁路工程师,湘鄂铁路机务处总段长、副处长、代理处长,交通部技术委员会委员等职。1925年回到母校,受聘为本校机械科教授。1927—1932年任机械科科长、机械工程学院院长等职。1932年离校出任京沪、沪杭甬铁路机务处处长。王绳善任教期间多次接受学生工程学会邀请,向学生演讲有关机械学科的发展前沿。如1925年11月4日,他给学生演讲《机械救国》;1月11日,演讲《吾国与他国天然资源之比较》。他还经常带领学生实习参观。1925年,他带学生先后参观申报馆、张家浜沪宁路修理厂、招商局"江靖"轮、江南造船厂等,让学生在参观实习中将感性认识和理性知识更好地融合消化,以提高学生的实践能力和各种适应性。1927年王绳善担任机械科科长,积极推进机械科课程改革,并担任交通部第一交通大学筹备委员会委员。同年他又被选举为中国工程学会委员。1928年7月,为了向社会积极推荐本校毕业生,他一再到轮船招商局船务科接洽。船务科答应接收机械科轮机专业"品端学粹"的毕业生6人,实习合格后将留局工作。《申报》载,招商局在技术方面历来聘请外国人,此次接受交大学生,"诚为我国从来未有之创举"。[①] 1928年11月,交通大学工业研究所分设机械、电机、物理、化学四个部,王绳善任机械部主任。1929年1月,交通大学扩充设计委员会成立时,王绳善为建筑组委员。当时学校积极跟踪

① 《上海交通大学纪事(1896—2005)》(上卷),第194页。

世界科技、学术前沿，主动参与学术交流活动。王绳善也先后两次受学校和铁道部委托参加万国工业会议，即1929年11月6日出席在日本东京举行的万国工业会议及世界动力会议分股讨论会，并且受邀担任第五分组会议主席。1930年4月8日，他又出席世界动力会议暨万国铁道协社大会，期间还同欧美各厂商商议购赠一批机器，为学校教学所用。

1932年1月18日，铁道部令调机械工程学院院长王绳善充任京沪杭甬铁路机务处处长，遗缺派技正罗英俊代理。罗英俊，1892年出生于广东番禺，我国第二届公费保送留学生，美国康奈尔大学机械工程系毕业。但罗英俊主管一年左右，1933年8月，机械工程学院院长一职又由胡端行出任。

胡端行（1888—1946），原名殿楷，号粹士，江苏太仓人。1909年入上海健行公学学习，之后入邮传部上海高等实业学堂攻读，品学兼优，为唐文治所器重，特嘉奖拔擢，并请部派留学美国。1913年春，入俄亥俄大学专攻电机工程。1916年，获得硕士学位。回国后，初执教于海门中学，一年后改任上海宝成第二纱厂主任工程师。后曾任胶济铁路管理局机务处处长。1918年回母校先后任教授兼图书馆馆长、注册部主任、电机科教授等。

机械工程学院院长胡端行

1929年成立扩充设计委员会时，胡端行与张廷金、裘维裕、唐庆诒、柯成懋等一起担任课务组委员。1929年2月25日，他在《交通大学日刊》创刊号刊载文章《我校之美德》。文中指出交大的美德有四：注重考试；崇尚俭德；研习国术；尊视校纪。[①] 他还十分推崇学生要多加实习。他的《实习余谈》一文，根据自己在美国奇异电工厂的实习经历，专门向学生讲述如何从事科学实践问题，内容包括“实习之程序”“试验之布置”“专求之试验”“普通之试验”“实习生之责任”“实习生之精神”等。胡端行指出：“学生在学，大都有书生习气，视重役为苦。实习生则不然，事无巨细，靡不躬亲，举重若轻，精神发越，困心衡虑，不惮

① 《上海交通大学纪事（1896—2005）》（上卷），第197页。

烦劳,养成伟大之魄力、强毅之志气。工师之成,赖此为多。是实习不仅获实用技能智识,兼能强固精魄,发达体育。实习工程者,知所务矣。”

他执教期间,主要负责电机实验。他在《论发展中国电气事业》一文中指出:“世界先进国之科学家工业家,日费其脑力思想,实验考察,发明最利之电机,推广至精之妙用……”电气事业作为“振兴工业之利器”,我国应该“急起直追之”。胡端行认为“养造实用人才”“兴办电灯”“建筑电车”等是发展中国电气事业的基本途径。

胡端行除担任院长外,1935 年还兼任交通大学教务长。他尽瘁教育,诲人不倦,桃李门生遍布全国。

第七节 中国文学系和外国文学系

一、中国文学系

中国文学系初称国文科,为全校开设基础课。1928 年秋扩充为中国文学系,黄建中为主任,1929 年秋陈嘉霭继任。1930 年秋,聘陈柱为主任,这时全系除主任外另有讲师和助教各 1 人。至 1936 年主任仍为陈柱,讲师 2 人,兼任讲师 1 人,助教 1 人。

陈柱(1890—1944),字尊柱,号守玄。广西北流萝村人,1912 年毕业于南洋大学堂附属中学,入电机科肄业。国文成绩优异,深受唐文治校长赏识。1915 年离校任广西省立二中校长,1921 年受聘于唐文治主持的无锡国专。后任大夏大学、暨南大学国学系主任等职。20 年代末,陈柱回到母校。1930 年秋,被聘为国文系主任,从此开始了长达十余年的交大生涯。陈柱就任后对课程和教学内容等锐意革新,充实教学内容,注重教材的实用性、思想性,多选传记、游记、书札等文体,加授《大学》《中庸》两书,使学生既掌握中西实学、开物成务之功,又知晓古代圣贤修己治平之道。中国文学系教师不多,陈柱初任时,全系除他外只有讲师和助教各一人。直到抗战全面爆发前也只有田一贯、冯振、郑师许(兼任)等三位讲师,另有助教一名。国文是全校重要的共同基础课程,因此,教师们的课务都很重。有时兼任教师不到位,学校并不另请他人,所授课业由陈柱和其他教师一力担待下来。1935 年第二学期中国国文系课务表上规定“每日上午七时半至下午四时”是陈柱的“请业”时间,学生可于课余随时前往“请业”。当时是,陈柱住在校内,同其他教师一样有一间办公室。学生遇有疑难随时可去请教他。如他不在办公室,就直接去他家里,陈柱照样热情接待,详尽教导。陈柱治学严谨,学养深厚,讲课时旁征博引,辞彩斐然,音调高亢,深受学生欢迎,成为交大学生戏称为严格执教的“五权宪法”之一。陈柱任教期间，还参加中华学艺社、新中国建设学会，主编《学艺杂志》《国学杂志》《学术世界》等期刊。

当时中文系不招收本科生，专为理、工、管理各学院学生讲授中国文学和公文程式两门课程。“中国文学”课程以“陶养品性、朴雅实用”为宗旨，“选择古今名作有裨实用足资修养者为教材。讲授时注重文法及思想，并须熟读课外指定读物”，“其目的在使学生记载事物，言之有叙，抒情表意，以诚达词，娴习文章、法度，且有国学常识”。“公文程式”为应用课程，“以熟练程式，明习体要，及研究保管档案，增加行政效率为主旨。专选属于普通行政范围内的新旧各种公牍为教材。讲授时多举实例以资练习”。[①]

中文系在中文教学中，注重三个方面：一是道德思想修养，通过中文教学把我国的优秀文化传统和民族精神传授给学生；二是学术问题的研究，在教材中选择大量我国古代科学名著，供学生阅读研习；三是实用技能的训练，讲授各种应用范文，并据以为范本进行写作练习。管理学院各科一、二年级，必修国文二年，每周授课 2—3 小时，每学期 2 学分，共 8 学分；公务管理科三年级还需修较高深的国文课程一学期，每周授课 2 小时，2 学分。各工程学院及科学学院一年级必修国文一年，每周授课 3 小时，每学期 2 学分，共 4 学分。必修公文程式的为土木工程学院三年级、管理学院公务管理科三年级、管理学院实业管理科、财务管理科四年级和机械工程学院铁道门四年级，时间一学期，每周 2 小时，1 学分。

1928 年交大获四大学国语辩论赛优胜

国文教学分名著选读、应用实习、国学常识三个项目，各项目的具体内容，根据各学院的特点与需要选择。工程学院和科学学院一年级，教授内容有名著选读、应用实习、国学常识。管理科一、二年级教授内容与工程学院、科学学院相

① 陈柱：《本科国文教学大纲》，《交大三日刊》第 23 号，1929 年 12 月 17 日。《交通大学概况》（1936 年 4 月），《交通大学一览》（1936 年度）。

同。国文教学上尤其注重实用性。陈柱负责中国文学系后,强调国文教学应注重实用,认为:“本校所欲养成者为交通建设专才,毕业后在社会服务者,不外技术与行政两种人材,其需要不外实用之文,至于各人心得,著书问世,亦属应有之事,故本校教授国文,当以能达此主旨为标准。”[①]

中国文学系在教学上坚持高标准,严要求。1932 年 12 月交大教务会议决议,新生入学后第一周内要举行国文甄别考试,成绩差者,每周必须另行补习 2 小时。学生在补习期间,经教员认为程度业已及格,可于下学期免其补习。平时上课要背书,要求一切上国文课的学生,都要把课文念熟,小考时能默出来。还规定每两周作文一次,每四周测验一次。在课外,还要指定参考书若干种,限期阅读,随时查阅札记,并在考试时考查学生课外读书的心得。

除规定的课程外,1934 年春,学校决定每年春天恢复举行全校国文会课一次的制度,择优给奖,以资鼓励。为了培养学生写作与口头表达能力,学校还积极开展国语演讲和国语辩论竞赛活动,中国文学系教师热心指导,成绩优良,交大学生在上海校际国语演讲和辩论比赛中多次获胜。

二、外国文学系

交大向来重视外文教学。学校创立之初,即设有英文一科,继而增设法文。1922—1927 年,先后开设德文、日文班,1933 年又增设俄文班。1928 年夏成立外语系(当时称外国文学系),唐庆诒为主任。此后,交大外文教学发展很快。外国文学系成立之初有教授 2 人、讲师 3 人、助教 1 人。到 1936 年有教授 2 人:唐庆诒、罗逸民(E. Reifer),副教授 3 人:班乐夫、李松涛、邝耀坤等,讲师 1 人,兼任讲师 2 人,助教 3 人。

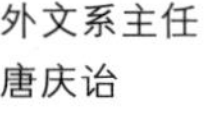

外文系主任
唐庆诒

唐庆诒(1898—1986),字谋伯,江苏太仓人,生于北京。著名英语语言学家。1910 年考入南洋公学中院(中学),1914 年

① 陈柱:《国文系陈主任拟定教学大纲》。《交大三日刊》第 73 号,1930 年 10 月 8 日。

赴美国比洛伊大学深造。1917 年 5 月参加美国 12 州英语演讲联赛，获第二名，轰动一时。1918 年从比洛伊大学毕业，考入哥伦比亚大学研究生院，1920 年 2 月获硕士学位。同年 9 月任国际联盟公使衔秘书严鹤龄的文书。1921 年 4 月回国，1924 年起，长期担任交大外国文学系教授。他教学艺术精湛，享有盛誉。

1924 年夏，当交大校长凌鸿勋聘唐庆诒担任外语教授时，他毅然辞职返回母校任教，把自己的一生贡献给教育事业。唐庆诒知识渊博，学贯中西，一生热爱教育，在交大讲授的课程也极为广泛，除英文外，还有政治学、市政学、社会学、历史学、修辞学、英文诗选等。不幸的是，自 1928 年起，正当唐庆诒全身心投入教学事业之际，却因用眼过度，患上视网膜剥离症，先是右眼失明，后又波及左眼，虽延请京沪名医，甚至远赴欧洲求治，均未奏效，终于 1933 年冬，双目全盲。但是他并未向命运低头，而是以左丘明、弥尔顿等激励自己，坚守教育岗位。自欧洲医治眼疾无效回国后，黎照寰校长立即聘请他续任交大外国文学系系主任。据唐庆诒自述："因不能阅读，不得不请人襄助备课，将课文强记，授课讲解大意并分析词句，另与学生分批会谈，讨论课卷，指示改正途径，所费时间数倍于前。病目支离，惟有勤以补拙而已。"

交大校友、诗人、著名翻译家屠岸在其回忆文章中说，庆诒师对学生要求很严格，他说："你们学英文要做到能听、能说、能读、能写、能译，要做到脑子里不用中文而用英文思考问题。""他第一次给我们上课时，讲授的是柯勒律治的《忽必烈汗》，他一口气把这首英文诗背了出来，令我们大为折服。这个情景给我留下了很深的印象，后来我也把这首诗背诵了下来，直到今天还能倒背如流。"

校友刘良湛在回忆交大 1929 届同班同学钱钟韩时也提及唐庆诒教授上课的情形："当年大一英语是由唐庆诒先生教授……其文字精辟流畅，语调抑扬顿挫，早已有口皆碑，为学生所倾倒……他讲课前常按座次要学生起来诵读课文，又要学生在黑板上写中文短句，要另外学生当场译成英语，彼此刁难，引人失笑。唐先生亦加说几句俏皮话，译者失措，举座哄堂。"

外国文学系不招收本科生，专为理、工、管理各学院开设外语课程，主要为英文及第二外国语。"英文"教学要求，第一年温习文法及修辞，选读英美名著，并有问答、翻译及作文等练习，以训练学生听说阅读及写作能力，消除语言文字上不良的习惯。第二年"英文"教材趋向专门化，视学生将来职业上的需要，选择科学、工程、经济及管理等实用文字，以充实其词汇，并打下阅读及写作各种专门论著之基础。

英语演说学和公事英文为两门应用课程，前者注重研究演说辩论的学理及实用，训练学生撰稿及演讲的能力;后者在于训练学生撰写商业函件、报告及其他公文。

第二外国语包括德、法、日、俄4门,均为两年连续选修课程。其教学要求,第一年注重识字、语音及文法;第二年继续学习文法,选读短篇文章,阅读报章杂志,练习会话,翻译及作文,以训练学生对于第二外国语的初步认识及运用,并指导其继续研究的途径。

各学院在这一时期中的外语课程情况,大致如下:

(一)科学学院

在学院成立初期,一年级学生,必修大学英文一 年,每周3小时,共6学分;必修德文一年,每周3小时,共4学分。二年级学生,必修科学英文一年,每周2小时,共2学分;必修德文一年,每周3小时,共4学分。到1934年,取消了二年级的科学英文,而三年级每周增加科学德文1小时。到1936年,一年级每周英文改为5小时,共8学分,取消了德文,而在二、三年级加重了德文教学,二年级每周5小时,共8学分,三年级每周4小时,共6学分。

(二)管理学院

一年级学生必修大学英文一年,平均每周4小时,共8学分。二年级学生必修现代英文学一年,每周4小时,共8学分;又必修演说学一学期,每周2小时,1学分;必修第二外国语1门,每周4小时,共4学分。实业、财务、公务各管理科,三年级需继续修第二外国语一年,每周2小时,共2学分。公务管理科学生到四年级,还需修第二外国语一学期,每周3小时,2学分。从1932年起,各管理科三年级学生,还需修公事英文一学期,每周2小时,1学分。

(三)工学院

一年级学生必修英文一年,每周3小时,4到6学分。1936年起,电机工程学院学生在二年级还需修德文一年,每周3小时,共4学分。

20世纪30年代的交大外文教学,最重视英文,也比较重视德文。科学学院德文的教学时间一再增加,以至到后来德文重于英文,英文共8学分,而德文共有14学分。管理学院和工程学院也以德文作为主要的第二外国语。重视德文教学的目的,在于提高学生吸收德国科学技术的能力。

学校外文教学内容注重实用,除开设公事英文和演说学两门应用课程外,还注重选择近代应用文字及与学生将来职业关系密切的文章作为教材。除课堂教学外,还重视课外的学习活动。从1934年起,每年于春季恢复举行全校英文会课一次,借以测验学生的水平,成绩优良者给予奖励,以激发其学习兴趣。交大对英语演说很重视,学生对英语演说兴趣也很浓

1936 年交大获华东各大学英语辩论赛锦标

厚，所以经常举行英语演说比赛。在校际英语演说比赛中，交大曾多次名列前茅。

第三章
人才培养与教学特色

第一节　培养目标与办学理念

一、教研结合的办学宗旨

社会的发展变化引起教育需求变化和办学理念的更新。交大办学理念的更新表现在教学与研究相结合的办学思想，即交大既要为交通事业培养专门的交通技术人才，又要注意研究高深学术。这种培养技术人才与研究学术相结合的办学思想，正是当时全球教育发展新趋势在国内教育界的反映，是我国高等教育急需提高质量的内在要求，也是叶恭绰等校长们办学思想的反映。

在1921年9月10日交通大学开幕典礼上，叶恭绰宣称："试以交通大学言之，其创学宗旨为培植技术人才；……鄙人深信学校之目的在培育人才，而其机能则并足辅佐社会之发达。"[①]他认为学校的任务一方面在于造就交通专业人才，一方面要"精研学术""尽力致用"，为社会服务，只有将两者紧密结合起来，才是交大这所"工业学府之天职"。[②] 叶恭绰认为教

① 叶恭绰:《在交通大学开幕仪式上的致词》。《交通大学月刊》第1期，1922年1月。

② 叶恭绰:《交通大学之回顾》。《南洋大学卅周年纪念征文集》(1926年)。

育与社会职业要紧密结合:“中国理论中之教育与职业不合,以后欲图发展,非职业与教育充分相联不生效力。”[①]由此,他认为交大是一所“为国家训练建设人才”的特殊大学,学校的人才培养要适应建设部门需要,建设部门也应为学校毕业生解决出路,“无论质与量两方面,大学应以供给适合于需要之人才为目标”,如此则“部校双方恒注意于供求之调剂,不如他方非患乏才即患失业也”。因此,从学以致用出发,他注重学生实际经验与能力的养成,认为“一种人才之养成,不仅赖高深之教育,尤贵实地之经验”,[②]主张在教学中加强实践教育环节,要求在校学生多进行参观、实习活动,选派优秀毕业生赴海外留学或实习;又准备设立研究院,让大学毕业生中“有志精进深造者”可以毋需出国而能继续从事研究,以期培养出“从事独立研究之发明”的高级人才。

叶恭绰还筹划由交大肩负起交通行业的职业培训的责任,培训大量的交通从业人员。他鉴于交通事业所用之人绝大多数缺乏技能训练,准备在交大设立各种短期培训班,开办与交通有关的职业科目,培训各项业务需用的人才;又针对“有志读书而不能暂离职务者”,在交大设立函授班。这便是叶恭绰所称的交大“推广之计划”的“职业教育”与“函授计划”。由上可知,叶恭绰规划的交大人才培养计划中有大学本科生、研究生、职业教育学生三个层次,其中以大学本科生的培养为主。

学校改组为南洋大学后,则将上述教研相结合的教育宗旨正式列入规章。1922 年 7 月交通部颁定《交通部直辖大学通则》,在第一章“宗旨”内即规定:“交通部为造就交通专门人才,扶助高深学术之发展,特设大学。”[③]不仅如此,叶恭绰之后的几任校长都传承了教研结合的办学理念,在不同年份的办学规则、规章中都有所体现。如 1925 年《南洋大学通则》第一章“宗旨”明确规定:“本大学隶属于交通部,为国立大学,以造就交通专门人才、力图高深学术之发展为宗旨。”[④]在这种办学宗旨的引导下,学校在注重本科学生培养外,多方筹集资金建立各类实验室,筹建工业研究所,为师生从事学术研究创造条件。

南京国民政府成立初期,交大仍属交通部。1928 年 9 月交通部《交通大学规章》确定学校的办学宗旨是:“本大学以培养交通及工业专门人才,谋求实现三民主义为宗旨。”改属铁道部后,学校订立“遵依总理遗教,养成三民主义化之交通建设专才”[⑤]为办学宗旨。此时学

---

① 遐庵年谱汇稿编印会:《叶遐庵先生年谱》(1946 年),第 103 页。

② 叶恭绰:《交通大学之回顾》。《南洋大学卅周纪念征文集》(1926 年)。

③《交通部南洋大学规章一览》(1925 年)。

④《交通部南洋大学规章》(1925 年)。

⑤《交通大学规则》(1929 年 11 月)。

校已经在教育宗旨内明确加入三民主义教育方针。20世纪30年代,主事交大的黎照寰追随孙中山多年,深受影响和熏陶。在他的主导下,交通大学执行了三民主义教育的方针与要求,在教学工作中始终把"研究高深学术,养成交通建设专才"作为宗旨。在1936年交大制定的《交通大学学则》中,对学校的办学宗旨与培养目标规定:"本大学根据中华民国教育宗旨,以遵依总理遗教,研究高深学术,养成交通建设专才为宗旨。"可见此时已经恢复了培养专门技术人才与科学研究相结合的办学宗旨,甚至将"研究高深学术"置于"养成交通建设专才"之前。根据"养成交通建设专才"的指导思想,结合全国铁路建设计划的需求,铁道部和交大共同制订了培养专才的目标和具体任务,提出要交大专门培养"具有高深学问之人员",即"工程师、科学家、经济学家及管理家"等。这类人员统称为"技术人员",担负"指导管理与建设之责任",铁道部期望他们有所创造与发明。同时,学校又遵照"研究高深学术"的教育方针,将工业研究所改组扩建成包括工业、经济两部六组的研究所,制订鼓励教师从事研究著述的奖励制度,提倡学生组织各种学术研究团体,保障了交大的科学研究走上良性发展的轨道。

从以上可以看出,20世纪20年代北洋政府时期叶恭绰主校时起,学校逐步形成人才培养与学术研究相结合的办学理念,在造就交通人才的同时又注意研究高深学术;国民政府时期,交大执行三民主义教育方针的同时,又实施人才培养与学术研究相结合的办学目标。无论怎样变化与调整,造就交通专才的人才培养目标始终一脉相承,几乎没有什么变动。总之,1921—1937年期间的交通大学先后经历了北洋政府、国民政府两个政权的更替,校名、组织、人事及学科也数度变易,但由于始终隶属交通部、铁道部等实业部门管辖,因此学校在教育宗旨、人才培养目标、教学安排等重大方针上,都没有出现大的波动,保持了校务发展上的延续性与连贯性。

二、历任校长的办学理念

1921—1937年这一时期,交大历任校长主要是叶恭绰、张铸、凌鸿勋、蔡元培、孙科、黎照寰等人。他们为了适应主管部门与国家建设的实际需求,对于人才培养的具体要求与实现途径都提出了独特见解,对学校教学理念与教育内容产生了比较重要的影响。

叶恭绰任交通大学校长期间,在沪、京、唐三地学校分设主任、副主任各一名,具体分管各地校务。沪校主任张铸长期追随叶恭绰,也是一名交通救国论者。他十分重视交通专才的培养,到校后励志革新,勤于校务。他认为"人情、商务、政事、军备,无一不需乎邮航电路为之传达转运,纵谓交通司百业之钥可也",深为服务于交通事业者为荣,称之为"操百业荣枯之生命亦可也”,鼓励交大学生日后成为“此伟大事业中之人物”[①]。他认为在校学生于学业之外,还必须注重体育与精神的修养。他在就职主任后首次向全校学生发表的谈话中指出:“学生在学校时代,倘能用功求学,留心体育,有高尚的思想、活泼的精神,才算是一个好学生。”[②]之后他正式发布通告,宣告重视体育、德育及考核措施:“盖人必精神足、身体强,而后道德有所丽、学识有所归,有完全之人才,斯有不朽之事业,此教育之本旨也”,“嗣后本校毕业学生,纵学行兼优,必以体育健全为合格。”[③]张铸依据叶恭绰办学理念,实行德、智、体三育并重的人才培养标准与施教方针。

凌鸿勋是南洋大学时期任职时间较长的校长。他继承德智体并重的人才培养方针,在“功课务求严密”之外,还注意学生“身心之修养、体格之健全。”[④]由于自身受实业救国思想的影响,同时为了避免学生受到风起云涌的时局干扰,他竭力主张学生在校期间不要过问政治,应以读书为本分,读书即救国。他向交通部报称:“今后更当揭橥读书救国之旨,管理力求严密,以注重学校学业,恪遵学校纪律为信条,不得违背。总期莘莘学子咸纳诸规物之中,互相劝勉,保存国家一部分之元气。”[⑤]1925年五卅运动前夕,他发表《读书不忘救国,救国必须读书》一文,谆谆劝诫学生:“人之于国,各有其天职……故欲言救国,必先尽其本分,学生以读书为本分,独有有成,而后能有职业而胜任愉快。……故读书即所以救国。”[⑥]在1926年9月11日举行的开学典礼上,凌鸿勋再次向新生申明办学宗旨:“我校所揭橥者为工业救国。其方法乃在养成各种技术人才,使于原理上各由充分之预备,身心上得有相当之修养,俾将来得致力于交通工商等事业,为利用厚生之工作。”

南京国民政府成立初期,李范一、符鼎升、蔡元培、王伯群曾先后短暂主持过校务。1928年交大归属铁道部后,孙科、黎照寰先后担任校长,两人在位时间较长,都重视交通教育与人才培养,订立周详的人才培养计划,并倾全力予以实施。孙科1928—1930年任职校长期间,确定了“交通行政与交通教育相辅而行”的政策,把培养交通建设的专门人才视为实现铁道部整个建设计划的关键。他认为:“建设之道百端,而交通为之枢纽,人才为其骨干。”[⑦]他期

---

① 张铸:《南洋毕业生服务问题》(1926年10月)。《交通大学校史资料选编》第1卷,第598页。

② 张铸:《张铸主任就职后首次在全校大会致词》(1921年5月12日)。《南洋学报》第3卷第4期。

③ 张铸:《交大沪校重视体育之通告》。《交通大学月刊》第1期,1921年11月3日。

④ 凌鸿勋:《一年来办理校务经过详情与今后进行方针》(1926年8月)。《交通大学校史资料选编》第1卷,第439页。

⑤ 凌鸿勋:《一年来办理校务经过详情与今后进行方针》(1926年8月)。《交通大学校史资料选编》第1卷,第440页。

⑥《南针》第1期(正刊),1926年。

⑦《本校卅四周年纪念会校长训词》。《交大三日刊》第41号,1930年4月2日。

望交大学生在校时“当时时心念经济建设对于中国前途之重要,寝馈以之。诸生在校,当尽心课业,竭力修养,以养成建设人才之矢”;学生毕业后“当尽忠竭智,贡其所学,惟效忠交通建设是谋,生死以之”。[①] 因此,孙科利用担任铁道部部长的便利,在学校的领导体制、培养目标与任务、教学方针、经费与设施等方面进行了全面整理。在人才培养上,学校依照铁道交通机关的需要,确定招生名额与专业设置,安排课程与制定教学方法。在人才出路上,部校双方注意供求调剂,毕业生多分配到铁道交通系统,保证了师生都能安心教读。孙科有关的整理交大的计划及人才培养方针,对于继任校长黎照寰实施的人才培养计划影响较大。

黎照寰是孙中山实业计划的忠实信徒,深受孙中山“道路者,文明之母,财富之源”的影响,崇信科学救国、实业兴邦的思想。他认为,清末以来武力救国、政治救国、思想救国等都曾一一尝试,却未能救中国于水火之中,唯有精研科学、振兴工业,才能“外抗强敌,内裕民生”,而要实现科学救国,从根本上论,其关键更在能否培养专才。黎照寰自认交通大学是国内唯一且最高的工业学府,造就工程、科学及管理人才是其当仁不让的使命,这些专才应是北伐统一后“新中国”的建设者,是实现铁道部整个建设计划的关键。掌校之初,他就在孙科的支持下制定了10年人才培养计划,约计培养工程、管理及科学高级人才2 800名。[②] 在随后由黎照寰主持制订的《交通大学规章》中,规定“养成三民主义化之交通建设专才”是学校宗旨,《交通大学学则》也明定学校“研究高深学术,养成交通建设专才”宗旨。这条宗旨贯穿于黎照寰掌校的十数年。20世纪30年代的校友多年后还记得当年学校中张贴的三条标语:交大学生要以革命的精神来努力学问,交大学生将来要做《建国方略》的实行家,交大学生要做实业计划的实行家。[③] 所

1926年颁布的校徽:校徽中心为铁砧、铁锤,砧上置中西书籍若干册,示工程与学术并重之意;砧外为齿轮,外框为车轮,寓意工程与交通

① 孙科:《交通建设与交大之责任》。《交大月刊》第2期,1929年5月。

② 黎照寰:《铁道部建设计划中培养专才之定策》(1937年3月6日在铁道部演讲)。《交通大学校史资料选编》第2卷,西安交通大学出版社1986年版,第224页。

③《交通大学校史》(1896—1949),第224页。

谓实行家，在黎照寰看来，一方面要学以致用，以应中国建设需要。他在阐述交大宗旨时说："我们的目的不是在芸芸众生中用投机的方法，以期造出一两个有才华的人。有杰出的人材产生固然是更好，但未有也不要紧，只要我们每个同学都为可用之才。"[①]另一方面实行家又要成为专家，是个基础理论扎实的高级技术人才。他认为人才分高中低三级，交通大学立意在培养高级人才，由他们担负"指导管理与建设之责任"，并期望他们有所发明和创造。

纵观这一时期历任校长对于交大人才培养目标与实施方针的认识和实践，他们在办学上继承和发扬 20 世纪 20 年代"求实学，务实业"的优良传统，主要有：一是交大应为交通建设培养专门人才；二是交大的人才培养和教学实践环节应与主管部门的需要连成一气，形成部校合作的建校机制与人才培养机制；三是所培养的人才应是德智体全面发展；四是教学与研究相结合。正因为历任校长在人才培养目标与实施方针上存在着共性，交大 20 世纪二三十年代在教育目标与教学方针上呈现出比较连贯的局面，这是该时期教学水平较高、人才辈出的一个重要因素。

第二节　择优录取

一、生源特点

交大一贯重视招生质量。要提高新生质量首先要扩大生源，1921—1937 年期间交通大学的学生来源情况，以 1932 年大学预科最后一届学生毕业为界，可以分为两个时期：1932 年前学生来自两个途径，一是校内附属中学（1927 年后改称预科）毕业生直升进入大学部；二是通过入学招生考试，招收来自全国各地中学毕业生，以补充本校附中直升后的余额，而实际上，这一时期以校外生源为主。1933—1937 年，大学一年级学生全部从校外中学招收。

在 1921—1927 年，学校附属中、小学是大学的预备，学生高等小学毕业后可直接升入中学部，中学四年毕业后又可直升大学部。1927 年南京国民政府交通部接管南洋大学后，主张专办大学，将附中初中部、小学剥离出来，另组私立南洋模范中小学，附中高中部暂时保留，改称大学预科。预科学制 3 年，毕业后可以直升大学本科一年级。交通大学是全国著名的工科大学，教学水平高，学科切合实用，毕业后留学机会多，就业出路比较好，再加上当时国内"交通救国""实业救国"的呼声高涨，所以很多家长都愿意把自己的子女送来投考附属

① 《纪念周中黎校长之演词》。《交大三日刊》第 69 号第 1 版，1930 年 9 月 24 日。

中、小学,或者预科,以便将来能够就读交通大学,因此附中、小学的历年入学考试报考者众多,竞争激烈。1925年7月附中、附小对外补招学生时,小学一、二年级投考者约300人,补习科投考者约100余人。经过考试一、二年级共录取15人,占投考人数的7.1%左右;补习科录取蔡偶华等20人,占投考人数的20%左右;中学投考者300多人,经考试录取者共30人,只占投考人数的10%左右。①

1927年附属中学改设大学预科后,预科入学考试竞争仍然相当激烈。1929年参加最后一届预科入学考试的彭宗灏说:"回想投考预科有六百余人,录取只三十人(另保留三十人由南洋模范初中直升)。录取率仅百分之五,较目前大专联考要难得多。"②彭宗灏是上海著名私立学校育才初中的高材生,连续两次参加交大预科考试,第二次才被录取,可见入学考试要求十分严格。尽管附小、附中或预科与大学衔接一气,但是能够坚持读完附小升入中学、读完中学再升入大学的学生非常少。1930年,1920年考入附小应于1932年大学毕业的一位学生在《民二一级级史》中写道:

> 我级是产生于民国九年南洋附属小学的补习班,在校中已有十年的历史。那时同学只有廿余人。现在却增加到一百五十六人……从那一年那一级上来的同学,有的走了,有的去世了,有的因故退学了,现在只剩下梁诚若、费福煦、张文华三君,他三人要算级中资格最老的了。③

可见,从附小到附中直至大学,原始的生源呈逐渐递减,且幅度相当大。据当时的统计,学校附属中学升入大学并能毕业者只占32%,而附小学生能升入大学并毕业者仅有9.8%。④ 为了保证生源,附小、附中各年级几乎每年招考插班新生,以补充缺额。每年的附中毕业生也往往不能满足大学一年级生源,缺额部分便向校外招考。如1924年大学本科一年级向校外招考新生50名,附中三年级招新生20名、二年级10名、一年级20名。又据1925年7月1日学校发布的该年度招生广告显示,大学部工科一年级计划向校外招生45名,铁路管理科一年级15名;中学部一年级5名、三年级10名、四年级5名;小学部一年级10名、二年级5名、补习班20名,几乎是大学、附中、附小三个层次各个年级全面进行校外招生。在1926年大学一年级134名新生中,附中毕业生只有57人,其余77名招自校外,约占总数的57%,就是说,这一阶段学校附中提供的生源是有限的,约有半数以上的生源还是要

---

① 南洋公学同学会编:《友声》第15期,1925年10月31日。

② 彭宗灏:《怀母校预科》。黄昌勇、陈华新编:《老交大的故事》,江苏文艺出版社1998年版,第99页。

③《民二一级级史》。《上海交通大学年刊》,1930年。

④ 柴福源:《南洋一览稿》"毕业生"。《南洋学刊》第1卷第1期,1926年。

从校外招考。每年大学生源缺额部分的新生招考也吸引着全国各地优秀学子。前国家主席杨尚昆在回忆1926年春从四川家乡前往上海时说：

> 到上海进什么学校呢？这涉及我今后走什么道路的问题。在我们家庭里，这是一直有分歧的问题。父亲希望我走实业救国的道路，他经常督促我念英文，学数学，要我考交通大学，毕业后像我四嫂的兄长赵崧生那样当个有名的工程师。[①]

虽然已是中共党员的青年杨尚昆并未顺从父亲的意愿，来上海后进入了为培养革命干部为主要目的的上海大学，投身革命活动，但是从中可以看出当时交通大学在一般父母心目中的位置。因此，前来报考大学者人数众多，而录取名额有限，录取率非常低。1924年8月上海《申报》报道了南洋大学招生情况："此次报名者有1 200人之多，而录取额数甚少，平均须每20人中始获考取1人。"[②]1925年7月大学部招考新生，报名投考者计300人，经考试后录取工程科新生张昌龄等45人、铁路管理科新生陈懋等9人，合计录取54人，仅占投考人数的18%。[③] 较低的录取率反映了当时交大录取标准极其严格。

到了1933年后生源基本招考自校外的阶段，投考交大的各地考生更是不在少数，入学竞争仍然异常激烈，历年投考人数与录取人数一般在10%—20%之间，继续保持良好的生源状况。

表3-1　1930—1936年投考与录取人数比较表[④]

年份	投考人数	正取人数	备取人数	正取与投考人数百分比
1930	617	92	16	14.90
1931	641	125	23	19.50
1932	750	176	14	23.46
1933	866	171	—	19.75
1934	783	121	—	15.45
1935	1 427	181	31	12.30
1936	1 778	191	34	10.74

为了解20世纪二三十年代交大生源的具体情况，如入学年龄、性别、籍贯、毕业学校等，这里选取1926年、1936年两个较有代表性的时间节点，根据相关资料细致深入地考察这一

① 杨尚昆：《杨尚昆回忆录》，中央文献出版社2001年版，第15页。

② 《申报》1924年8月14日。

③ 《友声》第15期，1925年10月31日。

④ 《交通大学校史》(1896—1949)，第227页。

时期交大新生来源的综合情况。1926年实际入读新生包括附属中学毕业生在内共134人;1936年包括实际入读的正取生、备取生、选科生等共计216人。

表3-2 交通大学入学新生年龄统计表

人数＼年龄	16岁	17岁	18岁	19岁	20岁	21岁	22岁	23岁	24岁	25岁
1926年	1	1	15	26	35	33	18	4	1	—
1936年	1	6	40	63	57	30	10	6	2	1

表3-3 交通大学入学新生性别统计表

1926年		1936年									
人数		科学学院		管理学院		机械学院		电机学院		土木学院	
男	女	男	女	男	女	男	女	男	女	男	女
134	10	31	3	44	6	53	0	37	1	41	0
合计:男生134,女生10		合计:男生206名;女生10名									

表3-4 交通大学入学新生籍贯统计表

年份＼省份	江苏	浙江	安徽	江西	广东	湖南	福建	四川	河南	山东	广西	河北	陕西	山西	合计
1926	62	26	10	10	5	7	4	5	2	—	1	1	1	—	134
1936	105	56	7	4	11	7	8	5	3	6	1	2	—	2	217

表3-5 1926年交通大学新生毕业学校统计表

校名	人数	校名	人数	校名	人数
南洋大学附中	57	南洋中学	3	同济大学附中	1
南开中学	8	南开大学一年级	3	唐山大学一年级	1
江苏八中	6	东华大学附中	2	厦门大学一年级	1
浦东中学	5	无锡中学	2	东华大学一年级	1
江苏一中	4	民立中学	2	南通纺织专门学校	1
复旦大学附中	4	南洋中学	2	光华大学一年级	1
澄衷中学	4	江苏七中	2	光华大学附中	1
东南大学附中	4	江西二中	2	江苏三中	1
江苏五中	4	嘉兴秀州中学	1	苏州工专高中部	1
大同大学一年级	3	安徽一中	1	浙江二中	1

（续表）

校名	人数	校名	人数	校名	人数
长沙雅礼高中	1	文生氏英文专科	1	大同大学附中	1
广东陆军测绘学校	1	宁波工业学校	1		
合计:学校数35所,学生134名					

表3-6　1936年交通大学新生毕业学校统计表

校名	人数	校名	人数	校名	人数
上海中学	26	育英中学	2	无锡中学	1
南洋模范中学	19	礼贤中学	2	集美师范学校	1
扬州中学	18	岳云中学	2	新民中学	1
杭州高中	18	金华中学	2	禅文女中	1
南洋中学	12	沪江大学附中	2	宴成中学	1
常州中学	11	松江化学职校	2	钟英中学	1
苏州中学	10	崇实中学	2	国华中学	1
南京中学	6	辅仁中学	2	浙江十中	1
大同大学附中	6	厦门大学附中	1	济南中学	1
师大附中	4	安庆女中	1	崇德中学	1
金陵中学	4	敬业中学	1	秀州中学	1
效实中学	4	振华女中	1	上海中西女中	1
汇文中学	4	培正中学	1	无锡师范学校	1
正始中学	3	东吴二中	1	雅礼中学	1
清心中学	3	中央大学附中	1	允中女中	1
光华大学附中	3	中华职校	1	广雅中学	1
南昌二中	3	岭南大学附中	1	浙江工业学校	1
南菁中学	3	重庆女师	1	辅华中学	1
平大附中	2	耀华中学	1	浦东中学	1
南通中学	2	安徽工业学校	1	北方中学	1
福州格致中学	2	三民中学	1	苏州工专	1
北平四中	2	成都中学	1	青年会中学	1
合计:学校数66所,学生217名					

依据表3-1至表3-6,可分别获悉入学新生的年龄、性别、籍贯、入校前就读学校等信息,可以分析当时交大生源情况的大体特点。

(1)在入学年龄上,1926年最幼者16岁与最长者24岁,相差8岁,到1936年最幼者16岁与最长者25岁,相差9岁之多,年龄悬殊的现象并未改变。但是,1926年入学年龄平均20.16岁,1936年为19.06岁,下降1岁。

(2)在性别上,1927年9月交大招收的新生全部为男生;1927年开始招收女生8人,实行男女同校。但因交大理工类性质且入学考试难度大,投考及录取女生较少。据1930年《上海交通大学年报》统计:"三年招生以来,投考人数不下三千余人,就中女生人数为百分之二点零五,被录取者更寥寥无几,而入校后中途停学者,又四分之一,故现在女生仅十八人。"入学女学生"大半以体格关系,选修管理为多,科学次之,工程又次之"[①]。1934年7月交大上海招考处统计,在该年度投考新生608人中,男生580人,占95.4%;女生28人,仅占4.6%。投考女生中有10人报考科学学院,11人报考管理学院,6人报考电机工程学院,1人报考土木工程学院。

1931年全校女生合影

① 《交通大学四十周纪念刊》(1936)。

(3) 在省籍上，以江苏、浙江两省为多，1926 年录取江苏籍学生 62 名，浙江籍学生 26 名，分别占学生总数的 46.3%与 19.4%；1936 年江苏、浙江籍学生分别为 105 名、56 名，分占总人数的 48.4%与 25.8%，两省合计占到 2/3 以上，其余广布全国南北十余省。正如学校宣称："本校开东南风气之先，学生以东南人士为众，然各省远来就学者，亦不在少数。故同学足迹几遍全国。"①

(4) 在入学前就读学校方面，1926 年除本校附中直升 57 人，其余 77 人分别来自 34 所学校，包括一些大学附中或低班年级。到 1936 年，全部 217 名学生来自全国学校增至 66 所，可见附中、预科停止后生源有了较大扩展。考入交大人数较多的学校均为国内办学卓著的中学，如上海中学、南开中学、扬州中学、杭州中学、南洋模范中学等。1936 年 9 月入学的新生中，来自上海中学、南洋模范中学等 7 校学生共计 114 名，超过当年新生的一半。

当时的交大，良好的办学声誉和成绩吸引着来自全国各地的优秀学子们，优质新生的到来又是学校提高办学水平的基础，两者相互依存，相互促进，共同促成交大成为当时中国的名校。正如时任校长凌鸿勋后来所说：

> 南洋大学设有工程及管理等各科，课程也比较实用，程度亦高，遂成各地中学毕业生升学的理想学府。当时上海附近的公私立中学如扬州中学、南洋中学、浦东中学等，都希望它们的课程能与南洋大学衔接，并以进入南洋大学为第一志愿。是以南洋大学的新生入学考试报考者不在少数，选择学生就比较容易，考进的学生程度也都是相当的好。②

诚如凌鸿勋所言，文风鼎盛的东南一带，著名中学在课程与教学上对接交大，鼓励学生考入交大。在扬州中学，"校长周厚枢，获硕士学位，制糖专家，治学方针侧重理工科，引导同学学成后以考入国内外著名理工大学，尤以上海的交通大学为目标"。③ 同样在杭州中学，当时的校园里流行一句话："要科学救国，必须学工科，学工科首先是上海交大。"④1935 年考入交大的江苏无锡籍学生杨天龄后来回忆说："当时交通大学以学风严谨享誉全国，且无锡国学专修馆馆(校)长唐文治先生曾任交大校长，故无锡学子皆心向往之，以报考交大为第一目标。"⑤

---

① 《交通大学四十周纪念刊》(1936)。

② 沈云龙等：《凌鸿勋先生访问录》。台北"中央研究院"近代史研究所 1997 年版，第 42 页。

③ 张祖荫：《长话短说一生——出世到出学》。《交通大学 1937 届级友通讯》(第 17 期《纪念毕业 70 周年专刊》)。

④ 杨天龄：《八十自述》。《交通大学 1937 届级友通讯》(第 17 期《纪念毕业 70 周年专刊》)，2008 年 6 月。

⑤ 交通大学 1939 届级友联谊会：《同窗集——纪念上海交通大学 1939 届级友毕业 60 周年》，1999 年。

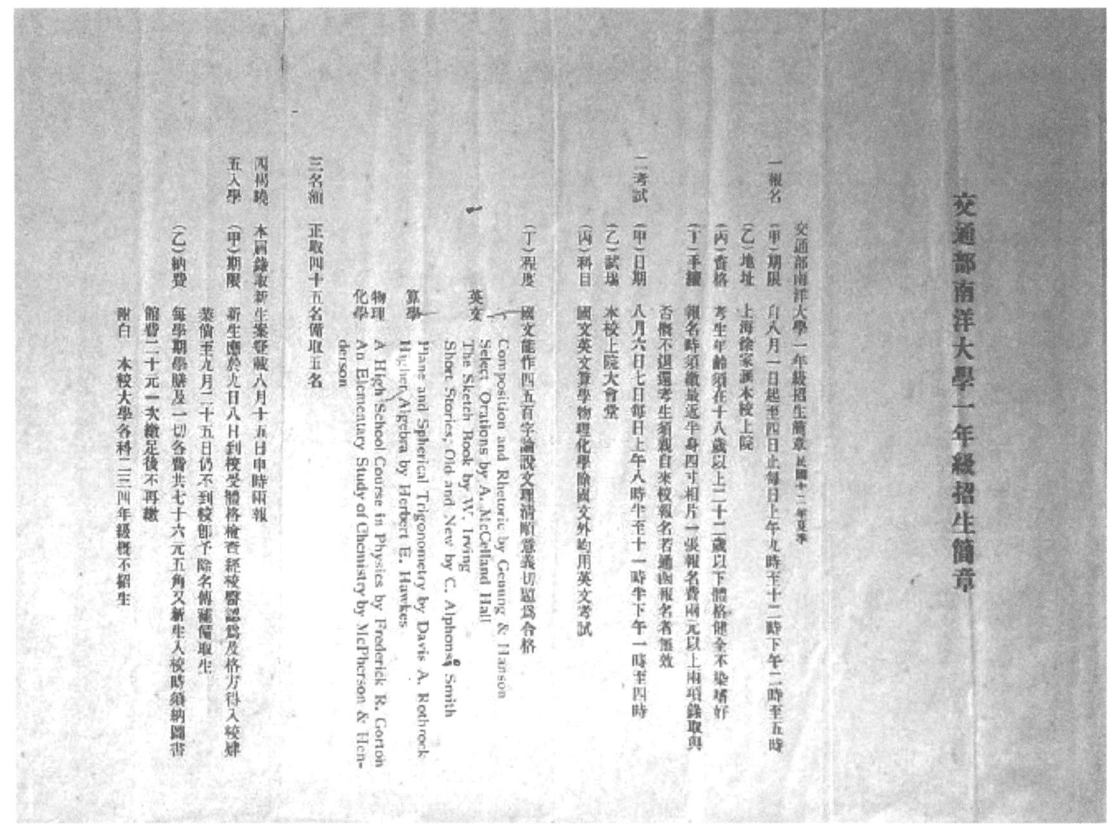

交通部南洋大學一年級招生簡章

交通部南洋大學一年級招生簡章 民國十二年夏季

一報名 (甲)期限 自八月一日起至四日止每日上午九時至十二時下午二時至五時
(乙)地址 上海徐家滙本校上院
(丙)資格 考生年齡須在十八歲以上二十二歲以下體格健全不染嗜好
(丁)手續 報名時須繳最近半身四寸相片一張報名費兩元以上兩項錄取與否概不退還考生須親自來校報名若通函報名者無效

二考試 (甲)日期 八月六日七日每日上午八時半至十一時半下午一時至四時
(乙)試場 本校上院大會堂
(丙)科目 國文英文算學物理化學除國文外均用英文考試
(丁)程度 國文能作四五百字論說文理清順意義切題爲合格
英文 Composition and Rhetoric by Genung & Hanson
Select Orations by A. McClelland Hall
The Sketch Book by W. Irving
Short Stories, Old and New by C. Alphonso Smith
算學 Plane and Spherical Trigonometry by Davis A. Rothrock
Higher Algebra by Herbert E. Hawkes
物理 A High School Course in Physics by Frederick R. Gorton
化學 An Elementary Study of Chemistry by McPherson & Henderson

三名額 正取四十五名備取五名

四揭曉 本屆錄取新生案暨載八月十五日申時兩報

五入學 (甲)期限 新生應於九月八日到校受體格檢查經校醫認爲及格方得入校肄業倘至九月二十五日仍不到校即予除名備補備取生
(乙)納費 每學期學膳及一切各費共七十六元五角又新生入校時須納圖書館費二十元一次繳足後不再繳
附白 本校大學各科二三四年級概不招生

1923年上海交通大学招生简章

二、严格招生

这一时期学校的招生制度继续实行单独招生。学校的招生考试一般在每年暑假进行,事先由学校确定新生招收名额,在上海及全国各大报纸、自办校刊等上面刊登招生简章,公布招考信息、报考资格及注意事项。如1923年夏季公布的《交通部南洋大学一年级招生简章》,对报名要求、考试科目、招收名额、新生揭晓、入学事项等五个方面作了具体规定。又如,1934年6月底7月初,学校在上海《申报》刊登"国立交通大学招考男女生"广告,全文如下:

(一) 新生学额。科学学院30名,土木工程学院80名(内唐山工程学院50名),采冶工程30名(设在唐山工程学院),电机工程学院30名,机械工程学院30名,铁道管理55名(内北平铁道管理学院40名),实业管理、财务管理、公务管理各15名。总计学额300名,其中上海本部180名,唐山工程学院80名,北平铁道管理学院40名。

(二) 报名时间。7月25日至29日,投考者须亲自来校报名,缴最近半身4寸相片4张，报名费3元；须呈验中学毕业证书或大学预科毕业证书。

(三) 报名及考试地点。(1)上海徐家汇本部，(2)北平铁道管理学院，(3)广州中山大学，(4)武昌中华大学。

对外公布招生信息同时，学校组织教师对各学科考试命题。报名期内由注册处负责接受考生报名，验明学生资格后发放准考证及考试日程表，考生届期来校或招考点参加入学考试。考试分书面考试与口试两种，以前者为主。录取后的学生名单经学校审核后，登载于《申报》《时报》等报刊。新生开学时来校报到，报到时一要接受体格检查，经校医确认健康后才能正式入学；二要填具志愿书并保证书各一份，交学校训育处存案。手续齐全后，录取新生正式进入交大学习。

为确保生源质量，使教学与人才培养质量有一个较高的起点，这一时期交大在招生方面采取了多种措施。

第一，学校严定招生制度，设立专门招生机构，使招生工作规范有序地进行。1922年1月学校制定《交通大学招考规则》，共计6条，对招生名额、各学科课程、报考资格、招考时间地点、新生入校、新生费用等细则做了规定。稍后订立《交通部南洋大学简章》(1924年)、《南洋大学通则》(1925年)都对新生招考有明文要求，另依据各年具体情形制订招生简章公诸于众。20世纪30年代《交通大学学则》中专列“入学”一节，分报考资格、考试程序、考试科目及程度、录取事项等6条：

(一) 本大学每学年之始取录一年级新生一次。

(二) 投考新生须具下列资格：甲、须体格健全，品行端正，毫无嗜好，确能服从校规，服从中国国民党党义；乙、须具有公立或已立案私立高级中学或同等学校之毕业程度。

(三) 报考程序分别如下：1. 考生应在报名期内亲自到校报名；2. 考生须交纳报名费及本人半身四寸相片四张(报名费及相片录取与否概不退还)；3. 呈验毕业证书或证明书；4. 投考介绍书应由各该中学校长直接填寄；5. 领取准考证及考试日程表；6. 远道学生不及于报名期内赶到者得托人代办上述2、3两项事件并代领考试日程表，但须于考试前一日亲自到校领取准考证。

(四) 试验科目分列如下：(甲)科学及工程一年级应试科目：1. 国文，2. 党义、世界史、世界地理(注：史地得由考生任选一种，于报名时认定)，3. 英文，4. 数学(甲、高等代数，乙、解析几何，丙、平面几何)，5. 物理，6. 化学。(乙)管理一年级应试科目：1. 国文，2. 党义、世界史，3. 物理、化学(注：投考实业管理者两种全考，投考其他各门者,得由考生任选一科,于报名时认定),4. 数学,5. 经济大意、簿记、世界地理(注:投考实业管理者,得由考生任选一种,投考其他各门者任选两种于报名时认定)。

(五) 新生除考试成绩及格外须受口试、军训考验与体格检查及格方得录取。

(六) 新生于入学时应填具志愿书,并觅学院所在地方或附近城市之正当职业保证人填具保证书各一份,交本校训育部存核,保证人对于所保学生一切事件均负责。

学校另订《选科生入学条例》《试读生暂行办法》,规范正取生之外的生源,并设立考试委员会及入学与升级委员会,具体实施招生规章制度,专门办理招收事宜。1930 年预科停止招生,学校常设招生委员会,由校长黎照寰亲任主席,教务长任常务委员,注册主任任秘书,全权负责新生招考与录取工作;并在上海、北平、武汉、广州、辽宁等地设立招生处,便于各地学生得以就近投考,扩大了招生选拔范围,使学校得以招收更多的优秀学生入学。

第二,对于报考资格作了严格限制。如上述《交通大学招考规则》第三条规定,凡是欲报考者须具下列资格:

甲、年龄在十七岁以上二十五岁以下,但报考预科或附属中学者,年龄须在十四岁以上二十岁以下;乙、体质强健,素无嗜好;丙、报考大学本科一年级者,须在大学预科或与大学预科相当学科毕业;丁、报考京校、唐校一二年级,或沪校附属中学三四年级,须呈验中学毕业文凭。

第三,增加考试难度,提高入学门槛。1939 届校友傅景常对当年亲身经历的交大入学考试依然记忆犹新,他的精彩回忆再现了当初考试情形:

第一场考化学,限三小时交卷。题目之多,连数都数不清。每一大题下有很多小题,而小题并不小,内容非常复杂。奋笔疾书,只有写的时间,没有想的时间,更没有稍停休息的时间……考场肃静无声,只听到钢笔沙沙地响。偌大的考场,坐了黑压压的满场考生,此时如有银针坠地或许也可听到声音。收卷之后,肃静而退,秩序井然。一出考场,莫不唉声叹气:"完了! 完了!"下一场是物理,又是三小时。物理的计算题很复杂,题目本身就占了半张考卷,都是拐弯抹角的难题,熟读物理课本是毫无用处的。次日又考英语、数学。第三日又考国文,都是三小时,也觉不易……三天考下来,精疲力竭,叫苦连天,自觉自讨苦吃。[①]

① 傅景常:《饮水思源 怀念母校》。《同窗集——纪念上海交通大学 1939 届级友毕业 60 周年》,1999 年,第 236 页。

28——南针第一期(创刊)

In a hydraulic press, the pressures on the two pistons must be equal.

$$\therefore \frac{F}{0.92}=\frac{18000}{10} \qquad F=.92\times 1800$$

$$\therefore P=\frac{1}{250}\times .92\times 1800=6.62$$

(4) A (a) An induction coil is usually made by bending a wire into loops, and wind them around an iron core, so that a magnetic circuit of fairly low reluctance is formed & assolated with the coil constituting the electric circuit. When a current flows through such a coil, a number of magnetic lines of force equal to $\frac{4\pi ni}{\frac{1}{\mu A}}$ will be set up around it. Since the magnetic field cannot be built up with out the expenditure of energy equivalent to that represented by the field, the current in the coil tends to lag behind the applied voltage, there being a tendency to impend the flow with increasing current, or to prolong it with decreasing current. Or, to express it mathematically, there is induced in the coil a counter-emf, equal to the product of the inductance of the circuit & the rate of change of current, i, e, $e=-L\frac{di}{dt}$……………………

……………………………………………………………

(b) Two coils, so placed that they have a magnetic circuit in common form a transformer. The lines of force set up by current in one coil link, in part at least, with the other coil, so that changes in voltage & current in one will produce similar changes in the other. Such two coils, being electromagnetically coupled together

南针第一期(创刊)——29

constitute what is known as the primary & secondary of the transformer. By appling an alternating emf across the primary terminals, we may obtain, in the secondary, similarly alternating emf & current which have magnitudes determined by the ratio of transformation, i, e., $E_2=\frac{n_2}{n_1}E_1$ $I_2=\frac{n_1}{n_2}I_1$ Transformers find the greatest field of applications in a. c. systems, when they are used to step up or step down the voltages to meet different conditions of service.

B. Let X = volume immersed in mercury

y = 〃 〃 〃 water

Then X + y = 100 c. c. ……(1)

13.6 X + y = 7.8 100 ……(2)

Whence 12.6 X = 680

X = 54 c. c.

y = 150－54＝46 c. c.

(5) A　e = 1.1 volt, r = 0.5 ohm, r' = 0.8 ohm.

With series connection.

$E = 8\times 1.1 = 8.8$ volts

$R = 8\times 0.5 + 0.8 = 4.8$ ohm

$\therefore I=\frac{E}{R}=\frac{8.8}{4.8}=1.83$ amp.

With parallel connection.

$E = 1.1$ volts

$R=\frac{1}{8}\times 0.5+0.8=0.8625$ ohm

1931 年交大入学考试物理试卷

傅景常的回忆说明，交大入学考试考题量多，而且难度大，考生上考场形同上战场，精神高度紧张，一考就是三天。交大的门槛如此高，确实不易考入。

第四，交大招生秉持公正，坚决杜绝后门，宁缺勿滥。只要成绩合格，“虽家徒四壁，亦大加欢迎”；若是考分不够，“虽豪门巨绅，亦拒诸门外”。曾任铁道部部长兼交通大学校长孙科，他的儿子孙治平报考交大时因国文一科成绩不及格，未能录取。[①] 这种公正的做法已经在师生中约定俗成，谁要违反，哪怕是校长，都会遭到全校一致的反对。1923 年校长卢炳田私自免试收取数名学生，遭致师生一致抗议，最后发展成“驱卢运动”，将他赶出校门。坚持择优录取，杜绝开后门，保证了新生质量，也维护了交大的声誉。

① 黄曾甫等:《我们所知道的陈嘉勋先生》。《湖南文史资料选辑》(第 22 辑)，第 119 页。

第三节 注重基础

一、课程设置和教学计划

1921年交通大学合组成立后，在教研结合的办学思想指导下，学校开始重视基础理论、基础知识、基本技能的培养和训练，对于学科作了调整与充实。交大沪校设有电机、机械两个工程科，学制四年，为了培养专门人才，在每一学科中，分设门类，电机科四年级分电力工程、有线电信、无线电信3门；机械科四年级分机厂工务、铁路机务、工业管理等3门。1924年5月对原来学科门类又作了调整，电机科有线电信门和无线电信门合并成为电信门；机械科的机厂工务门和工业管理门合并为工业机械门。此时，南洋大学的学科为电机、机械、铁路管理，共3科4门。随着学科学制的调整提高，学校的课程设置及教学计划也参照国外大学经验，做了较大变动，使之程度逐步提高，趋于更加完备合理。当时课程编制的大致情况是：科学学院和各工程学院，一年级多为共同基础课程，二年级主要是专业基础课程，三年级注重于较高深的专业理论课程，到四年级分门或组，研究专门应用科目。管理学院各科，一二年级授以原理方面，三四年级偏重于应用方面。[①] 以1925年8月—1926年7月学年电机科课程设置及教学计划为例，各年级课程计划分别如下：

表3-7 南洋大学电机工程科课程设置表(1925年8月—1926年7月)[②]

课程名称	每学期单位点数								每周授课时数	备注
	一	二	三	四	五	六	七	八		
国文	2	2							2	
英文	3	3							3	
物理讲授	3	3	3	3					4	
物理试验	2	2	2	2					3	
化学讲授	2.5	2.5	1	2					2	
化学试验	2	2							4	
机械图画	2								6	

① 《交通大学校史》(1896—1949)，第225页。

② 《交通大学校史》(1896—1949)，第150-153页。

（续表）

课程名称	每学期单位点数								每周授课时数	备注
	一	二	三	四	五	六	七	八		
图形几何		2							6	
工厂实习	1	1							3	
微积分	4	5							4.5	
力学			4	4					4	
定性分析			2						3	
工业分析				2					3	
机械原理			3						3	
热力机及附件				4					4	
机械计画			2		2	2			5	
机械原理画				2					7	
木工实习			2						6	
金工实习				1					3	
测量及实习				1.5					4	
热力工程					3	3			3	
机械试验					2	2			3	
电机试验					2	3			3.5	
直流电机					4	4			4	
电力量法					2	1			1.5	
材料力学					4				4	
工程材料					3				3	
水力学						3			3	
经济学						3			3	
交流电圈						3			3	
交流电机讲授							4	3	3.5	
电机计画							2	2	4	
电力传送							3		3	
电话学							3		3	
交流电机试验							2.5	2.5	3.5	
工业管理							3	3	3	

(续表)

课程名称	每学期单位点数								每周授课时数	备注
	一	二	三	四	五	六	七	八		
电力厂							2	3	2.5	电力门
蒸汽发力厂							3		3	
电力铁路								3	3	
电光学								3	3	
无线电讲授								2	3	
无线电讲授							4	2	3	电信门
电话及电报学								3	3	
自动电话								2	2	
电话试验收发								3	3	
无线电信讲授							4	2	3	
无线电信试验							2	2	3	
无线电机计画								1	2	
无线电信							1	1	3	
	21.5	22.5	19	21.5	22	24	23/28	22/26		

从以上课程表,我们可以得知当时交通大学的课程设置及教学计划具有如下一些特点:

第一,重视数理化基础理论教学。数学课把解析几何“下放”到附中,大学部专讲微积分。物理课更新内容,提高程度,延长授课时间,改1年为2年,被学生称为“霸王课”。胡刚复、周铭、裘维裕等著名教授亲自上讲台讲授“霸王课”。数理化之外,学校对专业基础课程也十分重视,不论是电机科,还是机械科,凡是工程图画、机械工程、材料力学、材料学、水力学、电机工程、力学、测量学等,均在必修之列。20世纪30年代学校将数、理、化三系,扩充为科学学院,各系主要的任务就是为工科和管理科学生讲授基础理论课程。同时,公共基础课和专业基础课的比重进一步提高。1936年,包括数、理、化及国文、英文在内的公共基础课约占土木工程学院课程的25%,电机工程学院的32%,机械工程学院的36%,加上各专业基础课,合计基础课约占管理学院课程的60%,各工程学院的50%,也就是说,学生在校4年有一半时间用于打基础。重视基础课和基本技能的教学,是学校贯彻通识教育的重要举措,也是一个主要的教学特色。

第二，主次兼习，交叉课程多，以造就通才。学生在各就所长、专精一门的同时，对于一般工程、管理学科也要兼习。如20世纪20年代电机科学生必须修习机械工程科的材料力学、机械原理，土木科的测量学、水力学，以及管理科的工业管理、经济学等有关课程。30年代各学院交叉课程比较多，除共同基础课程外，科学学院学生要修工程和管理课程，工科学生要修管理课程，管理学生要修工程课程。以1936年度课程为例，科学学院各系学生必须修工程课程约20—30学分，管理学院实业管理科学生必须修工程课程33学分，工程学生必须修管理课程8—10学分。由于学生主次兼习、知识面广，毕业后工作的适应能力都比较强。

第三，课程设置趋于完善。这一时期各学院特别是工程学院的课程设置大多学习美国理工大学的经验，比较合理科学。工程学院和科学学院的课程，多以美国麻省理工学院和康奈尔大学等有关系科的课程为蓝本，管理学院课程多以美国伊利诺大学和宾夕法尼亚大学商学院等有关系科的课程为蓝本。1934届交大机械学院毕业生钱学森赴美麻省理工学院学习时，发现交通大学的课程设置全部是“照抄”此校的，就连实验课的内容也都是一样的。[①] 1937年5月，留学麻省理工学院的1934届毕业生费骅在给母校的来信中说，麻省理工学院的专业课程除最新一两门外，与交大大致相同。[②] 这都表明交大这个时期课程设置已与国外著名理工类大学相一致，教学质量和学业水平已达到相当高的程度。但是，课程名目繁杂、课时学分重，也造成学生学习负担沉重。工业专门学校时期学生4年内要学26—31门课程，每周学时高达36—27。改组后学校提倡三育并重，周学时下降到30学时以下，但所学课目过多，学生4年内要学40门课程。20世纪30年代每周学时限在32小时内，但各学院在实行中大多高于规定，如土木学院一、二、三年级必修课科目平均每周在33小时以上，四年级每周必修35小时，另加选修科目。物理系学生张文辉曾说：

> 物理系的课程多，物理系的实验也多，纯粹科学的实验、方法与结果均需精确，每个实验在时间表上，虽然明白是三小时之规定，结果非五六小时不可。时间的极限是一定的，课多，习题多，报告多，实验的时间再无形加多，所以本系的同学，常常处在时间不景气的压迫中。[③]

可见，这一时期各学院的课程门数多、学分多、授课时数多，加之习题多、考试多、实验报

---

① 钱学森：《回顾与展望》。《老交大的故事》，第339页。

② 《交大三日刊》，1937年5月22日。

③ 张文辉：《物理系同学生活残片》。《交通大学民廿三级毕业纪念册》(1934年)。

告多,学生负担较为繁重,但也反映了学校在课程设置与教学过程中非常重视理论基础,为学生打下了厚实的学习基础。

二、名师授课

学校的发展固然要有一定的物质基础和硬件设施,但拥有大师才是大学的关键。20世纪二三十年代的交通大学正是因为名师云集而造就了它的辉煌。当时学校在通过派遣留学生培养部分师资的同时,还积极向海内外延揽名师,逐步建立起一支以留学归国人员为主体的"大师"队伍。他们掌握先进科学技术知识,具备新式教学理念和方法,怀有科学救国思想。

20世纪20年代初期的改组,使交通大学逐步形成近代高等教育制度,同时也加快了学校师资结构改变和素质提升的步伐。20世纪20年代以前的交大主要依赖外籍教员实施专业教学及管理,自创立时就聘请美国人福开森为监院,特别是1907年开办工程教育后,各科专业课及负责人大都由外国教师担任。比如1921年初,21名专科教员中外籍教员就占到9人。改组过程中,张铸主任把延请饱学之士作为重要任务。他抓住早年出国留学生陆续学成回国的时机,解聘不能胜任的外籍教员,多方延揽留学生中的优秀人才。随着留学精英胡明复、周仁、周铭、陈石英、胡仁源先后来到学校,中外教师比例开始发生改变,本国教员占据压倒性的多数,外国教员成为教师队伍中的"少数"。1922年10月,本科教员共37人,外籍教员仅占3人。至1926年,本科教员53人中外籍教员只有2人。20世纪30年代学校为使师资来源多元化,也曾积极聘请外籍教员,但外籍教员人数最多的1933年也只有8人,而当年本国教员却有162人。

在中外教师结构发生转变的同时,教师数量和品质也都得到很快的提高。自20世纪20年代末开始,交大得到新设铁道部的特别重视,学校规模日益扩大,教师资格管理日趋规范化,生活待遇有了提高,使教员人数增加,质量也相应得到提升。1929年全校共有教师103人,其中教授(包括副教授)33人,约占教师总数32%,其中除了国文教授外,均是留学归国人员。1936年底教师增加至188人,其中教授40名、副教授29名,合计69人(其中胡端行、班乐夫两人同时在两学院担任教授),约占教师总数37%。这些教授中,中国籍65名,外国籍4名。1936年教授姓名、籍贯、学历及工作经历列表如下:

表 3－8　交通大学上海各学院正副教授履历表(1936 年 12 月)[①]

院系		姓名	籍贯	职务	学历及工作经历
科学学院	数学系	胡敦复	江苏无锡	数学系主任、教授	曾就读本校政治班,美国康奈尔大学文理科学士,历任京师大学堂教习、清华学堂教务长、大同大学校长等
		顾　澄	江苏无锡	教授	上海格致书院毕业,曾任北京大学、清华大学教授,北平大学女子文理学院院长、东北大学数学系主任
		范会国	广东文昌	教授	法国巴黎大学理化科硕士、数理科博士,曾任中山大学、中央大学、北京师范大学教授
		汤彦颐	浙江绍兴	教授	美国华盛顿大学学士、密歇根大学硕士,曾任复旦大学、大同大学、暨南大学教授
		武崇林	安徽凤阳	副教授	北京大学数学系学士,曾任教北大数学系
	物理系	裘维裕	江苏无锡	院长兼物理系主任、教授	本校电机科学士,美国麻省理工学院电机科学士、硕士、研究员,曾任纽约西方电气公司研究工程师
		周　铭	江苏泰兴	教授	美国麻省理工学院化学博士
		胡刚复	江苏无锡	教授	美国哈佛大学博士,曾任南京高等师范专科学校、东南大学、中央大学教授,中央大学理学院院长
		叶蕴理	江苏江宁	教授	法国里昂大学、巴黎大学理科硕士,法国国家科学博士,曾任巴黎镭学院、航空力学院研究员,中山大学教授
		班乐夫(B. Barenoff)	德国	教授	德国哥廷根大学科学博士,曾任成都大学物理讲师
		许国保	浙江海宁	副教授	本校电机科学士,交通部电务技术员,曾赴德国西门子等厂实习
		赵富鑫	江苏上海	副教授	本校电机科学士,曾任浙江大学工学院教员
	化学系	徐名材	浙江鄞县	化学系主任、教授	美国麻省理工学院硕士、汉阳铁厂工程师
		时昭涵	湖北枝江	教授	美国麻省理工学院化学博士,中央研究院专任研究员
		刘承霖	湖北汉阳	教授	美国康奈尔大学学士、哥伦比亚大学硕士、纽约大学博士,曾任纽约荷顿氏、博真氏等公司化学师

① 《交通大学上海同学录》(1936 年 12 月)。

(续表)

院系		姓名	籍贯	职务	学历及工作经历
科学学院	化学系	丁嗣贤	安徽阜阳	教授	美国威斯康辛大学学士、麻省理工学院化工硕士,曾任中央大学教授,安徽大学教务长
		谢 惠	浙江绍兴	教授	美国约翰霍布金司大学博士,曾任清华大学、南开大学教授,齐鲁大学化学系主任
		沈溯明	浙江吴兴	副教授	美国康奈尔大学学士,浙江省立第一中学校长
		颜春安	福建四明	副教授	美国伊利诺大学硕士,曾任东吴大学教授,光华制糖公司、长安皮厂化学师
		张怀义	江苏青浦	副教授	东南大学化学学士,曾任大夏大学、光华大学教员
管理学院		钟伟成	江苏江都	院长兼教授	美国伊利诺大学商学士,曾任东南大学、暨南大学教授,铁道部专员、胶济铁路会计处处长
		林 叠	广东中山	教授	美国夏威夷大学学士、哥伦比亚大学硕士、纽约大学博士,曾任夏威夷大学、浙江之江大学教授,国民政府侨务委员
		俞希稷	安徽婺源	教授	美国伊利诺大学商学士、威斯康辛大学政治经济硕士,曾任复旦大学、暨南大学、中国公学教授,财政部会计司长、库藏局长
		李炳华	福建	教授	美国芝加哥大学学士、硕士,威斯康辛大学运输经济博士,曾任燕京大学教授、系主任
		汪仲良	江苏武进	教授	美国麻省理工机械工程师,曾任汉冶萍公司工程师,光华大学、暨南大学讲师,国民政府救济水灾工程师
		严砺平	江苏宝山	副教授	本校机械工程学士、美国康奈尔大学硕士,曾在美国威斯汀豪斯电气制造厂实习
		安绍芸	河北武清	副教授	清华大学毕业,美国威斯康辛大学商学士、经济硕士,曾任复旦大学、暨南大学、沪江大学教授,美国大美查账局会计师,上海中华工业厂会计主任
		郑惠益	福建福州	副教授	美国雪理柯斯大学商学硕士、俄亥俄大学经济博士,曾任沪江大学商科教授
		曹丽顺	江苏溧阳	副教授	本校管理学士,美国宾夕法尼亚大学肄业,曾任民国政府交通部路政司办事员
		郁仁充	浙江吴兴	副教授	本校管理学士,美国宾夕法尼亚大学商业管理硕士

（续表）

院系	姓名	籍贯	职务	学历经历
管理学院	熊大惠	江西南昌	副教授	本校管理学士，美国宾夕法尼亚运输科硕士，曾在美国雷定铁路公司实习
	查　修	安徽黟县	副教授	武昌文华大学文学士，美国伊利诺大学硕士、博士，曾任清华大学图书馆馆员、暨南大学教授兼图书馆主任
	沈奏廷	浙江余杭	副教授	本校管理学士，美国宾夕法尼亚大学肄业，曾在宾夕法尼亚铁路公司实习，曾任两路局营业所经理，全国经济委员会专员
	冯建维	广东南海	副教授	美国宾夕法尼亚大学硕士，曾任南方大学教务长
	谭炳勋	广东开平	副教授	本校管理学士，美国宾夕法尼亚大学商业管理硕士
土木工程学院	李谦若	江苏吴县	院长兼教授、教务长	美国康奈尔大学工程师，曾任苏州工专土木科主任，南浔、陇海等铁路工程段长，扬子江水道整理委员会总工程师
	杨培琫	广东顺德	教授	本校土木科学士，美国俄亥俄大学硕士，曾任广西建设厅技正，北洋工学院教授
	顾康乐	江苏吴县	教授	本校土木科学士，美国康奈尔大学硕士，曾任东华大学土木科主任兼教务长，复旦大学、江苏工专教授
	康时清	江苏南汇	教授	本校土木科学士，英国伯明翰大学工程师，曾任汉冶萍公司工程师、东华大学教授
	叶家俊	广东南海	教授	本校土木科学士，美国康奈尔、密歇根大学硕士，曾任铁道部总务司长、技正、广九铁路局长，广东大学讲师
	潘承梁	江苏吴县	教授	本校唐院土木科学士，美国伊利诺大学硕士，曾任光华大学、东北大学教授
	金　悫	安徽滁县	副教授	本校机械科学士，美国康奈尔大学硕士，曾任北洋工学院教授、安徽大学物理系主任
	郑日孚	广东中山	副教授	美国俄亥俄大学学士，爱荷华大学理学硕士、哲学博士，曾任密歇根州公路局工程师，铁道部技师
	王云瞻	江苏吴县	副教授	本校唐院土木科学士，美国康奈尔大学硕士，曾任广西建设厅技正，复旦大学教授

(续表)

院系	姓名	籍贯	职务	学历经历
机械工程学院	胡端行	江苏太仓	院长兼教授	本校电机科学士,美国俄亥俄大学电机硕士,曾任宝成纱厂工程师,胶济、津浦铁路机务处课长。
	陈石英	江苏上海	教授	美国麻省理工学院学士,曾任江南造船厂工程师,南洋铁路学校、复旦大学、劳动大学教授
	白克阿夫(A. Barker)	英国	教授	英国利兹大学硕士,曾任利兹大学纺织教授,曾考察各国实业
	梁士超	广东南海	教授	英国伯明翰大学学士,曾任汉冶萍公司工程师,南洋路矿学校矿务科主任
	黄叔培	广东揭阳	教授	美国开师理工大学学士、西利亚大学工程博士,曾任北京大学、广西大学、劳动大学教授,建设委员会技正
	杜光祖	江苏无锡	教授	美国麻省理工学院学士,曾任东南大学、清华大学教授
	许培(Hutert)	比利时	教授	比利时圣斯坦尼斯勒司大学、卢芳大学毕业
	胡嵩嵒	安徽歙县	教授	本校机械科学士,美国普渡大学硕士,曾在波士顿斯特脱文厂任事,曾任浙江常玉公路工程师
	李泰云	江苏无锡	副教授	北洋大学学士,曾任伊利诺钢铁厂工程师、浙江工专教授
	蔡有常	江苏无锡	副教授	北洋大学学士,曾任伊利诺钢铁厂工程师、浙江工专机械科主任教员
	徐缄三	浙江嘉兴	副教授	美国北卡罗来纳州立工科大学硕士,曾任无锡广勤纺织公司工程师、山东德昌纺织厂长、南通学院纺织科教务主任
	马翼周	浙江临海	副教授	美国密歇根大学航空硕士,曾任福特沏茶公司助理员、中央航空学校技士
	钱乃桢	江苏宜兴	副教授	本校机械学士、美国密歇根大学硕士,曾任浙江大学、冯庸大学教授,实业部中央工业试验所技士
	姜长英	江苏川沙	副教授	南开大学学士、美国地揣大学航空学士,曾任海斯飞机公司工程师,沈阳东北航空司令部技师、教官

（续表）

院系	姓名	籍贯	职务	学历经历
电机工程学院	张廷金	江苏无锡	院长兼教授	本校毕业，美国俄亥俄大学学士、哈佛大学电机硕士，曾任东南大学电机机械主任、南京无线电台总工程师
	钟兆琳	浙江德清	教授	本校电机学士，美国康奈尔大学电机硕士，曾任沪江大学教员
	胡端行	江苏太仓	教授	见前
	寿俊良	江苏松江	教授	本校电机学士，美国普渡大学电机硕士，曾任汉冶萍公司工程师
	马就云	浙江东阳	教授	本校电机学士，英国茂伟电机厂实习
	庄智焕	浙江鄞县	副教授	本校电机学士，法国巴黎高等电工学校工程师，曾任黄埔军校教授、交通部电政司长等职
	曹凤山	江苏江都	副教授	本校电机学士，美国哈佛大学、麻省理工学院硕士，曾任浙江大学、暨南大学教授
中文系	陈　柱	广西北流	主任兼教授	本校电机科肄业，曾任广西二中校长，无锡国专、大夏大学、暨南大学教授
外文系	唐庆诒	江苏无锡	主任兼教授	美国哥伦比亚大学硕士，曾任华盛顿会议代表秘书
	罗逸民（E. Reifler）	奥地利	教授	奥地利维也纳大学政治经济博士，东方学院毕业
	班乐夫	德国	教授	见前
	李松涛	江苏嘉定	副教授	美国威斯康辛大学学士、哥伦比亚大学硕士，曾任清华大学教员
	邝耀坤	广东番禺	副教授	美国巴满那大学学士、哥伦比亚大学商科硕士，曾任民国政府工商部、卫生部秘书

据上表可以看出这一时期交大教授群体及师资队伍的一些显著特点：

第一，以毕业于美国各著名大学、获得较高学位的留学生为主。69名正副教授当中，除4名外籍教授外，65名本国籍教授中有留学经历（含赴海外实习者）多达60名，其中留学美国54名，占据绝对多数；另有留学英国者3名、法国3名。留学者大多集中毕业于美、英、法等国几所著名大学，其中留美者毕业于康奈尔大学9人，麻省理工学院8人，哥伦比亚大学、宾夕法尼亚大学、伊利诺大学、威斯康辛大学各5人，哈佛大学、密歇根大学、俄亥俄大学各3人；并且不少人曾经在美国两所或两所以上的大学深造过。具有留学经历者的教授中多数获得硕士、博士学位，其中获得博士学位者14人，硕士学位者30人，合计44名。

第二,有着丰富的社会实践经历。本国教授中不少人在欧美大学研究所、厂矿实业部门担任过研究人员或工程师,在国内或在政府部门、铁路交通、棉纺织、煤铁矿、商业等行业担任过工程师、管理员职务,或在大学、专业研究机构从事教学研究工作。这个特点有利于形成重视理论联系实践、学以致用的教学风格。

第三,理工基础学科教授多于专业教授。从各个院系教授分布来看,科学学院教授 20 名、管理学院 15 名、土木工程学院 8 名、机械工程学院 14 名、电机工程学院 7 名、中文系 1 名、外文系 5 名,科学学院教授数量明显多于其他各院系,且以正教授为主,有 14 名之多,占全校正教授的 1/3。这一方面是交大重视理工基础课程教学在师资配备上的反映,另一方面也为交大"基础厚"的教学传统提供了保障。

第四,具有共同的地缘性、学缘性。"回到母校来",这句话对交大校友有着很强的吸引力。从交大走出去的留学生又回校任教的比比皆是,毕业留校任职的也不乏其人。交大学生大多来自教育水平发达又邻近沪地的江浙两省,这样交大师资在具有学缘特点的同时,又具备地域的特征。1921 年本国教员 13 人,江苏籍 12 人、浙江籍 1 人,其中交大毕业生 8 人。1926 年本科教员 53 人中,江苏籍 33 人、浙江籍 7 人,其中交大毕业生 35 人。1936 年的 188 名教员中,来自江浙两省的就占 121 名。这种相近的地缘关系和对母校的认同感,使交大教师队伍相对稳定和具有凝聚力;交大理工科培养出来的学生又属国内最优秀之列,他们中的佼佼者回归母校,由此形成一个良性循环。由于这些因素,交大到抗战全面爆发前夕,已经拥有较强的师资阵容,并在此基础上形成一支名师队伍。他们学有专长、业有所精、崇尚科技救国,并带来先进的教学经验和管理方法。

交大当年的学子们曾用生动形象的语言概括 20 世纪二三十年代学校的名教授,"那五权宪法",英文唐、国文陈、微积胡、物理裘、化学徐,与年前的"三民主义,值半斤而八两吧"。20 世纪 20 年代南洋大学时期的数学系教授胡明复、物理系教授周铭、化学系教授徐名材,三人名字中都有个"民"字的谐音,就称呼他们为"三民主义"。而"五权宪法"则指的是 20 世纪 30 年代讲授基础课程的五大教授:英文的唐庆诒、国文的陈柱、数学的胡敦复、物理的裘维裕、化学的徐名材。

数学系教授胡明复,1901 年与胞弟胡刚复同入南洋公学附属小学,次年兄弟俩一同升入附属中学。时主持南洋公学校务的张元济对胡明复弟兄十分欣赏,称他们为奇童。1910 年胡明复与胡适等人一同考取了美国庚子赔款第二届留美生。1917 年胡明复获得哈佛大学数学博士学位,是我国在国外获得数学博士学位的第一人。胡明复曾参与创建了中国科学社。1921 年胡明复受聘来校,教授解析几何和微积分。他对教学工作非常认真,善于用生动的语言讲述深奥难懂的概念和问题，备受学生欢迎。1927 年暑假，胡明复不幸在无锡老家溺水而逝。然而，与其并称“胡氏三杰”的长兄胡敦复、弟胡刚复则长期在交大分别担任数学、物理教授，胡敦复还从 1930 年起担任数学系主任，直到 1945 年。

数学系教授胡明复

物理系教授周铭

物理系教授周铭为美国麻省理工学院的化学博士，与胡明复同年受聘到校。为加强基础课的教学，他与稍后来校的哈佛大学电机硕士裘维裕，一同自愿担任物理课的教学，裘主讲物理课程，周主持物理试验。他们将物理课及试验由 1 学年改为 2 学年，每周开课至少 3 节，这在当时国内大学中是绝无仅有的。[①] 他们自编英文本教材和试验讲义，不再照搬美国教材；重视教学方法，严格检查考核制度。到 20 世纪 30 年代，物理系一方面增聘物理学家胡刚复等，一方面自己培养教师骨干如赵富鑫、许国保等，继续增强物理教学力量，使物理课成为学校的“霸王课”。

化学系教授徐名材，1908 年毕业于南洋公学，次年经浙江省公派赴美国留学，入麻省理工学院攻读化工，获得硕士学位，1922 年到校任教。他学识渊博，信息灵通，善于联系实际，讲授精辟，与学生间的感情也相当融洽。1930 年代徐名材任化学系主任，仍继续坚持讲授普通化学，还编写了《工程化学手册》，改变了以往全部照搬国外教材的做法。

胡敦复、周铭、徐名材三位教授主讲的数、理、化三课，是工科最基础的课程。名教授把关基础课，是交大教学特色的主要体现。当年学生们感觉三位主讲的一二年级数理化课程

① 赵富鑫：《忆周铭、裘维裕两教授》。《交大校友》(1991 年)，第 54－56 页。

是大学最难通过的一关。20 世纪 30 年代的教授接过他们的接力棒，继续牢牢把好基础课程这道关。

中英文也是名师执教，英文教授唐庆诒为唐文治之子，美国哥伦比亚大学硕士。中文系主任陈柱则是唐文治高足，国学上富有素养，熟于周秦诸子，尤精于子学，著述愈百部之多。

除了执教基础课程的教授，工科及管理类的著名教授同样可圈可点。机械系的周仁、土木系的淩鸿勋、管理系的马寅初三人在 1948 年入选中央研究院首批院士；还有我国电机工业的奠基人钟兆琳、给排水工程专家顾康乐、无线电专家张廷金、内燃机专家黄叔培、工程力学专家陈石英、铁路运输学家沈奏廷、知名电机教授马就云等，都是当时国内有名的工程技术专家。

管理学院教授马寅初

机械工程学院教授陈石英

电机教授马就云，1924 毕业于交通大学电机工程学院电力工程门，毕业后留校，在电机工程学院任助教、副教授、教授，主要讲授直流电机、电力量法、蓄电池等专业课，并负责实验室建设等事宜，为交通大学电机教育做出了巨大的贡献。马就云亲自承担直流电机实验室的创建工作，对实验桌、实验墙板及总电源开关板的设计布置都是一桌一板多用，每个实验桌或实验板用不同的连接方法就可适应多种实验的使用要求。1932 年电机实验室由中院迁入工程馆，室内电气仪器设备由马就云等教授进行布置，成为当时国内工科院校配置最好的实验室。同年他研制出“电流电压相位显示器”，被选送到美国芝加哥举行的世界博览会上展览。在教学中，马就云备课认真，传授的知识广泛而且实用，教法也朴实易懂。他既重视基础，又结合实际；既循序渐进，又重点突出；既写完整教案，又编制简练的教学卡片。他对实验报告的要求也相当严格。他要求学生认真阅读每个实验所指定的各种教学参考书中的有关章节，预先写出实验预备报告，交给助教审阅后再做实验，实验后再写出实验报告，大大提高了学生的动手能力。马就云所教课程深得学生欢迎，学生称他是“工程师的工程师”。[①] 1942 年，马就云因患伤寒不幸病故。

机械工程学院教授杜光祖

电机工程学院教授马就云

这些教师不仅学识渊博，他们讲课的风格也在学生心中留下深刻印象。裘维裕鹤发童颜，戴着金丝边眼镜，目光四射，炯炯有神，口若悬河地用英语讲授，非常流利清楚。赵富鑫对物理课程滚瓜烂熟，无书无稿，只发讲义，一边滔滔不绝地讲，一边笔走龙蛇地写板书，每当写满 4 块黑板，就会听到下课的铃声，课课如此，从不拖堂。讲授应用力学的杜光祖，课讲得深入浅出，引人入胜，言语不多，意义很深。课堂中鸦雀无声，他在黑板上随手绘图，圆者如有用圆规画出，方者如有用直尺画出，几个简图，把道理说得清楚透彻。黄叔培讲汽油机和柴油机，英语十分流利。他既讲课，又指导实践，还带学生下工厂实习，又教学生开汽车，从理论到实践，一手全部包了下来。陈石英教热力工程，又有不同的风格。他上课只带粉笔，不带课本、讲义，授课的方法主要从示范解题入手，来阐明理论与公式的运用。在当时交大仅有数百亩的校园里，如此多的教育界精英汇集于此，勤勤恳恳，教书育人，钻研学问，他们是交大兴盛的脊梁！

① 刘其昶：《谈“师生永契”铜匾和纪念四教授》。交通大学 1942 级电机工程系校友编：《师生永契——庆祝母校成立 100 周年纪念册》，1996 年，第 21 页。

第四节 严格管理

一、教学与学业管理

1921年交大改组成立后,教学与学业管理的制度也相应发生了较大的变化,仿照一些外国大学的教学管理制度,实行选科单位制。1921年9月制定《交通大学学科一览》,对"单位制及定义"作了专门规定:"大学各本科四学年内,以习满160至180单位为合格。"如1925年度南洋大学电机工程科课程设置表,电机科电力门必须习满175.5单位,电信门必须习满184.5单位。所谓"单位",有以下三种具体的计算方法:

第一,凡由学生复讲之功课,每星期有一小时,习满一学期者,作为一单位。

第二,凡由教员讲授之功课,每星期有二小时,习满一学期者,作为二单位或一单位,视此科目之性质而定。

第三,凡须先行预备及作报告书之试验、工厂实习、野外实习及课程实习等功课,每星期有三小时,习满一学期者,作为二单位;其不须预备及作报告者,作为一单位。①

学生学业成绩的计算也是建立在单位制的基础上,算法是:首先以学科的单位数乘该科所得的分数,得出单位积;每学生每学期各学科的单位积相加得出单位总积;再以单位总积除以本学期所学的学科单位总数,便得出学期平均成绩。其计算方法举例如下:

表3-9 南洋大学时期学生学期平均成绩计算方法

学科	单位数	分数	单位积
国文	2	85	170
英文	3	80	240
物理讲授	3	75	225
物理实验	2	89	178
化学讲授	2.5	80	200

① 《交通大学学科一览》"单位制及定义"(1921年8月)。《交通大学校史》(1896—1949),第160页。

（续表）

学科	单位数	分数	单位积
化学试验	2	86	172
机械图画	2	100	200
……	单位总数		单位总积
	16.5		1 385
平均成绩＝1 385/16.5＝83.94			

大学四年肄业期满，考核及格者，给予毕业文凭，并颁给学士学位。因故未能毕业而肄业在一学期以上的学生，给予修业证书。[①] 选科单位比工业专门学校时期的学年制灵活，符合教学和人才培养的客观规律，这是学校教学制度上的一个进步。特别是学位制的实行，更表明学校教学水平已达到较高程度，也是学校正式步入近代理工科大学的一个标志。

从1928年学年度起，学校参照国外大学的选修制，改变1921年以来的选课单位制，实行选修制。课程一般分为必修课、选修课和规定选修课三类。选修课程的比例很小，有的系科全部为必修课，开设选修课程的系科一般选修课程的学分数占总学分数的10%左右。学生学习课程按学分计算，各门课程每周授课时数与学分数有一定比例，一般是1∶1，也有少数为3∶2、3∶1或2∶1不等。各学院学生在四年内必须修满规定的最少学分数才准毕业，毕业除了给予本科毕业证书外，还颁给学位。1929年8月校务会议决议："185个学分为毕业所需之最低限度（即为毕业成绩之标准）。"但是，各学院设置课程的学分数普遍高于这个标准。如1936年各系科、门组在四年内的总学分数，科学学院数学系198，物理系甲组197、乙组195，化学系甲组189、乙组190，都超过所规定的185学分。再如管理学院，铁路管理科须修满183学分，实业管理科187，财务管理科181，公务管理科188。各工程学院学分总数更高，部分超过200学分，如土木学院铁道工程门200.5，市政工程门200.5，道路工程门204.5，其他电机、机械学院各科门学分总数均超过190。

学生的学业成绩按考分（学期末的考试成绩）、积分（平时的平均成绩）分别以40%和60%计入总评分，以防止学生平时不努力、临时靠突击而获得良好成绩的弊端。学生的各科成绩以100分为满分，60分为及格分数，分甲乙丙丁戊己六个等级：90—100分为甲等，

---

① 《交通大学规则》。《交通大学规章》(1922年1月)。

80—89分为乙等,70—79分为丙等,60—69分为丁等,40—59分为戊等,40分以下为己等;[①]20世纪30年代成绩分等方法大致相同,只是不满40分者不列等。

学校并为此严格规定了考试考核制度,20世纪20年代规定"学期学业成绩列戊等者,可允许补考,补考以一次为限",但补考分数最高以及格分数60分计;凡是不足40分者,必须补习该课程,并不能补考;"补习后考试以一次为限,不及格者即令退学",[②]并制定了相应的考核制度及细则。30年代对于考核制度规定更严。在1936年《学行规则》中,对考试、学业成绩计算、补考、补习、补读、退学、操行、实习、参观、教室、试场、试验、测量实习及请假等,都制定了严密的规则。如规定凡各科平时积分不满40分,或旷课时间超过一学期实际授课时间的五分之一者,不得参加学期考试。又如对于学业考核或补考不及格制订留级、退学制度,凡学生学期平均成绩在60分以上,而所有未及格各科学分数相加不超过该学期应得学分总数50%者,或其未及格之科目不超过该学期

学生课堂

① 《交通部南洋大学规章》"考核成绩规则"第二章,1925年。

② 《交通部南洋大学规章》"考核成绩规则"第四章,1925年。

所修科目50%,准其补考;不合这个规定,或其平均成绩在60分以下,而所有未及格各科学分数已超过30%,或其未及格之科目超过该学期所修科目30%者,不准补考,在第一学期必须停学一学期,期满后仍留原级,在第二学期必须留级,该级已得学分一并取消;如果该学生时第一学期的新生,则令其退学。凡学生前已留级或停学一次,第二次仍必须留级或停学者,即令其退学。

学业成绩除了学科成绩之外,还有操行与体育成绩的考核。操行即考察学生德育。在南洋大学时期,由学监负责考核,分别从气质、性行、课业、服务等四个方面来考核。考核的评语大致有:"关于气质者指精神温和,体魄健强等项;关于性行者指品行善良,行为正当等项;关于课业者例如勤勉或懈怠等项;关于服务者例如切实或苟且等项。"20世纪30年代,学生操行由训育处负责考核,对评判标准也进行了细化,主要包括三个方面:一是关于品行方面,要求学生既能自知,进行个人人格之修养;又能守法,尊重公共利益,规定学生"不得有侮辱污蔑、挑拨离间他人,以及顽强轻薄卑劣一切不名誉之语言举动","对于一切章则均应遵守,不得矜才逞辩,饰非诿过,以及其他不规则指语言举动";二是关于课业方面,要求学生"在学校一切章则下受业时间应尊重教师之指导,如有疑问不得出以诘难之词色"等;三是关于服务方面,要求学生"在学校一切章则之下,忠实担负责任,不得苟且傲慢,并不得假借公益希图个人私利"。操行成绩也以百分为满分,60分为及格,100—60之间每隔10分列甲乙丙丁四个等级,不及格者退学。体育方面的考核也订立细则,若成绩合格者也列等发给合格证书。体育与操行成绩有一项不及格的学生,即使学业成绩及格亦不得升级或毕业。这就从规章制度上体现了德智体三育并重的教育思想。由于这种严格的管理制度,所以在校生的淘汰率很高。

二、严格学业考核

交大对学生严格要求,严格考核,在教学上不仅有一套严格的学业管理制度,而且在一批素以严谨认真著称的教师们努力下付诸实施。他们专心教学,严格考核评分,执行规章制度不苟且、不拖沓,各种学业管理制度得以长期一贯的实施落实,使得学校在教学上形成了严格认真的优良作风,学生也逐渐养成了专注学业、一心求知的良好学风。

大多数教师保持和发扬以往严格要求的作风,注重抓好学生平时学习,要求学生在平时多做练习,认真做好实验,养成严谨求实的作风。各学科平时布置的习题都比较多,如工程学院一年级的普通物理,每学期约有250余道题目。这些习题是教师们在多年的教学实践中积累的。学生通过反复练习,既能比较深刻地理解科学原理,又能付诸于应用。

许多教师对于学生做实验的要求也极为严格。

交大教师对学生的严格要求,还体现在对学生所上课程的考核和评分上。

大学对我印象很深,尤其是一二年级。学校有很多很严格的教师,如预科主任柯成懋,化学教得不错。物理教师裘维裕、贾存鉴,每周小考一次,不及格的比比皆是。化学教师徐名材,一个月小考一次,每次答题要花二三个小时。他批卷不批正分,而批负分,减几分,以致有的同学最后得分为负数。我那时是好学生,能考九十多分。数学教师胡敦复,要求也严格,物理、化学实验报告要求用英文书写,写得整齐,结果正确。如果做得不好退回来重做。这种科学精神、工作作风锻炼了我。由于一二年级很厉害,当时有句话:念上海交大,一二年级通过了,就可算大学毕业了。①

各学院考试分学期考试及临时考试两种,除了不凭考分的科目外,各科目无论在一学期内讲授完毕与否,应于该学期末举行学期考试。1930 年 10 月 6 日,教务会议决议:"每学期小考次数,应由各科教员酌定,但不得少于每周授课时数。"但是,一般任课教师在实行中都要高于每周授课时数。如工程学院物理每周授课 3 小时,而在物理教授裘维裕、周铭等人主持下,每学期小考至少有 6 次;国文每周授课 3 小时,每学期至少有 5 次考试。一般每学期中各种考试有四五十次,每学期开课一个月后,就是"考试节"的开始,小考一个接一个,源源而来。有些教师为节省任课时间,将考试放在晚上进行。一位校友的回忆让我们可以回味考试相当频繁的情形,他说:

我侥幸考上了交大,但这只能说是过了第一关。过五关,斩六将,以后关还多着呢!入学后觉得功课不轻,多数老师授课时滔滔不绝,口若悬河,一小时要讲很多内容。很多课程每学期有定期考试两次,一般都在晚上考,一考就是三小时,以避免占用白天上课时间。尤其是考物理,同学们喻为"上屠宰场",言其难得要命。尤其是计算题,特意出难题,犹如入八阵图,迷魂阵里很难走出来。②

不仅考试多、考题难,而且考场组织特别严格,严禁考试作弊,一经发现,除将该科试卷作为无效处理外,并分别给予惩戒,情况严重的,即令退学。对于当时森严的考场和大考气氛,一位亲历其中的学生有过一段形象生动的描述:

"考场!气象是何等的森严。同级的同学交叉着离得很远。桌子上放的是考

① 《张光斗校友采访记录》,2003 年 7 月。

② 傅景常:《饮水思源 怀念母校》。《同窗集——纪念上海交通大学 1939 届级友毕业 60 周年》,1999 年,第 236 页。

> 卷和考试规则，告诉你考场上应守得秩序和禁例。初次上场的新鲜人，都变成神经质了。除了主试的教授外，本科的助教、先生、注册处和训育处的职员、先生全体动员。你要走私？趁早别想！谁见过交大的学生大考时作弊？除非下学期不想再来！这里只有充实的准备可以换到好分数！……大考期间，一切都得暂停，除了读书！运动场上静悄悄的，完全是乌鸦与麻雀的天下。灰色的长椅上或许会发现一二个人。但是他们绝不是像平日那样的在那里谈笑！头低低的手上都有一本书。①

教师批阅学生试卷也十分仔细，对于答案对而方法步骤不对的仍然要扣分。所以，尽管学生都是经过严格挑选的，其学期平均成绩能达到 80 分以上的还是少数，90 分以上更是微乎其微。几经淘汰，最后刷选出来的毕业班学生真可说是优中之优，但他们的平均成绩能进入 90 分以上的也是极少数。②

1933 年，机械工程学院“水力学”考试中，钱学森只是在最后一题公式推导的最后一步将“NS”写成了“N”，被任课教师金悫扣去 4 分，得 96 分。

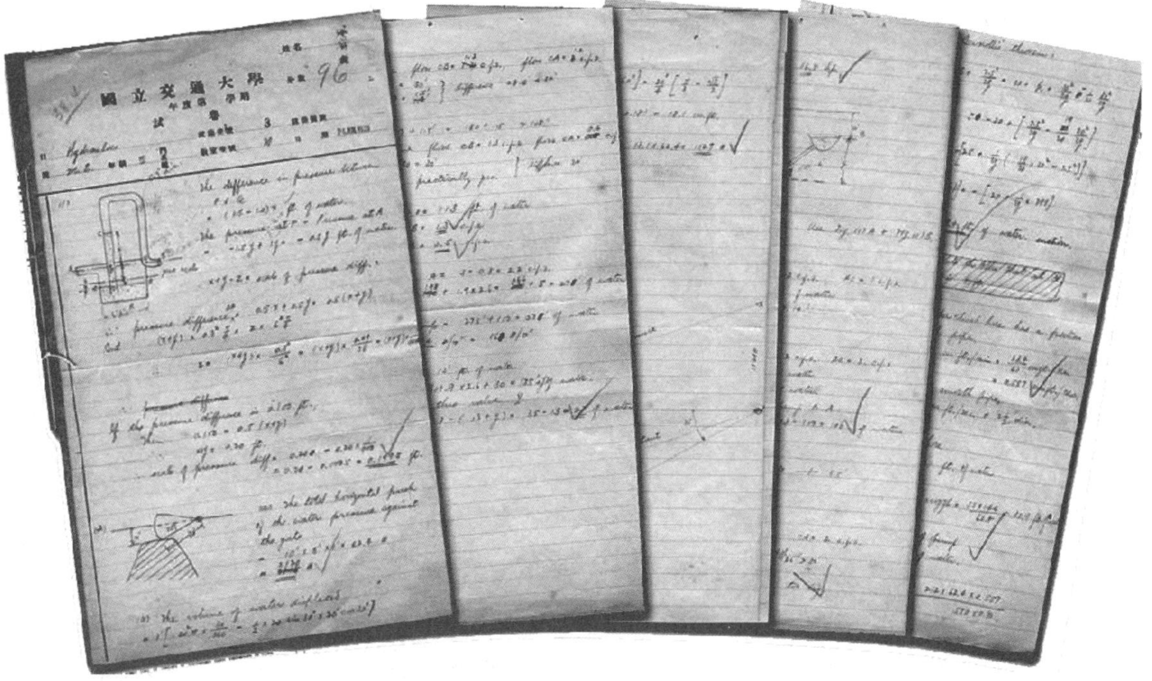

钱学森大学期间的水力学试卷

① 柯荣炎：《大考素描》。《交大学生》第 6 卷第 1 期，1937 年 3 月。

②《交通大学校史》(1896—1949)，第 168－169 页。

表 3-10 1925 年上半年南洋大学学生成绩统计分析

年级 / 人数比例 / 分数段	二年级工程科		三年级电机科		三年级机械科		四年级电机科		四年级机械科	
	人数	所占比例%	人数	所占比例%	人数	所占比例%	人数	所占比例%	人数	所占比例%
91.04—93.16	1	1.2	2	5.0	0	0	1	2.9	0	0
80.00—89.78	15	17.4	8	20.0	4	12.9	10	29.4	5	19.2
70.10—79.96	39	45.3	12	30.0	14	45.2	15	44.1	12	46.2
61.82—69.98	26	30.2	6	15.0	5	16.1	6	17.6	6	23.1
58.60—60 分	1	1.2	0	0	0	0	0	0	0	0
无成绩者	4	4.7	12	30.0	8	25.8	2	5.9	3	11.5

表 3-11 1920—1927 年本校历届毕业生成绩统计分析表

人数比例 / 毕业年代 / 分数段	1920		1921		1922		1923		1924		1925		1926		1927	
	人数	所占比例%	人数	所占比例%	人数	所占比例%	人数	所占比例%	人数	所占比例%	人数	所占比例%	人数	所占比例%	人数	所占比例%
90.08—95.03 分	5	7.5	0	0	1	2.9	4	5.8	2	1.7	2	2.2	3	3.4	4	5.3
80.01—89.67 分	26	38.8	21	65.5	15	42.9	32	46.4	49	42.6	38	42.7	24	27.3	23	30.3
70.11—79.92 分	35	52.2	11	34.4	16	45.7	29	42	62	53.9	48	53.9	56	63.6	44	57.9
63.62—69.95 分	1	1.5	0	0	3	8.5	4	5.8	2	1.7	1	1.1	5	5.7	5	6.6

尽管如此,交大学生对自己的学生生活还是留下许多美好回忆:

《投考交大专刊》"杂俎"栏就对交大这样描写:交大学生对自己学校充满自豪,有学生在文中称赞:"凡来过此地的人,看见这宽敞的校舍,巍峨的建筑,丰富的图书,完美的设备,循循善诱的教员,孜孜求学的学生,莫不异口同声,啧啧赞羡"。同时,又对交大人的读书生活作了介绍:交大人的读书生活:交大既然有这么优美的读书环境,又有这醇厚的学风,所以读书的人可以安心读书,毫无其他不安心的事情来打扰你,加以不读书也得读,因此图书馆里总是济济一堂,埋头苦干,还有不愿上图书馆的就在宿舍里钻研。晚上熄灯之后,还有拼命的同学,点洋烛,开夜车,但这是犯规的,因为学校担心会引起火烛之事。大考期间,图书馆必须预约,先放一本书占位,否则中饭吃过再来就无插足之地了。尤其是冬天,因为图书馆里有火炉的时候更显得热闹。还有同学会到工程馆楼上教室念书,那里有暖气管,既清静,又暖和。在暖晴的天气，每天晨光熹微的时候，校园里操场上，到处都是摇来摆去的朗读背诵者。交大良好的学习风气可见一斑。

第五节　加强实践

一、重视实践环节

交大素有“求实学，务实业”的办学传统，注重实践也是交大教学上的特色，学校一贯重视实践性教学环节和基本技能的训练。20 世纪 20 年代学校对工程科学生“讲习功课时，注意解决习题，以培养学生之推理能力；实习、实验时，常使学生自负实验之责，以养成学生之自动自决及自己启发之能力”；[①]对管理科学生“授课时注意义理上之讨论与实地之调查，各种笔记、报告、著述皆属重要课艺……”。[②] 30 年代黎照寰任校长后，提出了“注重基本学科，务求实用”[③]的教学原则，利用交大隶属于实业部门的条件，结合理工科大学特点，构建出一个比较完善的理论与实践相结合的教学环节。

经过长期的教学实践，学校已形成了一套比较完善的教学环节：除课堂讲授（包括习题讲授）、作业、制图、设计、考试之外，还有实验、参观、实习等，一般上午是理论讲授，下午为实验、制图及实习，间有个别次要课程，晚上为自修、作业。针对不同的科别或不同的环节采用不同的教授方针。实验是交大培养学生的一个重要环节。早在上海工业专门学校时期，学校就已十分重视，并不断筹建实验室。但那时的实验课目较少。20 世纪 20 年代前期，一年级有物理实验及化学实验，每周 2—3 学时或 3—4 学时；二年级除物理实验（每周 2—4 学时）外，还有分析化学试验（包括定性分析与工业分析，每周 3 学时）；三年级各科有机械试验（每周 4 学时）、直流电试验（每周 4.5 学时）、电机试验（每学期 3 学时）；四年级各科有机械试验（每周 3 学时）、交流电试验（每周 3 学时）、无线电信试验（每周 36 学时）等。实验报告都有具体要求，如化学实验报告分三部分：①观察；②结论；③答题等。教师根据学生的实验报告评定成绩。

---

① 《南洋大学教授方针》。赵祖康编：《南洋大学概况》（1926 年 1 月）。

② 《南洋大学教授方针》。赵祖康编：《南洋大学概况》（1926 年 1 月）。

③ 黎照寰：《交大略历及将来之发展》。《南针》第 3 期，1930 年。

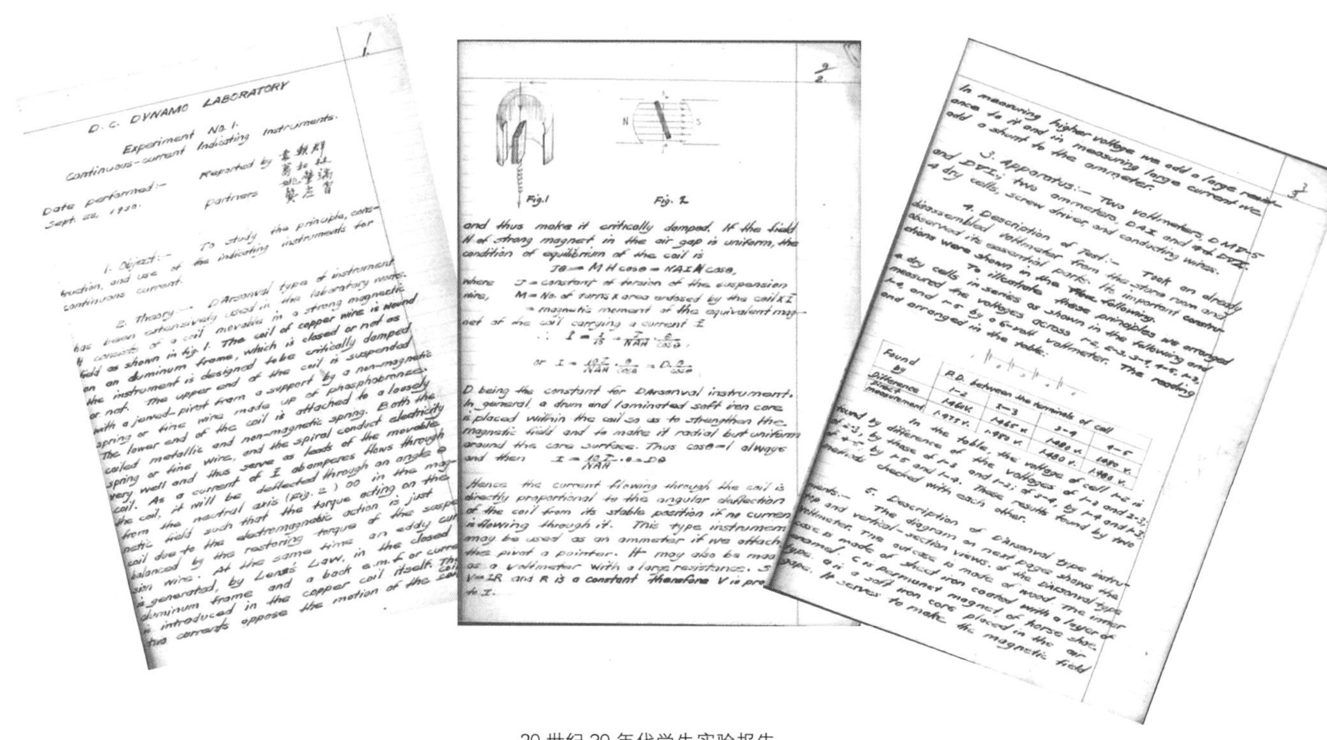

1.

D. C. DYNAMO LABORATORY

Experiment No. 1.
Continuous-current Indicating Instruments.

Date performed:— Sept. 22, 1930.
Reported by
Partners

1. Object:— To study the principle, construction, and use of the indicating instruments for continuous current.

2. Theory:— D'Arsonval type of instrument has been extensively used in the laboratory ... It consists of a coil movable in a strong magnetic field as shown in fig. 1. The coil of copper wire is wound on an aluminum frame, which is closed or not as the instrument is designed to be critically damped or not. The upper end of the coil is suspended with a jewel-pivot from a support by a non-magnetic spring or fine wire made up of phosphobronze. The lower end of the coil is attached to a loosely coiled metallic and non-magnetic spring. Both the spring or fine wire, and the spiral conduct electricity very well and thus serve as leads of the movable coil. As a current of I abamperes flows through the coil, it will be deflected through an angle θ from the neutral axis (Fig. 2) 00 in the magnetic field such that the torque acting on the coil due to the electromagnetic action is just balanced by the restoring torque of the suspension wire. At the same time an eddy current is generated, by Lenz's Law, in the closed aluminum frame and a back e.m.f. or current is introduced in the copper coil itself. The two currents oppose the motion of the coil

2.

Fig. 1 Fig. 2

and thus make it critically damped. If the field H of strong magnet in the air gap is uniform, the condition of equilibrium of the coil is

$$J\theta = MH\cos\theta = NAIH\cos\theta,$$

where J = constant of torsion of the suspension wire, M = No. of turns × area enclosed by the coil × I = magnetic moment of the equivalent magnet of the coil carrying a current I

$$\therefore\ I = \frac{1}{10} = \frac{J}{NAH}\cdot\frac{\theta}{\cos\theta},$$

$$\text{or}\ I = \frac{10J}{NAH}\cdot\frac{\theta}{\cos\theta} = D\frac{\theta}{\cos\theta}$$

D being the constant for D'Arsonval instrument. In general, a drum and laminated soft iron core is placed within the coil so as to strengthen the magnetic field and to make it radial but uniform around the core surface. Thus cosθ = 1 always and then $I = \frac{10J}{NAH}\cdot\theta = D\theta$

Hence the current flowing through the coil is directly proportional to the angular deflection of the coil from its stable position if no current is flowing through it. This type instrument may be used as an ammeter if we attach the pivot a pointer. It may also be used as a voltmeter with a large resistance. S... V = IR and R is a constant therefore V is pro... to I.

3.

In measuring higher voltage we add a large resistance to it and in measuring large current we add a shunt to the ammeter.

3. Apparatus:— Two voltmeters, DMD-5 and DVI; two ammeters, DAI and DVI; 4 dry cells, screw driver, and conducting wires.

4. Description of Test:— Took an already disassembled voltmeter from the store room and observed its essential parts. Its important constructions were shown in the following.

To illustrate these principles we arranged 4 dry cells in series as shown in the following and measured the voltages across 1-2, 2-3, 3-4, 4-5, 1-3, 1-4, and 1-5 by a 6-volt voltmeter. The reading and arranged in the table.

Found by	P.D. between the terminals of cell			
	1—2	2—3	3—4	4—5
Difference	1.464V.	1.465 V.	1.480 V.	1.480 V.
Direct measurement	1.475 V.	1.480 V.	1.480 V.	1.480 V.

In the table, the voltage of cell 1-2 is found by difference of the voltages of 1-3 and 2-3; of 2-3, by those of 1-3 and 1-2; of 3-4, by 1-4 and 1-3; of 4-5 by 1-5 and 1-4. These results found by two methods checked with each other.

5. Description of ... ments:— The diagram on next page shows the top and vertical-section views of the D'Arsonval type voltmeter. The outcase is made of wood. The inner case is made of sheet iron coated with a layer of enamel. C is permanent magnet of horse shoe type. a is a soft iron core placed in the air gap. It serves to make the magnetic field

20 世纪 30 年代学生实验报告

实验课的要求也更加严格，规定实验前不预习就不能进入实验室做实验。学校自开办工科以来，对于实习尤为重视，所有实验设备无不精益求精。1921—1927 年，由于办学经费十分困难，设备添置十分缓慢，学生外出实习常受阻碍。尽管这样，学校对学生实习仍很重视，例如学生在校内工厂的实习时间都有所增加。第一交通大学及南洋大学时期，在工厂实习时间比工业专门学校时期增加 6%，实验课程及有实习的课程也有所增加。以电机科为例，工业专门学校时只有物理试验、化学试验、电气及电磁实习、测量实习，此时增加了机械试验、交流电试验、直流电试验、无线电信试验、电话试验等课目。实验的内容也进一步完善。如物理实验的“试验大纲分力、热、电、光、声五类。弹性、粘性、密度、容度、液面引力、毛管引力、地心引力诸试验属力学；寒暑计之定点、物体之扩张、热力表之原理及蒸汽压力之测试属热学；电学察电池之构造为电阻、电压、电流、电力、电量、电感之试验；光学习凹凸镜面扩大能力、光之屈折反射、分光器之分布七色；声学实验传声速度、音波反响、旋转发声机等”。[①] 学生经过这些内容丰富、形式多样的实习、实验训练，不仅理论知识更加巩固，而且动手能力和管理能力也比较强，毕业后走向社会，能立即应用于生产实际。

① 沈劭：《土木工科之实习及试验》。《民国十年级纪念册》(1921)。

学生在实验室做实验

黎照寰任校长后，为了做到学以致用，设置了实验、实习、设计、计划、专家演讲、参观实习、毕业旅行等项目，组成一个更加完善的实践性教学环节。实践性课程在各学院的课程中占有一定的比例，各工程学院约占40%，其他学院在10%—30%之间。各科实验从一年级到四年级连续不断。如工程学院一年级主要是理化等基础理论实验；二年级主要是专业基础理论实验；三、四年级注重于应用实验，其中校内实验教学包括基本学科的实验课，综合设计实验课和专门研究实验。不少实验科目从依附于理论教学中分离出来，形成单独的课程。从一年级到四年级，各科实验连续不断。1932届电机工程学院毕业生康宝煌回忆说：

> 在校四年，我与张家钧、王亨龄三人为一组，在一二年级有打铁、翻砂、木工、金工实习，及物理、化学实验，在三四年级有电机、动力机、电信机等实验。我们三人配合得很好，张兄身体健康，勤奋耐劳，凡是在上课钟点之内做不完的实验，由他独立承当；王姐中英文程度全班第一，我收集资料写成报告之后，请王姐润饰修正。只是有一件难处，在一年级上打铁课时，一人执不起锤子，只好邀请工友来帮忙了。[①]

① 康宝煌：《我与母校六十年》。《老交大的故事》，第317页。

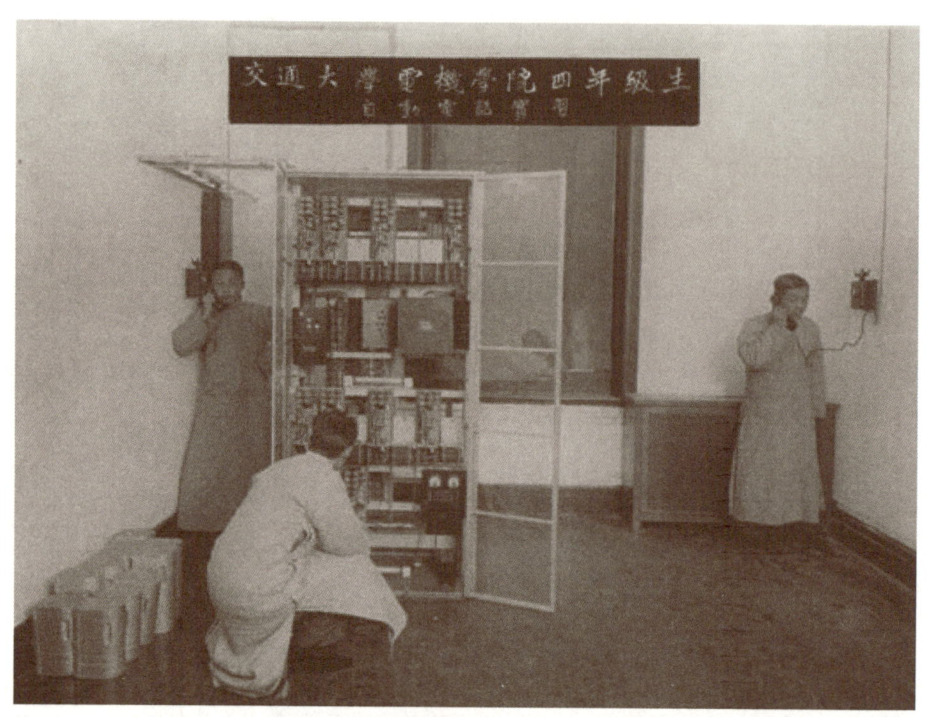

20 世纪 30 年代电机工程学院学生实习

可见,学生大学四年实验课程安排较多,一年级主要是物理、化学等基础理论实验,以及专业基础理论实验,二年级主要是专业基础理论实验,三、四年级注重于应用实验。通过实验教学,使学生在四年的学习中,能够比较连贯地、循序渐进地从实验的基本理论、综合测试技术、数据分析处理到仪器的使用等方面受到训练。实验课多由教授亲自担任指导,对学生实行严格训练,严格要求。

实验课程之外,还有大量实习活动,实习分校内、校外两种。校内是在各科试验室与工厂进行,主要放在大学一、二年级。一、二年级的实习安排在校内铁木工厂、金工厂及有关试验室,内容多是锻造、翻砂、车削加工、木模制造等。学生要写实习报告,结束时由教员或实习指导员评定成绩,纳入积分。

二、组织校外实习

校外实习与参观是实践教学中的重要环节。校外实习早在南洋公学时期已经开始,上海工业专门学校时期就有了定章。1921 年交大改组后订立《学生实习规则》《学生参观规则》。实习规则有 11 条,首条强调“为增进学生事实上之经验,得于研究学理之外,另行规定时间令学生实地练习”,其中校外实习“由学生择相当之处接洽派往”,经费需学生自备,管理与评分方法如同校内实习。参观规则共有8条，对参观目的、地点选择、管理、评分、经费均有大致规定。两项规则的制定，使得校外实习、参观逐渐制度化。

此后交大在实施中对规则进行细化。1929年学校颁布以铁道部名义制定的《学生短期实习规则》。规则共11条，主要有：第一条，“各本科学生修业满期第三学年时，得准于暑假期内呈请派赴各路实习，期间以两月为度”；第四条，“实习时应各备纪录簿，详记实习情形及其心得”；第五条，“实习期满，应由主管教员及实习处所评定成绩，报告院长或校长”，第六条，“上项报告及纪录簿，经院长或校长评定分数后，即作为学业成绩之一部，并得呈部考核”。[①]1936年学校制定《暑期测量实习细则》，专门就暑假期内的校外测量实习作了16项规定。学生参观方面，1925年凌鸿勋校长提议，教务会议讨论通过《学生参观旅行案》，规定“长途参观以本科四年级一次为限，其他短程旅行（时间在二日以内）得临时酌定之”。长途旅行即以后历年均举行的参观毕业旅行，以两星期为限。[②]随着毕业旅行经验的积累，1937年1月学校颁布《交大毕业班学生春季旅行参观规章》。规章共16条，其中主要规定，“毕业班学生须一律参加春季旅行，倘有特别事故

校外测量实习

① 《申报》1929年7月17日。

② 《学生参观旅行案》(1925年3月)。《交通大学校史资料选编》第1卷，第522页。

不能参加者，应作论文或研究一篇，送交教员批阅，否则作学分不足论”；“学生须绝对服从各学院领队之指挥”；“回校后一星期内，学生须将报告送请各院主任教员批阅，如逾期不缴，其旅行时间停上各课作为旷课论，照扣分数”。[1]

实际教学活动中，各种校外实习与参观旅行也得以很好的实施落实。三年级利用寒假，由教员率领去国内各路局、工厂参观。四年级学生一般利用暑假，到各有关路局、机厂、电厂实习，使学生扩大见闻，增加经验。无论校外各地的参观还是实习，都有业务上的具体要求。学生都要写出实习报告或参观纪实，实习结束时由教员或实习指导员评定成绩报告学校，归入积分。如1923年1月，机械科三、四年级学生曾到华北各省去参观沪宁、津浦、胶济、京绥、京奉、南满、京汉、正太8条铁路，经过15 000多公里，历时25天才返校。这一次实习成绩很好，实习纪实也很详细。回校后，学生写了几十页的参观报告。1923年12月—1924年1月，机械科及电机科三年级学生16人，赴南通参观大达公司

20世纪30年代机械工程学院学生实习

① 《上海交通大学纪事(1896—2005)》(上卷)，第276页。

大德轮船的各部分机件和大生第一纺织公司新旧二厂、通明电灯公司等单位，学生返校后都写了详细的参观纪实。四年级的实习一般由学生个人或在教师的帮助下，联系工厂，进行实习。如1923年暑假，四年级学生王会宾等三个学生，在顾惟精教务长的帮助介绍下，前往胶济路铁路机车厂实习，为期50天，返校后写出了极为详细的实习纪实及报告。

1927年以后学校继续重视校外实习与参观等实践性教学环节。由于部校关系良好，因此实习参观活动开展顺利，形式多样。学校还专门制定实习规章制度，以于规范实习活动，取得更好的实际效果。

校外实习由校方将学生派往铁路等交通部门。学生除平时实习外，假期内也有实习。如1931年《南洋友声》记载，这年暑假开始后，土木工程学院二年级、三年级全体学生分途实习测量，二年级学生73名由2名教师带队，分成八个分队，前往杭州测量，实习期限是自6月21日起至7月10日止，共计20天。54名三年级学生，也分队先赴上海曹家渡、日晖港两地测量，之后于6月30日赴南京新车站一代实习测量。[1]实习期间学生有详细记录，结束后由教员和

20世纪30年代土木工程学院学生实习

① 《南洋友声》第14期，1931年8月1日，第9－10页。

实习单位评定成绩,作为学业成绩的一部分。毕业实习一般规定为一年,实习期满后,实习单位按照成绩,照章以相当实职尽先录用。此外,各学院一般到三年级利用假期组织学生到各地参观学习,学生必须就参观所得撰写报告,由教员评分,归各该科平日积分计算。为了鼓励学生实习和帮助学生解决实习中生活上的困难,学校规定在实习期间每天津贴 0.75 元,约相当于当时学生在校每天膳费的三倍。频繁的校外实习参观活动,使学生开阔视野,丰富知识,熟悉实际工作情况,将理论与实际紧密地结合起来,并且通过饱览祖国大好河山和所见国贫民弱的现状,使得青年学生们更加热爱国家、热爱科学,坚定了献身于建设强大祖国的决心。正如一位校友在追述毕业旅行时所说:

> 毕业前的一次集体活动是举行全国旅行,参观学习。同学们收益甚丰。交大属于交通部,后来属于铁道部。这次活动得到支持,拨给一辆客车。毕业班由一位教授率领,住在车上,走遍半个中国,沪宁、津浦、陇海、平汉以至东北,最后到了大连(日本占领),乘船回上海。沿途有路局及同学接待,参观访问铁路工厂及其他生产建设,游览名胜。同学看到了祖国大好山河,丰富资源亟待开发建设,看到了民生贫困,看到了帝国主义的侵略。更坚定了爱祖国、爱科学、爱民主的信念及建设祖国的决心。[①]

上述这些教学特色,来源于学校的良好学风。唐文治校长身体力行,大力提倡“求实学,务实业”;交通大学上海学校主任张铸又以勤、慎、忠、信、恒五字要求全校师生。后来的历届校长及师生“群相仿效,播为风气”,于是,本校形成了“务朴纳,汰浮华,好实践,恶空谈,学则中西并重,而以实用为归”[②]的良好学风。形成于 20 世纪初,定型在 30 年代,中华人民共和国成立后被概括总结为“起点高、基础厚、要求严、重实践”的交大教学特色,是交大在长期办学实践过程中摸索出来的经验。它的形成,既是学校学习西方先进教学经验的结果,也是对自身办学传统的继承。交大的教学特色,对当时教学水平的提高和人才的培养,无疑起到很大的推动作用;它更是交大历史上一种无形的精神财富,与在追求民族解放斗争中形成的爱国主义传统相得益彰、交相辉映,为交通大学办学声誉增添了内涵。

---

① 李金沂:《南洋大学生活琐忆》。《老交大的故事》,第 310 页。

② 柴福源:《南洋一览稿》“训育”。《南洋季刊》(创刊号)第 1 卷第 1 期。

第四章
学术研究与交流活动

第一节　师生开展学术交流活动

一、师生学术研究活动

20 世纪 20 年代，中国教育文化界学习美国、仿效美国成为一时之盛，差不多唯“美国马首是瞻”。1918—1919 年，叶恭绰先后游历日本及欧美各国，他认识到“欧美各国实业之振兴，多由国立、私立之研究局、试验所及各学会之协助，故能新理层出，利用日宏，其重视研究之精神，几引为工业学府之天职”。[①]因此组建交通大学之初就曾考虑创设研究院，把研究学术、服务社会作为学校的重要任务之一。到南洋大学之际，《南洋大学通则》第一章第一条就明确规定学校“以造就交通专门人才，力图高深学术之发展为宗旨”，[②] 1928 年担任秘书长的程孝刚在《交通大学日刊》发表文章，将大学使命归纳为“教育真才、研究学术、宣传文化”，认为：“交通大学对于交通学术应该有点贡献，交大同仁要抱定宗旨，努力奋斗，用心血浇灌学术之花。”[③]20 世纪 30 年代初，科学学院院长裘维裕也认为：“大学的使命并不是教授学生一

---

① 遐庵年谱汇稿编印会：《叶遐庵先生年谱》，第 173 页。

② 《南洋大学通则》。《交通大学校史资料选编》第 1 卷，第 515 页。

③ 程孝刚：《大学之使命》。《交通大学日刊》第 38 号，1929 年 4 月 17 日。

种吃饭的本领,或者解决学生的出路问题,大学的使命是要养成一种健全的人格,训练一种相当的科学思想。”

正是在这种教研结合办学思想指导下,1921年起,校园学术氛围渐渐浓厚,师生共同开展学术研究,有的进行实验测试,借以辅助实业;有的编写各类专著;有的撰文推广科学技术。学术交流与学术演讲活动也蓬勃开展。唐文治掌校后,学校开始陆续建立起电机、材料等实验室。1920年,无线电实验室在张廷金教授设计组织下建成,有无线电台一部,能收到远至日本的电讯。1921年11月,学校又建成了机械实验室。这些实验室集中了当时先进的设备,不仅仅为学生提供实验实习场所,同时也为教师开展科学研究创造一定条件。这一阶段,各实验室先后利用教学之余,与一些工厂签订合同,进行一些商品产品性能测试及技术鉴定等工作。1926年1月《校刊》介绍学校概况时提到:“就本校试验及研究成绩论,则交通大学时代,无线电消息遍登沪上各报。近年来联络中国工程学会,办理各种工程材料试验,均足为国内工程界开一新纪元。”[①]1925年学校材料试验室进行雷峰塔古砖的试验分析,还为工程局和金城银行试验钢条性能;1926年又受孙中山先生丧事筹办处委托,进行几种水泥、石料及三合土的性能分析及比较研究,以供建造中山陵选用;还曾经与中国工程学会合作为无锡利农砖瓦厂进行产品性能测试工作。化学实验室受江苏实业厅委托,试验研究从爪哇运来的酒精能否掺入华酒以充饮料等。除开展实验外,学校教授或在《南洋学报》《南洋季刊》等科技杂志上发表学术论文或介绍科普知识,还有直接出版学术专著等,在社会上产生较大影响。当时的学术论文有徐名材在《南洋季刊》创刊号上发表《化工新志》;淩鸿勋在《南洋学报》上发表《中国铁路之机车重量及将来之标准载重》;李熙谋发表论文《科学研究与无线电交通》;胡嵩岩的《铁路电机与中国》等。学校教授撰写的学术专著也引起当时学界关注,如徐广德的《货币银行制度考》、俞希稷的《汇兑论》、徐佩琨的《商情调查法》、淩鸿勋的《铁路工程学》和《市政工程学》等。这些学术著作都是他们结合中国工业实际做出的研究和思考。

随着工程学会和经济学会等社团活动的展开,学生也逐渐加入科学研究活动。如1923年,学校电机系三年级学生田成文因为在电学研究中撰写研究报告和论文,获得校长嘉许,并免除其学费,学校还呈文交通部为其请奖。20世纪20年代已经有学生开始撰写学术专著,如铁路管理科四年级学生高祖武、萧淑恩分别撰写《中国铁路之需要》《铁路学通论》等,机械科四年级学生裴元嗣著有《汽车学》等。

为了增进学校的学术气氛,从1916年起,学校不断邀请校外名人来校演讲。1920年

---

① 赵祖康编:《南洋大学概况》(1926年1月)。《交通大学校史资料选编》第1卷,第405页。

5月，杜威曾到交大演讲《工艺与文化关系》。1922年孟禄两次来上海，交大作为沪上知名大学参加接待。1921年改组为交通大学后，随着学生中各种科技社团的相继建立，邀请校外名人的演讲活动更显活跃，例如，1921年10月到12月近两个月，就有各种演讲10多次。胡适来校演讲《怎样思想》；美国桥梁专家韦特尔博士演讲《桥梁建筑工程师之责任》，听众达700多人；英国霍根博士演讲《中国在工业世界》；本校美国教授汤姆生演讲《公共需要与公众》；本校美国教授杨以琦演讲《工程用书》；本校美国教授鲍德演讲《自动停火机车》；本校胡明复演讲《布氏代数》；本校周铭演讲《科学方法》。此外还有黄炎培来校演讲《工程与社会》、高大岗演讲《铁片制造法》、克拉克演讲《长途电流》[①]等。

1925年10月，学校"因念工业学府，职责不仅在技术之传习，贵能探研高深学术，指导工程事业，以应时事之需求。欲事探研，必先有所依据，欲事指导必谋所以宣传，是则调查、研究、演讲、出版尚矣……本校有鉴于此，特先行组织出版、演讲两委员会，以应需要"。[②] 于是学校决定由徐名材、李熙谋、范永增三人组成出版委员会，由俞希稷、徐佩璜、唐庆诒三人组成演讲委员会，隶属学校推广委员会。这两个委员会成立后，在校内有计划、有组织地开展定期演讲、发行各种刊物，加强了学校与社会的联系，对于学术交流、推广科技、普及科技知识和增进学生学识发挥了积极作用。

20世纪30年代，学校的学术研究活动除上述重要内容，还参与组建校外学术团体：

（1）组建中国数学会。1935年7月25—27日，中国数学会在交通大学图书馆举行成立大会。交大在数学会组建过程中起到了重要的桥梁作用。1934年秋冬，交大数学系主任胡敦复，教授范会国、顾澄，与上海光华大学的朱公谨等联络北京的熊庆来、冯祖荀，重庆的何鲁，杭州的陈建功、苏步青等知名数学家，积极筹备成立中国数学会。当天参加中国数学会成立大会的有来自全国各地代表33人，胡敦复被推选为大会执行主席。大会通过会章，规定中国数学会设董事会，筹划发展学会事宜，另外设立理事会和评议会。会议选举胡敦复、顾澄、冯祖荀、周达、秦汾、郑之蕃（桐荪）、黄际遇、王仁辅等9人为董事会董事，胡敦复为董事长，熊庆来、朱公谨、范会国等11人组成理事，钱宝琮等21人为评议会评议。中国数学会会址设在中国科学社明复图书馆美权算学图书室（今上海陕西南路）。大会还决议出版两种数学杂志:《中国数学会刊》和《数学杂志》。《中国数学会刊》，专门刊登创造性的数学论文，由苏步青任总编辑，华罗庚为助理编辑；《数学杂志》，为普及性的数学刊物。中国数学会的

---

① 《南洋学报》第4卷第1号，1922年6月。

② 《上海交通大学纪事(1896—2005)》(上卷)，第161－162页。

诞生,标志着我国数学发展的一个新时期的开始,在国内外影响深远。9月初,中国数学会受教育部委托最后审定数学名词,胡敦复主持了最后审定工作,确定中英数学译名共3 426条。这些名词是我国数学家经过几十年的酝酿、实践、修改的结晶,其中相当多的名词沿用至今。

(2) 参与发起中国电机工程师学会。1935年4月4—6日,中国电机工程师学会成立会议暨首届年会在交大工程馆举行,参加学会的70多人,大多为交大教师或校友,其中有李熙谋(会长)、杨孝述、张廷金、裘维裕、曹凤山、赵曾钰、方子卫等,成为学会的主导力量。正如校友李熙谋在开幕词中称:"今日在交大举行,可谓得所,就历史上讲,中国有电机工程,以交大为最早;就目前论,中国现有电工人才,大多出自交大之门。"会议为期3天,宣读论文12篇,会议代表还参观上海电力公司等地。

(3) 发起召集高等教育问题讨论会。1932年黎照寰校长主动发起召集中国高等教育问题讨论会。黎照寰认为国难中,高等教育为国本所系,一切设施均宜力求适宜,特发起召集高等教育问题讨论会,邀请全国大学独立学院及专科学校共同讨论。5月初讨论会以黎照寰校长名义分别给全国各校发函,并拟定讨论会组织办法八条,征求各方意见。会议于1932年7月召开。会议拟定研讨问题涉及:教育提倡、课程标准、训育推展、教职员待遇及保障、经济独立、其他关于促进高等教育诸问题。虽然,当时交通大学不是全国研究高等教育的机构或专门学校,但从黎照寰所拟定的这些讨论议题来看,足以说明交通大学在高等教育研究方面所作的思考和黎照寰作为交大校长所具有的战略眼光。

此外,学校还参与组建其他学术团体活动,如参与组建了中国科学社、中国工程学会、中国工程师学会等。中国科学社,原名科学社,1914年6月由留学美国康奈尔大学的胡明复、赵元任、周仁、秉志、任鸿隽、杨铨等人倡议创建,1918年回迁国内,1960年在上海宣告解散。中国科学社成为近代中国影响最为广泛的科学社团。科学社主要成员胡明复为交大校友,周仁、杨铨先后任职于交大;先后任中国科学社理事会成员的交大校友还有裘维裕、过探先、胡刚复等。1925年9月,中国工程学会成立,本校教师徐佩璜当选会长,淩鸿勋为副会长,徐名材为记录书记,周琦为通讯书记,张延祥为会计,徐恩曾为庶务。1931年首任中国工程师学会会长韦以黻(作民)为交大校友,另两位校友徐佩琨、恽震于1934年任会长、副会长。

二、科技社团和学术期刊

20世纪二三十年代,交大在浓厚的学术氛围中,组建了各类校内学生科技社团,主要有工程学会、经济学会、科学社、一社、国际问题学会等,并辅之出版各种学术期刊。

（一）工程学会

1921年9月，机械科学生陈广源、吴达模等发起成立交通大学上海学校工程学会，学会以“研究工程学识，讨论工程问题，引起同学对于工程上之趣味及观念”为宗旨。他们两人分别任正、副会长。根据学会简章规定，凡大学部学生都可以为学会正式会员，中学学生可为准会员，已毕业的同学可为名誉会员，并邀请学校教员为顾问。学会下设参观、出版、研究三部。研究部的主要任务是组织学生开展工程研究、请工程界名人及科学家来校演讲、举行工程表演、组织学生参观工厂、发行《工程学报》等。研究部下设机车、无线电、电力、汽力、材料试验、数理化六股，组织会员按不同学科，分别开展工程研究和学术讨论活动。参观部组织学生到各类企业工厂参观。出版部主要负责创办学术杂志，交流研究成果和心得。1921年10月29日学会组建一个月，就组织学生参观商务印书馆和《申报》《时报》两报馆。11月、12月又去高昌庙江南造船厂、沪宁铁路机车厂、吴华半纱厂、同济医士专门学校、固本肥皂厂等企业参观。学会浓厚的学术氛围吸引很多学生踊跃参加，年底会员已达120人。1928年10月，会员增至289人，是当时交大学生自发组织的最大的科技社团。

20世纪30年代，学会活动更为频繁。参观部利用各种假期组织学生到各类工厂参观。为了增加大家的兴趣和效果，学会印备表格，每次参观时分发给会员，以便在参观时逐项填写。学会还编印参观工厂和路局的设备概要等资

20世纪20年代工程学会留影

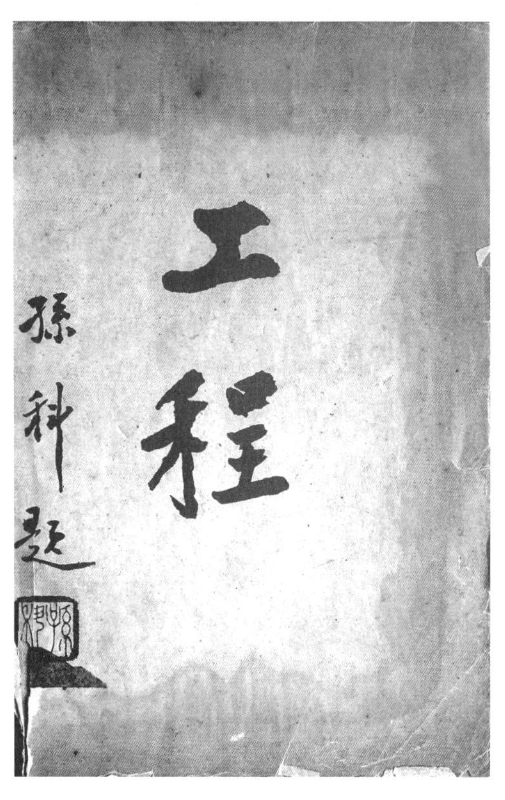

1929年工程学会创办的《工程》

料，很受会员们欢迎。每次报名学生都争先恐后，超过限额。

经常邀请名人演讲是学会旨在帮助学生增长见识、了解各种学术动态、促进研究兴趣的有效途径。工程学会组织的第一次演讲是1921年10月21日，邀请本校汤姆生教授演讲《公共需要与公众》。学校演讲协会成立后，“专家演讲”作为必修课程列入四年级课程，聆听大师和专家精彩讲演更是成为学生日常生活的一部分。1924年12月23日，学会邀请开洛公司代表在大礼堂演讲《无线电台之组织及设施》并演示最新式收音机。当天《申报》刊登《南洋大学无线电台消息》，报道南洋大学无线电台可以直接接受欧美所发无线电报，1922年华盛顿会议时，曾将所收电报分发各报刊登，一时成为美谈；无线电台经过改进，将收得的世界重要新闻、天文等公布校内，供同学观览，并将在规定时间内，发放无线电话或无线电报，家里装有收音机的都可以收听。1927年10月21日，在工程学会大会上，本校周铭教授用幻灯演示自制的彩色玻璃照片，160余名与会会员直感好奇。[①] 1927年12月学会邀请黄炎培演讲《工程与社会》，也引起学生的广泛兴趣。学会邀请校内外学者教授将自己多年研究心得和成果展示给学生，给了学生更多信心和兴趣，更推动学生科研活动的深入。

工程学会尽管是学生科技组织，但学校对此寄予厚望。电机工程学院院长张廷金在学会《工程杂志》上撰文《工程同学应有创始之能力与领袖之精神》，强调：工程学科与其他学科不同，工程学科绝不能沿袭旧式，要立足于竞争之世界，须有创造能力；要负责于工程重任，须有领袖决策能力；要求工程学习者在学生时代“非先培养创始之能力与领袖之精神不可”[①]。周铭、裘维裕等教授还出资捐助学会，支持鼓励学生进一步深入研究。

① 《上海交通大学纪事(1896—2005)》(上卷)，第198页。

20 世纪 20 年代经济学会留影

学会编辑《工程学报》于 1925 年 5 月 16 日正式出版，很受校内外读者欢迎。学会为鼓励学生科研活动，及时反映学术研究动态，1929 年又出版《工程》季刊，长篇论著收入季刊，短篇记录和研究由壁报刊登。由于稿件日益增多，壁报又改为《工程周刊》，1930 年扩充为《工程半月刊》，1934 年改为《交大工程》，刊载的文章涉及讨论工程问题、介绍新颖学术与制造、实习参观的笔记或报告、大小工程问题的记载和报告等，反映学生当时学术研究水平。

（二）经济学会

经济学会于 1923 年 11 月 2 日经校长批准立案成立，由铁路管理科学生在原南洋铁路管理协会基础上组织起来。会长曹丽顺，副会长周乃洪。经济学会"以研究经济学说，考察经济状况"为宗旨，偏重于社会科学研究。会员以管理学科的师生为主，附中学生有志于进入铁路管理科深造的为准会员，凡本校本科毕业生为名誉会员，其他有志于研究经济者为特别会员。学会还聘校长、教务长、几位教授担任顾问。学会会长和职员每年年终选举产生，一年一任，不得兼职和连任。至 1925 年学会已有会员一百几十人。

在 20 世纪 30 年代，经济学会主要工作是征集书籍刊物供会员阅读参考、聘请名人专家演讲、举行论文比赛、组织一些专题研究。学会紧密结合实际形

20 世纪 20 年代经济学会《经济周刊》社留影

势开展研究,如“九一八”事变后组织“东三省铁路问题研究会”,研究中东、南满两路及中俄、中日路权等问题,揭露了日本帝国主义侵略中国的罪行,产生很大影响。1924 年 6 月,学会出版《经济学报》(第一期)及《全国铁路提要》等,颇受欢迎。1927 年学会编辑的《经济特刊》,作为上海《时事新报》(周刊)的附刊。《经济周刊》先后共出版 140 余期。1931 年学会收集《经济周刊》及历届毕业生论文精华,合编成《经济新论》一书出版,约 20 万字,由孙科题写书名,钟伟成院长作序。1934 年 5 月—1935 年 6 月,学会出版《交大经济》四期,内容涉及社会普遍关注的经济、铁路、管理等方面的问题。① 如第一期就载有叶恭绰的《经济建设与利用外资及技术》、黄伯樵的《经济原则下之人才观》、马彦章的《中央银行在中国应负之责任》、许冠英的《中国纺纱业之概况》等文章。后来学会还出版《管理》双月刊。这些都是我国最早传播科学管理的专业性书刊。

1936 年 3 月,经济学会改名为管理学会,成为研究交通经济及科学管理的专门学术团体,学会活动一直持续到 20 世纪 40 年代。

① 霍有光等编著:《南洋公学—交通大学年谱》,陕西人民出版社 2002 年版,第 343、350、362、385 页。

（三）科学社

20 世纪 30 年代的科学学院注重普及自然科学的基础理论和应用课题，为此于 1933 年 3 月组织了以研究、传播、促进科学发展为宗旨的科学社。这样，科学社与经济学会、工程学会一起，“使科学研究者，又多一切磋之机会”。[①]科学社会员分两种：凡交大科学学院学生皆为学会会员，其他各院学生自愿参加，凡交大校友及教职员愿参加者为名誉会员。科学社要求会员有“合作精神”，“抱公平态度，处客观地位，不自私自利，不坚持一己之成见”，并强调会员必须具有科学家的智识；科学家的能力，能发展其所学；科学家的态度——实事求是。1933 年 12 月，科学社召开全体大会，邀请物理学博士、交大教授胡刚复演讲《科学家的研究态度与方法》。科学社的主要活动是借销路较广的日报发行科学附刊，宣传科学理论，解释自然现象，介绍实用科学知识，普及科学常识；出版小丛书，阐明科学的基本规律；举办公开的科学试验，唤起群众对科学的兴趣。科学社创办《科学通讯》，“以谋科学常识之普及，科学之振兴”，1935 年 4 月—1937 年 5 月，共出版 3 卷 18 期，其中刊登的文章涉及数理化各个方面，很多是师生们直接从外文翻译的学术文章，如郭德福翻译的《爆炸物》；陈同素翻译的《化学参考书籍选辑》《制革丛谈》《世界矿产分布之概述》；汤明奇翻译的《陶磁器》；程嘉垕翻译的《制冷化学》；程伯高翻译的《摩擦剂》；郭钟福翻译的《合成树脂》；郑昌时翻译的《原子物理学二十五年之回顾》；顾澄翻译的《近代几何之导引》；兰叶翻译的《英国科学界近闻》；M. S 翻译的《宇宙射线研究的新工具》；郭叙窻翻译的《金属面之加工整理》等，还有由师生撰写的学术论文或科普文章，如范会国《二正项级数之比较之几个法则》；武崇林《论方程式 $x^{2^n}-1=0$ 之元根》；徐名材《食物化学常识》；许国保《光之频率与波长》；高扬芝《Clebsch 氏级数之改正》；沈德滋《厚透镜公式之新证法》；蔡其清《水滴下坠速度之测量》；许国保《电磁学上之单位》；陈怀书《初等几何学切圆一题之讨论》；杨耀文《氧化与还原》；赵富鑫《射镜及透镜公式之讨论》《欧姆定律概论》；叶蕴理《关于人工放射原子的研究》等。

此外，科学社还主编《科学介绍》刊载于《上海晨报》专栏，自 1934 年起持续近两年之久，前后共计 83 期。专栏内容力求通俗化以普及科学教育，颇得读者赞美。科学社在普及科学方面所做的主要工作有：①阐明一些科学的根本问题和介绍自然科学的教学与研究方法；②编写中学、大学自然科学教材与教学参考材料；③介绍中外科学杂志名人著作，前贤传记和海内外科学要闻；④仿照函授办法，编写讲义，供中小学理科教员和研究生等自修之用；⑤提供学科咨询。此外，学会还举办中学理科教员讲习班等。这些工作，对于中国 20 世纪

---

① 《南洋公学—交通大学年谱》，第 316 页。

30年代的科技普及起了较大的作用。

20世纪30年代,面对已经开始的抗日救亡运动,科学社还积极开展国防科学研究。

(四)“一社”

“一社”成立于1937年春,正式名称是“建设事业励进社”,宗旨是发展实业,改善民生,主要创办人为沈家桢、沈嘉英。“一社”成立后的第一件事情即创办科学普及杂志《科学大众》,联络科技青年,向大众推广科学技术,帮助社会进步。《科学大众》首期印刷5 000册,每册售价2角,受到读者喜爱,杂志很快售罄。接着第二期、第三期也如期出版。科普杂志的成功创办使“一社”的名声不胫而走,成员从校内而校外、由上海而及国内外逐渐增加,人数最多的时候达到320人。由于成员几乎都是青年科技精英,社会上誉之为“青年专家团”。王安电脑公司的创始人王安,水利专家张光斗,工程院院士吴祖垲,唐山交通大学前校长唐振绪,国际航运巨子沈家桢、陈启元等,这些日后科技界、企业界、教育界、政界卓有成就的人物当年都是“一社”社员。

1937年秋,抗日战争全面爆发,日军入侵上海,印刷厂被烧,杂志被迫停止出版。1939年春,被迫迁入租界上课的交大学生王天一、王安、杨嘉墀等发起创办《科学生活》。抗战胜利后,“一社”社员重聚上海,共谋《科学大众》复刊。交大学生开办的人人公司提供资金、调拨房屋设备。在王天一主持下,《科学大众》于1946年10月重新与读者见面。1948年,又创办了《大众医学》和《大众农业》两种专业型科普期刊。中华人民共和国成立后,《科学大众》由中国科协接办,成为科普类重要杂志,至今仍然在南京出版,深得人民群众的喜爱。

除此之外,学生社团还有斐陶斐学会、铁道工程研究会、实业管理研究会、公务管理研究会、军事交通工程研究会、国防科学研究会、出版演讲协会等。这些学生社团,大都以组织学生参观、邀请名人演讲、组织专题研究、收集书刊供会员阅读等活动为主要内容,所以学生参加活动更为活跃。1934年下半年,学生参观几乎遍布上海各种企业和科研单位,如科学社每星期安排一次,经济学会每两周一次。《交大学生》“校闻”栏发表文章称各学术团体“参观忙”。学生参观过的单位包括票据交换所、上海电力厂、江南造船厂、亚普洱灯泡厂、中央研究院、天原电化厂、杭州电厂、南京津浦机厂、五洲肥皂厂、市政工程处、新中工程公司、杨树浦自来水厂、中央造币厂、国际无线电台、中国化学工业社等。这一时期的出版物除科技社团创办的外,还有1929年4月15日交大学生会出版部编辑的《交大月刊》。月刊开辟论著、工程、交通、经济、文艺、杂谈、专件、校闻等栏目,是融社会科学与自然科学于一体的综合性刊物。

（五）国际问题研究会

"九一八"事变爆发后，1931 年 10 月 13 日，交大学生成立中日问题研究会，参加人数百余人。校长黎照寰在会上发表演讲，提出研究中日问题时应注意几点：一是日本的交通设备及战时运输；二是日本陆空军人才；三是中日交通事业的比较；四是中日海陆空实力的比较。[①] 1935 年 5 月成立国际问题研究会，"以研究国际问题，借以明晰世界政治、经济及管理上之趋势为宗旨"，[②]并成为上海国际问题研究会团体会员。研究会紧密结合当时国际形势选择研究课题，如 1936 年着重研究三方面问题：一是中日事件、意阿战争与国联的关系；二是各国外交政策；三是中国边疆问题。由于研究切合形势的问题，学生们都兴趣盎然，踊跃参加。研究会要求会员每年写一篇论文，期中、期末举行两次讨论会，并将质量较好的论文刊印成书向社会发行。研究会的活动推动了师生抗日救亡运动。

表 4－1　1920—1937 年交通大学所办学术期刊

刊　　名	主办单位	创刊年月	刊期
南洋学报	南洋学会	1921	半年
经济学报	经济学会	1924.06	月
工程学报	工程学会	1925.05	不定
工程	工程学会	1929.01	季
工程周刊	工程学会	1929.10	周
工程半月刊	工程学会	1930	半月
交大工程	工程学会	1934	不定
南洋季刊	南洋大学出版部	1926.01	季
交通管理学院院刊	交大管理学院	1929.01	季
交大季刊	校出版委员会	1930.04	季
交大唐院季刊	交大唐山工程学院	1930.04	季
交通大学研究所唐山分所丛刊	唐山该所	1932	不定
铁道学院月刊	北平铁道学院	1933.08	月
交通大学研究所专刊	交大该所	1934	不定

① 《中日问题研究会成立》。《交大三日刊》第 150 号，1931 年 10 月 17 日。

② 《上海交通大学国际问题研究会暂行章程》。《交大三日刊》第 458 号，1936 年 9 月 19 日。

(续表)

刊　　名	主办单位	创刊年月	刊期
交大管理季刊	重庆交通大学管理学会学术股	1934.01	季
交大经济	经济学会	1934.05	不定
科学通讯	科学社	1935.04	月
科学介绍	科学社	1935.07	—
交大平院季刊	北平交通大学	1947.04	季
管理	交通大学管理学院	1936.04	双月

三、著名学者来访

20世纪二三十年代,交大学术交流活动频繁,国内外专家云集。文治堂、工程馆、上院教室内常常因为各类学术会议或演讲活动而爆满。交大教师也经常受邀参加各种国际学术会议,国外学者也来交大,学校与海内外学术交流逐步展开。1929年11月6日,交大机械工程学院院长王绳善奉派出席在日本东京举行的万国工业会议及世界动力会议分股讨论会,并受邀担任第五组会议主席。12月11日,东京万国工业会议结束后,各国部分代表顺道来上海参观游览,王绳善、张廷金、钱丰格三人代表学校参加招待各国代表筹备会。1930年8月1日,比利时于举办世界博览会之际,举行万国工业教育研究会议,世界各地600余位代表出席此次会议,学校聘请时任陇海路工程局局长的前校长凌鸿勋与会。世界动力协会中国分会于1929年成立。1932年6月实业部函请交大推选中国分会代表,学校决定选派电机工程学院院长张廷金、机械工程学院教授陈石英为分会代表,秘书胡端行为分会评议员。1932年9月4日,学校派留德教员许国保代表学校出席在瑞士举行的第九届万国数学大会。1934年8月7日,学校函请赵祖康代表学校出席于德国举行的国际道路会议第七次会议。1937年4月13日,科学学院化学系主任徐名材随同化工实业家吴蕴初,赴欧洲考察化学工业。

20世纪30年代最具影响的国际学术交流活动要数无线通讯之父马可尼、原子物理研究专家玻尔两人对交大的访问。

1933年9月,年近花甲的马可尼为了了解世界各地对无线电的利用情况、考察他所创立的跨国企业马可尼电报公司的经营状况,偕同夫人周游世界各国。12月7日早晨马可尼抵达上海,沪上中外各界人士及交大校长黎照寰均前往车站迎接。事先,中央研究院、中国科学社、上海市各大学联合会等14家学术团体,就曾议定在交通大学容闳堂举行欢迎茶话会,并准备请马可尼作一次有关无线电的学术演讲。

12月8日下午4时半，茶话会在容闳堂开始。出席会议的除学校人员外，还有中央研究院院长蔡元培、中国科学社胡刚复、暨南大学校长郑洪年、驻沪各国领事以及各学术团体代表共百余人。中外记者纷至沓来，竞相采访报道，上海联华影业公司还特意派人前来拍摄专题影片。

会上，先由黎照寰校长致辞，盛赞马可尼发明无线电，把它和发现美洲一起誉为对现代世界影响最大的两件事情。接着，蔡元培致欢迎辞，由黎照寰当场翻译成英语。之后，马可尼致谢辞："昔吾国马可波罗氏，曾为中国官吏，也曾为中国做过事，本人则感惭愧。……本人现亲见贵国人，现已有甚多努力于物理等学之研究者，此为甚可喜之事。"

会后，马可尼应邀来到工程馆前草坪左侧，为即待兴建的无线电台举行树基仪式。先由黎校长报告此典礼的重要意义，继由马氏亲手铲土，树立一无线电铜柱。该铜柱直径寸余，高达二十尺，形状如马可尼1895年设计的柱状垂直天线，由交大校友、中国无线电工程学校校长方子卫捐赠母校，命名为"马可尼铜柱"，寓意马氏发明无线电天线，并且勉励青年学子矢志科学研究，勇于发明创造。马氏称赞该纪念物结构新颖巧敏，并笑言：如果用于无线电超短波，则该铜柱太长，最适合用于中波。

1933年马可尼访沪期间在交大竖立马可尼纪念柱

马可尼铜柱

我国著名无线电专家曹仲渊当时作为 14 家学术团体代表之一,参与接待了马可尼在交大的整个过程。他所著《马可尼》一书中高度评价了马可尼来交大的重大意义:"予我国青年以一最好的科学模范人物的观念,引起其研究科学的兴趣,使在世界学术界不致永久地落伍。"当时在交通大学就读的张煦院士也回忆说:"很巧,在毕业前几个月,国际公认的无线电通讯发明家马可尼来上海交大访问,学生们列队欢迎,看到纪念性无线柱在工程馆广场的奠基仪式,深受鼓舞,这也是交大的光荣。"时至今日,这根具有历史纪念和昭示科学精神的马可尼铜柱仍然竖立在交大校园内。

原子物理大师玻尔在交大的演讲更引人入胜。1937 年 5 月 20 日,玻尔由中央研究院物理学研究所所长丁燮林陪同来到交大,以《原子核》为题发表演讲,阐述他的原子模型理论。演讲由丁燮林主持,上海科技界知名人士及本校师生聆听演讲。玻尔用英语讲课,由他儿子配合放幻灯,许多人由此第一次看到核衰变的迹象,看到了宇宙线产生的簇射。玻尔还展示了一套用丹麦精致木材制成的教具,主体是一只圆盘,周围有一圈山峰似的边缘,盘内的钢制小球代表核子,还有一条倾斜轨道,小球可由此进入盘内。用这类教具讲解原子核复合核反应,达到了妙不可言的效果。为了能亲耳聆听大师的讲学,不少人在过道上摆了加座,工程馆二楼这间原只能容纳 200 余人的教室最后挤满了 600 多听众。两个多小时的学术报告,受到交大师生和与会听众的热烈欢迎。

1937 年玻尔到交大演讲

20世纪二三十年代，不少世界科学大师和文化名人曾与上海这座城市有过亲密接触。交通大学以其在中国高校中的影响力吸引了这些大师的目光，引来了这些名人的光顾。除马可尼、玻尔、杜威、孟禄、胡适外，还有比利时首相王德威尔德等也造访过交大校园。

第二节　举办工业展览会

一、1926年工业展览会

在中华人民共和国成立前的交大历史上，曾于1917年、1926年、1933年，举办过三次工业展览会，其规模和影响足以反映交大作为当时中国著名的工科大学的办学成就。鉴于交大很早就参与世界博览会，让人联想到交大工业展览会是对世博会的一种仿效。交大与世博会有缘始于1904年。当年，在美国圣路易斯万国博览会上，学校送展的按全堂建制而制作的木制模型获国际评委授予的金奖。1911年，意大利都灵国际产业及劳工博览会上，学校送《学生成绩册》一份、各种图画10幅，共装一木箱，唐文治校长还特地致函委托南洋劝业会的审查员吴匡时代为运赴会场并全力照料，结果获得大奖。1915年，学校又向美国旧金山巴拿马万国博览会选送图片、照片、教材、模型、蒸汽机、建筑模型及学生练习册等展品，其中学生作业工整的字迹、教师严谨的批阅赢得了赞誉，校长唐文治以其“精心主办本次展出”被国际评委授予勋章，所送展品被国际评委授予大奖。1926年，在美国费城举办世界博览会。3月17日学校收到中华教育改进社3月8日来函，商请学校准备展品参加世界博览会。3月18日，凌鸿勋批示：“此事请卅周年纪念筹备会、展览委员周铭先生、成绩委员周仁先生召集会议研究。”[①]交大校友恽震被国民政府实业厅聘为世博会参展展品鉴定专家，专程前往费城。会后恽震还专门写成《费城赛会观感录》。交大学生周厚坤发明的中文打字机在这届世博会上获得金奖。1932年2月，学校指派留美教员曹丽顺为参加芝加哥世界博览会代表。1933年6月，学校选送电机学院马就云所制“电流电压相位显示器”、管理学院史钟奇所制“真空管电压表”各一件前往美国芝加哥的世界博览会参展。

1926年，就在美国费城世博会成功举办的当年10月，交大举行建校30周年庆典，同时也举办了一次大规模的工业展览会。从5月开始，学校专门成立“30周年纪念筹备委员会”，

---

① 《上海交通大学纪事(1896—2005)》(上卷)，第168页。

由委员 39 人、干事 15 人组成,委员长为沈叔逵,副委员长为徐佩璜。委员会下设总务处和四个委员会:总务处主任为徐佩璜,分设 10 股,并分别管理八大会场;纪念出版委员会主任为徐名材;展览委员会主任为王绳善;成绩委员会主任为周仁;纪念建筑委员会主任为张孝安。

工业展览会从 5 月起筹办,学校联络了各行业的工厂,主要从电机、机械、铁路材料、化学工艺等大类中广为征集产品,并精心策划陈列方案。众多厂家亲自运送产品,临场布置;交通部也拨给经费予以支持,并行文到各铁路、电报机关以及国内外各厂商选送产品,陈列展出。展览会共分三场,分别在图书馆、雨操场、机械实验室举行。展品除学校教学成果外,绝大部分为新式机器产品的陈列和表演:主要有慎昌、汉运、约克、开洛、西门子等洋行(公司)的发动机设备,以及足安袜厂的织袜机、商务印书馆的印刷机等。各种机器均现场操作,产品当即分发或出售,参观者叹为观止。

10 月 9 日开幕,展览会全日开放 4 天,半日开放 5 天,共接待参观者达 51 900余人。国内外共有 101 个单位送来展品 1 838 件,其中,中国共 49 家,物品 485 件;日本 19 家,展品 92 件;欧美各国共 33 家,物品 1 261 件。这些展品

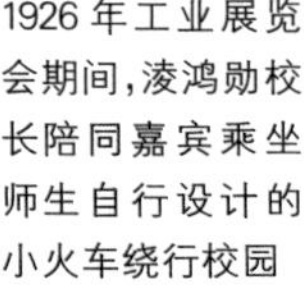

1926 年工业展览会期间,凌鸿勋校长陪同嘉宾乘坐师生自行设计的小火车绕行校园

计有大小电机、大小机械、建筑材料、五金工具、农用器具、各种图表、照片、杂件等。展览会展示了这一时期实业界、科技界发展的潮流与趋势，在社会上引起轰动效应。

展览中最受人欢迎的是操场四周一段名曰“南洋铁路”的轻便铁道。该铁路的材料、列车均向沪宁铁路局借来。列车由一辆小型机车和三节客车车厢组成，有司机一人、旗手一人，一次可载客 15 人。乘坐者购票上车，每票小洋 1 角。每次绕行校园两圈。铁路开行后，购票者排队如长龙。展览期内，乘坐者达数千人。因为这段时间既是校庆，又有这样一个展览，引起全市市民关注，每天都有数千乃至上万人前来参观。校门前车水马龙，呈现建校 30 年来未有之盛况。为此学校专门与电车公司协商，自 10 月 9 日下午起，加开学校至静安寺之间的特别班车，每 5 分钟一班。展会原定开放 3 天，由于参观者日多，结果延至 17 日方才闭展。

10 月 17 日，凌鸿勋校长总结时指出：“此次工业展览会原为发扬教育之精神，引起群众之观感……今兹之举，得使各界人士明悉办学内容与夫育才宗

1926 年工业展览会师生代表合影

旨;而在校内教学两方,又藉此机会,由比较而知我国工业之尚幼稚,及今应负之责任,谋所以积极从事之途。”[①]12月3日,学校为了感谢参展商的支持,在《申报》刊登《南洋工业展览会奖励国货》及国内各参展商感谢信,并制成精美证书寄送给新中工程公司、商务印书馆等28家参展单位。

二、1933年工业及铁道展览会

1933年3月30日,规模宏大的交通大学工业及铁道展览会开幕。当天校园内悬旗结彩,中院、上院的壁柱走廊间张贴着工业广告画,琳琅满目;典雅庄重的校门装饰一新,布置得格外漂亮,门前大书“国立交通大学工业及铁道展览会”,两旁有巨幅对联:

文化启东南　阅卅七年刻意经营　蔚然学府

交通沟中外　罗千万种精心撰制　巧夺天工

上午10时整,学校师生、中外来宾数百人聚集文治堂,展览会名誉会长、铁道部长顾孟余致辞,宣告筹备经年、一波三折的工业与铁道展览会终于开幕。学校希冀通过展览会,引起国人对于工程及铁道事业之兴趣,藉以促技术及管理方法之进步,同时可以协助工商发展,推广教育效力,鼓励创造精神。

参加展出的国内外厂商共有240余家,比上届展览会多出一倍以上。其中,中国有铁路单位12家、企业60个、学校9所、机关6所;欧美各国厂家共100余家送来展品。为便于观摩起见,展品被分为工业、铁道、路市和学校成绩四大部分,分别陈列。整个会场占地200余亩,展品大部分陈列在工程馆、上院、体育馆等处。其中,工业品中电气类、机械类等大型物品陈列于工程馆1楼各试验室;轻巧物品在工程馆2楼各教室;笨重机器陈列于临时搭建的厂棚中,如海军制造厂送展的“江凤”号飞机就放于其中;铁道展览在上院1楼;路市展览在南宿舍及上院1楼层一部分;学校成绩在体育馆。

每一参展厂家由学校划一展地,由其自行布置。于是,各厂家别出心裁,精心设计,有些厂商用机器当众制造产品,并廉价出售以招徕观众。

这次展览会展品较30周年校庆工业展有明显特色之处就是参展的国内厂家数目激增,显示了这次工铁展提倡发扬国货的意图和数年来民族工商业的进步,如海军飞机厂将自制的“江凤”号侦察机送来陈列;宁沪杭两路管理局选送两路电气化小火车模型,开关一开,小火车风驰电掣,转瞬间历遍苏杭,展示以后铁路要实现电气化的趋势;还有辽宁迫击炮厂附

① 《上海交通大学纪事(1896—2005)》(上卷),第177页。

1933年工业及铁道展览会场景

属民生厂自制的货车，观者至此，顿生物在地亡之感，唤起人们的爱国之心。

此次工业与铁道展上令人感兴趣者为轻便小火车，其路线蜿蜒全校，以图书馆为起点，校园口为终点，比1926年校庆30周年时铺设的路线要长一倍。学校于执信西斋对面搭建一间临时棚屋作为总站管理处兼售票处。整个小铁路的工程由土木工程学院教授兼监理工程师杨培琫设计，土木系三年级学生担任敷设小型轻便路轨、安装调试机务等事务，管理学院学生按照国内大铁路管理办法来实施管理。小火车车头如今日小汽车那般大小，后面挂着五六辆低边敞篷车，车上设有四五个坐椅，一次可以载客20余人。观览者需购票上车，人坐车上，周游一匝，要不了五六分钟便可以坐览全校景物无遗。参观者无论老少，无不以一乘小火车为乐，每日“营业”十分火爆。小火车的运行本身就是工业与铁道展览会上一件颇具价值的“展品”，使社会各界对学校培养交通工业人才的教育宗旨有更深的了解，同时为学生提供了实习的场所，成为展览会一道亮丽的风景线。

这届展览会从3月30日开幕到4月8日37周年校庆日时闭幕，为期11天，吸引观众达23万余人，平均每天不下2万余人，可谓盛况空前。展览会自3月30日开幕以来，引起沪上及全国人士的极大兴趣，一时间红男绿女，蜂拥而至，争睹工铁展盛况。由于校方精心筹备，期间开设游艺、竞赛、电影、音乐会等公益娱乐节目，除在学校内敷设载客的小火车外，还在福开森体育场边设计扑朔离迷的迷宫一座，更招徕了四方的游客，参观者络绎不绝，人数与日俱增，道路为之堵塞，时人形容“观者之若潮涌，汽车若之江流”，实不为过。原来准备的10余万张入场券到4月5日就已告罄,有人事前未曾领入场券,为入校参观竟用黄色药方或回力球奖票蒙混过关。为了满足观众要求,让更多的人了解工业交通建设和教育对于救国救民的重要性,学校决定对参观人数不加限制,以后无票者只需签名就可以入校参观,得到参观者的赞许。

国民政府、铁道部、实业部、教育部均派代表参加,如孙科、孔祥熙、王正廷、蔡元培、邵力子、吴铁城先后前来,或观摩会展,或出席会议,或参加各种典礼。交大历届毕业校友也从祖国各地纷纷奔回母校,参与盛会。参加展览会的江苏省代表、省建设厅厅长许成行评价展览:"不但可以唤起一般民众的觉醒,更可使许多科学家、技术家因观摩而生慧感,共同努力于科学建国。"

1933年展览会规模之大、观展人数之多,远胜于前两次。联华影业公司在展览期间专门来校拍摄影片,完成后一部赠送学校,另外复制运往各地放映。展览会结束之后,不少参展的中外厂商将展品赠送交大,使学校获得了大量的实验装置及设备。这次展览使社会各界人士增进了对发展工业、交通建设是图存救亡的认识,既宣传了交大的办学宗旨和育才方针,又加强了交大与社会的联系,使社会各界深入了解交大。

1933年工业及铁道展览会时黎照寰(前排右四)与来宾合影

展览期间学校还举办各种学术活动。如:3 月 31 日中央大学、同济附中等 23 所学校 2 000 余人组成的学校参观团体来校参观展览会。校长黎照寰向来宾介绍学校概况,并展望学校未来的学科建设,“拟设地学(即地理地质)、天学(即天文)……将设农学系,使铁道沿线农产丰富……此外复将设大学院,俾毕业于大学者,可得继续研究之机会,以造就领袖人才”。①

4 月 1 日,举行特约专家研讨会,80 余人与会,就交通、工业、国防等问题展开讨论,前校长叶恭绰主持会议。教授学者纷纷提交论文并发言,如钟伟成的《铁道与国防》、叶恭绰的《工业及交通教育与国防》、卫挺生的《工业交通与国防》、黄金涛的《中央设钢铁厂与国防之关系》等。4 月 3 日,续开特约专家会议,讨论范围为“交通及其他问题”,出席者有茅以升、徐名材、赵祖康等 70 余人。茅以升主持会议并提交论文《中国工业之出路》。当天,本校校友、甘肃省府主席邵力子应邀在工程馆演讲《西北问题》,阐明开发西部的重要,希望交大学子“本其所学,以忍苦耐劳、前赴后继之精神努力去开发西北”。② 同日,学校级际英语演说比赛在文治堂举行,复旦大学校长李登辉等三人担任评判。结果大学四年级获得级际冠军,个人第一为朱宝华,第二为凌崇举,第三为朱耀贞,演讲题目分别是《振兴实业》《体育之重要》《思想与行动》。4 月 5 日,中华全国道路建设协会在文治堂举行年会,前实业部部长孔祥熙发表演讲。同日,学校举行学生国语辩论会,辩题为《全国大中学应否在暑假内实施军事训练》,担任正方辩论员的为赵家法、刘良湛、高潜,反方为林得连、方心诰、周世正。辩论结果,第一名方心诰,第二名刘良湛,第三名高潜,其中方心诰所获的奖杯在 60 年后又由其家属捐赠交大校史博物馆留存。

4 月 7 日,黎照寰校长在容闳堂举行午餐招待会,宴请前外长王正廷、前清华大学校长曹云祥、复旦大学校长李登辉、瑞典领事劳合等中外人士 20 余人。

4 月 8 日,交大成立 37 周年纪念典礼于文治堂举行,到会来宾有前校长叶恭绰、蔡元培、王伯群、孙科等暨师生员工共 500 余人。典礼上还给学生颁发奖品,受奖者都是总平均成绩在 90 分以上兼品行端纯者,钱钟韩、吴大榕、钱学森、凌松年、倪文杰等 9 名学生获奖,免缴本学期学费。典礼后举行宫保花园开幕典礼。花园系学校创始人盛宣怀家属盛泽丞捐赠 3 000 元修建。为纪念盛宣怀创建本校,学校遂以盛宣怀的官号“宫保”命名。晚间,全校教职员工 1 000 余人齐集于大操场,大放焰火,37 周年校庆纪念遂落下帷幕。

如果加上 20 世纪 10 年代的劝工会,交大这三次展览会层层胜出,各具时代特色,同时

---

① 《上海交通大学纪事(1896—2005)》(上卷),第 241 页。

② 《邵力子先生昨来校演讲西北问题》。《国立交通大学铁道展览会特刊》第 6 号,1933 年 4 月 3 日。

又一脉相承,贯穿着提倡工业、倡导实业教育的主题。三次展览会都是在我国工商业落后、外国产品充斥国内市场的情况下举办的,为开通民智、唤醒民众、发展民族工业、追赶世界潮流作出了贡献。

第三节　交通大学研究所

一、研究所的建立及发展

叶恭绰组建交通大学时就曾提出在大学建立研究机构的设想。他在办学实践中逐步体会到"我国实业之不发达,由于处境使然者半,由于自身缺乏能力者亦半。而实业学校不能尽学术上之贡献,为充分之援助,亦不无多少之关系","欧美各国实业之振兴,多有国立及私立之研究局、试验所及各学会之协助,故能新理层出,利用日宏,其重视研究之精神,几引为工业学府之天职。环顾我国,瞠乎其后,则比较完善之大学,讵能放弃责任,自封故步"。[①] 所以在大学组成之初,他就有创设研究院的设想,把研究学术、服务社会看成是学校的一大任务。他通过研究中国古今教育制度,倡导学校必须注重科研与学术:"方今科学昌明,无处不有学问,小如砌墙运铁,大如行车造路,莫不含有至理,蓄有精义。非如往者,但记成功,不拘效率者。"[②]

在叶恭绰教研结合思想的影响下,交大学术活动逐渐兴起,已经建立的诸如电机实验室、材料实验室、无线电实验室、机械实验室等都集中了当时最好的设备,为科研活动创造了条件。师生利用这些设备在课余时间为一些企业产品做性能测试或技术鉴定等。在当时条件下,实验室在完成教学任务和科研基本任务的前提下,积极面向国民经济建设,开展对外服务,既密切了学校与社会的联系,又提高了仪器设备的利用率,同时又为学校创造了一定的经济效益。

尽管由于各种原因,在叶恭绰长校时没有建立研究院,但大学月刊已刊登不少有价值的论文,可谓开始了科学研究的第一步。1926 年 7 月,在凌鸿勋校长的筹划下,为研究高深学术、促进科学及技术的实验,并得到中华教育基金会的经费支持,学校成立了国内最早的大学研究所——工业研究所。

---

① 叶恭绰:《交通大学之回顾》。《南洋大学卅周年纪念征文集》(1926 年)。

② 《叶恭绰校长致词》,《交通大学月刊》第 1 期,1921 年 9 月 10 日。《交通大学校史资料选编》第 1 卷,367 页。

1926年7月4日,《申报》载《南洋大学将创办工业研究所》:“上海南洋大学办理工业教育20余年,设备之精、成材之众,在国内工程学校中首推巨擘。年来受社会委托研究工程问题、试验工业材料颇见成绩。曾提出意见书于中华教育文化基金董事会,拟利用校中原有基础加以扩充,设立工业研究所,以期于工业学术及工程事业有所贡献”。后经基金会议定拨予补贴5万元,“该校以工业研究范围甚广,需款至巨,现只可就经济能力所及先为小试,需图扩充……该所三年内所拟研究事项暂定如下:(一)机械及材料试验部:(甲)工程材料之试验,(乙)通用机械之检定,(丙)试验标准值审定;(二)物理及电学试验部:(甲)量器正确之校验(如权度、寒暑表等),(乙)国产电料之研究,(丙)电学应用之试验;(三)化学试验部:(甲)工业器物之化验,(乙)国产原料之调查,(丙)国产改良之研究”。上半年学校已提出设立“工业研究所”项目计划,该所“备师生专攻精研、期于学术上有实际之贡献”。工业研究所所长由淩鸿勋兼任,副所长由周仁兼任;另遴选教授若干人组成评议部,专司审定该所各种计划以及各项章则等事。中华教育文化基金会拨付第一次补助费12 500元已经到校。

由于经费所限和掌校者频繁更迭,1927年5月起,工业研究所停顿半年。11月,代理校长符鼎升重新改组研究所,请王绳善、张廷金、裘维裕、徐名材四人分别担任机械、电机、物理、化学四部主任。[①] 中华教育基金董事会补助11万元,分期拨给。国内各公司机关委托实验研究项目源源不断,研究所都积极承办,获得社会各界的称赞。但由于政局动荡,学校隶属关系的更迭及经费短缺等原因,到铁道部接收交通大学时,研究所又几乎陷于停顿。

学校改隶铁道部后,鉴于“科学之事日新月异而岁不同,稍自封其权步,便为落伍”,[②] 1930年春学校扩充工业研究所,并定名为交通大学研究所。黎照寰亲任所长,下设工业研究和经济研究两大部。工业研究部下设材料、设计、机械、电气、物理、化学六组;经济研究部下设社会经济、实业经济、交通、管理、会计、统计六组,同时添置设备、兴建试验场所、礼聘学者专家,化学系主任徐名材、物理系主任裘维裕、电机工程学院院长张廷金、管理学院教授马寅初等作为主要学术骨干外,黎照寰还聘请原校长、著名铁路工程专家淩鸿勋,统计局局长刘大钧、铁道部外籍顾问巴克(J. E. Baker)和加特里(Kenneth Cantlie)等为顾问。一时间研究所云集了校内外从事交通工业、经济研究的精英,学术研究阵容强大。

在铁道部部长兼校长孙科的努力下,铁道部批准拨给研究所常年经费,国有铁路对研究经费也“协力担保”,同时又有孙科出面向中华教育文化基金会申请到补助资金9万元,分三

---

① 《上海交通大学纪事(1896—2005)》(上卷),第196页。

② 孙科:《执信西斋落成校长致词》。《交大三日刊》1930年4月2日。

年拨到校。以后研究所自编预算,经济独立,经费常年稳定在6万元左右。这样改组扩充后的交通大学研究所组织制度更加完备,经费来源稳定,设备添置顺利,研究实力增强,研究领域进一步拓宽,使科研工作从此逐步走上正轨。与以前相比,研究所"不仅限于办理工业研究事宜,且进而研究经济问题。所拟新订预算已蒙铁道部核准而经费来源又幸得国有铁路协力担保,计划重定,设备多添,自是本所可云于历史上开一新纪元"。[1]

为激发教师科研积极性,学校在1929年2月制定六项措施鼓励教师著书立说,规定:凡有教师申请、经学校审查合格的研究课题,学校给与"充分之合

1936年研究所成立10周年留影

① 《国立交通大学研究所一览》(1931年6月)。《交通大学校史资料选编》第2卷,第232页。

作”。主要办法是允许教师自由入藏书室阅览，提供实验场地、材料、仪器和研究助手，补助相当的经费，必要时“得减少授课钟点，仍支原薪”，研究结果的发明权和出版书籍的著作权为本人和学校共有。[①]交大研究所专重调查、实验、研究，性质上与中央研究院各研究所相近。

二、健全规章制度

工业研究所改为交通大学研究所后为保证科学研究工作的正常有效进行，研究所制定了一套完整的规章制度：如《国立交通大学研究所暂行组织规程》《交通大学研究所各组章程》等。两份章程对交通大学科学研究提出了规范化管理要求。章程将研究所的目的性质表述为：

① 《交通大学校史》(1896—1949)，第 298 页。

本所之主要目的在遵照孙总理发展中国经济能力之遗教及计划以促进民生国计而启发实业财源,故极愿负责一以指导并办理技术上经济上之研究,二以广播有益之新知识以期早获工业及经济革命之良果。

职是之由,本所虽经风雨飘摇仍竭力维持而不敢稍懈。务必(1)有所予助于本大学各教员使得自为高深的研究工作;(2)与国内外各机关或个人协力合作以求解决所遇之工业或经济疑难;(3)对于吾国有志青年鼓励并激发其研究学术之精神,以期达其创作之志愿。

至本所负有特务则俨如一国立铁道研究所也。无论得有国有铁路之合作与否,本所对于铁道事业及其需要常为各种试验研究或调查务求深造,凡所得结果或经私人接洽或由书信通传或以刊印册报随时发表。

尤有进者,学问既无界限,本所并注重国际合作,知识交换研究互助,同人认为当务之急倘本所有相当之设备则其服务能力与研求事业当易进展自可不愧为中外讲学之机关。例如材料试验及化学分析对于商界供其利用,可以促进国际贸易多焉。凡海内外人士有所咨询或委托本所各员,当愿供其驱策,光阴心力俱所不吝也。[①]

《国立交通大学研究所暂行组织规程》[②]是该所成立之后最为完备、详明的一个章程。它是在总结研究所成立后近四年的工作经验的基础上,并吸收了各方专家的意见而制定出来的一个指导研究所全面工作的文件。《规程》分定名、宗旨、组织、职员及职务、经费及设备、附则,共6章20条。关于研究所的领导管理模式、人员编制及分工方面的主要规定有:研究所设所长一人,综理所务并规划指导研究事宜,可由校长兼任;设秘书1人,会计1人,编辑若干人,事务员及书记若干人,由所长荐请校长分别聘任;设专任研究员(常年住所)、兼任研究员(于特定时间内到所工作)及特约研究员(遇有特殊调查或研究事项时到所或在外工作)若干人,由校长、所长聘任之;设所务会议,由所长、秘书、各组主任及专任研究员组成。其职权是:审查本所预算及决算,议决研究计划及本所与部辖机关及其他学术机关的联络事项,审查本所各组研究成绩,讨论各组提议事项,所务会议以所长为主席。不难看出,所务会议是一个融学术审议与行政决策为一体的组织,对全所工作具有举足轻重的作用。全所重要事项的审议与决策并不完全取决于所、组负责人,各组专家即专任研究员也在其中起着重要作用。在我国大学的科学研究起步阶段,这种先进、民主的管理制度的确难能可贵。

---

① 《国立交通大学研究所一览》(1931年6月)。《交通大学校史资料选编》第2卷,第232-233页。

② 《国立交通大学研究所一览》(1931年6月)。《交通大学校史资料选编》第2卷,第227页。

根据《交通大学研究所各组章程》规定：研究所实行所、组两级建制。各组的领导管理模式与所的模式相似，即：每组设主任一人，主持本组研究事宜；设组务会议，作为组内审议与决策机构，议决本组重要事项。各组依据研究所"规程"均订有本组章程或工作大纲及办事细则。这些章程或大纲在实际工作中确实起到了规范和指南作用。如成立较晚的材料组的第一次组务会议于1930年11月7日召开，"通过本组之工作大纲及办事细则"。至1936年，材料组"六年之中，曾开组务会议凡18次，所有通过议案，均系依据该大纲细则，并斟酌各种研究题目对于国家社会需要缓急，而分配各研究人员之工作"。[①]

为了使研究所的各项工作都有法可依，有章可循，各个工作岗位都分工明确、职责清晰，除了所、组章程外，交大研究所还制定了一系列的规则和条例，如《研究所办事规则》《研究所所员服务条例》《研究所代办各路局委托事项简章》《研究所代办外界委托事项简章》等。这样就形成了一整套相当完备细密的规章制度。其中，值得一提的是以下两点：其一，对于科研过程的管理，要求各位研究员对所承担的工作都拟订详细计划及程序，各研究员每月月初都"将上月工作报告遵章送核"，并在每项工作结束时"编制详细报告提请所务会议审查"，其目的显然是为了保证各项研究有序、高效地进行，调控研究进度，按期实现预定目标，并对研究成果做定期的和最终的检查与评价。其二，对研究成果的保密与交流的规定，要求"各员对于研究试验及调查所得结果不得自行发表或泄漏"。由于研究所的科研重点是应用研究与发展研究，其科研成果大多表现为新技术、新工艺、新材料及新设备，因而具有直接的经济效益，且对铁道系统以外的单位委托的研究项目均"核实酌收工料费"，某些特殊的研究调查及试验还订有合同。因此，制定适当的保密措施，对于维护委托单位及研究所自身的权益都是必要的。研究所对科研成果的交流与传播也是高度重视的，因为该所追求的目标之一就是"广播有益新知识以期早获工业及经济革命之良果"，对于所得研究成果注意通过恰当的途径与方式"随时发表"。为此，研究所作出多项规定："各路局托办事项之结果得由本所酌量公布之"；对研究所承担的铁道系统以外的单位"委托事项的结果如得委托人之同意得由本所公布之"；"本所各组之研究报告经所务会议审查呈请所长核阅后由编辑员印行"；"本所各项出版品由编辑员编竣后呈请所长审定出版之"；"本所得向国内外学术机关征集出版品或交换之"，等等。研究所在其存在期间印行出版了大量的试验与研究报告及研究丛刊，许多研究成果正是借助于这些出版物得以在社会上广泛传播，且有不少成果被应用在铁道建设和工业生产中。

---

① 《交通大学校史资料选编》第2卷，第239页。

由上可知,研究所采用的是比较严密的管理方式。这种以完备的规章制度作为提高机构工作效率关键因素的管理方式,在协调组织活动、实现组织目标方面具有相当大的积极作用。因为其科研计划比较确定,研究时间有较明确的限定,且多有具体的科研合同,这些就决定了它在管理上具有组织严密、规章完备、强调集体协作、定期检查科研进度、有计划有组织地评价科研成果等特点。交大研究所在组织管理上具有学术民主的特色,无论是所务会议还是组务会议,都通过讨论和民主协商的方式决定重要事项,这就能有效地调动研究人员的积极性并激发其创造性,从而克服原本容易产生的诸如规则过多、控制过严、不利于组织成员发挥创造力等消极因素。事实上,研究所完成的一系列富有创造性的研究工作就是最好说明。

总之,交大研究所作为中国最早的工学研究机构之一,其管理模式对我国高校科研机构的组织制度建设起到了示范作用。此外,1931 年编辑印行的《国立交通大学研究所一览》在当时流传很广,载于其中的交大研究所组织规程、各组章程及研究工作概况等文献,对后来创办的研究机构的组织制度建设产生了不同程度的影响,在中国大学科学研究体制化的历史进程中起到了率先垂范的作用。[①]

三、学术研究成果

交大研究所着重于研究铁路本身的建设、管理、职能和国民经济发展中急需解决的实际问题。工业研究部主要从事水泥、钢骨混凝土、燃料、各种植物油的工业应用和油漆、通讯、木材、黄沙等的研究;经济研究部主要研究中国经济改造、农村经济、粮食产销、铁道运价和不平等条约对国民经济束缚等问题。如 1932 年 12 月 3 日,《交大三日刊》第 223 期刊登研究所 1931 年的科学研究项目:《东北金融之研究》《东北铁路之研究》《钢骨混凝土轨枕之设计》《生漆之研究》《金属之研究》《菜油提浓之研究》《电阻与大气内湿度之关系》。从这些项目看,研究所以工业发展为重点,结合社会实际需要开展工程研究,体现了务实的风格。

至 1936 年成立 10 周年时,研究所共完成 54 个研究项目,其中工业部 38 个、经济部 16 个,撰写著作 12 部。这些著作包括徐名材的《油漆试验报告》,班乐夫的《地下水问题之解决》,许国保的《X 射线材料检验法》,柏理的《解决中国运输问题之途径》,曹丽顺的《美国铁道会计实务》(第一编),沈奏廷的《铁道问题讨论集》,马寅初的《中国经济改造》,许靖的《铁路零担货运安全办法》,黄荫莱的《中国国民经济在条约上所受之束缚》,吴正的《皖中稻米产

① 参考史贵全:《中国近代高等工程教育研究》,上海交通大学出版社 2004 年版。

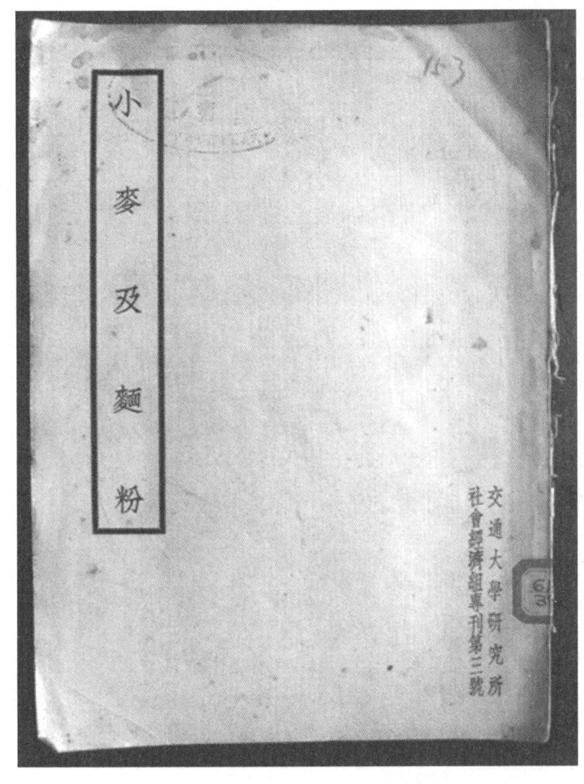

研究所研究成果《小麦及面粉》

研究所研究成果《皖中稻米产销之调查》

销之调查》，陈伯庄的《小麦及面粉》和《平汉沿线农村经济调查》等。

黎照寰校长在纪念研究所创办10周年的讲话中对研究所取得的成果予以总结：

（一）工业部工作计有：

（1）钢骨混凝土轨枕之设计与研究

（2）国产水泥之比较试验

（3）水泥及钢骨混凝土抵抗盐水试验

（4）国产木材试验

（5）混凝土压应力之试验

（6）国产黄沙试验

（7）石家庄煤柏油之全部分析与试验

（8）薄片土沥青路面之研究

（9）固体燃料代替自动车汽油之研究

（10）国产植物油代替自动车柴油之研究

(11) 超短波通信距离之研究

(12) 高周波电波分析

(13) X射线材料试验

(14) 地下流水问题解法之研究

(15) 物体在液体内运动时视质量之研究

(16) 蓖麻油制成干性油之研究

(17) 金属皂之研究

(18) 催干剂及溶剂与生漆关系之研究

(19) 防锈漆之研究

(20) 铁路用漆曝露机之试验

(21) 改良桐子熔法之研究

(22) 自多元醇与多价酸制成之油溶性树脂之研究

(23) 用马口铁残片炼制纯锡之研究

(24) 用各种干性油制造假漆之比较

(25) 油漆之耐久能力与漆膜之渗水性弹力性及韧性之关系

(26) 蓖麻子油在高温及高压下吹入二氧化碳后对于油质改变之研究

(27) 多元醇与桐油酸化成干性油之研究

(28) 从乌桕子油提取硬酸之研究

(29) 催干剂对于变性蓖麻子油之关系

(30) 油漆之比较试验

(31) 乌桕子油充为桐油之代用品

(32) 群青之试制

(33) 油溶性人造树脂之研究

(34) 桐油酸合成油之研究

(35) 豆酪素制水粉漆之试验

(36) 低粘度硝绵之试制

(37) 生漆之研究

(38) 从酒精制造之什醇油中提炼硝绵漆溶剂之研究

(二) 经济部工作计有:

(1) 中国经济改造之研究

(2) 中国之新金融政策

(3) 中国国民经济在条约上所受之束缚

(4) 皖中稻米产销之调查(附中国米麦贸易在亚洲米市之地位)

(5) 小麦及面粉

(6) 平汉沿线农村经济调查

(7) 主要商品流通概况、海关贸易及铁路运输统计之分析

(8) 棉花及纺织业

(9) 煤之产运销

(10) 关内黄豆、豆油、豆饼之供需

(11) 机车及车辆使用效率之计算

(12) 中国铁路运价及其应取之政策

(13) 农产各级市场之组织及铁路农产运输负责限期运到之研究

(14) 资本之积极

(15) 银行及汇率对于国际贸易之影响

(16) 铁路统计之分析与研究

以上皆为上海本所之工作,其中有经出版者,有在印刷中者,有积极进行者,有开始研究者。

……

此为本所研究工作经过之大概情形也。此外则有:

(1) 各界委托之物品材料试验

(2) 铁路辞典之编纂

(3) 各种专著之编

以上三项实为附带工作。最近五年来本所承各界委托试验各种材料:计钢铁四百零三件,砖瓦一百八十件,水泥及三和土一百五十件,合金四十六件,木材四十件,其他电机、电料、引擎、油漆、矿石、燃料等六百五十六件,共计一千四百七十五件,内由中央省市各机关及铁路局交办者占百分之四十强,托自中外厂商及工程师者占百分之五十,其余则为教育学术机关及其它各界所送验者,此为委托试验之情形也。铁路名词最为复杂,而尤以机务材料为最。各路沿用名称因译国别之不同,移译先后之互异,淆然纷乱,亟待划一。铁道部曾设有铁路名词审订委员会专司其事,后经裁撤日久,始由本所接办,现已修订完竣,计订有名词一万七千余,呈部分

> 发各路局审查核议。此事与铁路技术有极大关系,尤以铁路材料之管理为最,各路存料价值恒以数千万计,尚无统一名称编制登记,由此足以见该辞典之重要性矣,编译部分计尚有(一)解决中国运输问题之途径,(二)铁路零担货运安全办法等,此为附带工作之第三项也。[①]

这其中由徐名材主持的化学组的《油漆试验报告》是工业部成果的代表。化学组将油漆问题作为研究重点,于 1931 年建成油漆实验室 4 间,到 1936 年完成了蓖麻子油制成干性油之研究、群青之试制、乌桕子油之研究、油溶性人造树脂之研究、豆酪素之研究等近 20 个项目。这些项目不仅解决了油漆工业中的重大技术难题,还对一些国产油漆原料进行深度技术开发,填补了国内空白,有些项目在技术方法上还有所创新。除此之外,工业研究部其他组开展的不少项目也有很高的实用价值和显著的先进性。如电气组对超短波通讯距离之研究、高周波电波分析;材料组分担的 X 射线材料实验、钢骨混凝土轨枕之设计与研究等。其中关于混凝土轨枕的研究也颇有代表性。我国自清末始建铁路以来,铁道轨枕主要采用橡木枕、松木枕及少量钢枕,到 20 世纪 30 年代个别路段开始采用混凝土轨枕,但这几种轨枕都是从日美等国进口的。材料组鉴于混凝土轨枕具有寿命长、可减少日常维修和大修的费用及节省木材等诸多优点,且"除钢骨外,可用国货",因而将其作为重点课题进行研究,于 20 世纪 30 年代中期形成设计方案并"送津浦路局照制轨枕实行实验"。[②] 然而这项极具推广价值的研究,由于

研究所研究成果《油漆试验报告》

國立交通大學研究所

化學組

油漆試驗報告

專刊

化學組第二號

上海

中華民國二十四年

① 黎照寰:《交通大学研究所成立十周年纪念词》,《交大三日刊》第 486 号,1936 年 12 月 28 日。《交通大学校史资料选编》第 2 卷,第 235 - 238 页。

② 李谦若:《研究所材料组工作概况》,《交大日刊》第 486 期,1936 年 12 月 18 日。《交通大学校史资料汇编》第 2 卷,第 241 页。

日寇入侵，而被迫中断。就目前所知，这项研究是国内最早关于混凝土轨枕的研究和实验工作。

经济部则首推马寅初经济学名著《中国经济改造》最具代表性。该书作为交通大学丛书之一，1935 年由商务印书馆出版。此外经济部既有对铁道事业所特有的经济问题的研究，如机车及车辆使用效率之计算、中国铁路运价及其应取之对策、铁路统计之分析与研究等；又有对某些地区、部门、行业的实际经济问题的调查分析，如皖中稻米产销之调查、平汉沿线农村经济调查、银行及汇率对于国际贸易之影响、棉花及纺织业、煤之产运销等。所有这些都呈现科研立足于服务现实、注重解决实际问题的特点。

总之，这一阶段，交大在科技研究方面成绩昭然，为中外专家所称许。交通大学研究所在抗战前事实上已成为全国铁路系统和华东地区应用科学和工程技术的研究、开发和服务中心之一。1936 年 12 月 28 日，举行交大研究所成立十周年庆祝大会，前校长叶恭绰致词："在鄙人任交大校长任内，设立研究所为计划之一，今日有如此之成绩，实出意料之外"。[①]

① 《上海交通大学纪事(1896—2005)》(上卷)，第 275 页。

第五章
校务管理与校园扩建

第一节　管理体制与会议制度

一、行政管理体制

1921年，交通大学组建初期，学校管理采取董事会—校长—主任制。这是根据《交通大学大纲》精神形成的。1921年2月学校公布了得到北洋政府批准的《交通大学大纲》，共14章38节，对校名、校址、经费、学制、学程、董事会、校长、主任等分章逐节作了规定。大纲基本精神是："参照各国大学学制，设置董事会，举规定教育方针、厘订学制、筹划经费、监督财政、推举校长各事，胥委由董事会执行，以昭慎重而固基础。"①1921年3月8日，推举严修、唐文治等17人组成董事会。董事会是学校最高权力机构。当时设董事长1人，常务董事3人。校长是交通大学最高行政领导人。交通大学设校长1人。各学校主任承校长之命办理一校教育管理事务等。3月9日投票选举叶恭绰为校长，校长驻京办公，津京沪学校的正副主任由校长提名，经4月16日董事会通过并报部批准。上海学校张铸为主任，凌鸿勋为副主任。

---

①《交通大学校史资料选编》第1卷，第349页。

但是董事会制存在时间很短。1922 年 5 月交通部令取消董事会,虽遭到师生员工强烈反对,但最终没有恢复。交通大学上海学校时期,学校行政机构设置是校长下设评议会、行政会议、各校主任,各学校设事务处、教务处等。评议会就是学校的审议决策机构,由校长担任会长。行政会议就是协助校长推行全校事务。行政会议下设各专门委员会,协助校长规划推行各专门事宜。各校的教务会议由教务长及各科科长组成,协助校长及各校主任规划教务,督促进行。教务处则在教务长领导下处理日常教务工作。事务处则在事务长领导下分管事务工作。从 1922 年 7 月南洋大学时起又实行校长制。之后学校虽然几次变更隶属关系、几易校名,但领导体制上一直实行校长制。

交通部南洋大学期间,恢复设置校长,在校长下设教务长、事务长。教务长统辖各科科长及附属中学,事务长下按工作门类设股分管学校设备及日常行政运作。凌鸿勋担任校长期间又有调整,明确教务会议为共同讨论学校实施教育改进的唯一机关,增设推广校务委员会以推广学校事务,促进工程事业发展。1925 年成立行政委员会作为辅助校长的行政机关,校长任主席,教务长、各科科长、附属中小学主任、评议会主席都是委员会成员。

交通部第一交通大学时期,又成立群育委员会,并撤销教务处,废除教务长,教务工作由各科主任分别负责。

1928 年 1 月,南京国民政府交通部颁布《交通部第一交通大学行政组织系统表》,9 月又颁布《交通部直辖交通大学组织大纲》,规定交通大学直辖于交通部,在部长下设校务监督员,对学校工作进行全面监督。学校设校长 1 人总理校务,秘书长 1 人掌管秘书文书等事务,每学院设院长 1 人掌管各院事宜,学校机关各部、馆设主任 1 人掌管各部、馆事宜。校务会议由校长召集,组成人员为校长、秘书长、各学院院长、各主任、教授代表 3 人及大学本科学生代表 3 人。

交通大学改隶铁道部后,铁道部于 1929 年 7 月颁布了《交通大学暂行组织大纲》,11 月又颁布《交通大学暂行办事通则》《行政系统表》,规定“本大学设校长一人综理全校事务负经营之全责,副校长一人协助校长办理校务。校长由铁道部呈请行政院转呈国民政府任命,副校长由铁道部聘任并呈请行政院备案”;还规定“本大学经费由铁道部指拨”,“每年度经常临时预算均由校长呈部核准施行”。在行政组织上,除设置校长、副校长外,还设校长室秘书、总务长、训育长、各学院院长、预科主任、研究所主任和各馆主任。此外,还规定学校设立各种会议和教务委员会及事务委员会。

南洋大学行政组织系统图(1925—1927年6月)

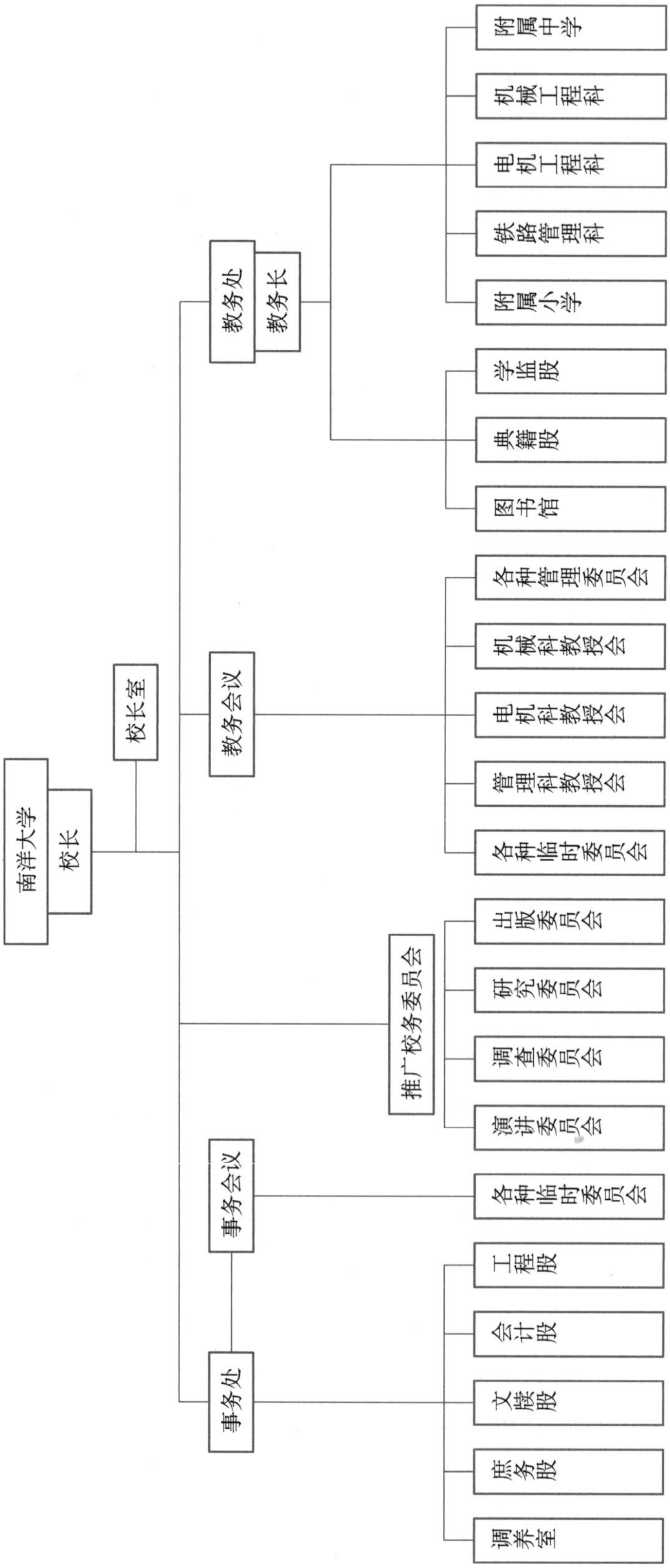

- 南洋大学 校长
  - 校长室
  - 事务处
    - 调养室
    - 庶务股
    - 文牍股
    - 会计股
    - 工程股
  - 事务会议
    - 各种临时委员会
  - 推广校务委员会
    - 演讲委员会
    - 调查委员会
    - 研究委员会
    - 出版委员会
  - 教务会议
    - 各种临时委员会
    - 管理科教授会
    - 电机科教授会
    - 机械科教授会
    - 各种管理委员会
  - 教务处 教务长
    - 图书馆
    - 典籍股
    - 学监股
    - 附属小学
    - 铁路管理科
    - 电机工程科
    - 机械工程科
    - 附属中学

交通大学行政系统图(1929年11月铁道部颁布)

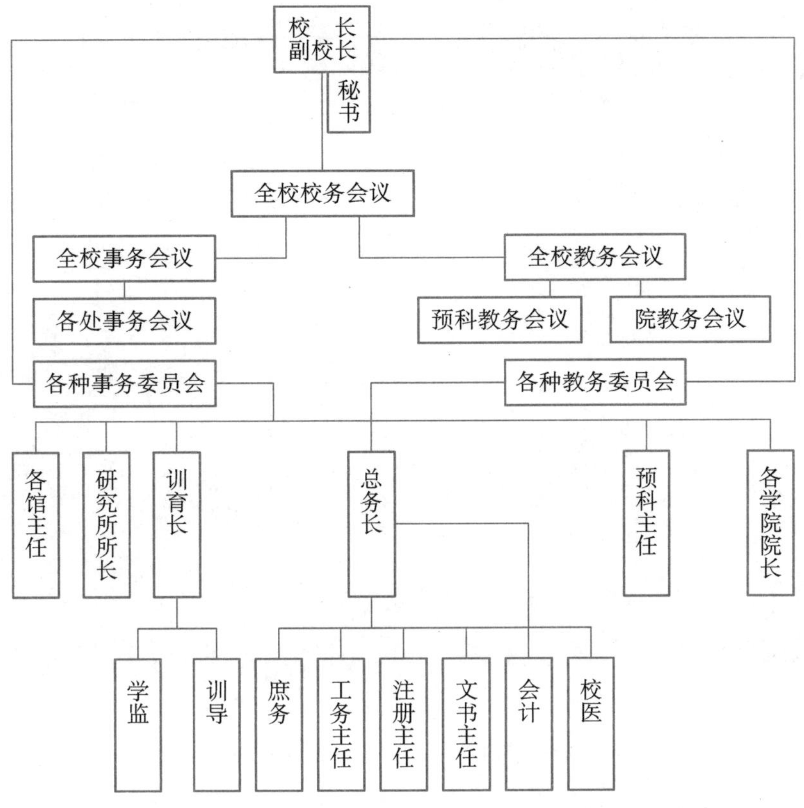

二、各种会议制度

这一时期,学校建立了各种会议机构,逐步形成了比较完整的会议制度,同时根据学校各方面工作的需要,设立了各种永久的或临时的委员会。

各种会议制度主要包括:

(一) 校务会议

校务会议是学校的最高权力机关,由校长、教务长、事务长、训育长、秘书、各院长、各馆主任组成,讨论校务行政事宜及校长交议事项。校务会议每学年至少举行两次,实际上往往都超过两次,如1931年就开过至少7次。10月17日召开的第26次校务会议,就出版委员会机构设置与人选、总务委员会人选、地基购买及经费支出等内容进行讨论和决定。黎校长报告1930学年购地20.222亩,费洋6万余元。

1922 年交通大学第一次校务会议在北京召开

教务长顾惟精

1933 年 8 月,第 41 次校务会议决定“沪、唐、平三处全体参加者称校务会议”,而在上海本部设事务会议,属于沪校的校务行政事宜,归事务会议讨论。后来还设有处务联席会议,由各处主任联合召开,主要目的是“办事方面可以相互讨论而收分工合作之效,遇有工作范围不能划清之时,可以聚议解决相互推诿之弊”。[①]

(二) 教务会议

20 世纪 20 年代初,学校已有教务会议制度,由顾惟精、周仁等先后主持。凌鸿勋任校长时期,制度更为周全、更加规范。教务会议由校长、教务长、训育长、秘书、各院长、各系主任及校长指定的教授组成,由校长召集,议决全校课程、教材及其他重要的教务问题,每学年至少举行两次。1933

① 《上海交通大学纪事(1896—2005)》(上卷),第 216 页。

年8月14日召开的交通大学第五十六次教务会议上，主席向会议报告以下一些事项：①上年度各院课程除科学及管理两院新开各班修订以资调整外，其余一仍旧贯，教员方面更动亦少，现在各项教务业已结束，学生学业操行及课外作业等成绩比较以前均有显著进步。②国内各大学多未采用导师制，本校各院已有试办者，将来专任教员增加，自可推行全校，③王绳善院长任职以来，近年于校务建设方面尤多襄助，自奉部令调任京沪沪杭甬两路机务处长一年满期后，对于院长职务辞意坚决，只得勉从其请，所遗职务已聘由胡端行教授担任。[①] 可见会议讨论的都是一些与教学教务有关的重大事项。

（三）学院院务会议

学院院务会议由学院院长、教授、副教授及校长核定的教员组成，依据全校校务会议及教务会议决议案审议各学院事宜。

（四）系务会议

系务会议由各学院根据需要由系主任召集全系教员讨论各系事宜。1930年10月8日，中文系陈柱主任主持召开系务会议，商定整顿国文课办法数则："凡学生上课私观他书，一经查出作缺课论，并报训育处；作文迟交，按逾期时间扣分，逾一周扣20分，超出十天不收。"[②]

除了各种会议制度外，学校还陆续设立各种专业性委员会。《交通大学暂行组织大纲》第十七条规定："本大学因事务上之需要得设永久或临时各种委员会。"[③]在1930年9月24日召开的各委员会联席会议上，黎照寰对这样的设置表示了他的看法，他觉得："召集联席会议之宗旨，主要是为了遇事公开，共同负责，校长不过总其大成，使一切行政、精神及政策，有一贯之系统及关联；各委员会之设，系根据校章而来，其权限为咨询及复议机关，使校务行政日臻完善；各委员会须有责任心，及确谋本委员会之发展；各委员会人数无定，由校长视事之繁简而决定之，多至二十人，少则五人；各委员会设主席、党务、秘书。委员会各委员虽兼职不兼薪，然亦未尝无益。①精神较为愉快，因常能与诸同志聚集一堂，共同讨论。②工作完成，感觉快慰。③使学校办理完善，将来自己子弟，亦可得一良好学校读书。④以一学校之事业为模范，可同时化其他学校。"[④]

各种专业委员会的数量随着学校建设的发展不断增加，至1936年度学校常设有课程、体育、演讲、训育、图书、出版、消费、校产、设备、法规、考试、招生、暑校、奖励、设置、工务、辩论竞

---

① 《南洋友声》第26期，1933年10月1日，第8页。

② 《上海交通大学纪事（1896—2005）》（上卷），第217页。

③ 《交通大学暂行组织大纲》。《交通大学校史资料选编》第2卷，第25页。

④ 《各委员会联席会议记录》。《交大三日刊》第69号，1930年9月24日。

赛等17个委员会。各委员会设主席、秘书各1人,有些会务比较多的委员会增设常务委员1人。各委员会的委员均由校长从学校教职员中聘任,各委员会的主席、常务委员和秘书均由校长指定,并对校长负责;有些重要的委员会由校长亲自担任主席。以1936年为例,全校17个常设委员会中,由校长担任主席的有课程、演讲、图书、校产、法规、招生、设置等7个委员会。

为了办理日常校务工作,这期间也加强了学校行政体制建设。教务方面,1927年6月,交通部接管学校后,废除教务长。1928年春学校增设教务处,以校长或秘书长为主席及四科主任组成。1933年8月,学校复设教务长,每年由各院长轮流兼任。首任教务长为电机工程学院院长张廷金,至1937年先后兼任教务长者为科学学院院长裘维裕、机械工程学院院长胡端行、土木工程学院院长李谦若。此外,学校还先后设立了文书处、注册处、训育部、事务部等。

这一时期,交通大学的行政体制和行政组织虽有不少变动和更新,但具有共同特点:

(1) 学校的各种权力高度集中于校长。首先,学校的各级会议组织和常设委员会的成员是由校长聘请任命的;其次,校务会议和教务会议都是在校长直接主持下召开的,形成的决议是全校各院、系和各种常设委员会开展工作的依据;第三,许多重要的常设委员会由校长亲自担任主席。此外《交通大学组织规程》第二十五条规定:“本大学教职员由校长聘任或委用。”这样,校长就把全校的用人权、财政权、教学和行政指挥权,通过各种会议制度和委员会等机构集中掌握在自己手里。

(2) 第一线的广大教授、讲师参与学校各方面工作的决议、审议和实施。以1936年度为例,校务会议和教务会议成员中,行政人员约三分之一,教授约三分之二。在各种常设委员会的171名委员中,由行政人员担任的60余名,其余100多名均为教授和讲师。这样,就从组织上确定了教授参与学校的管理,比较好地发挥了教授的积极性,充分体现教授在学校的地位和作用。

(3) 学校各方面的大事都由校务会议、事务会议、教务会议讨论决定。大事小事由集体研究决定,各项具体工作放到了院、系和各种委员会,机关部门主要处理日常工作,并由教务长、事务长、训育长分别分工负责。

第二节 师资管理

一、教师概况

随着学校发展,教师的来源发生变化,由以聘请外籍教师为主转向以聘请国内教师为主，由以聘请外国培养的教师为主转向以聘请国内培养的教师为主。20世纪20年代初大批出国的留学生陆续回到母校任教，外籍教师逐渐减少。1921年，外籍教师9人，占教师人数的42.8%；1925年外籍教师2人，占4.1%；1927年本科教师52人，全部都是留学欧美的中国教师，而中国教师又“以罗致本国教授为主”。

此后，归国留学生逐步成为教师队伍的主体，人数成倍增加，1928年为30人，1929年为57人，1930年为67人，1936年为93人，1937年为107人。他们都具有较高的学历。1936年留学生中博士21人、硕士40人、学士和工程师30人，在教授、副教授66人中，仅3人不是留学生。相对于20世纪10年代洋教员占半的情景，此时已是海外归来的留学生为本校教员的主要来源了。

1926年1月，全校有教授22人、讲师9人、教员5人、助教13人。教授讲师均曾留学欧美，获有博士、硕士、学士或工程师学位。1928—1936年，由于院系建设需要，教师阵容扩大，1936年有教师180人，其中教授36人、副教授30人，两者占36.7%；讲师77人，占42.7%；助教37人，占20.6%。

表5-1　1926—1936年专任教师人数

年份	教授	副教授	讲师	助教	教员	合计
1926	22	/	9	13	9	53
1927	/	/	/	/	/	/
1928	27	1	29	22	7	86
1929	8	23	39	22	6	98
1930	12	22	40	12	11	97
1935	16	12	47	27	8	110
1936	36	30	77	37	/	180
1937	38	33	62	37	11	181

在1921年正式定名交通大学时期，学校校长下设教务长和事务长各一人。学监与典籍两股属二长管辖。体育教员和校医等直属校长。1921年各项职员61人。（含附属中学）1922年职员与教员总数139人。1924年职员47人，1926年56人，1930年73人，1936年161人。工勤人员1922年有校役78人，厨师理发人员30余人，校办工厂工匠32人。工勤人员1936年有176人。

二、教师聘任与待遇

1921—1927年这一时期,教师的职务分为教授、讲师、助教。评定职务以任课时数为标准,以课时多少体现教师水平高低,而不是以学术上的贡献为准绳。凡每周任课16小时以上者,称为教授;每周任课16小时者,为讲师。这种不以教师的学术水平、成就大小与教育上的经验多少,仅以任课种点来区别教授、讲师的办法影响了教师的教学积极性。1928年开始,教师分专任、兼任和特约三种。学校改变了过去的做法,将专任教师分为教授、副教授、讲师、助教四级。各级教师除了规定任职年限外,更重要的是要求他们要在职业界担任一定年限的工作,在一定领域做出成绩。如:教授需大学毕业,曾在职业界担任主要事务三年以上,成绩卓著,并曾任大学教职三年以上者,或曾任副教授三年以上,著有成绩者。副教授需大学毕业,对于某种学科之研究成绩卓著者,或大学毕业后在职业界担任主要事务两年以上,成绩卓著者,或曾任讲师二年以上,著有成绩者。讲师需大学毕业,成绩优良,对于某种学科专门研究者,或大学毕业后曾在职业界任相当职务两年以上,著有成绩者,或曾任助教三年以上,著有成绩者。助教需大学毕业,或高等专门学校毕业,成绩优良者,或于国学上有研究者。

当时教员每周授课钟点有明确规定:讲师、副教授和教授,不得超过16小时或少于12小时,助教不得超过15小时。实验及论文以2小时作为1小时计算。经过校长或院长的特许,教员的工作量可以酌量增减。

校长住宅

20世纪20年代,学校经费颇为困难,连教职工工资都不能按月如数发给。如1928年,本科教员薪金在80元以上者,按75%发给,预科教员按80%发给。这种情况直到30年代,学校隶属铁道部经费充裕后才有所好转。1931—1936年,各级教员的薪金分为15个等级,教授年俸4 000—7 000元,副教授月俸210—400元,讲师月俸120—260元,助教月俸80—180元,兼任教员的薪金按每小时3—6元酌量计算。此外,学校对教师还有一些优待办法:凡专任教员年龄在60岁以上,曾连续任教15年,愿意退休者,支退职时的半俸5年,其连续任教15年以上者,应支半俸的年限,得视其所增之年数递增(例如16年者得支半俸6年,17年者得支半俸7年,余类推)。1928年,学校在教师聘任上规定:"凡教授、副教授连续任教七年以上,愿暂离教职从事专门研究者,得给予全年薪俸一次。但研究之结果,必须著成论文,交付学校审查出版,出版权也归学校所有;凡讲师及助教连续任教七年以上,成绩优良者,经教授会通过,得呈铁道部资遣出国研究或学习。"1937年12月学校教授会全体大会通过的《本校教师休假进修办法》规定"凡本校专任教授连续服务七年以上者,得有离校考察或研究一年之机会","教授休假进修,每年每系暂定一人。教授人数在八人以上者为二人","教授在进修期满时应就考察或研究结果详具报告"等。学校还制定了《教授出国进修办法》规定进修年限为1年,出国期间保留薪金,并由学校负担出国的往返旅费。

应该说,在20世纪30年代国内大学中交大教师的待遇是很高的,生活比较有保障,加上交大有比较好的教学环境和学术风气,因此大多数教师都能安

教员住宅

居乐业,勤谨治学,认真做好教学工作,使交大形成了一支比较稳定的、质量较高的教师队伍。

学校的规章制度中对教师的行为也有严格要求。根据《交通部南洋大学规章》规定:“请假或续假时期在三日以上者须经事务长呈校长核准。”1922 年 8 月,教师胡端行“因有家事,自八月二十三日起至八月二十六日止请假四日”,请求卢炳田校长准假。这张请假条至今仍保留在西安交大档案馆。虽然这只是一张普普通通的请假条,但它反映了学校规章制度的健全和学校师生对这些制度的遵守。

第三节 经费与校园建设

一、办学经费的筹措

学校的主要经费由主管部门交通部、铁道部筹拨,从 1924 年起交通部加拨“临时费”。临时费主要为修建建筑的费用。学生所缴学费也是办学经费来源之一。1926 年,学生收费占学校总经费十分之一。1928 年 10 月归属铁道部后,学校经费由国家通过铁道部拨给。学校每年经费由三部分组成:一为经常费(教职工薪水及学校日常支出),一为临时费(专项建设费),一为岁入(学生缴费、学校的租金、利息、物品变价收入、罚赔收入等)。在编报预算时,岁入冲抵经常费拨款数。因此临时建设费对学校总经费影响很大。例如 1930 年总经费 1 120 592 元,其中经常费 648 992 元,临时费 471 600 元;1941 年总经费 944 870 元,其中经常费 924 870 元,临时费 20 000 元。

表 5-2 部分年份预算内收支情况

年份	收入	支出	年份	收入	支出
1920	191 838 元	190 405 元	1923	297 273 元	291 273 元
1921	316 730 元	328 655 元	1930	1 120 592 元	/
1922	260 844 元	246 532 元	1931	1 005 024 元	/

1926 年工业研究所成立,即有研究经费收支。研究经费预算由铁道部核准,各铁路协力担保。工业研究所扩大为交大研究所后,先有中华教育基金会董事会拨款补助。1931 年交大研究所经费由铁道部按照核准预算直接拨给。

总体而言,学校经费在 20 世纪 20 年代相对紧张,1921 年总收入为 316 730 元,1923 年为 297 273 元。因为经费困难,连教职工的工资也不能按月如数发给。20 世纪 30 年代相对宽裕,1930 年学校总收入为 1 120 592 元,1931 年为 1 005 024 元。这是因为当时政局相对稳定,经济逐渐发展,资金来源也有了保障。

交大办学过程中很早就获得社会各界的捐款和赞助。如为纪念建校 20 周年而建造的图书馆由社会各界赞助而成,各界捐助图书银达 58 000 余元。20 世纪 20 年代初期建成的体育馆、调养室工价计 12.5 万元,均由社会各界、校友踊跃捐助而成。1935 年,在图书馆建筑防火书库一座,资金也为校友所捐。交通大学标志之一的"饮水思源碑"由 1930 级校友捐建。

学校财务管理比较严格。1922 年学校设会计股,管理学校财产,经理出纳款项,登记及保管账册并编制预算决算。1929 年 7 月《交通大学暂行组织大纲》规定,在总务处下设会计员 1 人,处理会计事务;20 世纪 30 年代随着学校规模发展、扩大,经当时的国民政府主计处批准设立会计室。

二、收费情况

南洋公学建校初期,学生不需缴纳学费,其食、宿、杂费等也均由学校供给。对师范班和特班的学生还每月分等发给津贴。至 1904 年,学校开始酌收新生膳费。1912 年 10 月,学校规定新招中学生每学期收学费洋 50 元;专科生每学期收学费洋 25 元(均为当时币制,以下同);旧生,专科缴 5 元,中学生则 25 元;所有膳费不论新旧诸生,概令自备。

1922 年本科各年级学生每学期缴费主要项目为:学费 20 元,宿费 10 元,膳费 27.5 元,实习试验费 10 元。1936 年收费标准则为:学费 20 元,宿费 10 元,膳费 32 元,参观费和各种学会费约计 10 元。1937 年除膳费猛升至每学期 400 元外,其余各项收费不变。

虽然交大的收费在各大学中是较低的,但由于学生多数来自清寒家庭,缴费仍有困难。学校为帮助学行兼优而家境清寒的学生完成学业,先后实行过官费生、公费生、免费生、贷费生、奖学金及勤工俭学等办法,各省对本省籍的学生亦有津贴规定。

(一) 官费生

1906 年学校设立专科后,初时学生甚少,为扩充经费和学生来源,经清政府核准,于清宣统二年(1910 年)在两江、两广、闽、浙等沿海各省招收官费生来校学习。每年由各省选送 20—40 名中学毕业生,经考试合格入学后,其所需学、膳等费用均由各省按每人每年银 200 两之数汇缴学校。学校应收各费即在其中扣除,如有多余则发给学生。这些学生毕业后,除邮传部调用外,其余均听各省调用。

官费生还有一种形式叫津贴生。津贴生是指受省或有关机关津贴的学生。如1922年云南省政府规定:"凡考入南洋等国立大学之学生,一律照案补给津贴,不受名额限制。"1923年东北青年教育救济处《补助东北勤苦学生办法》则规定:"专科以上学校每年总计补助250名,其中200名每名每月补助10元,50名每名每月补助20元。"

(二)公费生

学校自1936年起设立公费学额,每名公费生每年由学校给予津贴200元。公费生必须成绩在全体录取新生前五分之一以内且家境清寒者。录取名额初时为全校学生总数的2%;1940年为照顾战时学生的经济困难增至4%。

(三)免费生

1922年1月制订的《交通大学奖励及惩戒规则》规定:学生学习优秀者可免缴学费,每班免费名额至多不得超过6人。1928年学校正式设立免费学额为学生总数的5%。凡成绩在各院录取新生前列三分之二以内且家境清贫者均可申请,录取为免费者可免缴学费、图书馆费、体育馆费等项。1931年"九一八"事变后,东北等地沦陷,申请免费的学生人数激增,仅这年12月至次年3月,交大唐山工程学院给铁道部要求豁免学生当年学宿等费的报告就有5件计134人。

(四)贷费

贷费办法是在1928年起设立的,名额为每年30—35名,家境清寒、操行列甲等、学期考试各科成绩均及格、平均成绩在70分以上者得以申请贷费。贷费生毕业时应向学校陈明清偿贷费办法,清还期最多以两年为限。

1937年抗战全面爆发后,按教育部规定设立"战区学生膳食贷金",每月10元(半额5元)。

(五)奖学金

学校在创办之初,即有奖学之规定。对于成绩优异兼品行端纯之学生,可退缴该学期学费。学生对于所习科目有所特长,在学校展览会、运动会、辩论会、演讲会等取得优异成绩者,由学校发给奖品。此外社会各界还在交大设立了名目繁多的奖学金。以1936年计,设有老山德培、民大、宁大、会殊、稼成、上海银行、明华银行、邦柱纪念、甲子、程义乾纪念、嘉礼纪念、陈母等奖学金。每年受奖学生40名左右,每名奖励金额20元、30元、50元不等。

三、校园和校舍扩建

交通大学校园从南洋公学开始,经过几次买地扩充,规模逐步扩大。南洋公学开办在先，购地在后。1898 年盛宣怀在上海西面徐家汇、明代科学家徐光启故里，选定校址，购地近百亩，建校立基。随即建筑兴工，历时一年半，先后有中院、上院、校长住宅等 10 幢校舍落成。1906 年建校 10 周年时，校园面积扩展到 144.556 亩。在南洋大学时期的 1925 年，学校人数已达 800 余人，昔日地广人稀的校园已多了一些喧哗，而此时上海城市化触角也悄然而至，地价随之水涨船高。校长凌鸿勋遂赶紧将靠近法租界的校外宿舍基地 10 余亩卖出，用所得款项买进校西民地 54 亩，贵卖贱买，一次净增 40 余亩。1926 年建校 30 周年之际，校园面积经逐年圈购已发展到 233.324 亩。学校校舍总计约 30 幢，主要建筑有上院、中院、南院等 3 幢，特殊建筑有图书馆、体育馆（附游泳池）、风雨操场、调养室 4 幢，专门建筑有实验室和工厂共 9 处，另外学生宿舍有西宿舍、新中院、校外宿舍 3 幢，教职员宿舍 7 幢。1936 年校基已分别向西南北三面扩展，又先后圈购 112.54 亩，校园面积共 345.864 亩，基本确定了交大的校园规模。这一时期新建了工程馆和容闳堂（总办公厅）等主要建筑，校舍建筑约有 37 幢。

20 世纪二三十年代是学校校园建设的快速时期，特别是适应工业教育的需要，从教学楼到实验室，从办公楼到学生宿舍，都有较大规模的投入和建设。

20 世纪 20 年代交通大学改组之初，沪校主任张铸竭力改善办学设施。筹款建造“三大建筑”成为当时主校者操心的大事之一。1921 年底，规模宏大的机械工厂建成，耗资 10 余万元。此后交通部已无力另拨款项盖房建厂。然而，学校除了图书馆、机械工厂外，只有南洋公学创校时所建的中院、上院等几幢老校舍，体育活动、学生集会及卫生保健等附属设施长期缺乏。于是，张铸在全校师生、历届校友及社会各界中发起募款活动，计划筹资 16 万元建筑体育馆、学生会集室和调养室“三大建筑”。募款活动首先得到师生们的热烈响应。在 1921 年 12 月 14 日募款动员大会上，师生当场捐款及代募共计 4 万余元。张铸还与教职员分头向校友、社会各界劝捐。盛宣怀遗孀盛庄夫人捐款 1 万元建筑调养室。三大建筑的募款开局顺利，捐款一天天增多。

然而，深得人心的张铸任职不及一年，到 1922 年 5 月就随校长叶恭绰的解职而撤换离校。接下来学校发生了旷日持久的董事会风波，校务几近停顿。直到 1924 年，陈杜衡校长接管此事。不过先期募得的捐款只有 5 万余元，离 16 万元相距太远。陈杜衡只好一边再次发起募款活动，鼓励教师分途劝募，并收取学生每人体育馆建筑费 30 元；一边将体育馆、调养室先行动工，边募边建。10 月由盛庄夫人捐建的调养室告竣完工。建筑新颖、规模宏大的体育馆也于 1925 年 12 月终告落成。体育馆由学校教授、著名建筑师过养默设计，耗银 9 万余两，占地近 3 千平方米，高 3 层，设有室内游泳池、篮球场、小型舞台、跑道，能够容纳

1 300 余人。这样先进的设施在当时的上海乃至全国高校中皆属凤毛麟角。

1928 年 10 月,交大改归铁道部。在孙科、黎照寰的争取下,经费增加很多。1928 年度上海本部岁入经费 32 万元,到 1931 年度达 105 余万元。1929 年 1 月,交大成立扩充设计委员会,并制订了扩充建设计划及实施方案报铁道部。1929 年 2 月和 1930 年 10 月,铁道部先后两次拨给学校第一批建设费 750 000 元。到抗战全面爆发前夕学校岁入经费都一直保持在百万元左右,学生人均经费超过 1 000 元。在经费较为宽裕的条件下,学校增建校舍。1929 年夏,新宿舍动工,到 1930 年 1 月即告竣工,面积 4 362 平方米,共 152 间寝室,室内设施完备精美,为当时沪上条件最好的学生宿舍。为纪念孙中山先生的忠实追随者、早期资产阶级民主革命战士朱执信,将其定名为"执信西斋"。

执信西斋建成不久,一座高大宽敞的工程馆在其东北面又拔地而起。早在 1926 年 30 周年校庆前夕,南洋公学同学会成员唐文治、叶恭绰、蔡元培等人发起募捐工业馆,因捐款只有 3 万有余,一时无法开工。1930 年底,铁道部拨发建筑专款,工程馆遂正式动工。1932 年初,这座宽大的"口"字形两层建筑竣工(中华人民共和国成立后在二层之上加高一层)。工程馆占地 8 700 平方米,用于工程试验与教学。工程馆曾名工业馆,1947 年校庆 51 周年时为纪念前校长叶恭绰改名"恭绰馆"。1996 年交大百年校庆时,1963 届起重机专业的全体校友在馆内竖立叶恭绰铜像一尊,以纪念他对交大作出的贡献。

1932 年 11 月,当工程馆尘土刚刚落定,总办公厅又破土动工。次年 3 月 30 日,在 37 周年校庆暨工业铁道展览会活动的首日,总办公厅举行了落成典礼。整幢建筑简洁庄重占地 2 100 平方米,共 3 层 62 间房,造价为 13 万余元。总办公厅为了纪念我国留学先驱容闳而命名"容闳堂"。它的建成改变了交大历来教学行政处所合一的状况,从黎照寰校长开始,历届校领导均在此办公,成为学校一直使用至近年的行政中枢之地,直到新世纪初,交大闵行新校区二期建设完成,学校重心转移到闵行为止。

三年多时间,执信西斋、工程馆、容闳堂等三座大楼相继而起,成为 30 年代交大的"新三大建筑"。同时期学校还建有翻砂厂、锻铁厂、金工厂、铁木厂、工业化学实验室、道路材料试验室、图书馆书库,还扩充了无线电实验室,并由 1915 级校友和社会人士及学校共同出资改建校门,其中吴培初先生捐银 5 000 元,1915 级校友、前校长凌鸿勋和他同级校友合捐 2 000 元,学校拨款 5 000 元。校门从 1934 年开始改建,1935 年 6 月 27 日举行落成典礼,由凌鸿勋题写碑记。当天凌鸿勋校长指派的代表、吴培初的女儿、黎照寰、裘维裕、张廷金等都出席典礼,表示祝贺。学校还在体育馆后面新辟一个运动场,将原运动场改建成绿草茵茵的

"宫保花园"。数年间学校共建校舍2万余平方米，差不多是以前30余年的一倍，成为中华人民共和国成立前校舍增建最多的时期。执信西斋、工程馆、容闳堂、铁木工厂等的兴建反映交大20世纪30年代工程教育快速发展的需求，同时也蕴含了学校浓厚的人文气息。

（一）执信西斋

执信西斋整幢楼呈马蹄形展开，外墙红砖白缝，中间为三层，两翼为二层。第一层有62间学生寝室，第二层有74间，第三层有16间，共152间，加上其他辅助设施共183间。

1930年3月28日，学校举行建校34周年纪念暨执信西斋落成典礼。黎照寰副校长主持仪式。执信西斋落成后，即将毕业的1930届同学首先搬入新居，优先选择了最好的房间，每套住两人，短暂地享受到了当年最好的住宿待遇。此外，大三全体学生及大二部分学生也陆续迁入，入住的高年级学生共有302人。1934届电机工程学院毕业生张煦当年就与同班的胞兄张烈同住在二楼朝南的一间寝室里。我国杰出的科学家钱学森，也在执信西斋住了约两年。他还常在室内或过道练习圆号。1935年毕业于电机工程学院的罗沛霖，至今还记得钱学森吹奏的圆号声在走廊里回荡。每到足球赛季，学校还会腾出几间房间，供足球健儿集中住宿，便于他们训练、休息。原本就颇为自豪的交大学

1930年落成的执信西斋

生因为有了这幢新宿舍似乎更加“趾高气扬”了。一位旅美多年的老校友20世纪90年代后期回到母校，参观了已作为研究生宿舍的执信西斋，还感慨当年他们“是超前享受了”。

1930届学生毕业离校前夕，念及母校培育之恩及能首住执信西斋，决定在执信西斋正门前建造一座以校徽为中心的喷水池，赠送给母校留念。1933年春喷水池完工。池之中央，建一水泥石礅，用大理石贴面，正面刻有“饮水思源”四字。

执信西斋在20世纪30年代一度成为宋庆龄等筹办的伤兵医院。1932年1月28日，淞沪抗战爆发，爱国将领蒋光鼐、蔡廷锴率十九路军浴血抗战一个多月，给敌人以沉重打击，但十九路军也伤亡惨重。为了救治伤员，宋庆龄、何香凝为筹建伤兵医院积极奔走。2月底，先有上海红十字会致函交大，请予酌拨交大校舍为伤兵医院。接着，宋庆龄亲自来校视察，提出将条件最好的执信西斋开办伤兵医院。黎照寰当即答应，学生也深明大义，立即全部腾出。伤兵医院终于在交大建立起来，规模达300张床位，超过当时仁济医院和同济医院的床位。良好的设施和精心的照料，使伤员们得到很好的治疗和护理，期间宋庆龄本人也来到交大执信西斋，外穿白色护士服，亲自为伤员服务。1932年4月中旬，伤兵医院完成它的使命，经过一番整修，执信西斋又成为学生们心仪的宿舍。

1933年建成的饮水思源喷水池

（二）容闳堂

1930年及1931年，学校先后成立了科学学院与管理学院，上课教室显得日趋紧张。上、中院两幢楼里的校部行政用房必须腾出来用作教室或实验室。于是学校决定建造一幢办公用楼。黎照寰校长请上海著名建筑师、1929年曾在学校任教的庄俊提出方案和设计图纸。另外，校内土木学院李谦若院长等也参与建筑方案的修改。1932年8月1日起，学校在《申报》《新闻报》《晨报》上连续5天登载招标通告。闻讯前来投标报名者20多家，正式参与竞标者包括王连记、张根记、仁泰等11家建筑公司或营造厂。最后，张根记中标承造。学校确定总办公厅建筑费及设备费总共约需15万元。这笔款项以校外宿舍（今博学楼）为抵押，向上海商业银行借贷，约定以一年为期，月息八厘。

1932年11月，总办公厅破土动工。铁道部部长顾孟余题奠基石字。为纪念容闳博士，学校总办公厅定名为"容闳堂"，因此新建的办公楼在两个大门上分别刻上"容闳堂"和"总办公厅"两个楼铭。容闳堂整个建筑采用严谨的西方仿古典主义式样，以赭红色为主色调，天际线舒展而又平稳，建筑简洁端庄，充分体现出行政办公楼应有的厚朴勤谨的风格，也代表了当时的建筑潮流。

1933年3月30日，也是学校举行37周年校庆暨工业及铁道展览会的第一天，上午9时半，容闳堂门前举行了落成典礼。容闳堂启用以后，接待了不少中外嘉宾。1933年12月，无线电发明家意大利人威廉·马可尼勋爵夫妇来到中国，7日抵沪，8日下午市内14个学术团体假座容闳堂会议厅举行茶话会，欢

1933年落成的总办公厅（容闳堂）

迎马氏。黎照寰校长在容闳堂前恭迎贵宾,中央研究院院长蔡元培代表各学术团体致欢迎词。

(三) 工程馆

1926年6月,交通大学30周年校庆时,张元济、王清穆、陆梦熊、王宠惠、唐文治、蔡元培、叶恭绰、黄炎培、福开森等人发起募建工业馆活动。1930年,铁道部部长孙科、次长黎照寰兼交通大学校长、副校长,有感于培养工程人才对于建设中国的重要性,决心设法早日建成工程馆。他们想尽办法,从铁道部筹得一笔巨款,即于1930年12月20日行破土礼。黎校长与王绳善、张廷金两位院长执锄,并不惜重金聘请曾设计"远东第一影院"大光明电影院的邬达克担任设计师。1931年2月14日上午,学校举行工程馆奠基仪式,由黎校长主持,已辞去校长一职的孙科以铁道部部长的身份致辞。对于工程馆的建设,学校极其重视,继破土礼和奠基礼后,又于5月2日特用紫檀木制箱,内置纪念物埋入基地土内,以永存纪念。箱内藏有:工程馆奠基典礼、破土典礼照片各1张,邬达克所绘工程馆立体图1张,校景册1册,《交大规章》1册,交大1929年年报1册,《孙中山全集》1部,《交大季刊》(第四期经济号)1册及奠基日的《民国日报》《申报》《新闻报》《时报》《时事新报》及《交大三日刊》等。这些纪念物被校友称之为将来的古董。

工程馆是一座钢筋混凝土结构的两层楼建筑,呈"口"字形,体积庞大,造

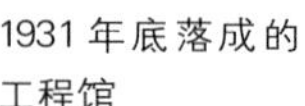

1931年底落成的工程馆

型平实，细部简约，外墙饰以钢钎状的装饰肋，采取竖线条划分，富有动感，有视觉延伸的效果，渐进形的方框门廊与拱形门窗相互衬映，在厚重中又不失轻盈，敦实中又见英挺，手笔多有独到之处，使工程馆的外观与其名称十分相称。工程馆底层设有锅炉房、机械、水力、金工、材料、电气、标本等各种试验室，上层设有教室、绘图室、演讲厅、仪器室、模型室、教授休息室等。

1931 年底工程馆建成后，因"一·二八"事变突发，学校停课，乃于 1933 年 3 月 30 日建校 37 周年校庆时举行落成典礼。新建的工程馆成为交大设施最为完善、设备最为先进的教学实验大楼，吸引了众多参观者，并成为不少学术团体或专家教授举办会议、学术报告、讲座的场所。很多大学、中学的参观团到此以增见识。瑞典亲王卡尔氏访问我国时，由京到沪，慕学校之名，也曾特地致函黎校长约期来校参观工程馆等处。工程馆还先后迎接过两位诺贝尔奖金的获得者——马可尼和玻尔。1935 年考进交大的傅景常入学后踏入此馆，见"楼上的阶梯教室舒适宽敞，宽大的石质黑板几乎与教室同宽。楼下各种实验室中有当时先进的各种机械、电机、电报、电话、传真等设备，还有汞光实验室，光芒四射"，感觉似乎进入了科学殿堂，自豪感油然而生。

（四）体育馆

体育馆建成于 1925 年，钢筋水泥结构，建筑面积有 2 957 平方米。体育馆内分三层，底层有小型游泳池、台球房、浴室、卫生设备；中层有健身房、室内篮

1925 年落成的体育馆

体育馆内的游泳池

球场，南面有小型舞台，可供演出及集会用；三层为室内跑道，亦可作为观赏球赛的看台。这样的设施在当时的中国高校中是唯一的。

体育馆建成后，学生入学时，校方发给每人两把钥匙，一把是宿舍的，一把便是体育馆更衣柜的。更衣柜用钢质材料，有220个之多。交大学生除一年级军训外，二、三年级开设的体育课不再受天气的影响了。1933年5月12—15日，在交大体育馆和福开森田径场（现大草坪）举办了盛况空前的江南八大学第六届田径及第一届全能运动会。

(五）铁木工厂

1929年，铁道部向学校下拨了第一笔建设铁木工厂经费，学校马上开始择址，并高薪聘请沪上著名的匈牙利建筑师邬达克担任建筑设计。铁木工厂厂址选在上院的后面、新中院的西侧，于1930年2月开工兴建。孙科校长亲自为这一工程奠基，黑色的奠基石现已成为校史博物馆的重要收藏。

铁木工厂的建造十分顺利，1930年6月18日即建成。此建筑为钢筋混凝土钢架结构，清水红砖砌筑，白灰勾缝，仅有一层，含阁楼，平顶平房，呈“一”字形，总建筑面积956平方米，共12开间，每间的面积大小不一，自西往东，依次为锻铁厂、翻砂厂、木工厂。铁木工厂具有早期现代工业建筑的影子，蕴含着艺术装饰主义的某些特征：一方面它具有较为简洁的形体块面，符合现代建筑减少装饰、以功能及空间设计为主的要求；另一方面它又不是单调乏味的方盒子，重点部位的几何装饰富于变化，如窗间墙平面处理成锯齿形，在立面上形成强烈的竖线条。尤其特别的是，其南立面采用大面积玻璃窗，北侧的屋顶覆有带状玻璃天窗。光线透过玻璃，明媚干净地照射进来。学生们在自然光线下做各种实验多了一丝轻松，而毫无闭塞之感。隔着玻璃，人们既能看到学生们忙碌的身影，却又难探究竟。大玻璃成为铁木工厂抢人眼球的主要特征，所以这座建筑被称为“玻璃房子”。

1930 年 7 月 1 日上午 10 点，学校举行铁木工厂落成典礼。孙科致词，他鼓励交大人要本着不知足的精神，着重在建设上努力。各位来宾兴致勃勃地参观了工厂，对其独特的建造风格赞叹不已。继之，学校举行了无线电台的落成典礼和第 30 届学生的毕业典礼。黎照寰在毕业典礼上指出：当今交大设备之完善，当属新宿舍、铁木工厂和新无线电台。这一天，交大校园内鞭炮齐鸣、锣鼓喧天，一派喜庆气氛。

抗战期间，铁木工厂被日军侵占，改作养马棚，污损不堪。厂内的机件除少数易搬动者已移往法租界，其余的均被日军洗劫一空，荡然无存。

第四节　图书资料与实验设备

图书馆是一所大学发展的基础设施，仪器设备又是理工科大学的必备条件。20 世纪 30 年代学校不惜投入巨资购进先进试验仪器和大量中外理工类图书，因此这一时期图书资料和各种实验仪器增加较快。

一、图书馆建设与扩充

交大图书馆由 1916 级毕业班同学为纪念建校 20 周年发起社会各界及师生共同捐资建造。图书馆建成至 1928 年间，业务工作不断改进。管理体制由原来隶属教务处改由校长直接领导，并由校长聘任馆长，下设国文和外文两部，各聘主任 1 人，另外还聘有管理员 3—4 人，分任编目、借还书及报刊管理等工作。1925 年，学校设立图书馆委员会，委员会的主要任务是审定图书馆及各学科购书计划，审查经费预决算和审定图书馆的一切规章制度。至 1928 年图书馆计有中文图书 37 400 余册、西文图书 7 400 余册；中文杂志 190 余种、西文杂志 130 余种。

从图书馆建成后先后担任馆长和主任的是胡端行（任期 1918. 11—1923. 2）、陈学海（任期 1923. 4—1923. 5）、刘用臧（任期 1923. 5—1924. 12）、王永礼（任期 1925. 1—1927. 3）、范永增（任期 1927. 6—1927. 9）、蔡侃（任期 1927. 9—1928. 7）、钱丰格（任期 1928. 8—1929. 7）、

杜定友(任期 1929. 8—1936. 6)、查修(任期 1936. 7—1942. 8)。

自 1929 年秋图书馆专家杜定友任图书馆主任后,图书馆工作发展较快。杜定有提出《图书馆整理计划及进行方针》,并带领全馆人员为实现这一革新计划而努力。从 1929 年起,学校重新制订了各种规章。图书馆的组织机构进行了调整和扩充,校长黎照寰亲自担任图书馆委员会主席,图书馆主任杜定友担任秘书长,国文、外文系主任担任委员,经常研究和决策图书馆的重要事项,并出台一系列规则,如《交通大学上海本部图书馆办事总则》和《交通大学上海本部图书馆办事细则》,对各部门的分工职责和工作程序等都有比较明确和详细的规定,使全馆人员办事有章可循。《暂行阅览规则》《暂行教职员借书规则》《暂行学生借书规则》《暂行研究室规则》等经过试行,1932 年起都改为正式规则。同时,图书馆工作人员逐步增加,1936 年增至 15 人,分任总务、期刊、出纳阅览、研究、编目、典藏、参考等项工作。工作人员素质较好,大都具有一定的学历和工作经验。

杜定友任图书馆主任后,增加购书经费,1926 年图书馆藏图书 4.5 万册。由于藏书日益增多,原有房屋已不够容纳。20 世纪 30 年代初,校长黎照寰向管理英国退还庚款董事会申请 90 万元,拟建一座保存科学文献的专门图书馆,可惜未能通过。黎氏见新建不成,就考虑增建原图书馆。1934 年由唐文治、叶

图书馆阅览室

恭绰、凌鸿勋、孙科、蔡元培等历任校长和68位社会名流及校友募集资金，在馆舍外墙东部增建550平方米的三层防火书库一座。书库于1935年5月动工，到1936年3月竣工，全部工程约值25 000元。书库为错层结构，全部书架均以钢铁制成，最高藏书量可达20万册，这在当时是很先进的建筑设计。1935年6月图书馆计有中文图书约60 000多册、西文图书约15 000多册；中文杂志570余种，西文杂志350余种，国内外各大报50余种。图书馆至1937年，藏书达到82 000册，杂志近1 000种。

特别值得指出的是，学校对于善本古籍亦多方搜罗。1932年购入清末何绍基遗书1 500余卷；复承盛宣怀后裔惠赠其愚斋藏书16 675册；还有江南制造局赠送全套编译丛书735册，使收藏科学类图书见长的交大图书馆在善本保存方面也做出了贡献。1933年夏，在图书馆主任杜定友的主持下，图书馆编纂出版民国时期最齐全的科技书刊目录《卅五年来中国科学书目》，“所录者皆自西学东渐以后之书”，“起自前清光绪二十二年丙申，讫民国十九年庚午，凡三十五年。为类凡四，所录书籍凡二千六百余部，论文凡六千七百余篇”。

图书馆“集众家之学说，备学子之研究，使各种学术，均有统系可寻，传书可考，则中国学问之发达，即基于此”。有人曾给图书馆这样的写照：“红墙白栏柳丝中，镰箔轻明花影重，推卷披襟当面风，绿葱葱，几颗樱桃叶底红。”①

二、设备和实验室建设

重视实验教学是学校办学一大特色。早在1898年前后，学校就开支购买化学仪器、药料和格致设备、物料以供学生做化学、物理实验所用。中院、上院落成后，分别辟有化学、物理实验室，实验台、柜橱等都用上好的木头打造，每一学生都有专门的工具箱、储物柜。

据1920底统计，学校当时设备有：物理实验室，仪器1 500多件；化学实验室，标本300余种、器具万件、药剂600余瓶；木工厂，机器19具、手工器千余；金工厂，机器24具、零件200余件；翻砂厂，大炉2座、零件具备；锻铁厂，大炉9座、大小器具百件；锅炉室，锅炉3具；电机实验室，电机3座、小机及零件300余件；机械试验室，机器9具、零件具备；无线电试验室，机器23具、零件280余件；材料实验室，机器3具、零件数十。

1921年11月学校又建成机械实验室。这些实验室集中了当时较为先进的设备，不仅是学生实验的好场所，也为开展科学研究工作创造了一定条件。各实验室还利用教学之余，与一些工厂订立合同，进行一些商品、产品的性能测试及技术鉴定工作。

---

① 盛懿：《老图书馆琐忆》盛懿：《老房子　新建筑——上海交大110年校园》，上海交通大学出版社2006年版，第31页。

为了有足够的设备供学生实验,学校想方设法进行充实、完备。1925年4月24日交通总长吴毓麟签发训令,转发税务处公函,南洋大学在美国订购无线电设备多种专供本校电机工程学生实验之用,现已分运到沪,经商陆军部同意令关验放,特令学校前往海关遵照办理。1925年9月21日交通部驻沪电料管理局来函,称电政局7月6日来函,要求拨发学校各料。据此,沪料局调拨"莫尔斯机""韦氏发报机""印字机"等6台设备来校。11月21日《南洋旬刊》第一卷第三期载文《各科添置仪器设备》,称近来校中经费虽甚竭蹶,但各科仪器设备添置仍不少,计有铁路管理科新购孟禄氏计算机,锻铁厂新置鼓风马达,无线电台新置仪器10余件,物理实验室新购电钟等。1926年2月22日凌鸿勋致电交通部路政司考工科,呈报学校实验室设备、房产、资产、人员等情况:学校实验室主要用于机械、电机、理化及材料试验;各项设备估价5.2万余元,房屋估价8.4万余元;此外,与试验间接有关的金工、木工、锻铁、翻砂各厂估价3万余元,房屋估价4万余元。[①] 1926年4月5日学校上报教育部有关统计表中显示,该年度各类仪器设备14 000余件,价值36 000余元。

为适应学校发展需要,随着院系扩充,实验室也迅速发展。1926年刊登在《南洋季刊》第一卷第二期柴福沅的文章,介绍了学校当时固定资产概况,其中包括实验设备:①物理试验室,房屋5间(即力学与热学试验室、电学试验室、光学暗室、仪器及预备室、教室各一间),仪器1 500余件。②化学试验室,房屋五间(即教室、天平室、药品室、预备室、储物室各一间),有学生试验桌9座,可供40人作试验。有标本300件,器具万件,药剂600瓶。③木工厂,房屋4间,机器19具,手工器具1 000余件。④金工厂,房屋两大间,机器24具,零件200件。⑤翻砂厂,一大间,大炉2座(熔铁炉、型心炉),零件具备。⑥锻铁厂,一大间,大炉9座,大小器具100件。⑦锅炉室,一大间,锅炉3具。⑧电机试验室,房屋3间(即直流电室、交流电室、电灯总开关室),电机4座,小机及零件300。⑨机械试验室,分两部分(包括蒸汽机试验室、内燃机试验室、材料试验室、制图教室与工厂办公室),机器9具,零件具备。⑩无线电试验室,小楼一座(包括教室、电话试验室、无线电信收发处、机器储藏室、无线电信试验室),机器23具,零件280。⑪材料试验室,房屋1间,机器3具,零件数十。[②]

学校良好的设备,特别是无线电实验设备的完善,使得社会各界纷纷前来参观或培训。1927年6月8日,国民革命军为培养无线电收发人员,筹划利用学校设备与师资设立无线电训练所。国民革命军总司令部交通处致函学校,以学校"设备精良,教材完备",要求借用

① 《上海交通大学纪事(1896—2005)》(上卷),第167页。
② 《南洋公学—交通大学年谱》,第169-170页。

校舍代为办理训练所，经费由交通处按月拨发支出；另通告学校，已有多名无线电训练学生，暂宿无线电试验室。

1928 年，孙科、黎照寰分别兼任交大正副校长。他们十分重视实验室、实习工厂的建设和实验设备的配置，首先在体制上保证实验设备的建设和管理。1929 年成立交通大学扩充设计委员会，共分四个组：课务组、设备组、建筑组、经济组，其中设备组由周铭、钱丰格、徐名材、钟兆琳、康时清等担任委员。

学校重视实验设备和建设，受到国际友人的好评。1930 年 5 月 28 日巴黎大学汉学教授马古烈博士莅校演讲《欧洲进化及其科学与思想》。《交大月刊》(第 2 卷第 2 期)刊载马古烈博士来校考察教育情形：马古烈受法国政府委派，来中国考察教育，首站即为交通大学。在参观学校后，马氏对学校“一切设备，深加赞美”，临行前题词留念，文曰：“初到上海的时候，我第一看过的大学，就是交通大学，如是中国大学都这样好，恐怕欧洲也不及。”[①]

学校工程馆和铁木工厂的建成，是学校建成工科大学必备的条件和标志。20 世纪 30 年代内，学校新建的重要实验室有 25 个，并购置了大量器材，各种仪器比较完备，总值约为当时法币 100 万元。至 1937 年设备价值达到近 100 万元。1937 年《南针》杂志专门详细介绍学校实验室的概况：

(1) 科学学院(现有各级学生 97 人) 数学系：现有书籍 2 000 余册，杂志 10 余种，模型数十件。物理系：现有普通物理试验室、高等力学试验室、高等热学试验室、高等电磁学试验室、高等光学试验室、拥有一批近代物理设备。化学系：现有普通化学试验室、分析化学试验室、有机化学试验室、理论化学试验室、微量化学试验室、工业化学试验室、油漆试验室。

(2) 管理学院(现有各级学生 196 人)，现有车务试验室、车务电报试验室、统计试验室、会计试验室、阅书室。

(3) 土木工程学院(现有各级学生 118 人)，现有测量仪器试验室、普通材料试验室、卫生试验室、铁道材料试验室。

(4) 机械工程学院(现有各级学生 151 人)现有机械工作试验室(锅炉间、蒸汽机部、内燃机部、水利工程部、燃料润滑油试验室)、自动机试验室、金工厂、锻铁厂、翻砂厂、木工房、纺织试验室、机械图书参考室、铁道机械模型室、普通机械模型室。

---

① 《上海交通大学纪事(1896—2005)》(上卷)，第 215 页。

蒸汽机试验室

金工厂

机械试验室

(5) 电机工程学院(现有各级学生 132 人),现有电机工程试验室(标准室与量度试验室、直流电机试验室、交流电机试验室、电力铁道电动机试验室、电光试验室、报话试验室(无线电试验室、有线电话电报试验室、电传图影试验室)。①

无线电台外景

①《南洋公学—交通大学年谱》,第 446 页。

学校较早开设实验课程。根据校志记载:清宣统三年(1911 年),学校已单独开设实验课,制订规章制度,实验被列为重点教学内容,如物理实验、化学实验等。从实用出发,课程中设置实验、设计、计划、专家演讲和参观实习等科目,组成了一个比较完善的实践性教学环节,目的在于使学生受到科学方法和基本技能的训练,使学用结合起来。20 世纪 30 年代实验课程更有增加,在工学院约占 40%、化学系约占 10%。实验教学包括基本学科的实验课、综合设计实验室和专门研究实验,不少实验科目从依附于理论教学中分离出来,形成单独的课程。实验教学由教务处管理。实验大都直接引用西方教材。通过实验教学,使学生在四年的学习中,能比较连贯地、循序渐进地从实验的基本理论、综合测试技术、数据分析处理到仪器设备的使用等方面得到训练。实验课多由教授亲自担任指导。教师对于学生做实验的要求也极为严格。

总之,学校在这一时期,对设备和试验室建设的投入和管理运用都达到一个历史的高峰。

第六章
学生生活与校友活动

第一节　训育、体育与学生社团

一、训育与品行教育

学校对学生的品行教育在20世纪二三十年代有所不同。1921年6月，学校召开教务会议讨论学生管理事宜，由教务处实施学生品德管理工作。次年，学校设立学监股，职责为全校学生的行政管理，包括执行学生规则，评定学生操行成绩，支配学生宿舍事务，验收及保存学生志愿书、保证书，寄发学生成绩报告单，接洽学生集会，办理各种索寄校章事务以及学生向图书馆借书事务。这一阶段学校对学生品德方面的教育注入了较多新的内容，要求学生有深邃的学问、精进的体魄、高尚的思想、活泼的精神，并能互相团结、饮水思源、爱惜个人名誉和学校名誉。

1926年前后，校长凌鸿勋要求"学生不激，不随，抱定持重态度"，读书不忘救国，救国不忘读书，走读书救国的道路，以注重学校学业、恪守学校纪律为信条。

1927年学监股改称群育处，并成立群育委员会。1928年春蔡元培任校长后，将群育处改为训育处，并组织训育委员会。训育委员会聘请吴稚晖为委员长，杨杏佛为委员会秘书长，由各科主任、体育主任、注册处主任、校医和三名教授代表为委员。同年秋，孙科任校长

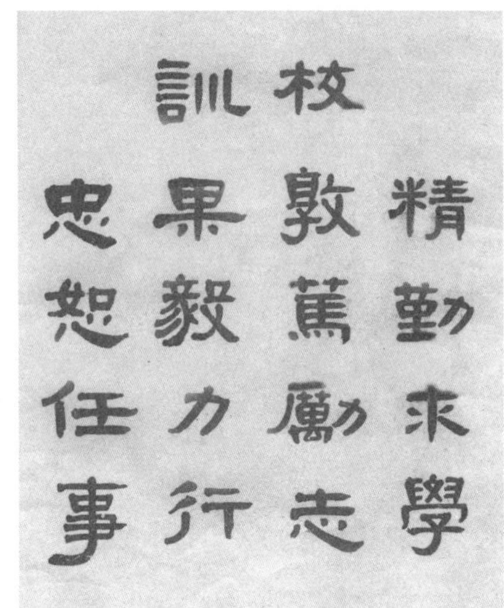

20 世纪 30 年代交大校训

后,裁撤训育委员会,将其改为训育部,下设学监和训导。自此以后,训育部一直负责全校学生的品行和行政管理。

1928 年以后,尽管学生管理机构屡做调整,但实施训育的主要形式是一致的,就是上“党义”课和举行总理纪念周。学校规定“党义”是全校一年级的必修课程,每周 1 小时,2 学分;纪念周同正课一样,未经请假而缺课作旷课论。学生训育工作上的这种改变,实际上就是以国民党党化教育代替了学监式的管理。

1929 年 10 月学校制订了《交通大学训育部训育大纲》,规定学校训育原则是“以三民主义为依归”,训育的方针是“从积极方面,施以主义的熏陶、道德的修养、人格的养成、高尚兴趣的培养、社会事业的指导、政治知识的灌输”。[①]《训育大纲》要求学生具有正确的人生观,并从思想到言行实现革命化;打破个人主义封建思想及投机取利的观念,养成团体生活的精神,实现社会化;每一个学生行动都要遵守校规,实现行动纪律化;养成勤俭、朴实的美德及平等互助的精神,从而实现平民化。训育标准有:打破封建思想个人主义,对国民党党义有明确认识,以国民党的意志为意志,一切行动都以国民党为出发点和归结;行动纪律化、集体化;养成奋斗牺牲、艰苦耐劳、博爱互助、大公无私、虚心求知的精神;养成功德心;养成躬亲操作的能力,亲爱精诚、光明磊落、从容镇定、忠贞果敢的态度;锻

20 世纪 30 年代交大校徽,将校训中的“精勤、敦笃、果毅、忠恕”八字融入其中

---

① 《交通大学校史资料选编》第 2 卷,第 244 页。

炼健全的体格。[①] 1931年学校强调国民党党义教育。抗战全面爆发的初期，教育部通令各大学要以国民党“党员守则”12条作为“青年守则”，以“忠孝仁爱信义和平”作为训育的中心目标。1938年蒋介石提出以“礼义廉耻”作为全国各校共同的校训。

20世纪30年代，学校提倡的校训是“精勤求学，敦笃励志，果毅立行，忠恕任事”，这也是校方经常对学生进行思想教育的重要内容，也被较多的学生接受，影响较大。在民族危亡的严重关头，学校极力宣传“科学救国”“工业救国”“交通救国”的理论，强调“学生只须在校潜心学术，惟冀学业之猛进，他事可不问也”，要求学生“注重知识的获得、身体的锻炼、道德的修养，充分准备一切，务使成为一个完全的人，庶将来在社会穷则独善其身，达则兼济天下，定立及达人，达己达人之志”。[②]

学校在平时对学生操行的考核很严格。考核的标准包括三个方面：①是关于品行方面，要求学生既能自治，进行个人人格的修养，又能守法，尊重公共利益；规定学生“不得有侮辱挑拨离间他人以及顽强轻薄卑劣一切不名誉之语言举动”，“对于一切章则均应遵守，不得矜才逞辩，饰非诿过以及其他不规则之语言举动”。②是关于课业方面，要求学生“在学校一切章则之下受业时间应尊重教师之指导，如有疑问不得出以诘难之词色，并不得妨害同学之听讲。自修时间应自勤勉，不得颓放并不得扰害同学之潜心研究”。③是关于服务方面，要求学生“在学校一切章则之下，忠实担负责任，不得苟且傲慢，并不得假借公益希图个人私利”。考核规定“操行成绩以百分为满分，六十分为及格，考核操行有不及格者，得令退学”。[③]

总之，当时学校在进行品行教育的过程中，一方面执行教育部下达的关于训育的规定；另一方面又强调学业，以务实的学风严格要求学生，以专业课程为主，努力将广大学生培养成国家有用之才。

二、普及体育教育

学校体育从南洋公学起便久负盛名。1921年组建交通大学后，叶恭绰校长、张铸主任、淩鸿勋、黎照寰校长都继承了优良传统，大力提倡体育。张铸主任曾说“学生在校时代，倘能用功求学，留心体育，有高尚的思想，活泼的精神，就是一个好学生”，[④]并以沪校主任名义发

---

① 《交通大学校史资料选编》第2卷，第245页。

② 《聆听黎校长训话以后》，《交大三日刊》1930年10月8日；《纪念周中黎校长之演词》，《交大三日刊》1930年9月24日。上交档：508-3-423。

③ 《交通大学学行规则》(上)。上交档：508-3-373。

④ 《交通大学校史资料选编》第1卷，第363页。

出《交大沪校重视体育之通告》:"学校体育与德育、智育并重,诚以国运之盛衰,民族之兴替,先系于国民体力之强弱。"通告提出本校毕业生纵学行兼优,必以体育健全为合格,体育不及格时,虽其他科目及格也不得毕业,希望学生按时锻炼,勿稍懈怠,"练就贞固不挠之身体、自强不息之精神,勉为本校合格之全才、世界优良之分子,则吾国家、吾民族之前途,实利赖之"。[①] 1930 年 9 月 24 日,校长黎照寰为加强体育,向全校发出布告,重申智、德、体三育并重的方针,并提出嗣后应校际锦标、普及运动并重,要求学生"争相濯磨,勤于练习,持以毅力,葆以恒心"。[②] 1930 年学校聘有"南洋君"之称的体育名将申国权为体育馆主任,增聘体育教职员多人,并设立体育委员会,由钟伟成任主席,申国权任常委,刘泮珠任秘书。

这一时期,交通大学体育的目标正如黎照寰所聘体育馆主任申国权所提出的"造成健全的个人",主要包括三个方面:一是"身体之健全,则为各部之健康,全体之合作,动作之敏捷,元气之旺盛";二是培养目标"精神的健全,则须有明晰之头脑与灵快之心机,有强直之精神,能危难不遑,威武不屈,实事求是,能屈能伸,既能胜亦能败";三是对于社会应具有"社会的心灵,大公无私,以团体胜败为个人之胜败"。[③] 这是对于交大实行体育教育最恰当的注释。

为了更进一步增加学生的体育课程,这一时期学校先后开设体育课程有:①普通体育课,二年级全体学生必修,每周 2 小时;②女生运动课,每周 2 小时;③早操班,每周 3 小时;④健身班,每周 3 小时;⑤技击,每周 5 小时。

体育竞赛的方式有联赛、初级赛、级际赛、院际赛、全校赛和校际赛。其中,学校特别注重开展群众性比较强的级际赛与院际赛。学校设立了级际杯委员会,由体育教师和各年级推选代表 1 人组成。竞赛以级为单位,采用总锦标制。项目有足球、篮球、棒球、网球、排球、田径、越野、游泳等 8 项。一学年的第一、二学期各举行 4 项,每项取 4 名,第一名 100 分,第二名 75 分,第三名 50 分,第四名 25 分。一学年总计,总分最多的年级镌名于级际杯上,以示奖励。这样评奖的办法,鼓励了各年级有始有终地参加比赛,促进了各项运动的普遍开展,克服了以往弃权取巧的流弊。

学业一年级比赛以学院为单位,也采用总锦标制,一年评奖一次。比赛项目包括两个方面:一是各类球类和田径赛,二是体能测验。体能测验分两学期举行,每学期评奖一次,全体学生必须参加。学校统一规定测验项目和评分标准,它既是比赛项目,也是学生体育成绩考核项目。

---

① 《交通大学校史资料选编》第 1 卷,第 620 页。

② 《上海交通大学纪事(1896—2005)》(上卷),第 217 页。

③ 《百年树人》,第 116 页。

表 6-1　体能测验评分标准(超过百分者照记分率增加)

男生

项目＼分数	100	80	60	40	20	0	计分率
百公尺跑	12 秒	14	16	18	20	22	0.1 秒 = 1 分
急行跳远	6 公尺	5	4	3	2	1	5 厘 = 1 分
垒球掷远	52 公尺	42	32	22	12	2	1 公尺 = 2 分
四百公尺跑	60 秒	70	80	90	100	100	

女生

项目＼分数	100	80	60	40	20	0	计分率
五十公尺跑	8 秒	10	12	14	16	18	0.1 秒 = 1 分
立定跳远	1.80 公尺	1.60	1.40	1.20	1.00	0.80	1 厘 = 1 分
垒球掷远	30 公尺	25	20	15	10	5	1 公尺 = 4 分
二百公尺跑	35 秒	40	45	50	55	60	1 秒 = 4 分

田径赛起初为学生随意练习和锻炼身体的活动，后列为体育运动项目。学生参加校际比赛屡获优胜。1921 年，在上海华人长跑锦标赛、上海西人赫列西斯体育越野赛跑、上海华人越野锦标比赛中，学校均获第一。

球类活动以足球为主。1920—1927 年，有据可查的各种校际足球赛有 8 次，交大 5 次夺得锦标。1923 年足球队员申国权被选为代表，赴澳大利亚参加

1931 年的交大女子排球队

国际比赛。1924 年校足球队丁人燮、骆美轮等 5 名队员参加华东足球队，去武汉参加第三次全国运动会，夺得锦标。后来丁、骆两人被选为中国足球队成员，赴新西兰参加国际比赛。除足球之外，棒球、篮球、排球、乒乓球也有较好成绩。

1934 届毕业生张煦回忆当时足球比赛的盛况：当时上海滩上，要说足球，舍南洋和圣约翰(指圣约翰大学)，无敢望其项背，于是两家便成了冤家对头。到了足球季节，夺得决赛权的总是南洋和圣约翰。当时规定循环制，两方球场各赛一次，如双方互有胜负，则搬到麦根路球场去决斗。不论初赛或决赛，碰到两队交锋时，人山人海，途为之塞。也许是当时国人受洋人的欺压太多，当时的球迷十之八九都为南洋助威。

学校在体育运动中还积极推行国术活动。1927 年，从事国术的技击部，参加人员约 400 人，约占当时全校学生的一半。为了进一步推广国术，学校于 1931 年建立国术馆，先后开设有南拳、北拳、蛤蟆功、形意功、白水功、武当、六合等项目，邀请著名拳师刘振声、刘震南、孙禄堂等任教。

在交大体育运动发展过程中，有一个人的名字不能不提，那就是当时被称为“南洋君”的申国权。申国权 1896 年生于今韩国首尔，字恒民，又名申基俊，青年会馆中学毕业后来到上海，1915 年考入交大中院，1919 年再入大学部，直至 1923 年 1 月肄业南洋大学电机科，前后在校求学 8 年。申国权英语流利，才

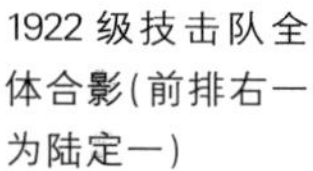

1922 级技击队全体合影(前排右一为陆定一)

智过人，身材高大健硕，擅长足球、篮球等运动，一进校便以突出的体育才能崭露头角，深得唐文治校长的喜爱。唐老校长曾资助他平日读书及生活费用，鼓励他从事体育活动。以后，他在江南各大学的运动场上叱咤风云，田径、足球、篮球、棒球、网球等样样精通，所创的110米栏的校记录，数十年无人能够撼动。他还曾在华东六大学运动会上身兼数项，屡获锦标，并坐镇中场，为校足球队屡建奇功，率领交大足球队屡胜海上劲旅圣约翰大学，使交大足球名扬全国，盛极一时。1923年夏，申国权还入选国家队，远赴澳大利亚参加国际足球赛。他与交大足球健将李大星、李树木一起被称为“南洋三剑客”。他还被选为南洋大学体育会会长、南洋青年会会长。

离开交大后，申国权先在上海南洋建筑公司任工程师，不久回母校担任体育教员、代理体育主任。1925年下半年申国权留学美国欧伯林大学，1927年同时获得文学士、体育“得业士”两张文凭。1930年，他放弃高薪，接受黎照寰校长的聘请，任母校体育馆主任兼体育训练。那时学校提倡普及运动，但与外校的比赛成绩却江河日下，田径在江南八大学运动会上名列三甲之外，一度称雄沪上多年的足球几乎逢暨南必输。为此，他上任后即施行普及运动与争夺锦标并重的方针，一方面致力于组织各种校内联赛，鼓励人人参赛，把那些高年级及不爱运动的学生也吸引到运动场，以固根基；另一方面遴选优秀选手作为校际代表，一人身任田径、足球、棒球、篮球等五六个队的教练，严加训练，激发学生们的斗志和团体精神。正当成效初显时，“九一八”事变爆发。1937年上海沦陷后，交大被迫在法租界暂借校舍办学，申国权商借合适的场所，带领学生锻炼，并勉励同学在国家生死存亡之时更应注意体格，以在需要时为国效力。1942年法租界内的交大被汪伪接收，申国权毅然离开求学、工作了达20年之久的交大。

概而言之，1921—1937这一时期，交大体育取得了较好的成绩，普及运动逐年有所进步。虽然功课繁重，但是广大学生对于运动的兴趣日趋浓厚。据1936年统计，各级学生参加比赛者约占75%，连同课外能经常自由参加运动者，总数约在85%以上。学校在校际比赛中也获得较好成绩。

交大早有军训一科。1929年秋由国民党中央训练总监部派教官专任军训，分设学科、术科2门，一、二年级均须受课。1935年改为一年级受军训，二年级上体育课。在随后抗日救亡运动中，学校还组织了军事训练。

三、学生社团

在紧张的学习生活中，除日常的学习外，学生自发组织了很多学生群众团体，有的出于爱国热忱,希望通过这些团体号召和团结更多学生关注祖国的命运前途;有的是促进学习兴趣,希望通过这些团体增加学生的实践能力和认识社会的机会和能力;有的是一些文娱社团,希望通过这些团体丰富学生课余的生活内容,在学业负担十分繁重的情况下,社团的活动既可以让学生们有实践的机会,又可以让校园生活变得生动有趣。《南针》载文对此做精辟分析:

> 本校群育似比别校更为发达,各班同学,各有组织,若将其性质而类别之,可分为四种:属于研究学问性质者,有工程学会、经济学会、数理研究会等;属于娱乐性质者,有国乐会、口琴会、京剧社等;属于公共性质者,有学生会、各班同学级会等;属于联络友谊性质者,有各省同乡会、各校同学会等。五十成群,不一而足……孙中山先生常谓中国人好似一盘散沙,各自为政,没有团结之力量,实为中国民族之大病,吾愿同学本此群育精神,发扬光大之,推而及于全国,以为复兴中国之原动力。[①]

这里列举几个代表性的社团组织,以略见 20 世纪二三十年代交大同学丰富多彩的校园生活。

(一) 学生会

五四运动以后,上海各校学生为援应北京学生,继北京学生联合会之后于 5 月上旬开始筹建上海学生联合会。各校加入联合会的必须组织分会。本校是发起并最早加入上海学联的学生分会之一,时称上海南洋公学学生分会。

南洋公学学生分会是学校全体学生的组织,下设四部:义勇团、宣讲团、调查部、出版部(后曾临时设纠察部、公断处)。各部职员都受正副会长领导。会长之下设书记、会计及各班干事,并由以上职员组成执行部,监督执行部者为评议部。评议员由各班选出。当时,学生会职员中的不少人是以改造中国、改造社会为己任的进步学生。学生会的活动,侧重于爱国反帝反封建的新文化运动。

1921 年学校改组合校,学生会改名为交通大学上海学校学生会,分执行、评议两部。执行部下分设:①舍务科,办理全校舍务清洁警务事宜;②膳务科,办理全校膳务事宜;③义务学校,教育成年失学之茶房及邻舍童冠;④通讯社,传达校内有价值之新闻于新闻界;⑤南洋周刊社,记载全校之精神,为学校的唯一言论机关。1922 年暑假后,学生会名称随校名改变,称为交通部南洋大学学生会,照旧分执行、评议两部。执行部下增设总务、营业两

① 陈次乔:《谈谈本校之德、智、体、群》。《南针》第 5 期,1931 年,第 11 页。

科，分管本会财政、文件记录、发行、售供学生应用物品事宜；南洋周刊社改由出版科办理；义务学校改由教育科办理。

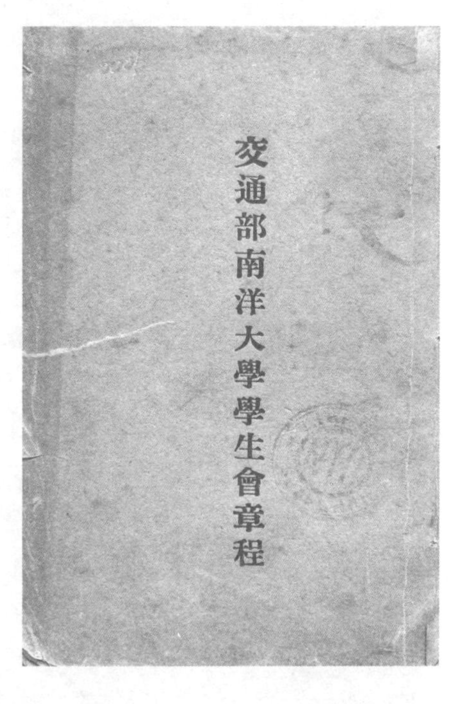

1925 年修订的《交通部南洋大学学生会章程》

1923 年 10 月 4 日，学生会修订公布《交通部南洋大学学生会章程》，增设言语科，办理南洋大学言语社事宜，以提倡演说辩论，直接办理比赛事宜，间接增进学生对言语的兴趣；撤销舍务科和营业科，加强和扩大总务科，由会长、文牍、会计及各班干事组成，总理本会一切事务，保管本会财政文件记录，并兼办本会所有选举事宜。

1924 年 1 月，学生会又设干事部，制订《南洋大学学生会干事部细则》，规定干事部“由上、中院每班干事员一人组织之，代表全体执行评议部议决各案；设正、副干事长各一人，书记一人”。

1925 年 3 月，学生会修订章程，改评议、执行两部为执行委员会。执行委员会下除原有六科改为六部，恢复消费部，又增设了体育部与游艺部（原由学生组织的体育会从此撤销），活动范围更扩大。新会章还规定了学生会各部工作要注重政治思想的宣传。此时，学生会已逐渐成为学生活动的中心，组织也更完善系统。

1927 年 7 月，学校又一次改组，南洋大学学生会也改称为第一交通大学学生会。

从 1919 年起先后担任学生会会长的有彭昕、支秉渊、肖篪、恽震、杨立惠等，徐恩曾、侯绍裘、赵祖康、汤天栋等先后担任评议长。1925 年 3 月改评议、执行两部委执行委员会后，周桢、费振东、顾毓瑔、夏清祺、陆定一等担任执委会委员。学生会中不少骨干还被派往上海学联担任职员。1926 年夏清祺还代表上海学联到广州参加全国学生总会的第八届代表大会。1929 年学生会根据铁道部指令改为学生自治会，下设 9 个委员会：

①总务委员会，主管文书、会计、通讯、交际、庶务等事宜。②学术委员会。学术委员会内又设有研究部和出版部等。研究部先后建立了数理研究会、

1929年交通大学学生会留影

无线电研究会、逻辑研究会等学术组织。出版部主编《交大月刊》。③体育委员会,主要工作是协助体育馆主任办理各项运动事项。④平教委员会,主要工作是办平民学校和通俗图书馆等。⑤膳务委员会,主要工作是协助学校办理同学用膳事宜。⑥消费合作委员会,下设饮食、文具等部。⑦艺术委员会,主要为同学办理娱乐及研究艺术等事宜,下设话剧社、京剧社、国乐社、西乐社、摄影社、美术社、棋弈社、影戏社等。⑧卫生委员会,监理宿舍、厨房、调养室等处的清洁卫生,监理洗衣事项。⑨自印讲义委员会,专为同学接洽翻印教科书等事宜。

学生自治会由全体执行委员会分司执行会务,任期为一年,每年召开代表大会四次。

交大学生会(学生自治会)自成立以来,作为学生自己的组织,为学生做了大量服务性的工作,同时组织和带领同学在校内外反抗专制,多次掀起学潮,

经常站在学生运动斗争的最前线，为中国学生运动史谱写了光辉的篇章。

（二）南洋义务学校

南洋义务学校是五四运动中，由接受进步思想的学生侯绍裘、赵景澐等创办起来的，主要目的是开启民智、唤醒民众、改造社会、振兴中华，是学生会的下属组织。

1921 年上半年在张铸主任支持下，学校从天钥桥路附近的草房搬到本校校外宿舍，并与校方所办的校役夜校合并，由义校主任赵祖康和夜校主任肖篪共同负责。交大学生担任教职员，他们全部都是义务教学。开始时教员有 18 人，但随着学生人数增加，教职员数也不断增多，最多时达到 48 人。他们还自编讲义，1920—1923 年共编写《中国历史》《自然科学常识》《算术》《普通常识》《理化常识》《国文》《国语文法》《地理》《西洋历史》等九种讲义，由民智书局出版，向全国发行。

南洋义务学校在学生会和参加服务学生的共同努力下,不断发展,招收学生人数不断增加,1925 年为 175 人。这些学生都是学校附近的失学工人、店员,以及无力上学的儿童,全部是贫苦的劳动人民。1924 年上半年开始义务学校分成人和儿童两部,每部设初高两级,分四班;另外还附设特别专修班,招收具有高小程度以上的工人、店员,授以国文、算术、英文三科,定两年毕业。据 1924 年和 1925 年的不完全统计,在南洋义务学校毕业的学生共 60 多人(未毕业者均未计入)。虽然人数不多,却是一支进步的力量,成为"劳动运动中的中坚力量"。①

1928 年后,南洋义务学校改名为平民夜校,一直持续到 20 世纪 40 年代。可以说义务学校是交大学子以自己所学回报社会、服务社会、唤起民众、实现爱国救国梦想的有力见证之一。

(三)南洋周刊社

1919 年 7 月,《南洋周刊》由五四期间创办的《南洋日刊》和《劳动界》合并而成,评论社会政治问题,同时注重学术研究和教育方针的讨论,也宣传当时社会上流行的各种"主义",介绍过马克思主义和反帝反军阀的文章,宣传爱国救国思想。周刊后一度遇经费困难而停办。1921 年校内学生邱凌云、吴达模、陈体荣、陈广源等发起恢复南洋周刊社。复刊后的《南洋周刊》被宣布为全校公开的言论刊物,经费自筹,每周六出版一期,传播校中消息。1921 年 10 月 8 日《南洋周刊》出版第一期。凡校内学生自愿服务周刊社者均可入社为社员。周刊社分总务、经济、编辑、广告、营业、出版六部,各部推选部长 1 人。1922 年 3 月 4 日出版的第 12 期开始,《南洋周刊》改由学生会主办,由原来的独立团体改为隶属于学生会。《南洋周刊》第二卷第 1、2 期的封面"南洋"两字由孙中山先生亲笔所题。1923 年 4 月底,学生会又重订《南洋周刊社章程》除了组织调整外,还规定周刊"以发扬学校精神、公开同学言论、增进学术兴趣、传播学校消息"为宗旨。《南洋周刊》基本每一学期出一卷,直到 1927 年停刊,后被校方出版校刊取代。《南洋周刊》的发行从 1919 年创刊起,先后在上海、北京、天津、汉口、广州、成都和甘肃等 23 个城市和地区,设有代办处所。1921 年后,周刊的发行量逐年有增,从每期 500 份增到 800 份、1 200 份,最多时达 1 800 多份,甚至还发行到国外,学校毕业留学在国外的学生都以能订到《南洋周刊》为快事。

1928 年 3 月 28 日,校刊社召开第一次大会,40 人到会,程孝刚秘书长也到会。大家投票表决改用《交大半月刊》新刊名,卷、期仍继续,同年 4 月 15 日出版第 12 卷第 1 期。《南洋周刊》创办时间不长,变动较多,是当时学生中最早宣传进步思想的刊物。

---

① 《南洋周刊》(南洋义务学校特刊),1922 年 12 月 2 日。

（四）南洋通讯社

1922年2月7日南洋通讯社正式成立，它是从属于学生会的一个群众组织。1921年学生会评议部议决组织南洋通讯社，目的是将学校的信息传递给社会，让社会了解学校的情况，“集合许多人的力量，以采集校内各种消息，借各大日报或杂志的地位，使全国人民都有明了我校详情，得援助和指导的机会，我校的前途也可天天得到光明”。[①] 通讯社一度改为交通大学上海学校通讯社，简称交大沪校通讯社。通讯社成立后，上海及国内各大日报差不多每天都有学校的新闻，如上海的《民国日报》《新闻报》《新申报》《时报》《申报》《时事新报》等，北京的《晨报》《京报》《益世报》，广州的《群报》《新民国报》，天津的《益世报》《华北新闻报》，杭州的《浙江民报》，汉口的《大汉报》，无锡的《锡报》等近10个城市30个报馆。各报馆也按日将报纸赠送给学校通讯社，南洋通讯社在当时的社会影响之大可见一斑。

（五）南洋学会

1915年1月成立的南洋学会是本校最早的一个群众团体。本校学生和教职员都可自愿加入该会为会员。1916年南洋学会全盛时会员达400多人。1920年9月，会长柴福源提议改组：①取消会长制，代以干事会，公推干事长；②会员各自认定某部某股，参加切实的会务。经会员投票选举干事11人。干事会下仍设三部：出版部，办理《南洋学报》的编辑出版；言语部，分英语、演说两股；游艺部，分打字、摄影、台球、参观四股。各部设部长1人，各股设股长1—2人。

1921年，改订《南洋学会简章》规定：本会以联络感情、交换知识、焕发公众服务精神、引起学术兴趣为宗旨。1921年10月，学会又将原来三部增为六部，会务更加兴旺发达。编辑出版半年一期的《南洋学报》；技术部所属摄影股还举行全校摄影比赛，同学们将作品刊登在杂志上，并冠以各种有趣的标题，很受同学追捧；参加打字股的股员，只要付1.5元就可享受每周3小时的打字练习。游艺部下分设新剧、昆曲、中乐、西乐、京剧、幻术六股。元旦举行游艺会演出节目，如新剧股编演的《社会阶级》（鸣不平），寓讽意于滑稽，得到全校师生员工的称赞。1922—1924年，会员增至450多人，会务大为发展。言语部的中英语两股，都以提倡口才为宗旨，时有演说、辩论的集会和全校性的中文、英语比赛，游艺部的新剧、台球（乒乓球），技术部的打字摄影活动都颇为活跃。此外学会还组织春游杭州、会员同乐会等活动，使同学的课外活动精彩纷呈。

（六）南洋大学学术研究会

1924年成立的南洋大学学术研究会是本校国民党区分部对外联络和团结学生的组织。

---

① 《交通大学上海学校通讯社缘起》。《南洋周刊》第12期，1922年3月4日。

《南洋周刊》第四卷11号刊登由来:"吾校为工程大学,工程学生研究书本的学理;同时,却往往不很满意于中国工商业情形,及社会状况。丰富的学理由教科书供给我们;精确的实验则在实验室内讨得;复杂而有趣的各种经济问题须在社会内寻得。在学生时代,利用余暇,试习解决将来所要遇到的实用问题,预备在'学成'之后,在混杂的社会讨生活,不致受'闭门造车,开门未必合辙'之讥。这是学术研究会的缘起。"学术研究会更希望它的会员不仅学以致用,而且要用其所学,只有这样才能进一步促进学习和研究良性循环,互有推动。学术研究会主要研究社会经济及工程经济等问题,尤其注重社会经济状况的研究。凡对此有兴趣的同学都可参加入会,每两星期举行一次讨论会,学生可以三人以上组成研究小组自行选择研究课题,研究成果可以在讨论会上交流;如果有3人以上提议,还可以自己付钱编印自己的研究成果,分送会员或在《南洋周刊》上发表。学术研究会第一任会长是张永和。学术研究会还先后数次邀请恽代英、叶楚伧、刘华、汪精卫、郭沫若等名人来校演讲,对学生影响极大。①

(七)南洋歌社

南洋歌社是爱好音乐的学生组成的团体。1923年11月,由王守恒、李能果、陈体钦等人在原有音乐会组织基础上,发起组织南洋歌社。开始时有会员30多人。歌社聘请校外音乐家任教,每周练习二次,并参加一些集会演出。1924年会员发展到50多人,校方为此提供钢琴方便学生练习,还补助津贴。1925年会员增加到60多人。歌社不断加强与校内外其他音乐团体的联系,举办音乐会,以增长学生的兴趣。1927年歌社改属学生会艺术部领导,改名为雅歌社。雅歌社聘毛月爱女士为教授,在孙中山先生诞辰庆祝会中演唱《伏尔加船夫曲》,很受听众欢迎。

四、学生课外活动

学生的学习负担虽然十分繁重,但课外活动却很丰富,有国文比赛、英文演讲比赛、各种社团组织的学术研究、参观工厂、听名人演讲等。这些活动由学生自己组织,对增长学生的学业知识、锻炼学生的工作能力、培养学生的爱国精神都十分有益。

学校对学生的课外活动给与热情指导和支持,国文、英文竞赛主要由学校主持;工程学会及经济学会聘教授为顾问,参与计划与指导。凌鸿勋校长认为"学生的课外活动,为学校所应提倡之事,但学生兴趣各异,苟不加以适当调剂,则活泼者或视功课为等闲,而诚实者竟

---

① 《交通大学校史》(1896—1949),第184-186页。

无课外活动之机会，殊不免偏枯之弊”，[1]为此他提议由徐名材、徐佩琨、周铭三位教授组成学生课外活动委员会，专门进行研究，并为学生课外活动制定规则。1925 年 3 月 4 日，教务会议通过了《学生课外服务规则》。[2] 规则规定：①凡是上学期各门功课第一次大考均及格且平均分在 75 分以上、操行列甲乙等的学生可担任学生会正副会长、评议员、对外出席代表、正副级长及各出版物总编辑等职。②凡上学期各门功课第一次大考均及格、操行列甲乙等的同学，可担任学生会其他职员，各学生会、体育会、周刊社、通讯社、膳务委员、义务学校等职务及各项运动的管理等职务。③学生会正会长、正评议长、膳务委员、各级正级长及刊物总编辑，均不能兼任其他职务。此外各职员担任的职务同时不能超过两种。④各学生对于同一职务服务时间不能超过两学期。⑤学生选举出的职员仍需经校长核准。⑥学生课外服务活动有卓越成就者，于毕业时由学校给予名誉褒奖，以示奖励。

国文比赛、英文演讲比赛是学校的传统项目，其中国文比赛由唐文治校长创办，20 世纪 20 年代初期一度取消，凌鸿勋任校长后又重新恢复。1925 年 5 月 8 日晚在大礼堂举行国文演讲比赛，凌鸿勋校长亲自担任评委主席，由李松涛、黎锦晖、胡子美三位担任评委。每人演讲以 15 分钟为限，听者 100 多人，各演讲者均极尽精彩，听者莫不动容。演讲的题目都是结合当时社会时事，如《工业救国》《鸦片共卖是否有利于我国》《庚款与工业教育》《废止不平等条约》《言语统一》等。演讲完毕由校长训辞，并评出两位优胜者，分别代表大学部和中学部赴镇江参加江苏第七次演说竞进会。南洋学会一向有英文演说股，平时每周举行常会，由会员轮流演讲，有时还邀请一些擅长英文的学生到场演讲。经过这样的锻炼，不少学生进步很快。1922 年学校制定《英文演讲比赛简章》。1922 年 12 月举行英文演讲比赛，根据比赛规则，每人演说 10 分钟，题目自选，评委以立意、演讲、风采、音调等四项内容为评分标准。当晚由李松涛任评委主席，凌鸿勋、胡子美、汤姆生任评判员，比赛结果曹丽顺、陈俊述、王守恒三人为优胜。[3] 交大学生不仅在校内积极踊跃地参加英文演讲比赛，而且经常在校外各学校之间开展的校际比赛中获奖。因为有很多机会可以让学生展示自己的语言天赋，学生学习都相当有兴趣。为了能给学生以一些技术上指导，学校安排老师专门在大礼堂进行辅导。1925 年 5 月 1 日，指导员唐庆诒老师给学生讲《演讲所需注意各点》，从选题、材料组合、姿态、音调等各方面一一举例引证说明，使有意参加比赛的学生获益匪浅。[4] 1924 年、1925 年

---

① 《交通大学校史》(1896—1949)，第 183－184 页。

② 《交通大学校史》(1896—1949)，第 183－184 页。

③ 《南洋周刊》第 3 卷第 14 号。

④ 《南洋周刊》第 3 卷第 9 号。

本校与东南大学、复旦大学三校的英语演讲比赛中都获得好成绩。

不少已经毕业的同学当时为了向社会宣传交大,让更多的同学报考交大,在一些同学编的杂志上经常刊登对母校的介绍,包括自己对校园生活的美好回忆。

《投考交大专刊》“杂俎”详细叙述了交大学生的课外生活:学校图书馆对面建了一座设备完善的体育馆。内有游泳池、篮球场、排球场、跑道、天梯、吊绳肋木、双杠等等设施。学生读书的时候看见体育馆,运动的时候看见图书馆,使人产生一种感想,就是“读书与运动并重”。每天早上在体育馆和大操场练跑的人不少,同时做柔软体操的也很多,单杠双杠那里总有人在那里翻来翻去,天梯上面间或也有一两个人在上面兢兢业业的好像如临深渊如履薄冰似地走着。到下午更是运动的黄金时代,网球场里就没有一块空地,体育馆里更是热闹不堪,足球场上不少疆场健儿在驰骋着。在夏天,游泳池里只见人头,好像几十个西瓜漂在水面。跳板上也常常立着好几个同学,只等下面无人时一个个扑通扑通往下跳,水面上又多出一个个漂浮的西瓜。因为担心皮肤病,学校不允许穿游泳衣游泳,因此分男女场,因为女同学人数少,所以每天只有一小时为女同学开放。

除运动项目的活动外,学校还有学生各种集体活动,属于音乐的如管弦乐

20世纪30年代的交大铜管乐队(前排左一为钱学森)

1931 年学校京剧社合影

队、口琴队、歌咏会等等，另外还有话剧社、京剧社等等。只要你愿意，随便哪一队都可以去参加。到了寒暑假，不少同学选择旅行，火车票半价，所费不多，但可以饱览祖国大好河山。[①]

学校多年来都有毕业参观旅行的安排，根据 1925 年《参观旅行案》的规定，每届学生到大四时可以参加一次为期两周的长途旅行，费用除却发的免票外，学校指定的旅行，由学校和个人各担一半。[②] 参加旅行的学生都感到很有收获。如 1923 年 6 月，学生钮泽全记载："耳闻不如目睹，假使我们没有实习工厂，一天到晚死读几十页课本书，那么，蒸汽机怎么转动，煤气机转动时什么声音，发电机怎样会发出电来，还有许多课本上所讲不清楚、讲不出来的东西，我们就不能晓得了。但是学校经费有限，实习厂里购买的机器大都是很普通的，很简单的。那么要学习价钱贵的装置、复杂的机械，要比较各种机械的好坏，要考察各工厂的管理办法，要懂得巨大机械制造和装置的方法，不到外边去参观，怎样可以如我们的愿呢？我们南洋大学三四年级的同学，每年总有一次长期的团体参观。今年正月里，我们铁路、机械科同学，曾经到华北各省，去参观

① 赵沔：《交大学生生活》。上海交通大学四川同乡会编：《投考交大专刊》1937 年 5 月，第 1－4 页。
② 钮泽全：《团体参观》。《南洋大学学生生活》1923 年 6 月。

沪宁、津浦、胶济、京绥、京奉、南满、京汉、正太八条铁道,经过一万五千多里路,隔了二十五天,方始回校。这一次成绩很好,参观的时候,各人的记录都很详细。等到回校后,每人还开了夜车,做几十张的报告咧。路上团体的生活,很有趣味的也不少。"①

第二节 同学会与校友活动

一、同学会活动

南洋公学同学会成立于1910年(清宣统二年),由校友雷奋、杨廷栋、傅纬平、吴馨、穆湘瑶、黄炎培、沈庆鸿、张世揆等发起组织,总会设于上海。北京分会同时成立。总会设干事、评议、通讯等职,每月开常会一次,每年春季开同学年会一次。外埠分设通讯,备随时互通消息,并报告各处校友状况。后留学欧美同学也成立分会。1912年同学会改干事为理事,定七人,并由理事中推选兼会计、书记等职务。到1916年,毕业同学益多,会务也较发达,因发行会刊《南洋》,出版两期之后改称《友声》。1925年,同学会修改会章,分永久、普通会员两种,以永久会员之会费储作建造会所之用,增设理事人数为11人,改评议为议董,以年级为单位选举,每级推选一人,故议董每届毕业当增选一人。② 1926年12下旬,南洋公学同学会召开全体大会,通过新章程,改为委员制;同学会下设照相部、打字部、国乐部、书画部、棋弈部、弦乐部、编辑部、贩卖部等。20世纪二三十年代,章宗元、章伯初、徐佩璜、张廷金等先后担任过会长。

南洋公学同学会的主要活动基本上都在它的刊物中有所反映。《南洋友声》从1928年起共连续出版至抗战全面爆发前停刊,共发行48期,分会务、校闻、同学消息、校友通讯、文苑等几个栏目。刊物前3期为月刊,后改为双月刊。刊物以联络校友之间感情、传递母校最新信息、沟通校友与母校间的联系为主旨,分别反映学校近期大事要事,交流各地校友的工作情况或留学异国他乡的收获及感想。通过这份刊物,反映了当年交大对校友的一份关怀,校友对母校的一份深情,其中《校友通讯一览》经常有来自五湖四海的校友给母校校长或院长的各种信件,有叙述留学出洋一路见闻的;也有介绍异国风情的,如陈履坦校友介绍参观埃及金字塔的感受;有反映国外高校教育与我国教育制度优劣比较的;也有对母校课程设置

① 《交通大学校史资料选编》第1卷,第587页。

② 杨耀文:《本校四十年来之重要变迁》。《交通大学四十周纪念刊》(1936)。

提建议的，如一位校友通过自己在英国的实习见闻，提出英国对高校实习生管理的可取之处；第39期刊登张光斗在美国加利福尼亚大学读研究生时的所见，交大与之相比的差距和优势；还有刊登每年考取庚款留美的学生人数，或者留洋学生名单也悉数登出。1929年3月，交大留美同学会来函称：在宾夕法尼亚大学"攻读铁路管理者极多，而此次授予硕士学位者仅五位中国人，而此五人皆为本校同学，不可谓非常荣誉也"。[①] 同学会成为母校与校友沟通与交流的桥梁，《南洋友声》则是反映这座桥梁的最好载体。

南洋公学同学会在交大发展过程中、在校学生成长过程中都发挥了很好作用。学校也相当重视校友工作。如1935年5月5日，校友服务处开始调查历年毕业学生社会工作及留学情况。1936年9月15日，校友服务处又函请各地校友将译著选送到校，以成立校友译著特藏室。历届校友纷纷响应，惠赠译著。至1937年7月，共得赠书100余册，其中有王志华《农业金融丛书》6种，金士宣著作5册，徐恩曾《美国实业建国名人传》1册，李福星《孟子经济思想》1册，蒋梦麟《过渡时代之思想与教育》《英文教育原理》各1册，嵇诠著作62种，凌鸿勋中西文著作各1种。

校友会每年召集校友聚会一次，或召开年会，经常由校长通报学校一年来的工作，使校友与母校之间信息畅通、互相辅助、共同发展。如在1925、1926年

1923年校友联欢会

① 《上海交通大学纪事(1896—2005)》(上卷)，第29页。

1934年壬戌级校友及其家属相聚

年会上凌鸿勋都做校情报告。1936年4月8日,同学会编辑出版《交通大学校友录》。校友录包括交大上海本部、唐山工程学院、北平铁道管理学院的历届毕业校友名单。1936年4月11日,学校召集交大各地同学会代表200余人在文治堂举行聚餐会。黎照寰校长在席间演讲《今后四十年》,认为交大今后40年不可忽视的问题有:①如何能使所造人才适应需要,然后名实可以相符;②社会之期望能否感觉与其责任能否推行;③校友之荣誉能否重视与其责任能否担任。1936年9月,校长黎照寰发表致海外校友的公开信,通报母校近况,并欢迎校友加强与母校的联系。

1937年1月1日,交通大学校友通讯处编印《交大校友》(创刊号)。前校长叶恭绰题写刊名。刊物有言论、校友意见、学术、校闻、校友团体消息、趣事、校友新址等栏目。校长黎照寰在发刊词中阐明创立《交大校友》的意义:"吾校成立已四十年,历年校友同学不可胜数,上海、北平、唐山各学院均各有同学会,而服务各地者亦有同学会……顾各地会与会之间,犹未能声气相应,遂于今年嘱校友通讯处发行《交大校友》,其目的即在使学校与学生及各地之校友会、同学会得以联络,如晤言一室之内焉。"①

① 黎照寰:《发刊词》。上海交通大学校友通讯处:《交大校友》创刊号,1937年1月。

二、各地同学会

南洋公学同学会之下还有南京、武汉、北平、济南、青岛、天津、广州、苏杭等分会。《交通大学纪事(1896—2005)》中记载了1931—1936年很多各地同学分会的信息。如：

> 1931年7月8日，交通大学南京同学会成立。大会在铁道部交谊室召开，通过《交通大学南京同学会简章》，选出职员，徐恩曾当选总干事。
>
> 1933年4月2日，交大武汉同学会在武汉平汉路俱乐部召开成立大会，到会校友230余人。王道荣、张绍元等11人当选为第一届理事，卢文凤等5人任监事。
>
> 1935年1月1日，交通大学武汉同学会编辑出版《交通大学武汉同学会会刊》(创刊号)。该刊为双月刊，至1936年12月共出版12期。
>
> 1937年4月11日，交通大学武汉同学会举行大会，到会者100余人。会议由该会主席邹恩元主持，李国伟以《中国棉业概况》为题、淩鸿勋以《母校暨今后展望》为题发表了演讲。
>
> 1933年12月，交大留英校友鉴于校友赴英者日多，特在英国伦敦成立交大留英同乡会，以资联络。1936年4月30日，召开交通大学(沪、平、唐)南京同学会大会，到会会员166人。会议通过《交通大学南京同学会简章》10条，选举徐恩曾、赵祖康、吴保丰、金士宣等15人任理事，吴稚晖、郑洪年、茅以升等7人任监事。会议决议：筹划建筑全国交大同学会会所；组织交大同学会总会；以大会名义由理事会函请铁道部定期选派毕业生出洋深造。
>
> 1936年7月12日，交通大学成都同学会召开成立大会，到会会员35人。会议通过《交通大学成都同学会简章》8条，同学会设立理事会、监事会，阳铭世、徐勘五、朱执钧3人当选为监事，沈蕃、李应元、王道荣、洪孟孚、袁术声5人当选为理事。

鉴于很多毕业生留学国外，因此还在海外成立同学会，如留美南洋同学会就是一例。1935年10月25日，留美南洋同学会来函，报告该会会员在美留学情形：“……交大毕业生在美游学者达五十余人，虽散处各校，然仍有固定组织，发行定期刊物……在麻省理工、康奈尔、伊利诺及密歇根等校之同学，其成绩无不出人头地。密歇根大学中国人最多，交大同学亦众，然教授对于交大同学之称誉，实远在其他各校之上。”然而，“交大学子素多寒士，捉襟见肘”。该函最后恳请转呈铁道部予以补助津贴。

1935 年无锡同学会会员合影

各地同学会有不同的情况和特点，其中要数两广同学会的活动比较活跃。

1926 年 4 月 14 日，学校两广同学会于 19:00 在体育馆举行该学期第一次联欢会。会长徐震池主持，与会者 67 人。到会的黄叔培、黄文建两位教授先后发言，勉励会员研究科学，振兴故乡事业；并应注重体育，多习运动，以免体智不平衡发展。

由本校两广同学会创办的刊物《南针》是各地同学会会刊的代表。刊物旨在为广东、广西及港澳地区的中学生提供报考交通大学的相关信息、联络校内外校友并给他们提供帮助；是为两广中等学校的学生提供一些投考交通大学的指南和帮助；还是联络校内外两广同乡校友，并引起全国各高校同乡的注视，给两广同学会的会员提供一块交换知识的园地。1926 年 3 月 5 日，《南针》副刊创刊。4 月 1 日，《南针(正刊)》出版创刊号。创刊号由叶恭绰题写刊名；凌鸿勋撰文《读书不忘救国，救国必须读书》；还刊载了校内教师、学生的诸多科学论文和校园杂记。1930 年 5 月，《南针》第 3 期出版发行。校长孙科撰文《交大一年来之经过》，在回顾交大隶属铁道部一年以来的组织、经费、校舍建设发展之后，表示为促进校务，今后学校将注重“教授之添聘，课程之改善，管理之注重，体育之提倡，程度之提高，纪律之严明，职业之介绍，以及留学之选派，实习待遇之厘定”，希望学校“假以数年，将来或能与国外大学并驾齐驱”。

作为20世纪二三十年代由上海南洋大学(交通大学)两广同学会出版的会刊，《南刊》从1926年3月5日—1937年3月每年定期出版，办刊经费主要来源于会员捐赠和校外机构人士的友情资助以及广告收入。《南针》所载的内容涉及这段时间交通大学招生考试、科研成果、学生的学习生活等多方面的情况以及通过广告图片等反映出来的这个时期上海社会经济、民众生活。如：①珍贵的插图和照片。几乎每期杂志里面的前几页都有关于校园景观、建筑的照片，这些照片反映出学校优美的自然景色和宏伟的建筑物；还有学校领导人和两广同学会的会员的照片和合影。②投考指南与向导。不但有每个年度的招生简章、完整的交通大学历年各个学院的入学考试试题，而且附有详细的解答答案；其次，是一些有关投考交大的文章，如黎照寰校长写的《交通大学沿革即将来之发展》《本校之概况》，在校生写的考取成功的经验文章，谭颂献的《投考交大之经验》，植菁的《投考交大工学院的准备》，曹传谔的

1937年两广同学会奖学基金委员会合影

《我投考交大的经验》《交通大学免费及公费学额章程》等;还有,介绍交大学生活的文章,如桀铭的《交大生活》,从衣、食、住、行、读书、运动和娱乐七个方面为即将进入交大的学生提供了全方位的信息。③学术论文。主要是校内外一些知名学者、专家的论著和介绍关系国计民生的最新科学知识和最新科技学术论文,如凌鸿勋撰写的《粤汉铁路工程之推进及将来湘粤两省商业之展望》、广东才子徐震池的《变光电灯》、中文系主任陈柱的《新会陈白沙先生学术》、谭炳勋的《发展交通为解决中国今日各问题之关键》、图书馆馆长杜定友的《谈谈读书问题》、马代辉的《太阳活动力与无线电的关系》、龙君遂的《净水工程之新趋向》。④两广同学会及《南针》办刊有关情况。这个栏目里设有两广校友会员名录和地址、每年新增补的校友录、两广同学会迎新纪盛、会议记录、已毕业校友情况调查录等内容。⑤设计精美的各类广告。

三、校友的反馈

学校有同学会组织联络各地校友,校友也从各种角度为母校发展尽职尽力。如为图书馆、体育馆、科学馆、工程馆、疗养室等建造而发动校友集资募款,特别是工程馆建设,广大校友慷慨解囊。据《申报》1926 年 9 月 18 日报道:工程馆自 7 月上旬开始募捐以来,各大埠均有校友分头进行。同学会上海理事林康侯、黄炎培、陆梦熊、张叔良、张廷金、张松亭、沈叔逵、王寅清、凌鸿勋、徐佩璜、张延祥等人均每人认捐 1 000 元或数千元不等;淞沪商埠督办处长温应星认捐 1 000 元,中兴煤矿公司朱启钤认捐 5 000 元,叶恭绰认捐 5 000 元;北京校友亦认捐 4 000 元,各地认捐数已不下 30 000 余元。[①]

校友也以捐助设备或设立奖学金等方式表示对母校的一份馈赠。1931 年 2 月 1 日,《南洋友声》第十一期刊载,校友庄智焕将价值约 3 万元的自动电话机赠予电机工程学院电话试验室。1933 年 3 月 1 日,明华商业储蓄银行行长、校友张絅伯资助 1 000 元在本校设立"明华"奖学金,专以奖励学行优良、家境清寒的本校工学院学生。张絅伯在给黎照寰校长的书函中阐明设奖目的:"今日我国生产落后,诸待开发,工业建设人才殊感缺乏……奖金虽然微,意在提倡,所冀各界及诸同学闻风兴起,多方赞助,使莘莘学子奋志科学之研求,济济多士皆为建设之中坚。"

还有一些在海外留学的同学经常会写信给校长,反映国外留学情况,同时也结合自己学习和观察的感受,对母校提出有益的办学建议。如 1931 年 6 月 1 日,南洋同学会会刊《南洋

---

① 《上海交通大学纪事(1896—2005)》(上卷),第 176 页。

友声》第十三期刊载留美校友赵祖康致黎照寰的信件，介绍其留美半年及参加万国道路会议的情况。信中建议学校应早日设立交通、卫生两个专科，“一以利国家交通，一以促国民卫生，一经一纬，国家物质建设之首要似不外乎此”。

第三节　学生毕业趋向

一、学生就业状况

大学生就业与当时社会经济发展、政局的稳定相关，也受到社会对人才需求的制约。但从南洋公学以来，学生就业就十分顺利，特别是 20 世纪二三十年代更名交通大学以后，更是如此。

表 6 - 2　1920—1937 年历年毕业学生人数

年份	毕业生总数	各科毕业人数
1920	67	土木科 20，电气机械科 17，铁路管理科 30
1921	32	土木科 15，电机科 17
1922	35	电机科 16，机械科 6，铁路管理科 13
1923	69	电机科 26，机械科 27，铁路管理科 16
1924	115	电机科 56，机械科 37，铁路管理科 22
1925	89	电机科 31，机械科 31，铁路管理科 27
1926	88	电机科 32，机械科 21，铁路管理科 35
1927	84	电机科 30，机械科 30，管理科 24
1928	76	电机科 28，机械科 27，交通管理科 21
1929	92	电机工程学院 47，机械工程学院 22，交通管理学院 23
1930	108	电机工程学院 49，机械工程学院 20，铁道管理学院 39
1931	134	电机工程学院 25，机械工程学院 8，土木工程学院 54，管理学院 36
1932	143	电机工程学院 34，机械工程学院 18，土木工程学院 55，管理学院 36
1933	157	电机工程学院 26，机械工程学院 17，土木工程学院 65，管理学院 69
1934	140	电机工程学院 35，机械工程学院 19，土木工程学院 45，管理学院 27，科学学院 14

(续表)

年份	毕业生总数	各科毕业人数
1935	161	电机工程学院 34,机械工程学院 32,土木工程学院 43,管理学院 38,科学学院 14
1936	165	电机工程学院 27,机械工程学院 40,土木工程学院 25,管理学院 51,科学学院 22
1937	130	电机工程学院 26,机械工程学院 31,土木工程学院 25,管理学院 30,科学学院 18

每届毕业生一般都能找到工作,在不同的岗位上发挥很好作用。交大学生毕业比较好找工作,也由于一度学校隶属清政府邮传部管理,学生毕业时,学校将他们的履历、成绩等报送邮传部,由该部再进行一次统一考试,按照"合格者咨请学部照章奖给出身,分等录取,不及格者留堂补习一年,续行咨送考试,分别按等办理。若仍不及格,给以修业凭照,令其出学。"这 4 届毕业生经过统考全部合格,其中 22 人奉派赴英、美等国留学,其余由邮传部录用就业。

1912 年中华民国成立后,交通部不再对部属高等学校毕业生进行统考,每年毕业生一部分通过教师介绍赴英、美等国工厂实习,其余仍由交通部分配至铁路系统各部门实习,经一段时间实习考察后,由路局选充为职工或任工程师。起初,大部分毕业生实习期满都能得到正式录用。因而,1924 年前交大毕业生除出国留学或实习外,大部分服务于交通和邮电行业,成为那里的主要技术力量。但毕业生中也有少数人开始通过其他途径获得职业。

1925 年以后,交大毕业生的实习及录用逐渐遇到了困难,这一方面是由于北洋政府腐败和军阀割据,使中国的交通、邮电事业发展缓慢,经费困难;另一方面毕业学生数量逐年有所增加,供过于求,难以安排。毕业生虽然每年仍由交通部派赴各铁路、邮电等局实习,但有些部门已不再容纳太多的毕业生,年年派送,越加困难。在此情形下,在校长凌鸿勋、张铸等的鼓励下,学生们纷纷自找出路,逐步扩大了为社会服务的范围。当时学生的就业,除部分仍由交通部分派录用外,另有公费或自费出国,由学校向政府、企业等部门推荐,通过教师、校友和学生的亲友等介绍,企业单位来校招聘、招考等方式解决就业问题。还有不少毕业生经过一番深造或实习,后来供职于母校。如 1930 年 9 月,由南洋公学同学会经过调查统计,历届交大毕业学生现任职母校人数 54 名,约占全校教职员总数的 1/3。①

① 《上海交通大学纪事(1896—2005)》(上卷),第 217 页。

1936年建校40周年时，学校对学生毕业后所从事的工作部门曾经有一段记载：

校友之学成致用，得以有所建树，虽少显重要工作，然于党国建设、社会工商，均不无关系。中监委吴敬恒、考试院副院长钮永建为最初时期之师范院校友。任中央各部行政长官部员技术人员者，本校校友也不在少数。建设委员会、经济委员会、法院、省政府、市政府、地方政府，不论行政技术人员，均有同学服务。尤以任职铁路局为多数，局长、处长、工务、机务、车务、厂务以及各股股员等，全国铁路皆选任焉。次之为电报局、电话局、无线电台、国营民营各电厂工程及工务人员。至邮政、海关、监务稽核所、招商局、公路局等，校友服务者也大有其人。职业界如律师、会计师、建筑师、医师，银行界、报馆、记者、书馆编辑，以及中外各公司、各厂家，皆有校友执业其间。服务教育界者，大中小各级学校职教俱备。自营业务如益中公司、新中公司、新通公司、竟成造纸厂、康元制罐厂、亚光电木制造厂等，营业均甚发达。然亦有本与素习学科无关而能独擅胜场者，陈柱、葛维翰、张孝友等任学校国文教员。吴清庠、王临坚、车志成、蔡其标、陆以汉等任机关文牍。傅硕家擅钢琴，杨锡冶西洋画及中西音乐，朱宝绥、陈怀书、柴福沅、谈克峻、顾翊经、董宪等之诗词，孙同祺、章郁和、彭无荒、汪溥会等之书法，力仲辰、王羽仪、章作霖、沈旦来等之丹青，名中医有恽铁樵、王隐庐，善弈者有王作舟、葛英、王国章，小说家有李定夷、赵苕狂、倪轶池，星相家有严芙孙之葫芦测字，电影导演有张善琨、陈寿荫，通指纹术者有夏全印，谙昆曲者有王百雷、沈学谦、徐德舆等，其所专长之处，皆多年研究而成者也。至看破红尘，皈依佛法，逐迹佛门修养者，亦有李叔同、叶鸣珂、黄恭佐诸人。①

总之，20世纪二三十年代，学校的隶属关系决定了大部分学生的出路，大部分学生还是被分配在路局系统。1927年南京国民政府成立后，提出“振兴实业”的计划。1928年从交通部中将铁路单列成立铁道部，孙科担任铁道部部长，于1929年就拟定铁路建设计划。1932年国民政府又颁布《铁路法》。1934年由铁道部主稿、实业部会署了一份利用外资的《办法草案》，直接推动了当时的铁路建设。从1932年起，全国出现了近代铁路史上第二次筑路高潮。到1937年抗战全面爆发，6年内共建成铁路3 600公里，年均筑路600公里，是中国近代铁路史上年均筑路最多的一个时期。② 交大毕业生主要去向还是铁路建设系

---

① 杨耀文：《本校四十年来重要变迁》。《交通大学四十周纪念刊》(1936)。

② 杨勇刚编：《中国近代铁路史》，上海书店出版社 1997 年版，第 108 - 109 页。

统,一方面交大是铁道部所属学校;另一方面对学生而言,被分到铁路系统工作被称为“铁饭碗”。

1928年10月26日,《交大三日刊》(第八期)刊登铁道部对学校1928年以前毕业生在各铁路服务的统计数据,即:总务处24人,会计处73人,公务处85人,车务处220人,电务处13人,机务处52人,总计467人。《南洋友声》第36期刊登凌鸿勋撰文关于奥汉路株韶工程局交大毕业生的情况:工程局1929年成立于广州,1933年迁到衡州,当时共有交大毕业生79人,其中沪校49人、唐院26人、平院4人;如果按专业分,则土木63人,管理13人、机械2人、电机1人。

1935年起,校友服务处将调查学生工作服务情况作为其职责之一。1937年1月31日,据校友服务处《二十五年度第一学期校友处工作总报告》载该处年度工作情况:已介绍职业者计京衢路15人、川湘路2人、成渝路8人、烟台港务局1人、福建建设厅1人;1937年7月,介绍毕业生就业方面,计杭州市政府2人、上海公务局1人、浙江省公路局2人、庐山军官学校2人、京赣路1人、浦信路3人、湘桂铁路5人。1937年学校统计校友所从事职业门类及人数,计公务769人、教育508人、学术研究13人、商业325人、交通2 357人、农业16人、矿业22人、工业465人、医药30人、自由职业372人,总计4 877人,其中从事交通领域工作的占48.8%。①

每年夏天毕业时候,是学生们最为激动的时光,因为相聚了四年,此刻临近毕业走上工作岗位,就要面向社会,一方面是一种对新生活的期待,同时还有一种同学师生的不忍离别,所以一般都要举行欢送会,由学校举行,也有同乡会、同学会举行。同学相互道一声珍重,老师还会给一份勉励。

在交通大学还有一个有趣现象,即常有兄弟或父子之间有一位进入交大,其兄弟或儿子也会接着一起考进交大深造,甚至成为交大世家。《老交大故事》一篇文章中对此有具体记载:

> 中国家族观念较重,每有父兄进入一校,而其子若弟亦往往以进入同一学校为荣。南洋办理较早,而同一时期第一流学校又少,所以此种现象颇为显著。笔者手中并无于此之统计资料。就记忆所及,则以徐氏几昆季最为突出。徐名材(化工)、名植(机械)、名标(土木)、名模(化工)、名朴(管理)、名枢(土木),六位亲兄弟,及其妹云裳(化工),同入一学校,可谓最难得。此纪录也许未被打破。又兄弟四人者有

---

①《交通大学毕业生服务统计》(约1936年),《力役同志社章程》《交大毕业生服务统计》。上交档:LS3-270。

徐恩元、恩第(电机)、恩曾(电机)、恩培。又徐承燠(管理)、承矿(土木)、承熙(管理)、承然。三人者有徐维震、徐维纶、徐维明。两人者有徐佩璜(化工)、徐佩琨(土木)。以上皆姓徐,岂以学校所在为徐家汇,故徐姓兄弟特多欤。此外兄弟四人者尚忆有胡敦复、明复、刚复、宪生。三人者有席德懋、德炳、德炯;钮因梓(机)、因果(机)、因楚;陈体诚(土木)、体钦(机)、体荣(电)。此皆就清末民初者而言,随后或有更盛者。至于祖孙父子同一校者,七十年来谅必大有其人,倘同学中能作一调查,足为校史生色。[①]

二、学生出国留学

早在南洋公学时,学校就已派遣学生留洋。学校更名为交通大学以后,继续派遣学生留学。根据校志记载,从南洋公学派遣最初 6 名学生算起,到 1945 年,共派遣教师、学生留学、进修 445 人。[②] 1930 年 12 月 1 日南洋公学同学会会刊《南洋友声》第 10 期刊载该年学生出国留学情况:共有 14 名学生出国留学,其中就学美国普渡大学的有曾润琛、孙家谦、李金沂、周励、王九龄、尹钟铭、邢傅东、宋廉生 8 人;哈佛大学的有陈湖、黄仓麟、尤佳章 3 人;密歇根大学的有熊大惠、许兆鸾 2 人;比利时冈城大学的有金常武 1 人。1936 年的一份史料对派遣留学情况记载如下:

本校历年派遣出洋留学者,英美德法比日等国皆有之,自清光绪二十四年(1898 年)冬起,共计派遣总数 170 余名,以留美为最多,英次之,比日又次之,德法最少数。其所习之学科,为政治、法律、经济、银行、商业、铁路管理、工程土木、桥梁、造船、驾驶、电机、无线电机、机械车、采矿、冶金、光学、农业等不一。初期派遣者,选习学科,一任学生自择,设立专科后,被派毕业生留学,多选择原习学科,而铁路和电机毕业生,几皆习工程而少有择及政法、经济等学科者。民国元年后,多以留美入厂实习为主,然学生有志深造,每于实习期间储蓄余资,复入学校研究得学位回国。至各省省政府历年中美、中英庚款委员会等,招考留学公费生,本校同学多能获隽,加以受服务机关津贴而资遣者,总数当不下百人。其前后自费留学者,也为数颇多。[③]

---

① 凌鸿勋:《校史杂忆》。《老交大故事》,第 19 页。

② 上海交通大学校志编纂委员会:《上海交通大学志(1896—1996)》,上海交通大学出版社 1996 年版,第 658 页。

③ 杨耀文:《本校四十年来之重要变迁》。《交通大学四十周纪念刊》(1936)。

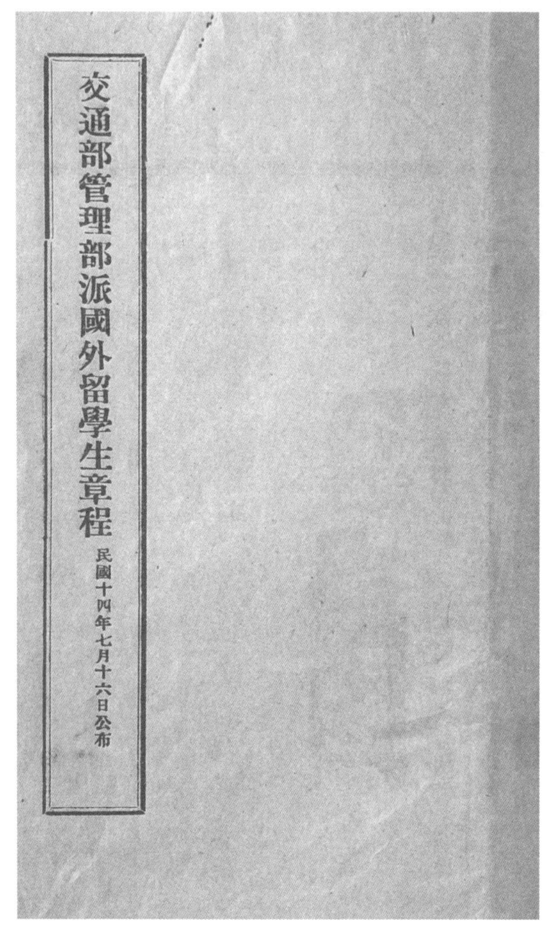
交通部管理部派國外留學生章程
民國十四年七月十六日公布

1925 年颁布的《交通部管理部派国外留学生章程》

比如全国最看重的清华留美公费考试，1920—1925 年，全国考取清华留美公费生共计 20 名，交大学生考取者占到 7 名，独占三分之一强。从 1933 年留美公费考试恢复招考至 1936 共举行 4 届，交大考取 18 人，约占 20%。1934 年，教育部招考留欧官费生 25 人赴意大利学习航空工程，交大独中 13 人，又占了半壁江山。

从交大归属铁道部后，学生留学主要渠道就是铁道部派送。根据铁道部有关资料记载，1921 年以后交通部选派赵曾珏等 35 人留欧、吴绍曾等 27 人留美，此外选派杨昭恕等 4 人留日。国民政府成立以后由铁道部选派留欧者有许国保等 17 人，留美者有曹丽顺、赵廷杰等 38 人，留日者孙乾 1 人。其中期满回国者均按章派路或留部试用。尚在国外继续求学者成绩均优良。从中可以看出，铁道部派遣的留学生中，交大学生占了很大比重。根据 1930 年公布的《铁道部选派留学规则》，规定留学资格的必须满足三个条件之一，其中一条就是特指交通大学毕业生。规定如下：甲，凡交通大学学生毕业成绩优异经部派实习一年以上认为工作成绩良好者；乙，凡在本部或附属机关服务之职员成绩优异由部核准选派出洋研究铁道或国道特种交通问题者；丙，凡大学毕业已在国外研习交通学术成绩优异而无力继续者。[1] 可见交通大学在铁道部管辖之下还是享有很多便利，同时也说明交通大学学生的质量。

1930 年胡端行在《留美南洋同学录·序》中提及，到 1930 年已有赴美同学 300 多人："吾南洋留美同学，至今达三百余人。毕业后服务于工程界者为最多，他若政商学界中亦多崭露头角。此南洋之光荣也。"[2]

---

① 铁道部：《铁道年鉴》(第一卷)，1933 年 5 月，第 568 页。

② 胡端行：《留美南洋同学录》(1930 年 10 月)。上交档：LS2 - 32。

1932年留美普渡大学学生合影

表6-3　1930年前留学人数[①]

学科	人数	学科	人数
冶金	3	卫生	1
商科	10	文学	1
建筑	1	化工	1
电机	90	法政法律	8
电信	9	化学	11
体育	1	医学	1
机械	50	物理	2
土木	64	林科	1
教育	5	农林	1
教育心理	1	农	2
船政	4	军事军政	2
银行	7	市政工程	1
制药	1	医院管理	1
经济	19	航空	1
纺织	3	交运	2

① 胡端行:《留美南洋同学录》(1930年10月)。上交档:LS2-32。

(续表)

学科	人数	学科	人数
管理	3	运输	1
会计	1	道路	1
政治	6	铁路	1
地质	1	美术	1
造纸	1	矿业	1
铁路管理	9	未详	55
理化	1		
合计	386		

表 6-4 1920—1928 年留学人数

年份	人数	年份	人数
1920	12	1926	12
1921	18	1927	8
1922	8	1928	7
1923	19		未毕业者 120
1924	21	共计	269
1925	15		总数相加不计

三、校友成就

从南洋公学到创办近代工科大学期间，学生就业相当广泛，先后在教育、工商、外交、金融、及至军事等领域为中国社会发展做出了贡献。组建交通大学后，交大毕业生德智体并重发展，专业基础扎实，外文水平高，受到社会关注和欢迎。不少人经过努力，成为科教精英、爱国志士、学界名家、商界显赫的不乏其人，他们凭借扎实的学业功底和专业基础，在各行各业作出贡献。当时中国的铁路交通事业取得的成就，交通大学校友的贡献功不可没。

交大学生为中国铁路交通事业作出很大贡献。但交大的学生又远远不止在中国铁路交通事业中贡献他们的智慧。例如，这一时期比较著名的学生还有老一辈革命家陆定一、“中国导弹之父”钱学森、水利专家张光斗、数学家吴文俊、“中国航测之父”王之卓、“中国通信界元勋”张煦、中国造船工业的奠基人辛一心、中国第一代著名飞机设计师黄志千、原海协会会长汪道涵、致公党中央名誉主席董寅初、语言学家许国璋、美国“华人电脑帝王”王安、国际航

汪道涵，1932—1934 年就读于本校物理系

董寅初，1938 年毕业于交大管理学院

运巨子沈家桢等。广大校友在不同的岗位上，为中国的发展作出不同的贡献。这里列举钱学森、张光斗两位著名校友的事迹以反映交大校友的杰出才华和爱国精神。

钱学森，1934 届校友，祖籍浙江杭州，1911 年 12 月生于上海，是著名力学家，我国航天技术的开创者和系统工程科学家，我国航天事业的奠基人。1929 年北京师大附中毕业后考入交通大学，1930 年因伤寒休学一年，1934 年以第一名的成绩毕业于机械工程学院铁道门。在校期间，勤奋好学，成绩优异，几乎每学期都获得免费奖励；曾受校内中共地下党组织的影响，阅读科学社会主义书籍，思想进步，立定科学救国的志向。

國立交通大學獎狀

茲有機械工程學院四年級學生錢學森於本學年內潛心研攻學有專長本校長深爲嘉許特給此狀以示獎勵

校長

華民國廿三年六月　日給

1934 年黎照寰校长签发给钱学森的奖状

毕业当年考取清华留美生,1935 年赴美国麻省理工学院习航空,翌年获硕士学位,后转入加州理工学院,师从"超音速时代之父"冯·卡门学习航空工程理论。1939 年获加州理工学院航空与数学博士学位,留校任教并从事火箭导弹研究。1947 年归国完婚时被任命为交通大学校长,未到任。返美后至 1955 年间任麻省理工学院、加州理工学院教授,是国际公认的火箭技术方面的权威学者。中华人民共和国成立后,钱学森于 1950 年开始争取回归报效祖国,历经 5 年,在周恩来亲自关心下于 1955 年终于回到祖国。回国后即全身心地投入到创建我国航天事业当中,1956 年 2 月向国务院提交《建立我国国防工业意见书》,最先为我国火箭技术的发展提出了极为重要的实施方案。同年 10 月受命组建我国第一个火箭研究院——国防部第五研究院,任首任院长。参与制订《1956—1967 年科学技术发展远景规划纲要》,任综合组组长。规划制订 57 项重大科研任务,把发展原子能、导弹、计算机、半导体等作为重中之重,为新中国科技发展奠定了基础。作为新中国国防科技事业的主要创建者之一,钱学森做出了历史性的贡献。1960 年具体负责研制成功我国第一枚导弹,又主持了"两弹结合"的技术攻关与实验工作,并于 1966 年成功发射我国第一枚导弹核武器。1965 年,钱学森关于研制发射人造卫星的建议被中央采纳,被任命担任空间技术研究院首任院长。1970 年我国第一颗人造卫星发射成功。此后曾任国防科委副主任、中国科协主席、全国政协副主席等职,聘为中国科学院和中国工程院两院院士。

钱学森,1934 年毕业于交大机械工程学院

钱学森在应用力学、喷气推进、工程控制论、物理力学和系统工程等领域有开创性的贡献,另在运筹学、现代科技体系、人体科学、思维科学、沙产业理论、社会哲学等领域也卓有成就。著有《工程控制论》《物理力学讲义》《星际航行概论》《论系统工程》等。1957 年获中国科学院自然科学奖一等奖,1985 年获国家科技进步特等奖,1989 年获小罗克韦尔奖章和世界级科学与工程名人称号,1991 年获国务院、中央军委授予的"国家杰出贡献科学家"荣誉称号,1999 年被授予

“两弹一星功勋奖章”,2008 年被评为“感动中国 2007 年度人物”。被赞为“中国航天之父”“民族的脊梁”。

张光斗,1934 届校友,1912 年 5 月生于江苏常熟,1924 年以优异成绩考上交通大学附小,后相继直升附中、预科、大学部,1934 年毕业于土木工程学院铁道门。在校十年深受工业救国思想影响,刻苦用功,成绩名列前茅,连年获得学校免费奖励。读书时期,张光斗心系多灾多难的民族命运,参加五卅运动、抗日救亡运动。毕业当年,考取清华留美公费生,赴美专攻水利专业。1936 年获加州大学土木工程硕士学位。1937 年获哈佛大学土木硕士学位,并成为该校博士研究生。抗日战争全面爆发后,毅然弃学回国,任职资源委员会水力发电部门。1943 年派赴美国考察水利,先后在美国垦务局、田纳西流域管理局任实习工程师。1945 年回国,任资源委员会水力发电工程总处主任工程师、总工程师。中华人民共和国成立后,张光斗先后任清华大学教授、水利系主任、副校长。任教清华期间,先后兼任北京水利研究院院长、国家科委水利学科组副组长、《水利学报》主编、国务院学位委员会副主任等职,是第三届全国人大代表,第五、六届北京市政协副主席,第六、七届全国政协常委。

张光斗,1934 年毕业于交大土木工程学院

张光斗是中国科学院和中国工程院资深院士,水利水电工程专家,我国水利水电工程建设事业的开拓者。早在 1937 年即负责设计桃药溪、仙女硐水电站等我国第一批自建的水电站。1946 年负责我国水电资源蕴藏量的首次估算。1952 年主持设计的人民胜利渠,是我国引黄灌溉的首次成功尝试。1958 年主持设计北京密云水库,采用薄黏土斜墙等新技术,在国内属首创。之后数十年投身于热火朝天的水利建设中,足迹遍及丰满、新安江、流溪河、响洪甸、三门峡、渔子溪等许多重大水利工地;丹江口、葛洲坝、三峡、南水北调、引黄济青等众多大型水利工程都牵扯着他的心,或参与设计,或提出建议,甚至耄耋之年还亲自到现场查看,为祖国的水利事业做出了极为可贵的贡献。他还积极对国家水利事业的宏观决策提出建设性意见,如

1989年上书中央,建议把水利列为我国经济建设的战略重点,调整水利经济政策,按照有计划的商品经济规律进行水利建设。

作为一名学者,张光斗从事工程教育40余载,成果斐然。20世纪50年代率先在我国建立"水工结构""水电站建筑"学科体系,培养了国内首批水利工程专业研究生。在国内一级学报上发表《腹拱坝新坝型研究》等30余篇论文,出版专著《水工建筑物》。曾获国家科技进步二等奖、首届中国工程科技奖、何梁何利科技进步奖。张光斗学术成就在国际学术界也享有盛誉,1981年获美国加州大学"哈兹国际奖",1983年被墨西哥工程科学院聘为外籍院士,是一位蜚声中外的著名水利水电专家,被赞为"当代李冰"。

第七章
黎照寰与交通大学

第一节　黎照寰生平

一、生平简介

黎照寰，字曜生，广东南海人，生于1888年1月13日。少年时期，勤奋好学，就读于广东私立新少年学堂。青年时期，接触维新思想，阅读《天演论》《民约论》和《民报》等进步书刊，受到近代西方民主主义思想的影响，逐渐改变了封建家庭观念，被家族视为“大逆不道”。随后他背井离乡，考入广州府中学堂和两广游学预备科馆读书。1906年18岁时参加了反清运动，失败后转到香山当小学教师，后以半工半读形式求学。1907年赴美留学，先后获得纽约大学商科学士学位、哈佛大学理科学士学位、哥伦比亚大学经济学硕士学位、宾夕法尼亚大学政治学硕士学位。留学期间，认识了孙中山，参加了孙中山领导的同盟会。1917年后，曾在华盛顿都板银行工作两年。1919年回国后，追随孙中山，并任其秘书，从事革命活动。曾先后参加中国科学社、中国经济问题研究会，并任中山文化教育馆总干事。

1919—1924年，曾先后担任香港工商银行经理和港粤沪华商银行经理。1925—1926年，先后任上海中国公学教授和广州广九铁路局局长。孙中山逝世后，他参加北伐战争，以后在武汉国民政府参加运输与经济工作,著有《孙中山先生之革命政策》《中国国民党政策》等书,销售3 000余册。1928年,随国民政府铁道部部长孙科出国,担任欧美游历团秘书,一年后回国。1929年任南京国民政府铁道部次长。

从1929年起,黎照寰长期从事高等教育工作。1929年6月,黎照寰以铁道部次长的身份兼任上海交通大学副校长,次年任校长,直到1942年8月,长达14年之久。1943年3月—1949年,又先后在上海圣约翰大学、沪江大学和立信会计专科学校任教。

中华人民共和国成立后,黎照寰于1950—1952年出任杭州之江大学校长,同时担任浙江省人民代表大会代表和省政协副主席。1952—1955年,担任华东和上海市救济失业委员会副主任。历任全国政协第三、第四届委员,上海市政协第一至第四届委员、副主席,上海市第一至第五届人民代表大会代表。

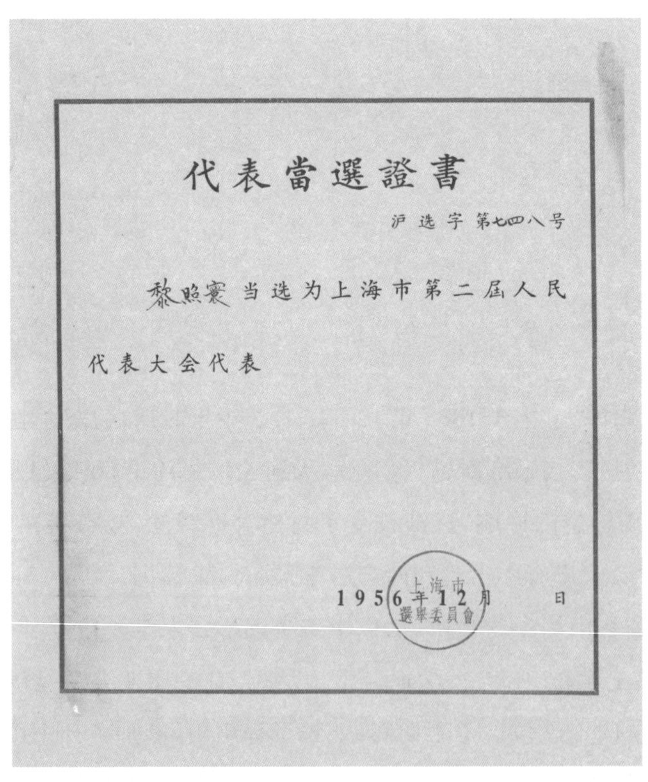
代表當選證書

沪选字第七四八号

黎照寰当选为上海市第二届人民代表大会代表

上海市選舉委員會

1956年12月 日

1956年,黎照寰当选为上海市人大代表的证书

黎照寰是一位爱国人士。1953年,65岁的他出于爱国主义热情和对中国人民志愿军的敬意,不顾年老体弱,毅然报名参加中国人民第三次赴朝慰问团。他和代表团成员一起,白天参加慰问和座谈活动,晚上睡统铺大炕,在战火纷飞的前沿阵地,同战士们共同生活了两个多月。回到上海之后,他整理了自己的学习笔记,在学习会上谈体会、作报告,介绍中朝两

国人民并肩作战的崇高思想和英雄业绩。

1955 年 5 月—1966 年 6 月，黎照寰一直担任上海市政协副主席，参加各项政治协商活动。他以无党派爱国人士的身份，同当时的市政协副主席金仲华、舒新城等一起，广泛团结知识界和宗教界人士，为社会主义革命和社会主义建设事业贡献自己的力量。20 世纪 50 年代后期，黎照寰年事已高，但仍然积极参加政协的学习和协商活动，认真学习时事政策。70 岁那年，由于心动过速，医生要他马上住院治疗。从此，他在华东医院住了 5 年之久。即使如此，每年市政协举行全体委员会议，他仍然出席开幕式和闭幕式。当他听到会上传达周恩来在全国政协茶话会上的讲话，号召 60 岁以上的政协委员把自己的阅历写成文史资料教育后代时，他热烈鼓掌表示赞成。此后，他除了学习之外，总是要抽出一定时间，以颤动的手握笔撰写文史资料。70 多岁后，写了《关于解放前华侨在广州投资纪略》《上海地方协会的片段回忆》等。黎照寰常对人说："我能在有生之年，争取把我所知道的史料写出来，让后来人多知道一些历史变迁，是一件很有意义的事。"

黎照寰还是一位爱国的基督教徒。1916 年他在美国留学期间，接受基督教洗礼。自 20 世纪 30 年代起，他历任上海中华基督教青年会和中华基督教青年会全国协会董事。1934 年起，被推选为中华基督教青年会全国协会董事长，一直到"文化大革命"前夕。抗日战争期间，积极支持基督教男女青年会举办学生救济工作，历任上海学生救济委员会主席和全国学生救济委员会委员。抗战胜利后，他曾代表中华基督教青年会，多次出席在国外举行的青年会国际会议，为增进教友之间的国际友谊和世界和平作出了贡献。中华人民共和国成立后，黎照寰积极支持中国基督教走自治、自养、自传的"三自"爱国道路，反对帝国主义利用基督教对我国进行侵略。他是中国基督教"三自"爱国运动的发起人之一，任中国基督教三自爱国委员会常委，积极参与各项社会政治活动。

黎照寰深感中国共产党和人民政府在政治和生活上对他的关怀与照顾，尽心竭力地为社会主义建设服务，主动将他收藏的珍贵图书捐献给国家。他经常写信给海外侨胞，积极争取外汇，支援国家建设。他还多次撰写对台宣传稿件，介绍中国共产党和人民政府的有关政策，促进和平统一祖国。

"文化大革命"期间，他横遭残酷迫害，1968 年 9 月 16 日在上海逝世，终年 81 岁。1978 年 11 月 22 日，黎照寰追悼会在上海龙华革命公墓隆重举行。会上宣布，推倒"文革"中横加给黎照寰的一切诬陷不实之词，为他平反昭雪，恢复名誉。

二、任职校长14年

1930年10月，按照国民政府教育部《大学组织规程》不设立副校长的规定，学校废除副校长职。孙科辞去校长职，国民政府任命黎照寰继任校长。28日，举行新校长宣誓就职仪式。参加就职仪式的有国民政府代表张群、铁道部部长孙科、教育部次长朱经农、平汉路局局长刘维炽、市教育局局长徐佩璜、日本驻华大使横竹平太郎、德国副领事高士里、比利时使馆参赞高乐等中外来宾数十人，以及本校教职员、学生不下千余人。

黎照寰任职交大前后共14年，凭着他铁道部次长的身份，以及他与孙科很深的私人情谊，再加上学校隶属于铁道部管辖多年，黎照寰始终与铁道部保持着良好关系，在学校的办学过程中，竭力贯彻实业救国、交通救国的思想。

早在黎照寰任铁道部次长时，他与铁道部部长孙科商议制定交通建设计划，把培养交通建设的专门人才看作是实现铁道部整个建设计划的关键。黎照寰主持交通大学工作后，即将培养交通建设专门人才作为办校宗旨。1929年11月，由黎照寰主持制定经国民政府铁道部批准颁布的《交通大学暂行组织大纲》中，明确规定"本大学以遵依总理遗教养成三民主义文化之交通建设专才为宗旨"。1932年，在《交通大学学则》中重申"本大学根据中华民国教育宗旨以遵依总理遗教研究高深学术养成交通建设专才为宗旨"。

"研究高深学术，养成交通建设专才"的办校宗旨，是20世纪20年代初交通大学的前身南洋大学时期"以造就交通专门人才，力图高深学术发展为宗旨"的继续和发展。根据这一宗旨，黎照寰配合孙科，对交通大学进行了"整理"。从1929年春到1930年秋，经过一年多的筹划安排，从领导体制、培养目标与任务、教学方针、系科设置、学校规模、经费来源和校舍建筑等方面，都做了比较全面的规划，基本上把"部(铁道部)、路(铁路)、校(交大)联成一贯"，形成了"部校合作"体系。这种"部校合作"体系使交通大学在领导体制上直辖于铁道部，校长由铁道部提名呈请行政院转呈国民政府任命，副校长由铁道部聘任并呈请行政院备案。在人才培养方面，学校依照铁道交通机关的需要，根据铁路交通工作的要求、特点，确定教育方针，设置专业学科，修订教学方法，开展教学与科研活动；在学生就业方面，交大培养的是铁道交通建设所需的专门人才，"部校双方恒注意于供求之调剂，不如他方非患乏才即患失业也"。

1934年，著名教育家、上海沪江大学校长刘湛恩赴欧美各国考察教育时，一些关心中国高等教育的美国人士问他："中国的工业大学以哪所最好？主持这所大学的人是抱着一种什么决心？"刘湛恩不假思索地回答道："你们美国有MIT，我们有交通大学。你们办教育的人，是希望以后能够转入政界；我们这位交通大学的校长是有官不做，辞去了铁道部次长，而来专心办学，希望他的学生能做中国的实业改革家。”美国人听后钦佩不已，急切探听这位舍弃仕途、专志办学的大学校长是谁，刘湛恩告诉他们：这位校长便是黎照寰。

黎照寰以他对大学使命的认识和中国建设的需要，继承前人传统，将他的满腔热情赋予学校，给予师生。交大从 1928—1937 年，无论在院系规模、师资力量，还是教学水平、设备条件等方面，都达到了前所未有的高度。学校确立了继续发展工科、加速建设理科、积极扩充管理科的院系建设思路，形成了以工科为重点、理科为基础、兼重管理的学科院系设置。师资队伍数量、结构、水平都有很大提高，各科名师云集，他们掌握先进科学技术知识，具备新式教学理念和方法，怀有科学救国思想，为培养建设人才兢兢业业。学校秉承和发展唐文治时期办理工科“求实学，务实业”的教学传统和许多实效经验，为后来逐步形成“起点高、基础厚、要求严、重实践”的教学特色打下基础。整个办学过程中，在课程设置、教学内容和学校管理等方面，努力效仿欧美各先进大学。以至不少毕业生来到美国进一步深造时都惊讶发现交大与美国学校程度之接近，国外一些学校也直接接受交大学生免试入学。

这一阶段因为黎照寰的努力，以及与铁道部的部校合作体系，学校无论在学生人数、校舍建筑、校园面积以及图书资料仪器设备等方面都有长足发展。

从 1934 年开始的院系设置及名实之争中，黎照寰为了坚持交大特色，坚持自己的办学理想，顶着压力与教育部据理力争，坚持按照自己对大学的理解设置院系和专业。直到 1937 年 8 月交通大学改隶教育部后，才将机械、电机、土木三个工程学院降格为系，合组工学院；科学学院改称理学院。不过，管理学院实在与商学院性质相去很远，仍然保持原名，维持其独立性。1938 年初，国民政府又编制了大学各系科目表，作为各校设置科目的“准则”，并参照“注重基本科目；注重统整原则，科目不宜繁琐”两个原则，发表意见，然后拟定“合于理想”的科目表。这些都涉及改变交大创建 40 余年来形成的办学传统。为此当年 9 月，黎照寰即致函教育部部长陈立夫，指出统一大学课程“只可定一最低标准，使同在水平线上进展，不可定一最高标准或有所谓标准课程”，这样可使“原来标准较高者不致受其影响，整个大学教育亦不致固步自封也”。由于黎照寰为保持交大传统据理力争，加上师生校友的协力反对，国民政府教育部不得不作出让步。

1937 年 7 月，抗战全面爆发后，学校相对稳定的发展局面出现逆转，一时无论是经费还是校舍都陷入危机之中。由于徐家汇校舍面临日军轰炸危险，1937 年 11 月，师生被迫搬到法租界上课。随后校园被日本同文书院占用。由于战乱，办学经费拖欠严重，危难之中，黎照寰一再催促教育部，一方面为校舍落入敌手感到无奈，同时多次向教育部报告因经费困难不能正常办学的苦衷,并多次请辞校长一职。为保全学校,黎照寰与教师一起想尽办法。1941年7月,为保护学校不被日伪接管,黎照寰多次密报重庆国民政府教育部,建议把学校改为私立大学。9月16日,学校成立由前校长唐文治等11人组成的学校董事会,为改名"私立南洋大学"做准备。太平洋战争爆发后,学校不得不提前放假。寒假结束后学校就以"私立南洋大学"的名义开学。1942年8月汪伪政府接管学校,黎照寰这位曾经在国民政府中身居高位又颇具教育思想的大学校长,与广大师生员工一起愤然离开了他苦心经营多年的学校。

1945年9月,黎照寰任立法院立法委员。1948年6月,国民政府再度委派他担任交通大学校长,此时黎照寰因对国民政府不满,以年老体弱辞不就任。1949年4月,已经60岁的黎照寰为交大53周年校庆题词:"庆时深念母校创造之辛苦与建设之困难;平时勿忘母校成立之宗旨与施教之使命。"这一题词,道出了他治校14年所秉持的原则。

第二节 确立顺应社会发展的办学理念

一、研究高深学术是大学首要之义

按照大学院《大学组织法》规定,大学必须研究高深学术。学术的发达是社会进步的基础,关系到国运的兴衰。大学是学术人才汇聚地,自然应该成为学术活动的中心。对于学术氛围的营造,科研水准的提升,黎照寰作为一校之长有着深刻的认识。他认为:

> 科学之昌明关系文化之盛衰,国家之强弱。此近世学者所以努力求之而国家所以竭力倡之者也。我国向以科举取士,但重文章,未知科学。间有发明皆一二杰出之千百年千万人中所仅见者也。降至清季,始倡新学。然而推行不广,学者不多,故远不能追踪欧洲,近不能争胜日本。上下呼号者数十年,远近留学者更不知若干辈,仍不能与人并驾齐驱。其故虽多,而无相互之研究高深之探讨,则其最著者焉。①

由黎照寰制订颁布的《交通大学学则》开宗明义将"研究高深学术"作为交大办学宗旨之一。黎照寰认为高等教育与学术研究相互维系,互为因果,训练人才应与阐发学术并重,致力于学术研究,对学生来说可以达到探求学理的目的;教员更应研求学术,以期有所发明创

① 黎照寰:《弁言》。交通大学科学学院编:《科学通讯》第1期,1935年4月。

造，然后才能做到教学相长，于教学方面有所进步。

黎照寰主张学术自由，在交大营造一个宽松自在的学术研究氛围。他认为，自由研究是持续不断的、有系统的纯粹为学问的研究，它是文明进步之源，亦为研究科学之要诀。研究学问者，其目的并不在于能否成为一位科学家，而在于是否具备自由研究学问之精神。黎照寰认为自由研究的精神在中国极为缺乏，要求师生研究科学必须有大无畏的精神及信仰真理的意志，发挥个人的自由理想，培育自由研究思想。即使抗战时期交大困守租界一隅之时，他仍然表示坚守交大这块阵地，要为中国保留一块自由独立的学术园地。

为了提高高等教育的学术质量，黎照寰采取了多方面的措施，不遗余力地推动学校在学术研究上的不断拓展和深化。为推动科研水平，学校制订了鼓励教师研究及著述办法，教师的研究课题一经学校审查通过，学校予以"充分之合作"。主要措施是允许自由出入图书馆，提供试验场地、材料、仪器和研究助手，补助一定的出版经费，必要时可以减少授课钟点，仍可享受原薪待遇。以后又规定，凡是教授及副教授连续任教7年以上，愿意离开教职从事专门研究者，学校给予全年薪俸一次，研究结果著成论文，交付学校审查出版。黎照寰还与商务印书馆签订协议，将师生著述列为《交通大学丛书》公开出版，先后出版了管理学院马寅初的《中国经济改造》和沈奏廷的《铁道货运业务》、机械工程学院黄叔培的《自动车工程》、科学学院顾澄的《积分方程式》等10多种著作。

黎照寰主校后，为发展工程事业，增进学术自由，于1930年春改组扩充工业研究所，添置设备，兴建试验场所，礼聘学者专家，扩大规模，定名为交通大学研究所，自己任所长。交大研究所专重调查、试验和研究，性质上与中央研究院各研究所相近，而与各大学附设研究院不同；后者招收大学毕业生，侧重高等学问的教学。

黎照寰为培养学生自由求学的习惯与从事科研的兴趣，提倡学生组织各种学术研究团体。1934年11月5日，他在工程学会全体会员大会发表讲话指出，研究学问，非仅一人之力所能成，需要建立良好的学术组织，才能够收到一定的功效。他还鼓励并资助学生组织成立各种研究团体。在20世纪30年代，交大恢复并建立了许多学生学术团体，如工程学会、经济学会、科学社这三大常设研究会，以及读书合作社、军事交通工程研究会等。对于这些学术团体，黎照寰都极力予以支持，鼓励学生从事科学研究，成为富有自由研究精神的工程师、管理家及科学家。正是在他的支持下，交大学生在繁重的课业之外，学术活动十分活跃。

黎照寰认为，与国内外学者进行学术交流能开阔师生视野，带来有益的经验，有助于发展学术研究。接掌交大后，黎照寰通过聘请专家演讲、举办学术交流会议、开办展览会、选派教员外出考察等方式，与校外开展频繁的学术交流活动。近代上海是远东第一商埠，也是中西文化交流的汇集点，中外学者专家成为上海滩上的常客。黎照寰利用这一优势，延请各路专家学者登上交大讲坛，演讲国内外有关的学术理论和实际问题。“无线电之父”马可尼、诺贝尔物理奖获得者玻尔等学者先后光临校园。1932 年暑假期间，黎照寰还向国内各公私立大学发出邀请，在交大召开“全国高等教育问题讨论会”。大夏、燕京、金陵、厦门等 9 所院校的校长及其他高校代表共 70 余名参加会议，会议决定成立中国各大学联合会，以“协谋发展高等教育”。另外，中国数学会还在交大图书馆召开了成立大会，中国物理学会第二届年会也在交大举行。在“请进来”的同时，黎照寰也重视选派教员赴国内外参加会议，鼓励教员利用暑假外出调研考察，并对赴外考察的教员予以高额津贴，教授每日 4 元、讲师 3 元、助教

1932 年，由黎照寰校长（前排右六）发起的高等教育问题讨论会在交大召开

2元。1933年4月，为纪念交大建校37周年，黎照寰主持举办了一次大规模的工业及铁道展览会，各路局、厂商、学术机关纷纷将新式机器等运进交大。展览会期间，学校还举行特邀专家会议，邀请著名的工程、经济、管理专家参加专题讨论。

黎照寰实施的上述措施收效显著，学校学术成果丰硕。代表交大最高学术水平的研究所，至1936年成立10周年时，共完成54个研究项目，其中工业部38个、经济部16个，主要著作12部；此外还完成社会各界委托试验的工程材料约1 500件，修订名词17 000余条，撰成铁道辞典，编译部分专著，研究成绩昭然，为中外专家所称许。

二、承担“实业救国”的社会责任

大学的首要之义是研究高深学问，但在黎照寰看来，在国力衰落的旧中国，承担起实业救国的重任是大学服务于社会的最直接的责任。黎照寰在追随孙科创办铁道交通的过程中，推行“交通行政和交通教育相辅而行”的政策。他认为“方今国家锐意建设，首赖交通为其枢纽。而发展交通，尤恃专门人才”，[①]于是在1929年春组织了交通教育整理委员会，以部校的重要职员为委员，着重对交通大学进行整理，并提出交通大学建设十年计划。这个计划主要有两方面，一是“从精神上提起交大的精神”；二是“从物质上重新建设”。计划包括改善组织，增加经费，重建校舍，提高程度，充实内容，增进教学效能，改善教职员待遇，部、路、校联成一贯，订行有关实业计划之研究试验和调查工作，改订毕业生实习和留学办法等十条大纲。根据这个计划，铁道部对交大进行整理，形成“部校合作”体系。交大自创办以来，主管机关从商部、邮传、交通，以至铁道部，均属实业部门，在长期的办学过程中，形成一种“建教合作精神”，[②]这种精神在这一时期更得到强化。铁道部除给予经费外，还在人才培养计划和今后的出路方面都给予很多关注和保障。[③]

隶属于铁道部这种体制上的因素使黎照寰必须按照铁道部的要求办学，包括学科设置和人才培养计划的制定。而从黎照寰本人思想深处来看，他也认为中国办大学，就必须培养专门人才，这是当时国情所需。他认为想要救国家于危难之中，就要抓紧国家的建设，而交通建设是国家建设的枢纽，只有交通便利了，才能够顺利地推进国家的其他各项建设。交通建设的发展就需要依靠人才，交通大学就是培养交通建设和管理人才的地方。他还主张交通人才必须是名副其实的，既有扎实的理论基础又有过人的动手操作能力，同时交通的管理

---

① 黎照寰：《序二》。《交通大学年刊》1930。

② 张其昀：《交大精神》。《交通大学60周年纪念征文集》，新竹交通大学1956年版。

③《交通大学校史》(1896—1949)，第216页。

也需要拥有专门知识的人才,因此交通大学需要成为一所理、工、管相结合的大学。黎照寰的这一办学理念是出于对国家走出困境的思考而得出的解决办法,他提出把交通大学建设成为理、工、管相结合的大学是顺应社会发展的趋势的,社会需要的不仅是会读书的好学生,还需要他们有实际操作能力及对社会和对国家的责任心。

20 世纪 30 年代,中国高等教育发展导向注重实科,压缩文科,加强工科。1932 年、1934 年教育部连续两次出台限制文科发展的措施。这在一定程度上反映了社会经济发展所需。交大在黎照寰带领下,正是顺应这一导向进一步扩充工科,加强理科,并适时发展管理学科。这种在学科设置上,不管《大学组织法》《大学规程》的硬性规定,“我行我素”,形成理工管结合的以理工见长的大学,经过几十年的发展,顺应了社会对实业人才的亟需,已经成为交大的特点和传统。

三、大学要有相对自主的空间

大学既是一个教育实体,又是一个学术机构,它提倡独立开展学术研究、培养学生独立人格,理应具有相对的办学独立性。黎照寰在建设交大过程中,特别是在院系学科设立上,就充分运用了这种大学所应具有的自主精神。

1929 年 7 月公布的《大学组织法》和同年 8 月公布的《大学规程》规定,大学应遵照中华民国教育宗旨及其实施方针,以研究高深学术,培养专门人才为目标。高等教育机关分为大学、独立学院、专科学校和研究院(研究所)四种。大学分文、理、法、教育、农、工、商、医各学院,须具备三个学院以上者,才能称为大学。且三个学院必须包括理学院或农、工、医各学院之一。不足三个学院者成为独立学院。按照规定,许多学校因为没有相对应的学科而不能成为大学,因此限制了学校的规模和等级。但交大并没有拘泥于这项规定。工科是交大历来建设的重点,黎照寰担任交大校长后,继续加强工科的建设。他认为“吾人所组织管理之实业,赖工程学以进展”,“工程学无论在理论方面或实用方面,均能引起实业设备及计划之需要”。1928 年后,交大的工科由原来的土木科、机械科、电机科分别扩充为土木工程学院、机械工程学院、电机工程学院。在三个学院中又着重添设了交通、铁路建设所需要的各种工程学科。当时交通、通讯的重要工具为火车、汽车、电报、电话等。为了能够建筑铁路、公路、制造机车和电话、电报等机械设备,于是土木工程学院改设了铁道工程门、道路工程门和构造工程门;机械工程学院改设了铁道机械工程门和自动机械工程门;电机工程学院发展了电力门和电信门,从而使交大形成了比较完整的以铁道、交通建设为主的工程学科体系。

黎照寰倡导的建设理、工、管相结合的大学在当时的中国是绝无仅有的，可以说，交大成为《大学组织法》规定的例外。

1934年12月，教育部派员到各国立大学视察。在交通大学，视察官员对交大自以为是的院系建制及名称震惊不已。学校所属的五个学院中没有一个是所谓的“合法”学院。黎照寰主持下的交通大学未按《大学组织法》和《大学规程》的规定，他将包括数理化的所谓理学院称为科学学院，将机械、电机、土木三个系升格为三大学院；管理学院更是在八大学院之外。

这种院系设置令教育部不能接受，当即令校长黎照寰将所有学院与法定学院名称“对号入座”，一律变更，科学学院改为理学院，管理学院改称商学院，土木、电机、机械三学院降格为系，合称工学院。但是黎照寰对此并未及时回应，交大的院系建制仍然维持原来格局。因为教育部不是交大的主管机关，也不是经费供给单位，所以不能以行政命令的方式强令统一，又无法以断绝经费相胁，让交大服从教育部的命令。为防止其他学校群起效尤，教育部在1935年

1935年黎照寰(左二)与张廷金(左一)、裘维裕(右一)等人在校门落成典礼上合影

10月要求铁道部督导自己的属下执行,而黎照寰还是没有因此而改变交大的任何一个院系建制。

黎照寰之所以执意不同意更改学院设置,哪怕只是改换学院名称,这是因为在黎照寰看来,改名看似小事,但实质上关系到办学宗旨和教育原则,关系到院系设置的内在结构,以及建校以来积累的成功经验。黎照寰认为,交通大学是不同于国内其他大学的特殊学校,是应建设部门的需要而培养专才,造就包括工程、科学及管理在内的高级人才。因此,学校在编制组织、课程教法等方面,不必拘泥于划一的教育模式,应保持相对的独立性,也即交大应有自己的办学特色,而有别于教育部属下的一般大学。

黎照寰认为,交通大学应办成一个国际著名的以工科为主的大学,类似于美国麻省理工学院或日本东京工业大学,但不必广为设置许多工程学科。交通大学要着重办好几个与交通事业有关的工科,如土木、机械、电机等。工程人才需求量很多,工程系别又繁复,各大工程的学科性质各异,为便于授课与管理,遂将土木、机械、电机三科扩充为三个学院,分别办理,而不像其他学校作为系别看待。科学学院之所以称为科学学院而不是理学院,是因为科学学院的课程编制以实用为宗旨,讲求效率与科学方法的训练,重于应用;而国内各大学的理学院则偏重于学理,目的是养成研究学问的专门人才。黎照寰还认为,科学学院的名称要比理学院更为恰当,既与通俗英文"science"译名相符合,又避免与我国历史上儒家学说中"理学"相混淆。

至于管理学院,黎照寰坚决认为不应改为商学院,因为两者在范畴、目的和课程内容上有根本的区别。商学院应对商业而设,管理学院则适用于各种实业组织。在学科目的上,商学是从个人立场出发,研究市场竞争的学科;管理学则从社会立场研究人、物、财三者之间的科学原理,以增加效率,节省费用。商学院的课程以贸易为主;管理学科则以组织效能、人事管理、业务统制等为主。另外,交大管理学院专为铁道部培养专用管理人才,非一般商业人才可以比拟。

1932年9月4日,中国航空建设协会与交通大学校长黎照寰会商,拟筹办航空工程班,计划10月开始招生,培植工程人才,为将来自造飞机作准备。该协会拟定合办航空工程班的计划:一、名称:称为交大航空协会航空工程班;二、资格:凡在交通大学或其他国内工科大学土木、机械、电机班具有二年半以上程度均可投考,并计划对考试科目、修业年限、修学科目、需要设备、开班日期、招生日期、学费、课程学分等一一做详细规定。航空建设协会与交大约定,在航空班成立之前,双方如果同意并经铁道部批准后即应办理以下事项:接洽聘请教员、准备教科书、购置设备、设计建设风洞、调查学生人数、早日登报招生[①]。这个大胆筹议，完全是黎照寰根据社会所需和对交大实力的判断，作出的选择。据不完全统计，从1936年第一届航空专业学生毕业到1952年院系调整，交大为国家培养了282名航空界优秀人才。这是交大不拘泥于法规条例、独立自主办学理念的又一种体现。

四、理、工、管结合的办学特色

黎照寰任职校长时，交大已经具备工科大学的基础，也有隶属实业部门管辖的优势。这些因素使黎照寰认为交大应以工程教育为主，以举办工程教育实现实业救国，建设理、工、管相结合的综合大学。这是他办学思想的重要内容，也是交大这一时段发展的显著特点。他将中国工业建设的需要与中国大学的使命结合起来，回答中国大学如何直接为社会服务。就像他在一次对英国经济考察团告别致辞中所谈到，"商业与教育，实有连带关系，教育可助长商业，同时商业亦可改进教育，商业发展，则凡教育之所需，皆可辅成之，教育发达，则贸易之机会与市场，亦随之而扩充，故教育家与商人，实有合作之必要"，[②]"工程之可以成为职业，实为学校训练之结果；工程之用于商业，则为教育应用于实业之结果"。[③]

黎照寰担任交通大学校长之前，交通大学的发展以工科为主，主要有电机、机械和铁路管理三科。他到任后所采取的方针就是继续发展工科，加速建设理科，积极扩充管理科。交通大学因此逐渐朝着理、工、管相结合的方向发展。

学校建设的重点是工科。但是，要发展工程学科，又必须以理论课为基础。对于基本理论科学和工程应用科学的关系，黎照寰认为，加强基础理论课程才能"提高工程教育的效率"，理科与工科"通力合作"，"互相提携"，"体用兼备"，才能"造成建设有用之人才"。学校创办初期即有数学、物理、化学的基础理论课程，与国文、外文相提并重。至1929年7月，校长孙科和副校长黎照寰鉴于科学教育的重要性，指出大学应有文、理、工三院方为完善，交大的管理、工程两所学院已有相当的历史，所缺唯科学学院，于是决定将数、理、化三个系扩充为科学学院。经过一年多的积极筹备，1930年9月科学学院正式成立。

发展工程学术必须以理为基础，而要完成工程建设还必须有科学管理，所以工程教育必须兼重管理。黎照寰极为重视研究现代管理科学，培养科学管理人才。他认为第一，交通、

---

① 《上海交通大学纪事(1896—2005)》(上卷)，第233页。

② 《黎校长在饯别英国经济考察团席上演辞》。《交大三日刊》第99号，1931年1月31日。

③ 黎照寰：《工程学与实业之关系》。《交大季刊》第19期，1936年3月。

铁道本身是一个大系统,必须有科学的管理,“有造之人才,而无管理之人士,则必无效率之可言”。第二,鉴于当时“我国工商业失败多于缺乏良善管理,管理不善,又因缺乏人才”,“衣食住行四大要素,均须有科学管理方法,方克尽善尽美”。[①] 第三,当时许多校友在实际工作中也有深刻的体会和希望。第四,鉴于当时世界许多发达国家已将科学管理广泛用于各个方面,而科学管理的原理和方法又非常复杂,需要由大学来培养各方面的管理人才。其实,早在1918年,交大就设立了铁路管理科。这一时期,黎照寰又积极地扩充发展管理学科。虽然国民政府1929年颁布的《大学组织法》中没有管理学院的规定,但是,他仍坚持发展科学管理的方向,加速建设管理学科,而且将专业范围从原有的铁道、交通管理、扩大到工业、财务和公务各个领域,于1931年春正式建成管理学院,下设铁道管理、公务管理、财务管理和实业管理等四科。

关于交通大学管理学院扩充的经过,当时的《申报》称为“我国科学管理人才养成的唯一之地”。1931年9月27日《申报》报道:

> 交大管理学院为我国科学管理人才养成的唯一之地,上半年实业部等成立科学管理研究会,邀请黎照寰、钟伟成出席。实业部盛赞该院植才至要,并要求力予扩充。黎、钟回校后,迭加研究,草就具体扩充计划,提交校务委员会通过,呈铁道部请示。铁道部亦以科学管理人才重要,准予扩充。于是管理学院大力扩充,将该院分为铁道、公务、财务、工业4门,每门定额学生20名;又因铁道管理学院已名不副实,更名为管理学院。学院扩充后,注重学生培养质量,工业、财务管理学生须修微积分、高等物理、高等化学,使之对于工业方面有较深了解;铁道管理学生仍旧注意铁路上一切学识;公务管理学生注意公文、政治学、经济学。另外,各门注重于英文、法文,入学后须读2年;经济簿记、会计统计等科目,亦甚注意。该报道最后认为,管理学院“课程之完备,设备之周到,教授之认真,可与美国意利诺大学科学管理学院相颉颃”。

直到20世纪40年代末,尽管黎照寰已经不再任职交大,但谈起交大管理学院的设置,他依然颇感兴奋:“一切事业都离不开管理,一切的进步都需要良好的管理来做基础,本校管理学院的创办,无论在中国、在亚洲,都属创举,本校科学、工程、管理三方面并重。”[②]

---

① 《纪念周中黎校长之演辞》。《交大三日刊》第69号,1930年9月24日。

② 《黎照寰代表孙院长在哲生馆落成典礼上致词》。《交大周刊》第2期,1947年4月18日。

第三节　提出智、德、体三育并重的教育方针

一、培养“实业计划”的实行家

黎照寰与孙中山及孙科的特殊关系，坚定了他振兴实业拯救中国的办学信心，无论是在办学宗旨还是人才培养目标上都深深打上孙中山先生“实业救国”的思想烙印，就连与国际友人言谈中也不离其宗：“本大学为中国著名国立大学之一，中国政府实行孙文主义，故中国之经济学说，亦即孙中山先生之经济学说，本大学教育方针，即系应用中山先生之经济学说，特别注重于实业计划中之‘国际共同发展中国’一事，因之本大学特于工程管理两方，增设科学课程，毕业后须服务于铁路及其他国家机关，此后彼辈不但可为实业人材，抑且为政治领袖人物。”①他还认为，清末以来武力救国、政治救国、思想救国等，都曾一一尝试，却未能救中国于水火之中，唯有精研科学，振兴工业，才能“外抗强敌，内裕民生”，而要实现科学救国，从根本上论，其关键更在于能否培养专才。北伐的成功、全国形式上的统一，被他认为实施实业计划抱负的大好时机。而实现实业计划的关键在于人才。交通大学校长的职位，为黎照寰提供了大显身手、一展宏图的舞台。黎照寰认为交通大学是当时国内唯一且是最高的工业学府，造就工程、科学及管理人才，是其当仁不让的使命。这些专才应是北伐统一后“新中国”的建设者，是实现铁道部整个建设计划的关键。这些主张在他主持制订的《交通大学规章》《交通大学学则》以及20世纪30年代校园里张贴的三条标语中都有体现。

面对中国当时建设所需，黎照寰指出培养专业人才之重要性和紧迫性：

> 我们无论要做哪一种建设专业，都需要三种不可缺少的准备：第一是建设的计划，第二是建设的经费，第三是建设的人才。……我们交通大学就是为制造整个交通建设的人才而设立的，那么我们可以说毕业同学人人都负有建设交通事业的使命，建设新中国的责任，而且同学毕业的一天也就是同学开始去完成这种使命和责任的一天。②

1936年3月，黎照寰在《交大季刊》发表文章《工程学与实业之关系》，专门论述实业、工程学及教育三者之间关系。他认为：实业的发展有赖于工程学之发达，工程学之发展又有赖

---

① 《黎校长在饯别英国经济考察团席上演辞》。《交大三日刊》第99号，1931年1月31日。

② 黎照寰：《告本届毕业同学》。《交大季刊》第3期，1930年7月1日。

于教育的组织和管理。从历史上看,教育之进程先于工程学,而工程学之发展又早于实业之发达。因此工程学与实业的进步都依赖于教育的发展和进步,交大应承担起这份历史和社会的责任,培育"《实业计划》的实行家",养成"交通建设专才"。

在黎照寰看来,培养人才,一方面要学以致用,以适应中国建设的需要,人数不在其多,而在于其精。他在阐述交大人才培养宗旨时说:"我们的目的不是在芸芸众生中,用投机的方法,以期造出一两个杰出的人。有杰出的人才产生固然是更好,但没有也不要紧,只要我们每个同学都为可用之才。"另一方面是实行家又要成为专家,是个基础理论扎实的高级技术人才。他认为人才分高中低三级,交通大学立意在培养高级人才,由他们担负"指导管理与建设之责任",并期望他们有所发明和创造。

1930 年 1 月 9 日,黎照寰设宴于老上海新新酒楼,欢送铁道部选派赴美的赵祖康、曹丽顺、沈奏廷等 11 名交大历届毕业生。席间,黎照寰亲手送给每人一份特殊的礼物——孙中山的两本英文版著作《实业计划》和《三民主义》,并语重心长地对赴美学生说,孙先生在《实业计划》中提出了建设中国的宏伟蓝图和远景计划,中国还很落后,发展实业是唯一的振兴之路。他叮嘱学生赴美后,除继续学习孙先生的思想主张之外,更要刻苦用功,勤奋钻研,增长知识,掌握先进技术,以学成归国做实业计划的实行家。

为养成具有高深学问的实行家,黎照寰极力劝导学生以求学为天职,不必过问政治。他认为交通实业为国家经济及国防命脉,应独立服务于国计民生,脱离政治漩涡。交大培养的交通工业人才,在培养时期只需明白其实行家之责任,锻炼其独立服务之意志,静修专务,避免卷入学潮。他谆谆告诫学生,"希望同学于读书时期,宜专心向学,待学成毕业后,再讲各种政治运动。"因此,他要求学生"只需在校潜心学术,惟冀学业之猛进,他事可不问也"。即使在为挽救民族危难的"一二九"运动爆发后,黎照寰还是苦口婆心地劝说学生静心读书,"学生之天职为读书,勿忘天职"。

为了保证学生专心求学,他制订公布了《交通大学学则》,推行严格的管理措施。首先,增加课时和严格学分制管理,各班每周授课时数在 30 小时以上,至毕业时至少需修满 180 学分,实际各院毕业生所修学分超过此数,而教育部规定的学分限额最低 132 学分,最高为 157 学分。黎照寰认为这是对高等教育的增进,使交大学生以四年之所学等于他校五年。其次严格考试,考试分临时和学期两种,临时考试即小考次数频繁,每学期一般各种考试有四五十种。再次严格考勤,按照旷课时数实施记点,合计每 20 点给予警告一次,三次警告予以退学。还规定一门科目旷课超过五分之一者不得参加考试。最后严格升留级制度,必修科补考不及格须重修,两门以上不及格者留级,接连两次留级者勒令退学。

对于黎照寰要求学生以求学为天职的做法，当时校内外即有不同看法。1934年教育部视察员认为，交大学生课业过重，缺少研习时间。学生也在疲于应付各种大小考试，并向黎照寰及铁道部提出减少课业时间的请求。黎照寰的这种做法，既体现他主张学术远离政治的观点，又是在民族危机深重的20世纪30年代，学生运动风起云涌，而国民政府当局三令五申要求学校防范学生的“越轨行动”，黎照寰不愿对学生的救国运动粗暴干涉，又不能置当局的“切责”于不顾，于是要求学生一心向学，这成为黎照寰于学生与当局之间的一种“周旋”，反映了黎照寰当时的良苦用心。另一方面，在民族危亡的紧急关头，依然让学生埋首书斋，这不能不对当时进步青年的思想觉醒和革命活动产生消极的影响。而事实上，黎照寰要求学生关起门来读书，不仅学生们办不到，黎照寰自己也做不到“关门办学”。当1937年日军全面侵华，交大徐家汇校园被侵占，师生们在局促的租界中艰难维持交大续脉的时候，黎照寰极力要求学生“专心向学”“不问政治”的理想也就此破灭。

二、培养智、德、体全面发展的人才

对于具备实行家所需的素质，黎照寰提出智、德、体三育并重的教育方针，强调塑造学生成为一个“完全的人”。在1930年10月的一次纪念周会上，他对学生说，“凡为学生，须注重于智、德、体三育上之修养，盖于学生学识上，须有充分之涵养，于体格上须练成健全之体魄，于道德上须有相当之训练。才识丰，体力雄，志行高，俱此三者，始能任重致远，为国效劳”，[①]要求学生在校应“注重知识的获得、身体的锻炼、道德的修养，充分准备一切，务使成为一个完全的人”。

黎照寰对于学生道德的教育、人格的养成特别重视。他批评当时的大学教育只重视知识的传授，忽视人格的陶冶，使学生读书不求甚解，为学只在为自己谋得一个职业，无任何国家民族观念。他认为健全人格的要素第一要有志向，有为科学救国而奋发有为的理想；第二要有意志，有进行坚忍不拔、孜孜不倦的努力，另外还要有自治独立精神，不为声色货利所引诱，穷则独善其身，达则兼济天下。

黎照寰平常与学生时有接触，经常对学生发表各种演说或讲话，其中涉及最多的就是对学生品德、事业与学业的教育。在新生入校典礼、学生毕业典礼、纪念周等活动中他都要特别强调德育问题，希望通过言行，鼓励学生养成良好的道德，让学生明白他们肩负的不仅仅是学习知识，而是为改变国家命运促进社会发展而努力，一定要有自己的志向。如1932年

---

① 腊克斯：《聆黎校长训话以后》。《交大三日刊》第73号，1930年10月8日。

在新生欢迎茶话会上,黎照寰提醒学生:

> 中国现在虽然很贫穷,并且有许多人对中国现状不满意,我相信只要有志气的青年,大家团结起来肩负起建设新中国的责任,中国将来是一定有为的。本校自北伐以来宗旨精神政策都是新定的,所以本校为国家民族的需要和利益而造就建设专门的人材。本校除授课以外,还有很好的研究所,诸位可以去研究各种学问,并且有可由铁道部派到各路去实习的机会,诸位切不可把这样好的机会失去,须努力抓住此机会。诸位在一二年级的时候,尤须立定自己的志愿,将来可以担负何种建设事业,三年以后就不致感到困难,四年以后在外面去做事才比较容易。①

他认为,"学校之所贵,在乎学校中员生之精神"。学生如果没有养成"革命精神",就不可能完成"建设的事业","因为真正建设的人才不单是要有优越的学识和技能,更其是要有革命的精神去抵抗环境与改造社会。要不然,一入社会,就为社会环境所同化,建设人才自身已失去了独立的精神,那还能做什么建设的事业呢"?

在他1929年主持制订的《交通大学训育部训育大纲》中规定,学校训育的目的是"从积极方面,施以主义的熏陶,道德的修养,人格的养成,高尚兴趣的培养,社会事业的指导,政治知识的灌输"。训育原则是"以三民主义为归依",要求学生"具有革命人生观","思想要革命化,言行要革命化";"学生在校就应该打破个人主义封建思想及投机取利的观念,以养成团体生活的精神";还要求学生"恪守纪律","行为要纪律化",并要"养成勤俭朴实的美德,及平等互助的精神"。他教育学生,"在做事时期","求之于己的要有几种良好习惯:即读书习惯、考问习惯、设计习惯、豪爽习惯、忍耐习惯等等。除此尚须责任心、虚心、诚心、公心、希望心等等,更须有信仰力、专注力、博爱力。遇事则宜有牺牲精神、合作精神,常抱高深主义,远大目的"。

在1930年7月1日的毕业典礼上,黎照寰勉励毕业生走出校门后要注意三点:①洁身自爱。他认为"中国今日社会环境之恶劣,殆已无可讳言",毕业生初入社会,易于同流合污,必须洁身自爱。"此首宜注意也。"②奋发有为。他提醒学生"世界进步一日,科学昌明杳无止境",毕业后切戒将"一切书籍大都束之高阁"。③锻炼身体。他声称"民族之健全系乎壮少,身体之强壮实系乎体育","有强毅之体魄而后有强毅之精力",此为锻炼身体之所宜倡导的原因。对于上述三点的关系,黎校长强调:"惟有洁身自爱以端其基,奋发有为以竟其志,

① 《校长召集全体新同学举行欢迎茶话会志盛》。《交大三日刊》第206号,1932年10月5日。

而又锻炼身体以一洗病夫之耻。”

唐文治校长曾有名句：“道德，基础也，科学，屋宇垣墉也。”黎照寰则用更通俗的语言阐释道德和学业基础的重要性，并重新制定校训“精勤敦笃，果毅忠恕”。1935 年 2 月 15 日，黎照寰专门函请国民政府主席林森题写这一校训。1936 年 1 月 1 日，他又在《东方杂志》上发表文章《青年努力的新趋势》，提出对青年努力学习、为国贡献的希望。

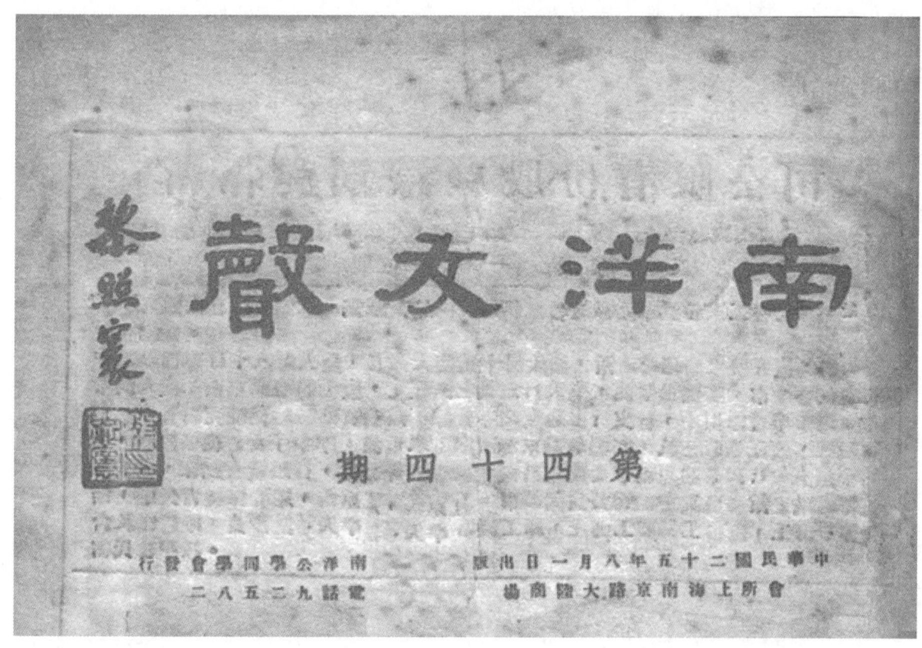
南洋友聲
黎照寰
第四十四期
中華民國二十五年八月一日出版　南洋公學同學會發行
會所上海南京路大陸商場　電話九二五八二

黎照寰题写刊名的《南洋友声》（1936 年）

黎照寰并不是单独强调志向的重要性，更是将志向与学业紧密联系，认为学生在求学期间，一定要有远大的志向，根据自己的志趣选择学习的方向，不应在毫不考虑自己志趣的前提下随意选择学习内容。他曾以自己的亲身经历告诫学生：

> 诸君在此求学之目的，务要远大，在求学期间，便是磨练工具的当儿。工具之磨练，是要随自己志趣，一切不要趋向时髦，须知人各有志趣，是不能勉强的。例如我罢，初到外国时，一心想学理化，但是因基本科学不充分，以及性不相近的关系，结果未曾学成，只好转学与自己兴味相近之学科。这是我个人的实地经验，在诸君可作为前车之鉴。诸君在此二年级当中，选择学科，不仅要选趣味相投的，更

不要投机取巧,连选三四科,到考试时,择其中之较易者去应试。此属投机心理,青年人万不可有,望诸君勉之。至于选择学科时,最好先去问问院长,俾得详细指导。①

在德育教育中,黎照寰强调学生必须有坚强的意志面对环境,面对社会。因为当时的中国正面临内忧外患,虽然经济有所发展,但是人民依然生活在水深火热中,再加上连年战乱,这样的社会环境很容易让学生遇到挫折,灰心丧气,因此对学生进行德育教育,鼓励其有坚强的意志显得非常重要。在一次毕业生的欢送典礼上,黎照寰曾经发表题为《告本届毕业同学》的演讲,其中提到:

现在中国政治情形的混乱和社会环境的恶劣,处处都可以使得同学们遇到挫折,觉得灰心,假使同学一遇到挫折就灰心丧气了,那么中国的交通建设便没有什么成功的希望。因为真正建设的人才不但是要有优越的学识和技能,更其是要有革命的精神去抵抗环境去改造社会。要不然,一入社会,就为社会环境所同化,建设人才自身已失去了独立的精神,那还能做什么建设的事业呢?所以我第一希望毕业同学出校后,人人都能以革命的精神去抵抗环境,去改造社会,不要因为环境的引诱,而忘却了自身的责任,抛弃了固有的事业,也不要因为社会的恶劣,而逐渐趋于灰心消极,然后交通建设的前途才有莫大的希望。②

黎照寰除了对学生的学业加以鼓励,强调应对社会的发展抱以乐观的态度,坚信自己有能力对社会的落后状况加以改进,还提出了学生应尽早对自己的人生加以规划,将志行与人生规划结合在一起,在当时实属难能可贵。如 1930 年 9 月的纪念周活动中,黎照寰的演说中提及:

诸君统是青年,青年人在这种严重而紧张的局面之下,应当采何种态度?抱乐观呢?还是抱悲观呢?并且在此地读书,又应该如何用功呢?就乐观方面说,应当不自满。就悲观方面说,愈悲观应愈奋发自励。就求学方面应有的态度言之:诸君都是受父母之命,与经济上的接济,来此求学的,应该想一想将来做一种什么事业,做一种什么人,并且认明一生的宗旨是如何,这是最要紧的。此时如果昏庸过去,没有坚决的志愿,以及所认识的主义,那末一切都是被动的,随波逐流的混下去,将来所造就的,与一匹驯马又有什么区别呢?所以人生在青年时代,必须有自主力,

① 《纪念周中黎校长之演辞》。《交大三日刊》第 69 号,1930 年 9 月 24 日。

② 黎照寰:《告本届毕业同学》。《交大季刊》第 3 期,1930 年 7 月。

适如国家之要自主一样。人生自十五岁至二十五岁之间，便须决定一切前进的目的，并且凡是人，必须要有作为，这样方不失人生之真义。①

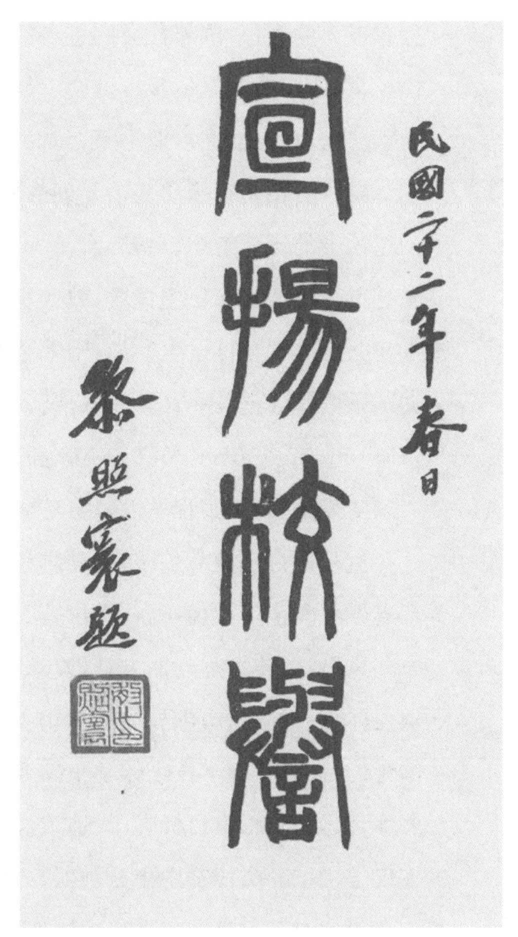

1933 年黎照寰为《陇海铁路交通大学同学会会刊》题词

在对已经毕业即将离校的同学，黎照寰依然不忘对他们谆谆教导。在 1931 年 7 月的毕业典礼上，黎照寰就要求学生要洁身自爱，刚步入社会要拥有坚忍不拔的毅力，做到富贵不淫，贫贱不移，威武不屈，不为环境所引诱，肩负起建设新中国的重任。

黎照寰还对“穷者独善其身，达者兼济天下”提出自己的看法，认为：“所谓‘穷者独善其身’，是要有人格，一切行动都能使人佩服，而且正大光明，有机会出去做事，不论事之大小，尽其才能去发挥，务使有益于社会国家与人们，这才是应当的，从前大多数的人，只喜欢维持现状，苟安自满，所以什么也不进步，吾人不求‘兼善’则已，欲求‘兼善’，事事必须要从大处着想，并且时时应当注意大处的改造，机会到时，即实行‘兼善天下’。但所谓‘兼善’，并不是只求平静无为，‘兼善’是要做天下之大事，俾益于全人类社会。”②要对人类有所裨益，首先要成就自身的事业，而“一个人事业的基础，全在平时的训练，好像造房子一样，如果基础巩固，房屋一定造得好，也就和树木的根一样，根深，就不怕暴风雨的摧折，人也和房屋树木一样，将来能不能够做大事立大业，全在现在根基的好坏。我们的根基从什么时候建筑起来咧？就是要从今天起发奋自强；这四个字就是我们做人根本的根本”。③ 他鼓励青年学生将人格、事业和才能结合起来，为的是能做天下大事。

由上可见，黎照寰对于学生德育的重视程度是与对学生学业重视程度一样非常之高。他认为，学生的责任不仅仅是学习知识，而是对国家社会的改造

① 《纪念周中黎校长之演辞》。《交大三日刊》第 69 号，1930 年 9 月 24 日。

② 《纪念周中黎校长之演辞》。《交大三日刊》第 69 号，1930 年 9 月 24 日。

③ 《欢迎新生茶会席上黎校长训词补志》。《交大三日刊》第 394 号，1935 年 9 月 18 日。

负有极大的责任,国家社会的进步需要依靠他们,如果学生在学校除了学习知识,不接受道德教育,他们毕业之后步入社会,只能成为一名普通的技术人员,没有远大的志向,没有心系国家与人民,自然在事业上不会有突出的作为。

黎照寰还延续了唐文治开创的国文和英文会考,在提高语言学识水平的同时,培养学生关注社会的责任意识。1935 年 3 月 17 日,为"测验学生国文程度,以提倡国学",全校举行国文会考。黎照寰亲任主试员,教务长裘维裕等任监视员。考试从上午 9 点开始直至中午 11 点 50 分,要求全体学生参加,用毛笔写正楷。一周以后,3 月 24 日,又举行全校英文会考,英文试题两题任选其一:①Is the Second World War Inevitable(第二次世界大战会爆发吗?);②My Future Career As I See It(我的理想职业)。会考评出第一名陶寿(电机工程学院),第二名王兼谦(唐山工程学院),第三名许国璋(管理学院)。[①]

重视体育是交大传统,黎照寰任职期间,将体育视为学生成长的基础。1930 年 9 月,他亲自署名向全校发出布告,重申智、德、体三育并重的方针,提出了"校际锦标、普及运动,双方并重"发展体育运动的方针,要求学生"争自濯磨,勤于练习,持以毅力,葆以恒心"。为了加强体育,他聘请申国权为体育馆主任,增聘了体育教职员多人,并在全校设立体育委员会。体育的目的是"谋本校全体学生体育之平均发展";"谋各个学生身体各部分之平均发展",开展体育运动的根本目标在于"造成健全的个人"。由于学校重视,方针正确,因此,这一时期,不仅学生在各类比赛中十分踊跃,成绩优异,而且普及运动也逐年进步,虽然功课繁重,但是广大学生对于运动的兴趣依然浓厚。这一时期,学校体育竞赛的主要方式有联赛、初级赛、级际赛、院际赛、全校赛、校际赛。体育项目有足球、篮球、棒球、网球、排球、田径、越野、游泳、国术等,学生参加率占总学生数的 85%以上。不少学生还经常代表学校参与各种校际比赛。

正是基于智、德、体三育并重的教育方针,交大学生获得良好的社会评价。由于在学校受到良好的训练,因此毕业后就有较好的服务精神和切实的作风。交大毕业的学生,大都能努力求学,实心任事,朴实谦恭,实事求是,忠于职守,勇于负责,务实业而不求名,重建设而轻仕途。

纵观中外各大学的发展,每一所成功的大学无不与一位或数位优秀的校长相连。交大的初创和发展与盛宣怀、唐文治连接在一起,而这一阶段的兴盛却是与黎照寰分不开。黎照寰办理交通大学的成功,在于遵循"部、路、校合作"的原则,坚持大学自治与学术自由,独立

---

① 《上海交通大学纪事(1896—2005)》(上卷),第 260 页。

地决定交大自身的发展目标和计划，形成理、工、管相结合为核心的比较完整的高等工程教育办学理念，并将其付诸实施。他在风雨如晦的岁月里开创了交通大学的辉煌，为现代中国高等工程教育的发展谱写了厚实的篇章，从教育思想与实践效果两方面来考察，黎照寰是一位优秀的大学校长。这一时期交大培养了一大批杰出人才，如：著名工程控制论专家、系统工程专家、中国科学院和中国工程院院士钱学森，著名政治家、社会活动家汪道涵，著名数学家、中国科学院院士吴文俊，著名政治家、社会活动家董寅初，著名水利水电专家、中国科学院和中国工程院院士张光斗，著名卫星和自动控制专家、中国科学院院士杨嘉墀，著名电脑专家、企业家王安，著名英语教育家和语言学家许国璋等。此外，当选中国科学院院士和中国工程院院士的还有：李文采（钢铁冶金专家）、蔡金涛（电讯工程学家）、褚应璜（电机制造专家）、张煦（通讯工程专家）、陈永龄（大地测量专家）、丁舜年（电机工程学家）、侯德原（邮电通信专家）、王之卓（航空摄影测量与遥感专家）、钱钟韩（热工自动化学家）、顾夏声（环境工程专家）、许国志（系统工程、运筹学专家）、罗沛霖（电子学与信息学专家）、吴祖垲（真空电子技术专家）、张钟俊（自控专家）、孙俊人（电子工程专家）、杜庆华（力学专家）等。

如果说唐文治奠定了交通大学工科大学的方向，那么深受西方大学理念影响的黎照寰则以孙中山三民主义思想为宗旨，以振兴实业为己任，把大学自治和学术自由的办学精神成功地运用到中国高等工科教育上面，形成一套比较完善的教育思想，推动了学校建设的大发展，通过十多年的努力，将交通大学建成理、工、管结合的著名大学。

第八章
师生开展爱国民主运动

第一节　五四运动后的交大学子

一、经历五四运动的洗礼

五四运动后，宣传马克思主义逐渐成为新文化运动的主流。上海是新文化运动的中心之一，也是传播马克思主义的主要阵地。1920 年 8 月，陈独秀、李达等人在上海建立了共产党组织——中国共产党上海发起组。随后，北京、长沙、武汉等地相继建立共产主义小组。1921 年 7 月 23 日，各地共产主义小组代表毛泽东、董必武、李达等 13 人汇集上海，召开了中国共产党第一次全国代表大会，宣告了中国共产党的正式成立。中国共产党成立后大力开展工人运动和青年运动，马克思主义思想也开始进入交大校园。经过五四爱国运动洗礼的交大学生，逐渐接受新文化思想影响，校园里兴起谈论社会主义和研究劳工问题的热潮。

创刊于 1919 年的《南洋周刊》在评论社会政治问题的同时，也介绍社会上流行的各种主义，以宣传社会主义和劳动问题的文章为多，如《废除阶级主义的理由》《社会主义与劳工问题之关系》《废除阶级主义的方法》《社会改革与劳工酬报》《社会主义之一斑》等。1920 年1 月，徐植仁发表的《社会主义之一斑》，详细介绍了马克思主义基本观点和经济学说，提出了其根本理论是唯物历史观、"阶级竞争"与社会革命等，最后认为"打破资本，实行社会主义来普及教育、发展实业，使经济上自由平等，实在是现在很要紧的问题了"。《南洋周刊》还曾开辟"劳动界"专栏，刊载调查工人状况和研究劳工问题的文章。第一期"劳工界"发表的文章中说"现在的世界，差不多可以说是劳工世界"和"斧头凿子"，"斧凿的文明，比笔墨的文明，更是可贵"。

交大学生接触到马克思主义的学说，对社会主义道路产生了兴趣，学生会乃邀请中国共产党领袖人物来校，对学生进行面对面的宣传与教育。1922年中国共产党还曾在青年中开展非基督教运动，成立非基督教学生联盟。[①] 这是中共建立之后领导的第一场学生运动，交大学生参加了这场运动。为了让更多的学生了解基督教的本质，学生会于4月21日邀请中共中央局书记陈独秀来校，作关于宗教问题的演讲。陈独秀在演讲中从宗教的起源和历史出发，对宗教的本质进行剖析，宣传了唯物史观，号召学生反对资本主义，反对资本主义化了的基督教。同年5月4日，上海学生集会于交通大学，纪念五四运动三周年。沈雁冰（茅盾）应邀到会作《五四运动与青年们的思想》的演讲，勉励青年学生发扬五四革命精神，走社会主义道路。在新思潮的激荡下，一部分交大学生开始从"实业救国""科学救国"思想中跳出来，认识到只有通过革命走"革命救国"道路，投身于国民革命运动，才能打倒帝国主义和封建主义。

1923年6月，中国共产党召开第三次全国代表大会，决定同国民党建立合作，共产党员、共青团员以个人名义加入国民党。1924年1月，中国国民党第一次代表大会召开，第一次国共合作正式开始，以反帝反封建为目标的大革命高潮开始形成。中国共产党和国民党在青年学生中的宣传组织工作大为加强，各地的学生运动和学生参加政治活动又蓬勃开展起来。交大的一些进步学生满怀信心、奋不顾身地投入到新民主主义革命的洪流之中。1924年5月9日，学生会组织召开"五九国耻纪念会"，邀请中共党员、国民党上海执行部宣传部实际负责人恽代英等到校演讲。恽代英在题为《我们要雪的岂独是五九?》的演讲中，揭露国际帝国主义和军阀政治是中国进步的最大阻力，宣传孙中山的"联俄、联共、扶助农工"三大政策，鼓励学生加入国民党或共产党，投入到火热的政治运动当中来。恽代英的演讲让不少学生深受教育。不少学生决心加入国民党行列，参加国民革命运动。

1924年夏，交大已有国民党员20多人。遵照国民党上海执行部要求，交大与复旦附中、日本人开办的东亚同文书院的党员合组成国民党上海特别市第九区（龙华）第三分部。区分

① 中共中央党史研究室著:《中国共产党历史》第一卷（上册），中共党史出版社2002年版，第123页。

部以“南洋大学学术研究会”为公开机构，作为对外联络和团结同学的组织，先后数次邀请恽代英、叶楚伧、刘华、汪精卫、郭沫若等国共人士来校演讲，对学生影响极大。首任区分部负责人是1925届电机科学生顾谷宜，常务委员是1926届电机科学生张永和，两人均于1925年加入中国共产党。1925年夏，顾谷宜毕业离校后，张永和担任区分部负责人；之后加入国民党的共产党员周赞明、陈育生先后接任负责人。至五卅运动前，交大有共产党员两名，国民党员数十人，成为进步学生爱国运动的组织者和领导者。他们通过学校国民党区分部开展学生工作，领导了全校学生运动，在校内广泛地开展反对帝国主义、反对封建军阀的革命宣传，唤醒更多热血青年，奋起投入五卅风暴和革命运动。

二、参加五卅运动

1925年5月30日，上海爆发五卅运动。交大学生在共产党员和国民党左派的组织领导下，积极参加了这次运动，并在运动中发展壮大了革命组织和队伍。

5月15日，日本资本家枪杀工人领袖、共产党员顾正红。惨案发生后，中国共产党组织了全市大规模的罢工、罢课活动。日方却变本加厉，勾结租界势力进行武力镇压，逮捕数名工人和学生。5月28日，中共中央决定发起一场广泛的反帝爱国运动，声讨英、日帝国主义的暴行。

交大学生获悉顾正红事件后，愤慨不已。学生会先后两次发表宣言，为支援工人“我们情愿做前驱”！决定发动全校学生参加营救被捕学生的活动。学生会还派张永和等人到上海总工会，请他们派人来报告事件的真相，使学生们进一步了解斗争趋势。5月29日，上海总工会副委员长刘华应邀来到交大，先为学生会成员作报告；当日晚上，又为交大全体学生作报告，详细讲述了日本帝国主义对中国工人的残酷压迫和顾正红被杀的经过，激起了学生们的民族义愤。大会一致通过了主持人张永和的两项提案：①捐出3天的伙食菜金200余元，支援罢工工人；②5月30日举行罢课，全体学生结队前往公共租界游行示威。

共青团江浙区委书记贺昌立即将交大决议罢课游行的消息通知各学校的团组织、团员和积极分子。上海学生联合会立即作出决定，要各学校学生到租界里去游行演讲。复旦、同济、文治等校学生都行动起来。

30日上午8时半，交大学生400多人在学校大操场集合，分为17个演讲队，在总队长骆美轮的指挥下，从徐家汇步行到闸北华界。交大的演讲地点是华界北火车站到海宁路一带。各演讲队在这一带散发传单，揭露英、日帝国主义的暴行。交大演讲学生被海宁路捕房逮捕百余人，至下午2时才被释放。

下午3时左右，上海学联通知交大学生：4时到交涉使公署集合，为被捕同学及被杀工人请愿。交大是游行队伍的第一总队，共产党员张永和等4位学生负责接运宣言、传单，并将传单转送给学生们沿途散发。队伍进行中，复旦、上大、大夏、同济等校的很多学生陆续加入，沿途听讲的群众也愈聚愈多。3 000多人的游行队伍由福生路、河南路，继续经北京路转浙江路，由先施公司转向西行，经广西路转入南京路。游行学生向群众散发传单，高呼“打倒帝国主义”“收回租界”“中国人民团结起来”等口号。

学生的爱国行动也感染了不少沿途的上海市民，游行队伍越来越长，不少电车司机也下车加入爱国群众行列，数万群众拥挤在老闸捕房门前。面对游行队伍的是全副武装的英籍印度巡捕，他们举起警棍殴打站在前面的群众，头破血流者无数。学生们英勇无畏，只见旗帜挥舞，传单满天飞扬，一片“打倒帝国主义！”“废除不平等条约！”口号声。下午3点37分，持枪巡捕向徒手的群众队伍开枪，一连44响！当场打死爱国学生何秉彝等12人，重伤15人，被捕53人，制造了震惊中外的五卅惨案。交大附中学生陈虞钦在五卅运动中英勇牺牲；附中学生吴恒慈也为五卅惨案激愤而死。

陈虞钦烈士

吴恒慈烈士

五卅烈士陈虞钦，原籍广东增城，年幼时曾在新加坡道南学校读书，后被父亲送回国，进入交大附小读书，1924年升入附中。他善吹小号，被安排在游行队伍前面司号。英国巡捕向游行学生开枪，他当即饮弹倒地，血染南京路。学生们冒险将他抢救出来，送往仁济医院救治。经医院检查，他腰部和上腹都有伤口，肠子中弹穿孔达7处之多，经多方面医治无效，于5月31日下午7时去世,时年仅16岁。

英帝国主义的暴行、同胞同学的鲜血,进一步激起交大和全上海学生反帝爱国的情绪。在共产党的领导下,上海进行了轰轰烈烈的“三罢”斗争。20多万工人实行总同盟罢工,5万多学生罢课,大部分商人也进行罢市。上海这个中国最大的城市,已陷入瘫痪状态。这时上海学生联合会加强活动,由共产党员余泽鸿任会长,并选举产生上海学联执行委员会,交大、复旦等校被选为执行委员,由交大担任主任委员。张永和、陆定一派往上海学联工作。

当时英国租界当局工部局出版一份小报《诚言》,对五卅运动竭尽诬蔑歪曲之能事。上海学联出版《血潮日刊》,与之进行针锋相对的斗争。陆定一参加了《血潮日刊》的编辑工作。《血潮日刊》和瞿秋白主编的《热血日报》互相呼应,在群众中起了很好的作用。

1925年11月21日,交大全体教职员、学生、家属和各界代表,为陈虞钦、吴恒慈两烈士举行了隆重的追悼会,揭露帝国主义的暴行,表示了复仇雪耻的决心和学习两烈士为国牺牲之精神。当天交大师生在校园里为两烈士建立一座永久性的“五卅纪念柱”。

矗立在上海交大徐汇校区的五卅纪念柱

第二节　中共党组织的建立与发展

一、建立中共党团支部

第一次国共合作建立后，旨在反帝反封建的国民革命运动为热血青年点燃了一盏救国明灯。一些先进青年怀着对民族独立自强的渴望，投身国民革命运动中。在实际斗争的考验下，广大进步青年经过社会主义青年团和中国共产党多方面的影响，接受共产党的纲领和马克思主义，转变为社会主义青年团员、中国共产党员。1924 年冬，经贺昌介绍，张永和加入了社会主义青年团。经贺昌和东亚同文书院中华部学生党员梅电龙（即梅龚彬）的介绍，张永和于 1925 年 4 月加入了中国共产党。张永和入党后参加徐家汇支部，负责学生运动工作。5 月 8 日，上海地委批准顾谷宜为中共党员。

经过五卅运动血与火的锤炼，共产党员人数激增。1925 年 1 月中共四大召开时，全国有党员 994 人；到年底，党员已达到 1 万人。在五卅运动前，上海区委共有党员有 220 人；到 1925 年 9 月，党员增至 1 080 人，其中知识分子和学生党员占有相当的比重。中共上海地委在运动中扩建为中共上海区委，按地区下设数个部委或独立支部，直接领导所辖支部，并在党员人数较集中的单位和学校组建党的支部。中共党团组织自从建立以来，就比较注重在青年学生中发展成员。交大是上海地区最高学府之一，又有着爱国主义的历史传统，成为党团组织开展活动的重要对象。共青团上海地委在一份报告中说："该校在历史上常占重要的地位，所以我们同志若在该校能博取群众的同情和信仰，实际上即能做学生群众的指挥者。"①

1925 年上半年，根据上级党组织的指示，党在徐家汇地区成立了中共徐家汇支部。支部书记是东亚同文书院的梅电龙，支部成员 7 人，其中 6 人是同文书院中华部学生，交大有顾谷宜 1 人。顾于当年 6 月毕业离校后，张永和经介绍加入。因成员均来自同文书院和交大，徐家汇支部实际成为两校的联合支部。支部的上级领导人是中共江浙区委书记罗亦农。团组织的领导人是贺昌。贺昌直接参加这个支部的党、团组织生活。组织生活每周一次，内容多数是由贺昌讲解党、团组织的性质和任务，党、团员组织性和纪律性教育，结合政治斗争

---

① 上海交通大学党史校史研究室编著：《民主堡垒——战斗在交通大学的中共地下党（1925—1949）》，上海交通大学出版社 2007 年版，第 20 页。

进行讨论,并给支部成员指定一些阅读书籍,如《共产主义介绍》《共产主义ABC》《通俗资本论》等,此外还有《向导》《中国青年》杂志和第三国际通过海员带来的宣传品《国际通讯》。活动经常在日本人办的东亚同文书院进行。同文书院课程较宽松,学生较自由,学校很少干涉学生参与党团活动。

1925 年 10 月,徐家汇地区又发展了一批党团员,徐家汇支部扩建为独立支部,同文书院独立建成支部。同时,共青团徐家汇部委成立,张永和任部委书记。1925 年年底,在中共上海区委和徐家汇独立支部的指导下,交大建立中国共产党和共产主义青年团支部。第一任党支部书记是张永和,成员大约为 8 人。据现有资料显示,他们是:张永和、陆定一、周赞明、费振东、竺延璋(祝百英)、陈育生、夏清琪(夏采曦)、周志初。

至 1926 年 3 月,已调徐家汇独立支部任书记的张永和在一份报告中称"南洋大学支部成员已有 10 人"。交大团支部书记为陆定一,至 1926 年,团员已经有近 20 人。交大中共党、团支部是中国高校中最早建立的共产党、共青团基层组织之一。

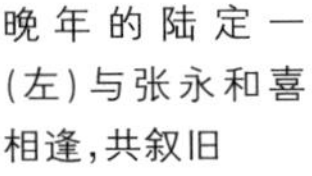
晚年的陆定一(左)与张永和喜相逢,共叙旧

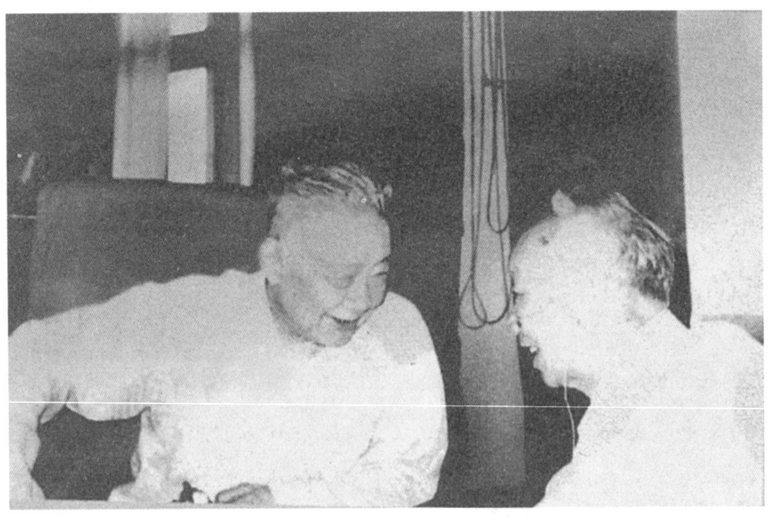

首任党支部书记张永和(1902—1992),又名张致中,云南泸西人。1923 年入交大,攻读电机科。1925 年入党,同年担任上海学联执行委员会主任,1926—1927年先后担任上海法界部委、沪东、沪西等地区区委书记,1927 年 10 月—1928年在中共中央机关工作,后调任中共云南临时省委书记、常委。1937 年经党组织同意,任张冲领导的滇军 184 师政治部主任。1948 年参加党

领导的游击战争，并任泸西县临时县长。中华人民共和国成立后长期在云南第一工业学校、云南工学院任职。

学生时代的陆定一

首任团支部书记陆定一(1906—1996)，江苏无锡人。1918 年就读交大附中，1925 年秋经张永和、梅龚彬介绍先参加青年团，后转入中国共产党。1926 年毕业于交大电机科。历任共青团中央宣传部长、少共国际执行委员会委员、共青团驻少共国际代表、红军总政治部宣传部部长等职。抗日战争时期任八路军前方政治部副主任、《解放日报》总编辑。中华人民共和国成立后，历任中宣部部长、国务院副总理、中共中央书记处书记、中共中央政治局候补委员、全国政协副主席、中央顾问委员会常委等职。

二、在大革命的洪流中

中共交大支部成立不久，就与校内诋毁国共合作、反对共产党的国民党右派势力进行了一场针锋相对的论战和较量。在这场被称为“南洋大学风潮”的论战中，学校全体共产党员、共青团员，团结国民党左派，发动广大进步学生迎接挑战。党团负责人张永和、陆定一在校内秘密组织马列主义读书会，邀请上海大学教授施存统来校辅导学生学习马列著作，提升理论水平。交大党团支部以《南洋周刊》为理论阵地，陆续发表了数十篇旗帜鲜明的文章，用唯物主义历史观阐明了只有马克思主义才能救中国的道理，论证了国共结成联盟和统一战线的必要性。其中代表性的文章有陆定一发表的《敬告一切热烈的青年——为纪念孙中山先生而作》和《纪念孙中山先生》等。

1926 年 3 月，孙中山先生逝世一周年纪念会前后，中共交大支部以校学生会评议部和学术研究会的名义，先后邀请共产党员、国民党左派、学术界著名人士郭沫若、杨杏佛、杨贤江、恽代英等人到校讲演，宣传国共合作的意义，讲解国共合作的道理，传播共产主义思想。1926 年 3 月 12 日，交大举行孙中山逝世周年纪念，郭沫若应邀来校演讲《三民主义与共产主义》，明确表示支持国共合作，反对内部分裂。

郭沫若的演讲引起学校国民党区分部内左、右两派学生的激烈辩论,政治分野越来越明朗。1926 年 4 月 2 日出版的《南洋周刊》上刊载了以“影帆”和“远载”署名的两篇文章,反映的两种不同观点。“远载”的文章《听了郭沫若先生的演讲后》否认国民党内部有左、右之分,反对国民党容纳信仰共产主义的共产党。“影帆”即中共交大支部书记周赞明,他在《读了远载的〈听了郭沫若先生的演讲后〉以后》一文中,对“远载”所谈的观点进行逐条分析和批驳。文章引用孙中山“共产主义是民生主义的理想,民生主义是共产主义的实行”一语,证实同时信仰三民主义与共产主义并不矛盾,认为国共合作是孙中山的主张和遗教。

现实的斗争教育比舌战笔斗更有说服力。1926 年 3 月 18 日,在中共北方区委的领导下,北京 60 余团体、80 余所学校约 5 000 余人在天安门集会,举行“反对八国最后通牒国民大会”。当队伍行至铁狮子胡同段祺瑞执政府门前时,预伏的军警竟开枪射击,打死 47 人,伤 200 余人,制造了震惊中外的“三一八”惨案。当消息传到交大后,被北洋军阀暴行激怒了的学生找到学生会,要求举行反对军阀政府的游行示威。学生会执行委员会立即讨论,决定停课 4 天,游行、演讲宣传、参加上海市民追悼北京“三一八”惨案遇难烈士大会。交大学生发表《为北京惨案告同学书》,明确宣告:“我们的敌人,是帝国主义和军阀官僚,我们再不要依赖或希望他们了。我们只有痛定思痛,整齐自己的队伍,向敌人猛攻……”共产党员李敬永撰文《三月十八日》,呼吁“建立中国的巴黎公社——人民政府”。大部分学生在学生运动中,仍然团结在共产党员和国民党左派控制的学生会周围。

面对学生参与政治和国民革命运动的热潮,学校当局忧心忡忡。在军阀孙传芳的压力下,凌鸿勋于 1926 年 7 月宣布开除学生 52 名,其中共产党和国民党员为多数,交大进步学生力量受到重大打击。此时国民革命军已誓师北伐,江浙军阀和租界当局宣布严禁政治活动,学生运动和革命活动暂时处于低潮。9 月开学时,交大党支部成员降至 4 人。

1926 年下半年,北伐军一路捷报频传,进入长江流域,交大进步学生备受振奋。党组织的发展出现了新的转机,到 11 月份,党支部成员很快发展到 8 人,王师穆任支部书记。

1927 年春,北伐军长驱直入,前锋逼近江浙。为迎接北伐军,中共中央和上海区委组织和发动上海工人接连发动了三次武装起义。交大党团组织积极响应号召,组织动员学生支援工人起义。1927 年 2 月上海工人第二次武装起义时,交大学生罢课,上街宣传演讲,散发传单。3 月 21 日,上海工人第三次武装起义爆发,交大学生参加上海市总同盟罢课,配合武装起义。他们组织宣传队和纠察队,有的学生和铁路工人合作,拆毁铁路;有的学生上前线救护伤员;还有的学生晚上对敌人喊话。刚刚离校任中共闸北部委组织部长的陈育生,带领工人参加武装起义,不畏枪林弹雨,攻克敌人营垒,打退敌人的反扑;他还组织救护队,及时救护伤员，掩埋烈士遗体，慰问烈士家属。交大党团支部在斗争中发展壮大，在校共产党员、共青团员已有五六十名。第三次工人武装起义胜利后，北伐军队开进上海，交大党团支部和进步学生欢欣鼓舞，迎接北伐军队的到来。

三、党组织的艰难发展

1927 年 4 月 12 日，蒋介石在上海发动了反革命政变，共产党组织被迫转入地下斗争。交大国民党右派势力乘机抬头。右派分子刘斌等人在“四一二”政变中卷土重来，夺取了校内国民党区分部的领导权，操纵了学生会，开出黑名单，告发校内共产党员和共青团员，气焰十分嚣张，成为“上海学界清党之第一声”。交大被列为“反动分子”的名单一共有 20 名，计有“C. P.（即共产党员）或 C. Y.（即共青团员）之重要分子”12 名：史鹏展、周志初、王星垣、王师穆、肖之谦、徐树勋、徐介清、谢松元、姚剑初、林永晔、吕瀚璇、蒋寿庭；次要分子 8 名：王世俊、成贻典、刘调中、魏兆淇、唐永济、周宝瑛、周宝琮、陆亘一。学校负责人李范一于 5 月 15 日发出通函，按照名单逐个通知学生进行个别谈话，要学生们“迅速切实自备声明书，声叙并未跨党或曾入共产党者已于某时退出，更须声明此后潜心肄业，决不有所活动”。列入名单的学生有的在备好的“声明书”上签字；一些不愿屈从的学生被迫离校。交大共产党、共青团组织又一次遭到破坏，剩下的共产党员、共青团员只能分散活动。

1927 年南京国民政府建立后，交大遵照教育部有关学校训育制度的要求，设立训育委员会，开设党义课程和举行“总理纪念周”活动，实施党化教育，加强对学生言行的监控。校方还控制了学生会和国民党区分部，对学生社团采取严格的登记制度。共产党的各级组织被迫转为隐蔽秘密状态，开展地下斗争。中共交通大学支部于 1928 年得到恢复，何子佳、孙宝丰先后担任支部书记。由于白色恐怖日益严重，加上党内“左”倾冒险主义的错误领导，法南区委机关和下属党组织屡遭破坏，刚刚恢复的交大党支部于 1929 年又一度遭到破坏。

20 世纪 20 年代末，中国共产党领导创建工农红军，在农村开辟革命根据地进行武装斗争的同时，一批党的理论工作者和进步知识分子仍从各地汇聚上海，开展对马克思主义的介绍和宣传工作。上海许多学校的进步学生纷纷以各种形式组织在一起，学习、研究包括马克思主义在内的社会科学理论。这些组织名称不一，有的称“社会科学研究社”或“社会科学研究会”（简称社研），有的称“问学社”或“读书合作社”等。

交通大学在这股学习社会科学风气的推动下，出现学习和普及社会科学的团体。1929 年 10 月 24 日，何治垓、朱世通、姜豪、葛德铭、陈景涵、葛和林等学生成立社会科学研究社，汇聚社员 30 多人。研究社通过壁报评论校内外时政，介绍各种社会科学知识，受到师生的关注。

年底,研究社遭到校方查封。1930 年 3 月,电机工程学院许邦和联络孙佐钰(后改名孙克定)、刘俊明等人发起组织"读书合作社",会员有 10 人,其他 7 位是:王自新、王兆嵋、乔魁贤(后改名乔剑秋)、唐曼平、华方增、葛和林、袁铁群。社员在入社前后大都受到马克思主义或无产阶级文学的影响,有革命要求,对国民党专制统治和列强在华的侵略现状强烈不满。在社联负责人王学文指导下,交大社会科学研究会小组重新恢复,参加者大都是原来读书合作社的成员。1930 年暑假,许邦和、乔魁贤参加"左联"和"社联"合办的"文艺暑期补习班",并被吸收加入中国共产党。9 月,中共交通大学党支部自 1929 年破坏以来再次得到恢复,许邦和为支部书记,乔魁贤为组织干事,孙佐钰、刘俊明、李文采先后加入党组织。党支部成立后,其领导下的外围组织"社研"和读书社活动更加活跃,影响了校内不少学生。1929 年入校的机械工程学院学生钱学森,也开始接触到读书合作社,参加过多次小型读书讨论会,他从那里知道了红军和苏维埃政权的存在。后来随着党组织的被破坏,不少党员被开除出校,钱学森和外围组织的联系也逐渐中断。

1931 年底,交大党支部总结赴南京请愿和包围上海市政府两次政治斗争的经验,肯定了学生群众的政治觉悟与爱国热情,积极发展政治觉悟高的学生入党,戴中孚、王镇钰、金希武、袁铁群等先后加入中国共产党。随着李文采毕业离校后到洪湖苏区直接参加革命工作,孙佐钰因病休学,刘俊明自请退学,此时交大党支部的党员共 6 人:乔魁贤、许邦和、戴中孚、王镇钰、金希武、袁铁群,乔魁贤为支部书记。

1932 年上海各大学义勇军开往前线

1932 年"一・二八"淞沪抗战爆发后,沪上各大学均告停课。交大留校师生人数不多,临时转移到学校对面法租界内的交大教工宿室内。这时,交大的党员和进步学生参加了校内外的抗日救亡活动。在

吴淞抗战前线，学生张家瑞、徐威、陆家琛、庄德祖、张大奇等人报名参加抗日义勇军，与十九路军并肩作战。在临时改为国民伤兵医院(由宋庆龄、何香凝主持)的执信西斋，一些学生与校工加入了救护伤病将士的行列。交大党支部在开展抗日救亡活动过程中注意发展党员。预科学生王天眷经上海中学同学介绍先参加共青团，不久由乔魁贤介绍加入党组织，成为一名共产党员。工程班一年级学生顾德欢也被吸收入党。顾文卿、陈延庆由王镇钰介绍先后入党，交大党支部成员又发展到十余人。

1932年夏淞沪抗战结束后，乔魁贤调离交大，负责上海学生运动工作。交大党支部书记由王天眷担任，王镇钰任组织干事，戴中孚任宣传干事，还有党员陈延庆、袁轶群、顾文卿等五六人。

王天眷任支部书记时，上级领导中共法南区委由于受到“左”倾冒险主义的影响，经常组织“飞行集会”、游行示威等冒险行动，区委机关和基层支部连连遭到破坏。交大党支部也经受了严酷的考验。1932年4月30日，学生骨干党员许邦和、袁轶群在法租界中国青年会参加上海大学联召开的五四运动纪念筹备会时，遭到法租界的拘捕。交大党组织发动学生和社会力量全力营救，聘请了沈钧儒、张志让两位沪上著名律师出庭辩护，法租界被迫宣判许邦和、袁轶群无罪，半月后释放出狱。这次被捕事件引起学校当局对学生进步活动的警觉。9月开学时，许邦和、乔魁贤、葛和林、韩忠山遭到学校开除，被迫离校。开学后不久，学校总务长潘廷干带领特务入校，非法逮捕了袁轶群。袁由上海辗转押至南京宪兵司令部看守所，审讯三次，始终未暴露身份和组织关系。后经亲友和交大杜光祖教授的营救，于1933年4月释放回家，与党组织失去了联系。

在恶劣的政治环境中，交大党支部和“社研”的活动仍继续进行。1932年6月某日傍晚，在交大附近的虹桥路一片鲜有人迹的野地里，六七位交大支部成员围坐在一起，召开了支部改选会议。改选结果，王镇钰任书记，陈延庆任组织干事，戴中孚任宣传干事。据陈延庆回忆，当时学生党员约有12人、团员1人，主要以高年级学生为主，其中大学四年级5人、三年级5人、二年级2人，一年级只有1名团员。改选后的支部积极在学生中发展党员，另将校工、校役列为重要发展对象。至年底，新发展党员8人，其中学生党员有赵春官、王骥等4人，校工党员有冯柏根、冯寿宝等4人。

在严酷的校内外环境考验下，上级组织法南区委肯定了交大支部的成绩，将学校附近的中央研究院社会科学研究所支部(只有二三名成员)安排在交大支部下进行活动，组织上受交大支部领导。交大和社会科学研究所支部成为徐家汇地区仅存的两个支部。至此，交大党支部恢复两年来，共吸收学生及员工近20人入党，“社研”成员发展到20多人。

1932年底,交大党支部重新调整,顾文卿担任支部书记,王骥任组织干事,新入党的林得连任宣传干事,此外尚有工友党员七八人。再次改选后的党支部在校内以“社研”为主要阵地发展学生党员,以平民夜校为讲台发展工人党员,积蓄力量,组织工作逐渐走上了正轨。1933年2月,“社研”发展科学学院一年级学生汪导淮(后改名汪道涵)、林仁穆等人入社。每逢星期天,“社研”都在工程馆开会,社员们聚在一起看书,阅读《自然辩证法》《反杜林论》等马克思主义著作。“社研”还邀请上海商学院许涤新等人来校指导社员学习理论。交大党支部贯彻上级要求,将发展党员作为主要任务。3月,支部将汪导淮、邵震华、文哲等“社研”成员发展为中共党员。王骥介绍张大奇入党。到1933年夏,支部力量得到了壮大,学生、校工党员人数恢复到近20人,另外还有待发展对象五六人,其中有抗日将领方振武之子方心浩。

由于中共党内“左”倾冒险主义的错误领导,加上国民党当局的残酷镇压,中共法南区委领导机关及其下属组织接连遭到破坏,基层支部和党员数量逐渐减少。到1933年,中央研究院支部转移到南京,徐家汇地区仅存一个交大支部。交大党支部骨干成员经常被抽调到法南区委任职,或者因参加过于暴露的活动遭到校方开除,因此交大支部成员变动频繁。8月,支部书记顾文卿调任法南区委书记,林得连接任支部书记,王骥任组织干事,汪导淮任宣传干事。8、9月间,顾文卿陆续调林得连、汪导淮、文哲至法南区委任职,林任宣传部长,汪导淮任法南区反帝大同盟的党团书记,文哲为徐家汇工作委员会委员。交大支部书记由校工党员冯柏根接任。

1934年2月法南区委遭到破坏,书记顾文卿被捕后自首叛变,供出已经离开交大的原学生党员陈延庆、王镇钰、汪导淮、文哲等人,但未供出在校的交大支部党员名单,因而支部未遭破坏。至10月,由于中央领导机关错误的方针未能得到纠正,整个法南地区党的力量已很薄弱,据载仅存交大、法华镇等7个支部。1934年底前后,法南区委机关又遭到严重破坏而停止活动,徐家汇地区党的基层组织损失殆尽,交大支部也停止了活动。一些失去组织联系的党员仍然继续坚持斗争。

第三节 投身于抗日救亡运动

一、三次赴南京请愿

1931年9月18日,日本帝国主义对沈阳北大营的中国驻军发动突袭,侵占沈阳,制造了震惊中外的“九一八”事变。“九一八”事变的消息传到交大,全校师生无不激愤。9月21日,

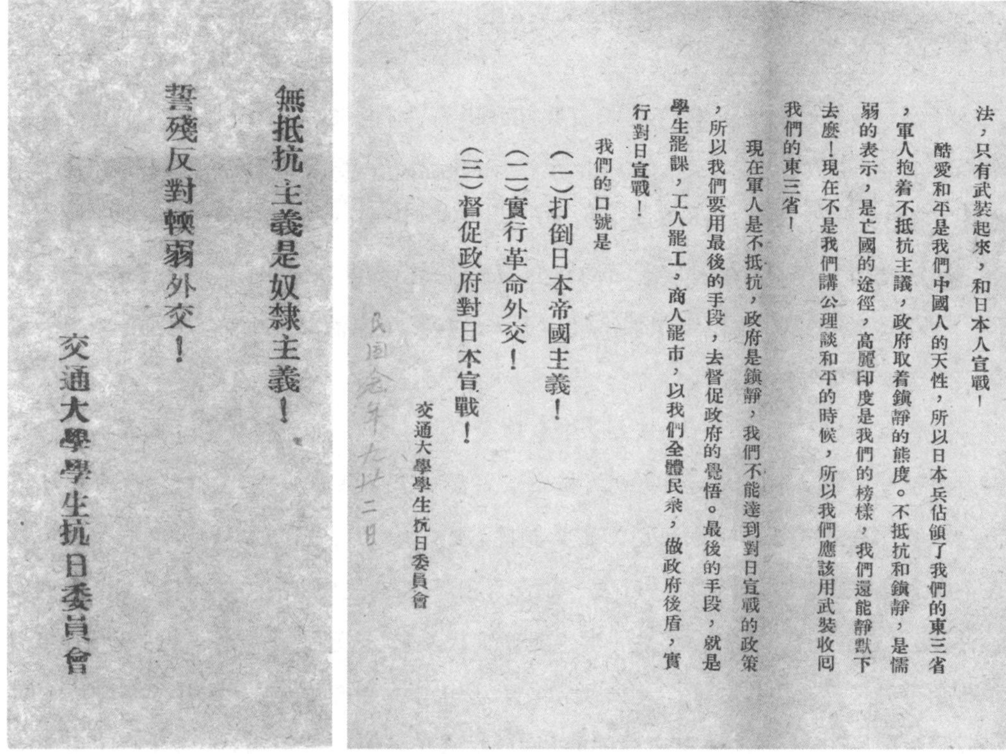

無抵抗主義是奴隸主義！

誓殘反對輭弱外交！

交通大學學生抗日委員會

親愛的同胞，醒醒罷，不要再迷信那「公理」的夢了。世界上不會有公理的、假如是有公理的話，日本兵爲什麽佔領我們的東三省，殘殺我們的同胞呢！達到公理的目的，只有武力，所以我們救國的辦法，只有武裝起來，和日本人宣戰！

酷愛和平是我們中國人的天性，所以日本兵佔領了我們的東三省，軍人抱着不抵抗主義，政府取着鎮靜的態度。不抵抗和鎮靜，是懦弱的表示，是亡國的途徑，高麗印度是我們的榜樣，我們還能靜默下去麽！現在不是我們講公理談和平的時候，所以我們應該用武裝收回我們的東三省！

現在軍人是不抵抗，政府是鎮靜，我們不能達到對日宣戰的政策，所以我們要用最後的手段，去督促政府的覺悟。最後的手段，就是學生罷課，工人罷工，商人罷市，以我們全體民衆，做政府後盾，實行對日宣戰！

我們的口號是

(一)打倒日本帝國主義！

(二)實行革命外交！

(三)督促政府對日本宣戰！

交通大學學生抗日委員會

左图：1931 年“九一八”事变后交大抗日会散发的传单

右图：1931 年“九一八”事变后交大抗日会宣传材料

学生自治会召开临时紧急会议，全体预科、本科学生到场，集会声讨日本侵略者罪行。会议号召全体学生“一致共赴国难”，并决议“通电全国对日宣战”“电请国民政府厉行革命外交”等抗日救亡七项措施。会后当天就成立交通大学抗日特种委员会(简称交大抗日会)，统一领导交大学生的抗日活动。随后，教职员也成立上海教育界救国联合会交大分会，与学生联合行动。原学生自治会 12 名委员扩充为 21 名抗日会委员，中共交大支部书记许邦和、组织干事乔魁贤和“社研”小组成员袁轶群三人当选为抗日会委员；许邦和还当选为大会主席团执行主席之一，与袁轶群一起作为出席上海各大学学生救国联合会(简称“大学联”)的交大代表参加上海市学联的领导工作。袁轶群出任上海大学联党团支部书记，成为大学联的主要领导人，乔魁贤则任抗日会宣传委员会主任委员。

在大学联的统一部署下，交大党支部通过抗日会引导学生的抗日行动：举行罢课，参加全市性的统一集会和反日示威游行；组织学生义勇军，开展军事训练；晋京请愿，要求政府出兵抗日，抗日救亡运动轰轰烈烈地开展起来。9 月 22、23 日两天，抗日会组织全校学生分成 70 个小队，分头奔向徐家汇、法华镇、龙华、南京路等街头宣传,揭露日本帝国主义者的侵略行径,张贴“全国军民一致驱逐日鬼出境”“日鬼不死,我心不安”“全国一致团结起来,不要做亡国奴”等抗日标语。沿途民众驻足凝听,极受感染。23 日,抗日会联合教职员共同致电蒋介石、张学良,敦促政府即刻出兵抵抗日军侵略。24 日,上海十多万工人、学生举行反日大集会,要求政府对日宣战,交大学生积极参加了这一声势浩大的群众运动。26 日,由交大刘旋天、袁炳南两人参加的上海各大学晋京请愿代表团共 52 人,在南京当面向蒋介石严正提出“迅速出兵、实行革命外交、武装学生”等 5 项要求。大学联决定组织一次规模更大的赴京请愿活动,由此拉开了交大和上海各校学生三次晋京请愿的序幕。

第一次晋京请愿是 9 月 28 日,交大学生全体大会决定全体赴南京请愿。晚间,500 多学生随同上海各校请愿学生一同出发。交大抗日会各部移至南京现场办公,就地组织、领导学生的请愿斗争。29 日请愿团下火车后即直奔国民政府。

在全国人民要求抗日的压力下,11 月 19 日,蒋介石在国民党第四次全国代表大会上作出“本人将率师北上抗日”的表示。爱国学生抓住这次机会,发起了一场送蒋北上运动,督促政府和蒋介石兑现迅速出兵的承诺。11 月 24 日,交大学生和全市大、中学生共 8 000 余名再次组成赴京请愿团,不顾国民党当局的阻挠,分批乘车晋京。离沪前,许邦和组织交大数百学生前往声援欢送。26 日,上海请愿学生和全国各地学生一起,顶风冒雪伫立在国民政府门前请愿,要求政府出兵,坚持要蒋介石出面相见,终夜不散。27 日下午,蒋介石只得出见,在上海学生强烈要求下,蒋介石写下了“出兵手谕”,表示“三日之内出兵”。学生以为达到了目的,结束请愿,回到上海。

上海学生第二次赴南京请愿结束后,蒋介石不仅推翻了“三日之内出兵”的保证,而且当日军大举进攻锦州、扰乱天津时,国民政府竟然向国际联盟建议,把锦州划为中立区,由列强共管。12 月 14 日,交大学生袁铁群等人受地下党领导的“上海民众反日救国联合会”委托,率领上海大学生第三次赴京示威。请愿团 2 000 余人,分两批赴南京。参加示威团的交大学生有 150 名。由请愿团改为示威团的上海学生,决心以“坚强的态度督促政府下抗日救国之最后决心”。12 月 17 日,南京、上海、北平、济南等地大中学生三万多人,从中央大学出发,前往国民党中央党部,一路举行了声势浩大的联合总示威,到达珍珠桥《中央日报》报馆时,因该报连日攻击学生抗日救国运动,谩骂示威学生是“暴徒”,游行学生要报社撤销诬蔑爱国学生的新闻,并公开道歉。报社却紧闭大门,无人接待,群众愤怒高呼:“打倒造谣总部!”袁铁群破窗而入,打开大门,示威群众拥进院内,推倒印刷机,捣毁办公室和排字房。这时,早有准备的上千名手持枪支和扁担的士兵,包围了示威学生,对手无寸铁的学生施以残暴的毒打。学生们英勇不屈，赤手空拳与军警展开了激烈搏斗。上海文生氏英文专科学校学生杨桐恒被打伤后又被推入秦淮河淹死。这次惨案造成30多名学生牺牲，100多名学生重伤，60多人被捕。交大学生陈延庆、王天眷、龚绍熊等14人被捕。十几分钟内爱国学生的鲜血就染红了珍珠桥下的流水，这就是震惊中外的“珍珠桥惨案”。次日凌晨，大批军警宪兵包围中央大学，强迫住宿在该校的各地学生立即离开南京，并出动飞机散发恫吓学生的各种传单，以武力押送上海学生到下关车站。在下关，经过学生的坚决斗争，国民党当局被迫释放全部被捕学生，送回杨桐恒的遗体。在下关的斗争坚持了一天，袁轶群代表上海学生与国民党当局进行了勇敢、机智、坚决的斗争。被捕学生归队后，全体学生登上火车，深夜返回上海。返沪后上海大学联举行记者招待会，向社会各界公布“珍珠桥惨案”的真相，随即又在报纸上进一步揭露国民党当局残酷镇压学生的事实，并向国民政府提出查办凶犯及主使、抚恤死难及受伤同学、保证以后不再发生类似压迫学生的事件等要求。在全国各界人士和民众的声援下，京沪卫戍司令陈铭枢被迫向上海学生道歉。

面对空前的民族存亡危机，交大的热血青年纷纷行动起来，和上海、全国各地学生、工人以及各界爱国力量一起，投入到挽救民族危亡、反对国民党不抵抗政策的英勇斗争中。在中日民族矛盾逐渐上升成为主要矛盾的时候，爱国学生的行动代表了全民族的共同要求，在中国青年运动史上写下了光荣的篇章。

二、武卫会组织读书会

1934年底，长期坚持白区斗争的交大党组织因上级机关遭到破坏而停止了活动，交大学生运动失去了党的领导。但是，抗日爱国斗争并没有停止，党的外围组织中华民族武装自卫委员会（以下简称“武卫会”）在交大校园组织进步学生成立读书会，在学生中频繁活动，成为领导交大抗日救亡运动的一支重要力量。

1934年在上海成立的武卫会，是宋庆龄、何香凝等著名爱国人士响应中国共产党的抗日救国主张而发起的进步组织。“九一八”事变后，中日民族矛盾逐渐上升为中国社会的主要矛盾，全国范围内出现了抗日救亡的高潮，中国共产党积极参加并领导了这场伟大的抗日救亡运动。党中央为实现动员全民族对日作战，于1934年4月20日提出《抗日救国六大纲领》（即《中国人民对日作战的基本纲领》），呼吁中华民族实现全员武装自卫，把日本帝国主义驱逐出中国。呼吁得到宋庆龄、何香凝、马相伯、李杜等1 779人签名响应。5月，各界爱国人士在上海成立中华民族武装自卫委员会总会，宋庆龄被推选为总会主席。中国共产党为武卫会的筹建做了大量的工作，选派了一批优秀的党员干部参加武卫会的组织工作，并在上海成立“武卫会党团”,实际主持着武卫会各项工作,使武卫会成为党领导下的外围组织。武卫会成立后,大力宣传《抗日救国六大纲领》,积极动员各阶层群众参加武卫会,建立各级武卫会组织。作为武卫会总会的所在地,上海无疑成为武卫会人数最多、工作最活跃的阵地。作为爱国青年汇聚地的上海各大中学校,是武卫会开展宣传工作、建立组织、争取会员的重要场所。

1934 年 9 月,武卫会党团成员杨成祺(后改名杨立钧)以看望老同学为名,在一个周末来到交大学生宿室,找到机械工程学院三年级学生许锡缵、徐昌裕。杨成祺与徐昌裕、许锡缵原是圣约翰大学附属中学的同班同学,在校读书期间曾经组织过读书会,定期举行时事讨论会,讨论救国途径和社会主义等问题。“一·二八”事变后,他们曾响应《生活周刊》发起的募捐创议,募捐到数百大洋支援十九路军抗战。此次晤面,三位老同学促膝长谈,从日军发动“九一八”事变占领东北三省到步步紧逼企图策动华北自治,从政府军队对日军侵略节节退让到热衷于大打内战,无不义愤填膺,扼腕叹息。之后,杨成祺向他们介绍《抗日救国六大纲领》的内容,透露宋庆龄等人新近成立的武卫会是联合各个阶层群众实现全民族武装抗战的组织;言称自己已经加入武卫会,并可以介绍他们加入。许、徐听后十分兴奋,当场表示愿意成为武卫会会员。不久申请得到上级部门的批准,武卫会组织在交大由此建立起来,许锡缵、徐昌裕为成员,许锡缵为负责人,上级领导人是杨成祺。1934 年底,杨成祺离开上海,改由任铁峰联系交大。武卫会基本上每两周组织一次活动,通常是由杨成祺介绍当前的国内外形势和武卫会活动情况,讨论如何发动学生开展抗日救亡运动,议定下一步的工作方针和方法。这样,交大武卫会就成为团结和发动交大学生投身抗日救亡的领导力量,学生的革命活动再次悄然兴起。

交大武卫会根据学生实际思想状况,成立了读书会,联络一些进步学生,将爱国力量聚集在一起。

组织读书会,使迷茫中的许锡缵、徐昌裕找到了开展学生运动的切入口。他们以圣约翰大学附中读书时组织读书会的经验,分头联络了一些志同道合的同学。许锡缵联系上叶玄、范元弼,徐昌裕联系上叶佩兰,他们是机械工程学院的同班或低一班同学,都同意集资买些图书,组织一个读书会。读书会很快成立起来,以会员捐赠或会费购买的方式汇集进步书籍数十本,有鲁迅的《彷徨》《呐喊》《二心集》,艾思奇的《大众哲学》,高尔基的《母亲》《我的大学》,还有胡愈之、钱亦石、张仲实等人有关社会、政治、经济问题的书籍。读书会成员经常到四马路(现福州路)的生活书店选购书籍。徐昌裕回忆说:

我们到书店后,看到人少时就悄悄地问书店的伙计:“《二心集》有没有?”他上

1935 年交大武卫会组织读书会在郊外活动

下打量一番，确认我们是学生而不像密探之后，就点头示意到里面去，然后把书用纸包上，悄悄说："八毛。"我们付了钱，拿了书，就很快离开书店。

读书会成立后不久，杨成祺秘密来到交大，详细询问了读书会的成立过程和成员情况，对读书会的活动进行指导，要求读书会多讨论时事问题，如民族救亡、弱小民族的解放斗争、文艺与民族自救等问题。到 1935 年上半年，读书会组织逐渐扩大，叶佩兰介绍钱保功、姜治光、陈和英加入，范元弼又介绍了夏锡钧、高昌瑞入会，成员由开始时的 5 人增加到 10 人。在许锡缵的建议下，读书会办起了不定期的油印刊物，稿件均出自会员之手，内容大都是读书的体会和对时局的评论。通过读书会的这项活动，一些交大青年学生初步接触马列主义基本理论和哲学思想，对国内外形势有了进一步的了解，认识到不反对国民党腐败统治、不抵抗外来侵略，就有亡国的危险，为他们参加革命打下了思想基础。读书会成为武卫会团结和联络交大爱国学生的一块坚实阵地，推动着交大抗日救亡运动的开展。

三、声援"一二・九"运动

日本帝国主义占领我国东北三省后，又将侵略魔爪伸向华北。中华民族面临生死存亡的严重危机。南京国民政府为适应日本"华北政权特殊化"的要求,确定在1935年12月16日成立“冀察政务委员会”,以迎合日本的侵略要求。与此同时,国民党军队加紧“围剿”红军,镇压人民的抗日救国运动。全国人民,特别是青年学生,对国民党当局的倒行逆施,莫不悲愤不已。12月9日,北平各校学生6 000余人在中共中央北方局的领导推动下,冲破了国民党当局沿街设置的封锁线,举行示威游行,高呼“停止内战,一致抗日”“打倒日本帝国主义”等口号。16日,北平学生和市民2万多人再次举行示威游行,迫使“冀察政务委员会”不得不推迟成立。上海、广州、武汉、长沙等地学生和市民相继举行示威游行,要求国民党政府停止内战,实现全民族抗日,一时掀起全国人民爱国民主运动的新高潮,推动了抗日民族统一战线的建立。

“一二·九”运动爆发后,交大学生的爱国热情进一步被激发出来,从图书馆到教室、实验室,从学生宿舍到饭厅、大草坪,很多学生放下书本,围聚在一起谈论国事,关注北平爱国学生运动的发展。在广大学生要求下,交大学生会通电声援北平学生的行动,“誓反对华北任何权利之丧失,尤反对变相之领土分割,凡我同胞一息尚存,决不容任何人破坏中国之统一”,并表示誓以热血为北平学生作后盾。这时,已经成为武卫会在学生方面领导人的杨成祺来到交大,同许锡缵、徐昌裕讨论了北平学生运动的形势和交大响应这一运动的可能性,并商定响应的种种方案。随即,交大武卫会召开了读书会成员会议,决定各自回到自己的班级召开班级会议,提议召开全校学生代表大会,响应北平“一二·九”运动,成立交大学生救国会,以领导交大的救亡运动。

经过多方面的工作,全校学生代表大会在工程馆一个大教室里召开。会上,按照原定计划成立了交通大学学生救国会,以取代被国民党势力把持的学生会,郑宣知、李震声、周世正、董寅初、许锡缵5人当选为委员。郑宣知是土木工程学院四年级学生,不仅年级最高,且擅长演说,还能写一手好文章,在同学中有一定的号召力,因此,许锡缵、徐昌裕提议郑宣知为救国会主席,获得大会的通过。这时,交大学生中两派斗争相当激烈,一方面是武卫会领导下的读书会成员,在各自班级积极活动,商议如何响应北平的爱国运动,如何同上海各大学统一行动,如何召开全校大会发动罢课等;另一方面是国民党势力把持的学生会,配合学校训育处到处活动。12月中旬,救国会在校体育馆召开学生大会,读书会成员钱保功、姜治光、夏锡钧、范元弼、徐昌裕、许锡缵纷纷上台发言,大家一致表示要响应北平和上海各大学校的行动,要求交大立刻罢课,参加上海市的示威游行,这些要求都为大会代表举手一致通过。12月14日,由复旦、同济、交大等20余所院校学生发起,在上海税务专科学校召开联席会议,成立上海大学生救国联合会(简称“大学联”),交大代表徐昌裕、许锡缵出席会议。会议选举交大许锡缵,税专胡实声、彭瑞复,复旦郑通鹭、裔寿敏等为执行委员,许锡缵还担任交大与各大中学校联络的联络员。15 日“大学联”召开执行委员会议，会上确定：组织大专学校的抗日统一行动，筹备发起上海市各界救国联合会，筹办《救国时报》，决定发动一次大中学校大规模的示威宣传活动。

12 月 17 日，交大 160 余名学生联名要求召开学生代表大会。18 日，学生代表大会召开。19 日又召开了全体学生代表大会，决议与上海各大学一起迅速恢复上海大学生联合会，并联合各大学向上海市政府请愿。19 日晚，全市 40 余所大中学校约 6 000 名学生汇集交大，列队步行经中山路向设在江湾的市政府前进，经过一整夜的徒步，20 日拂晓到达江湾。请愿学生齐集市府广场，向市政府当局提出解散华北傀儡组织、释放平津被捕学生、保障学生爱国运动，惩办镇压学生爱国运动的官员和军警等 7 项要求。市长吴铁城被迫出面接受了学生的全部要求。到上午 9 时许，市府用汽车分送各校学生陆续返校。

12 月 24 日，上海各校又组织队伍去北火车站支援和参加复旦大学发起的赴京请愿讨逆团。交大还组织了 300 多人的队伍，进行环城游行宣传。当日，交大学生救国会召开全体大会，决议除了向市府请愿外，还必须唤起民众，团结救亡，并决定于 25 日举行游行宣传。25 日上午 8 时许，交大学生 500 余人整队出发到南市一带宣传，沿途高呼口号。虽然雨天地滑，学生们仍然精神奋发，队伍整齐，秩序井然。游行宣传队伍于下午 2 时许返校。次日上海各报均称道不止，广大民众亦深为交大学生的爱国行为所感动。在武卫会促进成立的交大学生救国会的组织发动下，交大爱国学生运动轰轰烈烈地开展起来，有力地回应了北平爱国学生运动，成为“一二・九”运动这首爱国乐章中一个铿锵有力的音符。

四、抗日救亡宣传团下乡宣传

1936 年 1 月，上海大学学生救国联合会和中学救国联合会决定组织一次寒假下乡宣传抗日运动，向广大群众宣传抗战救国的道理，与国民党当局分散学运力量、提前放寒假的阴谋进行针锋相对的斗争。出发集合地点是上海南翔，目的地是沪宁公路沿线，采取的方法是徒步深入沪宁公路沿线的县镇宣传抗日，帮助民众组织抗日救国会。负责这次行动组织的名称确定为“上海市各大中学校抗日救国宣传团”。

1 月 21 日，在南翔集合的有复旦、交大、大同、税专、大夏等七八所学校的学生 200 余人。在南翔的一所中学里，宣传团召开代表大会，决定宣传团不设总指挥，下面成立三个中队。复旦大学为第一中队；交大、大夏等几个学校为第二中队；税专、美专、蒙藏专科学校等为第三中队。三个中队下设九个小队，每个小队设小队长、交通员、先遣队、宣传员、组织、救护、事务等工作人员。宣传队伍组织严密，有条不紊。交大参加宣传团的学生以读书会会员为

1936年1月交大等校成立上海各大中学学生救国宣传团,深入沪宁线宣传抗日

主体,约有30余人,主要成员有许锡缵、徐昌裕、钱保功、姜治光、叶玄、林震波等,他们高举着“交通大学学生救国会”的醒目旗帜,迎着呼啸刺骨的寒风,阔步行进在队列中。

22日清晨,宣传团队员们怀着炽热的爱国愿望,从南翔启程沿着沪宁公路向农村进发。宣传团经过村落小镇时,有的就停下来站在街心向过路的群众演讲,有的跑进茶馆向茶客们宣讲,有的分发图书宣传品,有的拉住七八个儿童教他们唱救亡歌曲。当天,宣传团抵达嘉定县城,住宿一夜。第二天清晨,大家列队,举着大幅图画、旗帜,高呼口号,唱着歌曲,绕城游行一周,轰动了正在预备过年的嘉定人民。

接着,队伍便向太仓行进,途中帮助当地农民组织了一个农民救国会。在太仓,宣传团上午整队游行,下午分队宣传。队员们还向当地官商进行募捐,一天竟募得近百元。在太仓的第二天,学生们冒着雨雪,高唱《工农兵联合起来向前进》的歌曲,继续前进。队伍到了昆山,在热闹的街市又游行一圈,时逢农历新年将近,给昆山人民留下深刻的印象。然而,当大家到昆山中学休息时,昆山县公安局派督察长前来诬蔑威吓,昆山中学校长也来“盘问”。面对这种情况,队员们斗志更加激昂,一致主张到昆山县公安局去示威,勒令公安局长拿出诬蔑“学生受共产党利用”的所谓“证据”,并要求组织民众法庭,审判破坏爱国运动的汉奸。这时,上海文化救国会和妇女救国会也派代表前来慰问,这更增添了大家的力量。宣传团在当地组织成立了昆山民众救国会。晚上，宣传团在民众娱乐场演出了爱国新剧，发表演讲。26 日，当队伍离开昆山时，昆山的县长、公安局长又前来阻拦，大家就用抗日救亡的歌声予以“回敬”。当地的保安队中有的士兵也同情学生的爱国行动，后来竟自动地高呼“欢送上海爱国学生”的口号。

宣传团离开昆山后，在除夕前夜到了苏州唯亭镇。晚上，宣传团留宿在唯亭小学。队员们不顾几天来疲劳奔波，抖擞精神，舒纸研墨，书写抗日春联——抗日救国，接福迎春；炮火千声降日寇，桃符万户迎新春。第二天，宣传团在街头巷尾，为老百姓贴春联，讲东北抗日军民的抗战故事，演唱救亡歌曲。晚上，在唯亭小学的礼堂里，交大宣传队员演出了自编自导的话剧，控诉日本帝国主义及日商资本家剥削压榨工人的罪行。台上演员们声泪俱下，台下观众心情激动，小小的礼堂内，“打倒日本帝国主义”“打倒汉奸卖国贼”的口号声响成一片，冲破了黑夜的沉寂，当地群众的爱国抗战热情极大地被激发起来。最后，队员们协助当地群众组织了救国会筹备会。

27 日午后，抗日救国宣传团开到苏州城东门，见城门紧闭，便尽力呼喊，也无人应答。队员们就搬来大木桩，十几人抱起向城门猛力地冲撞，城门仍岿然不动。城门右侧，有二三根木桩斜搭在城墙上。许锡缵、徐昌裕、钱保功三人攀上木桩，爬上了城头，沿城头的石阶跑到城门，从里面拉开了城门铁栓。200 余名宣传队员一拥而入，冲进了苏州城内。宣传团一边游行一边演讲宣传。国民党苏州县县长慑于群众的声势被迫出来与学生见面。县政府派人来“招待”学生，要同学们住进一所小学校的学生宿舍。大家一则精疲力竭，二则以为苏州的宣传很成功，同意住进学生宿舍，殊不知这竟是苏州县政府所设的陷阱。同学们四五个人住一间，被“化整为零”。宣传队员们因连日奔波劳累，不久就沉沉入睡了。

第二天拂晓，宣传团队员们尚在梦乡中，大批没有带臂章的宪兵包围了学生，闯进学生宿舍。许多学生惨遭毒打抢劫，有的被打昏过去，有的学生大衣、毛线衫、日记本、照相机全部被抢走，沿途记录宣传活动的照片，也被洗劫而光。接着，每两个宪兵挟持一个学生，把学生硬押到车站，关在候车室里。在反动派武力威胁下，全体宣传团员被强制押回上海。在上海北站下车后，宣传团重新整队向市民进行抗日宣传。宣传团虽然被押送回沪，但是沿途播散下了抗日救亡的种子。

1936 年春，交大武卫会成员许锡缵、徐昌裕在上海大学生救国联合会的介绍下，参加了上海学生救亡运动座谈会。在座谈会上，他们结识了美国进步女作家、著名记者艾格尼丝·史沫特莱女士，并成为经常往来的忘年交。从史沫特莱那里，他们阅读了《中国红军在前进》等书籍，了解了中国共产党领导下的工农红军在苏区的情况，知道了红军在苏区的艰苦战斗和北上抗战的悲壮历程,渴望与红军一起战斗。在史沫特莱的介绍下,一名中共地下党员化装为"包打听",携带史沫特莱的介绍信来到交大宿舍,找到了许锡缵、徐昌裕。从此,交大进步学生再次与地下党组织建立了联系,准备随时加入共产党,投入火红的战斗岁月。1936 年 7 月,许锡缵毕业后分配到南昌航空机械学校。在那里,他秘密地加入了共产党,成为一名活跃在国民党内部的地下党员,在秘密战线上为党的事业作出了重要贡献。徐昌裕则于 1938 年奔赴心仪已久的红色革命中心延安,在陕北公学学习,同年 4 月加入中国共产党。读书会成员和其他爱国青年学生如罗沛霖、钱保功、孙俊人、周建南、孙以德、孙友余等,或在党的外围组织武卫会的影响下,或在抗日救亡运动的感召下,纷纷奔赴延安,参加中国共产党领导下的人民革命和民族解放战争。

附录一
大事年表(1921—1937)

1921年

2月25日 学校聘徐广德为铁路管理科科长,聘李松涛为中学科科长。

3月8日 交通大学设立董事会。

3月9日 交通大学第一届董事会在北京召开第一次会议。通过董事会《章程》;选举董事叶恭绰为校长。

3月16日 董事会在北京召开第四次会议。决定聘请胡鸿猷为京校主任,钟锷为副主任;张铸为沪校主任,凌鸿勋暂代副主任;罗忠忱为唐校主任,茅以升为副主任。

5月13日 沪校主任张铸到任。

6月10日 沪校附属小学举行建校20周年纪念会。

6月30日 沪校举行毕业典礼。本届毕业生计有专科电机科王崇植等19人、土木科江应麟等16人、中学许国保等95人、小学杨业治等41人。

7月1日 交通大学正式宣告成立。本校校名正式定名为"交通大学上海学校"。

7月 沪校铁路管理科并入北京学校,土木科并入唐山学校;京校电气工程班、唐校机械科并入沪校。沪校原电机科不动,新设机械科。

7月 沪校聘任狄克逊教授为机械科科长。

9月10日 交通大学京、唐、沪三校同时开学。

1922 年

4 月 21 日 邀请陈独秀莅校在大礼堂演讲,题目是《宗教问题》。

5 月 4 日 上海学生会在本校集会,纪念“五四”运动三周年。沈雁冰莅会发表演讲。

5 月 14 日 交通部令,陆梦熊兼任交通大学校长。

5 月 19 日 大总统徐世昌批准修订后的《交通大学大纲》,取消交通大学董事会。

5 月 23 日 交通大学的“驱陆学潮”(又称“董事会风波”)开始。

6 月 2 日 陆梦熊校长电派张廷金任上海学校主任。

6 月 5 日 全体学生开始罢课。

6 月 20 日 学生恢复上课,“驱陆学潮”方告结束。

6 月 30 日 举行毕业典礼。沪校本届毕业生计有电机科俞汝鑫等 16 人,机械科陈广沅等 6 人、铁路管理科梁建业等 13 人、中学鲍锡瑶等 100 人、小学洪范等 42 人。

7 月 21 日 交通部令,交通大学改设两校,分别为交通部南洋大学及交通部唐山大学,各设校长;北京学校改称唐山大学分校,唐校机械科移属沪校,沪校土木科并入唐校。

8 月 17 日 交通部令,卢炳田任南洋大学校长,张廷金代理教务长,李松涛代理事务长。

9 月 15 日 聘胡仁源为铁路管理科科长。

1923 年

3 月 20 日 卢炳田签发通告,解除张廷金代理教务长职务,所有教务暂由各科科长直接分担。

3 月 由于学生们对卢炳田办事不公不满,爆发“驱卢学潮”。

4 月 12 日 《技击部十周年纪念册》出版。纪念册刊登孙中山题词:“强国强种”。

4 月 23 日 交通总长签发交通部令称,“派陈杜衡为南洋大学校长”。

5 月 9 日 国耻纪念日,请叶楚伧来校演讲。

5 月 17 日 陈杜衡到校,顾惟精担任教务长。

6 月 30 日 举行毕业礼及盛宣怀铜像落成礼。本届毕业生计有电机科张承祜等 26 人、机械科郑泗等 27 人、铁路管理科韦国勣等 16 人、中学蔡劼存等 72 人、小学严修祺等 43 人。

9 月 聘任周仁代理机械科科长。

1924 年

5 月 9 日 学校举行国耻纪念活动,邀请胡汉民、恽代英来校演讲。

5月23日　学生学术研究会邀请吴稚晖莅校演讲《科学》,宣讲科学造就了物质文明。

6月30日　举行毕业典礼。本届毕业生计有电机科陈中熙等56人、机械科庄前鼎等37人、铁路管理科曹丽顺等22人、中学沈奏廷等57人、小学张光恒等51人。

10月11日　因直皖两系爆发江浙战争延期至今日正式开学。

11月28日　叶恭绰签发交通部训令称,"派凌鸿勋为上海南洋大学校长"。

12月4日　凌鸿勋到任就职。

年底　南洋大学学生张永和(1926届)加入社会主义青年团,成为本校在校大学生中的第一位团员。

1925年

1月11日　凌鸿勋签发通告并致函各教员,因江浙两次战争爆发,取消期末考试,提早放假。

1月　教务长顾惟精辞职,由机械科科长周仁兼教务长;胡仁源辞职,凌鸿勋兼铁路管理科科长;李松涛辞职,徐佩璜兼中学主任;聘杜定友为图书馆主任。

3月23日　学校举行孙中山追悼会,特邀恽代英、章太炎、叶楚伧等莅校演说。

4月8日　为表彰学校俞希稷教授等人卓著勤劳,交通部颁发奖章。

4月　中共徐家汇支部成立,本校学生张永和由社会主义青年团员转为中共党员。

5月30日　上海发生五卅惨案,本校附中学生陈虞钦在惨案中受重伤入仁济医院急救,于次日不治身亡。

7月16日　大学部举行毕业典礼。本届大学毕业生计电机科潘世宜等31人、机械科杨恒等31人、铁路管理科蒋凤五等26人。本届中学毕业生为杨业治等58人、小学毕业生为谢元模等50人。

8月16日　交通部令,凌鸿勋兼任吴淞商船学校筹备处主任。

9月　俞希稷兼任铁路管理科科长。

10月24日　邀请胡适莅校演讲《怎样思想》。

11月19日　凌鸿勋签发《通告》,学校决定恢复全校国文大会;公布《国文比赛简章》。

11月21日　学校召开陈虞钦、吴恒慈追悼会。

12月5日　举行体育馆、调养室落成典礼。

冬　中国共产党和共产主义青年团南洋大学第一届支部成立。

1926 年

1 月 23 日 学校发布《通告》,正式启用校徽。

3 月 12 日 孙中山逝世周年纪念日,特邀请蔡元培、郭沫若莅校演讲。

6 月 30 日 举行毕业典礼。本届毕业生计大学部 84 人,分别为电机科梁兴贵等 32 人、机械科魏祖摩等 20 人、铁路管理科薛椿荫等 32 人;中学李承连等 56 人;小学顾德欢等 43 人。

10 月 9—11 日 学校举行校庆 30 周年纪念活动。

10 月 9—17 日 举办工业展览会。

1927 年

1 月 因经费无着并军阀战争又起,学校大、中、小学部提前放寒假。

5 月 3 日 南京国民政府指派国民革命军总司令部交通处处长李范一为接管员,接管南洋大学。本日,李范一到校办理接收事宜。

5 月 10 日 李范一接管南洋大学后,设立校务委员会。同时,聘陈石英为教务长兼机械科科长,徐佩琨为铁道管理科科长,张廷金为电机科科长。

6 月 16 日 交通部训令:"前已派吴健为校长,在吴校长未接事前,派符鼎升暂代。"吴健始终未到任,校长一职由符鼎升代理。

6 月 25 日 学校与上海商科大学联合在文治堂举行追悼会,悼念英年早逝的数学教授胡明复。

7 月 1 日 举行毕业典礼。本届毕业生大学部计有电机科 30 名、机械科 30 名、管理科 24 名,共计 84 名。另有附属高中毕业生 70 名,初中 42 名,小学 27 名,合计 139 名。

7 月 16 日 国民政府交通部部务会议决议:改组南洋大学为第一交通大学。

7 月 22 日 交通部正式发布第一交通大学筹备委员会名单。筹备委员会决定改组办法:铁路管理科改为交通管理科;在吴淞设商船科及附设无线电训练所(后商船科因故未能开办);电机科、机械科仍旧不变;附属中学高中部改为第一交通大学预科,附属初中、小学脱离本校。符鼎升为代理校长,熊遂任事务主任,焦斐瞻任群育主任,徐佩琨任交通管理科主任,张廷金任电机工程科主任,王绳善任机械工科主任,黄惠平任预科主任。

8 月 附属中小学学生家长组织家长委员会,与第一交通大学筹备委员会、南洋公学同学会会商,议定除高中一部分已改为大学预科外,原南洋大学附属初中、高小部分脱离交通大学,改组为私立南洋模范中小学。

9月1日　交通部正式委任符鼎升代理第一交通大学校长，并颁发“交通部第一交通大学关防”。符于本日宣誓就职，并起用关防。

9月7日　本校正式改名为第一交通大学。

9月10日　本学期开始招收女生8名，为交通大学历史上招收的第一届女生。

1928年

2月3日　南京国民政府正式任命大学院院长蔡元培兼任交通部直辖第一交通大学校长。

2月20日　代理校长符鼎升辞职，新任校长蔡元培到校就职并视事。

2月24日　交通部令准蔡元培所请，聘请程孝刚任本校秘书长，主持日常校务。

4月30日　由蔡元培主持续开教授大会，议决物理、化学、数学、中国文学、外国文学先行设系。

5月20日　交通部批复，准予下学期添设土木科。

6月21日　国民政府正式批准蔡元培辞职请求，同时任命交通部部长王伯群兼任校长。

6月28日　交通部颁布《交通大学组织大纲》，学校分设沪、唐、平三地，沪校(即上海部分)为第一交通大学，唐校(唐山部分)为第二交通大学，平校(北平部分)为第三交通大学，各校校长均由交通部长王伯群兼任，每校设副校长一名。

7月1日　交通部部长王伯群在文治堂举行就职宣誓仪式，正式兼任交通大学校长职。

8月16日　全国交通会议决议改组交通大学：沪、唐、平三校合并，组成交通大学，定名“交通部直辖交通大学”；全校分四个学院，上海设电机工程、机械工程及交通管理三个学院，唐山设土木工程学院，北平设交通管理分院；以上海各学院为校本部。嗣后，交通部任命程孝刚为秘书长，王绳善为机械工程学院院长，张廷金为电机工程学院院长，徐佩琨为交通管理学院院长，沈琪为交通管理北平分院院长，孙鸿哲为唐山土木工程学院院长。

8月　学校聘请柯成懋为预科主任，裘维裕为物理系主任，徐名材为化学系主任，黄建中为中国文学系主任，唐庆诒为外国文学系主任。

9月8日　交通部训令交通大学各处更改名称：“上海之第一交通大学应改称为交通大学机械工程学院、电机工程学院及交通管理学院，唐山之第二交通大学应改称为交通大学土木工程学院，北平之第三交通大学应改称为交通大学交通管理学院分院。”

11月7日　交通大学划归铁道部管辖，由孙科兼任校长，程孝刚继续任秘书长，办理具体校务。

11月26日 铁道部长孙科在前校长蔡元培、王伯群陪同下到校宣誓就职。

1929年

1月17日 为发展校务、确定计划及实施方案,成立交通大学扩充设计委员会。

1月18日 中国文学系主任黄建中函请孙科校长准允其辞去主任职务,并推荐暂代其职的前北京大学文科教授林埙继任。

2月 马寅初来校演讲《金贵银贱与关税征金问题》。

春 铁道部设立交通教育整理委员会,制订整理发展交通大学五年及十年计划大纲。

4月19日 铁道部派技正李谦若为土木工程学院院长。

6月10日 铁道部令交大裁撤秘书长一职,另设副校长,襄理校长办理一切校务,任命铁道部次长黎照寰兼任本校副校长。

7月1日 举行毕业典礼。本届大学毕业生计交通管理学院吴禄增等23名、机械工程学院吴锡银等22名、电机工程学院费世圻等47名,共92名。另预科毕业生计管理班徐宗蔚等21名、工程班徐岳麟等58名,共79名。本科、预科毕业生合计171名。

11月6日 机械工程学院院长王绳善奉派出席在日本东京举行的万国工业会议及世界动力会议分股讨论会。

12月1日 聘请陈柱任中国文学系主任。

12月16日 学校邀请国术知名人士李景林、孙禄堂等来校表演国术。

1930年

1月7日 立法院委员马寅初莅校演讲《金解禁》。

2月20日 马寅初来校演讲《银价跌落与关税征金问题》。

3月7日 教育部令交通大学,不得再招预科生。

3月28日 举行执信西斋落成典礼。

4月8日 机械学院院长王绳善奉铁道部及本校委派赴欧洲出席世界动力会议暨万国铁道协社大会。

4月18日 土木工程学院院长孙谋辞职,铁道部派技正李谦若代理院长职务。

5月2日 校训专案委员会召开第二次会议,会议拟定“精勤求学、敦笃励志、果毅力行、忠恕任事”16字为交通大学校训。

7 月 1 日　学校举行本届毕业生典礼。本届毕业生计电机工程学院蔡金涛等 49 名、机械工程学院王运治等 20 名、铁道管理学院钱益等 39 名；预科管理班朱松生等 11 名、工程班顾德欢等 45 名，总计本科生 108 名，预科生 56 名。

8 月　学校聘请申国权为体育馆主任。

9 月 11 日　学校设立科学学院，下设数学、物理、化学三个系，裘维裕为院长兼任物理系主任，徐名材任化学系主任，胡敦复任数学系主任。

9 月 24 日　黎照寰发出布告，重申德、智、体三育并重的教育方针，提出嗣后应校际锦标赛和普及运动并重。

10 月 28 日　按照国民政府教育部《大学组织规程》不得设立副校长的规定，本校废除副校长职。孙科辞去校长职，国民政府任命黎照寰继任校长。同日，举行新校长宣誓就职仪式。

1931 年

1 月 20 日　召开第二十次校务会议。会议决议，铁道管理学院下学期起改名为科学管理学院。

2 月 5 日　铁道部指令，认为科学管理学院无需在院名前冠以“科学”两字，径称“管理学院”。

5 月 25 日　校长黎照寰赴光华大学演讲，题目为《领袖道德与领袖人格》。

7 月 1 日　举行毕业典礼。本届毕业生计电机工程学院江叔仁等 25 名、机械工程学院杨尚灼等 8 名、土木工程学院周新等 54 名、管理学院程振粤等 47 名、预科工程班王序森等 52 名、管理班胡景枌等 9 名。本科毕业生合计 134 名，预科 61 名。

9 月 21 日　交通大学学生自治会召开了全体临时紧急会议，通过组织抗日特种委员会，号召“一致共赴国难”！

9 月 28 日　本校学生全体大会议决，全体赴南京请愿。

9 月　管理学院新聘马寅初为财政学教授。

11 月 24 日　部分学生参加上海各学校学生赴京请愿团，再次赴南京向政府请求出兵抗日。

12 月 14 日　包括交大学生 150 人在内的上海市各大学第三次晋京学生示威团首批学生 500 余人，在北站乘列车赴南京。

本年　成立国术馆。

1932年

1月18日 铁道部令调机械工程学院院长王绳善充任京沪杭甬铁路机务处处长,遗缺派技正罗英俊代理。

2月 学校将重要文卷、图书仪器迁至法租界霞飞路(今淮海中路)、亚尔培路(今陕西南路)中国科学社。战事结束后始陆续运回。

3月19日 铁道部准允拨借执信西斋为国民伤兵医院。

4月1日 因日军侵犯上海,本校延至本日方才开始注册,至9日正式上课。

5月10日 中央大学校长任鸿隽、清华大学校长梅贻琦莅校参观。

7月1日 举行毕业典礼。本届毕业生计电机工程学院丁舜年等34名、机械工程学院龚应曾等19名、土木工程学院华允璋等55名、管理学院卢福基等36名;预科管理班周世正等16名、理工班朱仁堪等55名。共计毕业本科生144名,预科生71名。

7月15—19日 由交通大学发起的"全国高等教育问题讨论会"在上海举行,来自全国各地大学的校长及代表70人与会。

7月16日 铁道部复函照准胡端行兼代机械工程学院院长职务。

7月30日 第十届奥运会在美国洛杉矶开幕,中国首次派队参赛,代表团共6人,其中包括本校体育馆主任申国权。

9月4日 学校派留德教员许国保代表本校出席在瑞士举行的第九届万国数学大会。

1933年

2月 科学学院院长裘维裕撰文《科学思想的训练应当是大学的一种使命》,刊载于《交大季刊》第十期(科学号)。

3月30日 交通大学工业及铁道展览会隆重开幕。

3月30日 工程馆、容闳堂举行落成典礼。

4月2日 举行执信西斋前"饮水思源"喷水池落成典礼。

4月3日 本校校友、甘肃省府主席邵力子应邀在新建工程馆作学术演讲,题目为《西北问题》。

4月4日 立法院院长、前校长孙科偕外交部部长陈友仁来校参观工铁展览会。

4月6日 国民政府委员孔祥熙、上海市市长吴铁城、暨南大学校长郑洪年等来校参观工铁展览会。

6月 世界博览会在美国芝加哥举办。本校选送电机学院马就云所制"电流电压相位显示器”、管理学院史钟奇所制“真空管电压表”各一件前往参展。

7月1日 学校聘电机工程学院张廷金兼任教务长。

7月1日 举行毕业典礼。本届各院毕业生计电机工程学院钱钟韩等26名、机械工程学院顾光复等17名、土木工程学院陶炳元等65名、管理学院徐宗蔚等49名,共计毕业生157名。

7月1日 铁道部训令:“本部技正李谦若着专任土木工程学院院长,开去技正本职。”

10月13日 铁道部照准胡端行任机械工程学院院长。

12月8日 无线电发明家、意大利人威廉·马可尼莅临本校参观并发表演讲。

12月 黎照寰应复旦大学邀请前往演讲《科学界之学问自由》。

1934年

5月31日 班禅额尔德尼在杭州主持时轮金刚法会之后,偕随员10余人莅校参观。

6月30日 举行第三十四届毕业生典礼。本届毕业生计电机工程学院张煦等35名、机械工程学院钱学森等19名、土木工程学院张光斗等45名、管理学院鲍成佐等27名、科学学院袁炳南等14名,合计毕业生140名。

7月1日 学校聘请科学学院院长裘维裕兼任教务长。

9月22日 机械工程学院添设汽车工程门,由全国经济委员会补助开办费8 000元。

10月31日 黎照寰校长、裘维裕教务长赴南京出席国民政府考试院会议。

1935年

1月1日 学校举行元旦会操。

6月27日 举行新建校门落成典礼。

6月28日 举行第三十五届毕业生毕业典礼。本届有毕业生科学学院卢焕章等11人、管理学院李北良等33人(内有女生3人)、电机工程学院王兆华等29人、机械工程学院贝季瑶等31人、土木工程学院叶杭等38人,共计142人。

7月25—27日 中国数学会在交通大学图书馆举行成立大会。

9月4日 机械工程学院将汽车工程门改为自动工程门,分汽车组和飞机组。航空委员会拨助5万元,补助开设飞机组。

12月19日 晚间,暨南、大夏、光华等大学数千名学生会集本校。本校学生召开临时全体大会,决议与校外各大学学生同往市府请愿,由许锡缵担任总指挥。

1936 年

3 月 28 日 《交大三日刊》载,铁道部为表彰陈石英教授留学归国为本校服务 20 年,颁发奖状以示奖励。

4 月 8 日 学校举行隆重的庆祝活动,纪念建校 40 周年。

4 月 24 日 著名画家徐悲鸿随同中国文艺社成员来校参观。

6 月 27 日 举行第三十六届毕业生毕业典礼。本届毕业生包括科学学院莫叶等 22 名、管理学院裘玄同等 56 名、土木工程学院刘曾达等 25 名、机械工程学院丁得忠等 40 名、电机工程学院朱仁堪等 26 名,合计 169 名。

9 月 1 日 本年度教务长一职由土木工程学院院长李谦若兼任。

11 月 21 日 教育部部长王世杰莅校访晤黎照寰校长,并参观工程馆等处。

12 月 28 日 举行交通大学研究所成立 10 周年庆祝大会。

1937 年

1 月 25 日 黎照寰受铁道部部长张嘉璈邀请,在铁道部总理纪念周上发表《铁道部建设计划中培养专才之定策》的演说。

4 月 13 日 科学学院化学系主任徐名材随同化工实业家吴蕴初赴欧洲考察化学工业。

5 月 20 日 现代理论物理学大师、诺贝尔物理奖获得者 N·玻尔来校演讲。

6 月 26 日 举行毕业典礼。本届毕业生共有 130 名,计科学学院徐桂芳等 18 名、管理学院杨鸿声等 30 名、土木工程学院黄锦汉等 25 名、机械工程学院徐绍梯等 31 名、电机工程学院徐明甫等 26 名。

8 月 1 日 经行政院决定,交大自本日起,由铁道部划归教育部管辖。

附录二
主要规章制度(1921—1937)

交通大学大纲(1921 年 2 月)

第一章　定名

第一节　本大学定名为交通大学。

第二章　校址

第二节　就原有之校址及设备,暂将经济部各科设于北京,理工部各科设于上海及唐山;中学各依其所附属之学校;专门部各科及特别各班,各依临时之需要而定。

第三章　经费

第三节　以交通部育才经费及其他所筹得之款充之。

第四章　学制

第四节　本大学分经济部、理工部、专门部,另设附属中学及特别班。

(甲) 经济部设下列之各科:

交通科,商科。

(乙)理工部设下列之各科:

土木工科,电汽科,机械科,造船科。

(丙)专门部设下列之各科:

铁路管理科,土木工科,邮电科,电汽科,商船科,机械科,商业科。

(丁)中学为大学各部之预科,各依其所附属之学校,分为文实两科。

(戊)特别班因需要之情形,得设传习班及养成所等。

第五章 学程

第五节 大学经济部、理工部,四年毕业,授以证书称学士。毕业后,得专攻一门,一年后考验及格,得晋授以相当学位称号。

第六节 专门部三年毕业,给以证书称得业士。

第七节 附属中学四年毕业,给以证书。

第八节 特别班毕业年限,各依学科与需要临时定之,毕业后给以证书。

第六章 董事会

第九节 董事会董事,应具有下列资格之一:

(甲)有工业或经济专门学术者,

(乙)富有教育经验者,

(丙)曾办理交通事业卓著成绩者,

(丁)捐助巨款于本大学者。

第十节 董事会董事以二十一人为限。每三年改举三分之一,第一、二次用抽签法定之。改选董事,由留任之董事行之。

第一次之推举,由临时董事会行之。

第十一节 董事会候补董事,以十人为限,遇董事出缺时递补。

第十二节 董事会之权责如下:

(甲)规定教育方针,

(乙)核定学科与规章,

(丙)筹画经费,

(丁)监督财政,

(戊)推举校长。

第七章　校长、主任及教职员之任用

第十三节　大学设校长一人,由三分之二以上出席董事之推举,经由交通部呈请大总统任命之。

第十四节　各学校设主任各一人,由大学校长推举,经董事会同意,聘任。

第十五节　附属中学主任,由所附属之学校主任推举,呈由大学校长聘任。

第十六节　各特别班主任,均由大学校长聘任。

第十七节　各学校所属教职员,均由各校主任聘任,呈报大学校长。

第八章　校长及主任之权责

第十八节　大学校长主持全校教育,管理事务,统辖各校主任暨教职各员,稽核其称职与否而掌其进退。

第十九节　大学校长督率各校主任会同各科科长、教员,审察学生学业成绩、操行,照章偿罚,整肃校规。

第二十节　大学校长裁定经费出入,督饬各校会计员造送预算,送报交通部及董事会核销。

第二十一节　各学校主任承校长之命,办理一校教育,管理事务,统辖教职各员,稽核其称职与否而报告于校长。

第二十二节　各学校主任承校长之命,办理第十八节、十九节各事项。

第九章　评议会

第二十三节　评议会以校长、学校主任、教务长、事务长及各科科长暨教授,互选之若干人为会员。

第二十四节　评议会以校长为会长,校长不在当地时,以学校主任为会长。

第二十五节　校长或学校主任,遇有校务讨论时,得召集评议会。

第二十六节　评议会之职权如下:

(甲)订定及修改各种规章,

(乙)讨论一切兴废事宜,

(丙)议决各教科之设立及废止,

(丁)审核财务,

(戊)审议董事会、校长或学校主任咨询事项。

第十章 行政会议

第二十七节 行政会议协助校长规画推行全校事务。以校长、学校主任、教务长、各常设行政委员会委员长及事务长组织之。校长为议长。

第二十八节 各行政委员会协助校长规画推行各部分事务。各委员会委员,由校长从教职员中指任,征求评议会同意。每委员会设委员长一人,由校长于委员中指任之。凡校长出席委员会时,以校长为主席,否则委员长为主席。

第二十九节 当设委员会如下:

(一) 组织委员会 协助校长调查及编制内部之组织。

(二) 预算委员会 协助校长编制预算案。

(三) 审计委员会 协助校长稽核用途,审查决算及改良簿记法。

(四) 任用委员会 协助校长审查任用教务部分职员之资格。委员以教授为限。本委员会非校长或其代表人列席,不得开会。

(五) 图书委员会 协助校长谋图书馆之扩张与进步。

(六) 工厂委员会 协助校长谋工厂之扩张与进步。

(七) 仪器委员会 协助校长谋仪器之扩张与进步。

(八) 出版委员会 协助校长审查编译之图书规画,推行出版事务。

(九) 庶务委员会 协助校长谋庶务之推行与进步。

(十) 其他委员会 以所任事务定其名称。

第十一章 教务会议

第三十节 教务会议以教务长及各科科长组织之。协助校长及各学校主任规画教务,督促进行。

第三十一节 各科教授会,由各科教授、助教、讲师组织之,规画本科教授上之事务。

第十二章 教务处

第三十二节 教务长为教务处之领袖,由各科科长互选之。

第三十三节 各科科长,由本科教授会教授互选之。

第十三章 事务处

第三十四节 事务处管理庶务。设事务长一人,事务员若干人,分掌各事务。

第三十五节　事务长为事务处领袖，由校长于事务员中委任之。

第三十六节　事务处设事务员若干人，由校长委任。

第十四章　附则

第三十七节　本大纲经过半数以上董事之提议，四分之三以上董事之出席，出席人四分之三以上之议决，得修正之。

第三十八节　本大纲自交通部核准之日施行。

南洋大学通则(1925年)

第一章　宗旨

第一条　本大学隶属交通部，为国立大学，以造就交通专门人才、力图高深学术之发展为宗旨。

第二章　学制学程

第二条　本大学遵照交通部直辖大学通则之规定，先设下列各科：

一　电机工程科

二　机械工程科

三　铁路管理科

第三条　上列各科修业期均以四年为限，其分类课程另定学科一览。

第四条　本大学为依次升入大学本科之预备，得设附属中学、附属小学。

第五条　附属中学修业期以四年为限，附属小学修业期以三年为限，其规章均另定之。

第三章　学年学期及休业

第六条　本大学以八月一日为学年之始，七月三十一日为学年之终。

第七条　一学年分为两学期，以八月一日至一月三十一日为第一学期，二月一日至七月三十一日为第二学期。

第八条　年假休业四天，寒假休业二十一天，春假休业七天，暑假休业七十天，日期于每年校历内规定之。

第九条　下列各日均休一天

国庆日。

孔子诞日。

夏节、秋节、冬节日。

星期日

第四章 入学

第十条 本大学于每学年之始,收录各科一年级新生一次。

第十一条 本大学附属中学毕生,依其志愿收入本大学各科一年级。

第十二条 前条入学志愿人数,超过本大学各科一年级预定学额时,得行选拔试验。

第十三条 前条入学志愿人数,不足本大学各科一年级预定学额时,得举行招考新生。

第十四条 每学年第一学期中间,各科一年级如有缺额,得于寒假内招考插班新生。

第十五条 招考新生,须年令在十七岁以上二十五岁以下,体质健全,素无嗜好,具有本大学附属中学毕业生同等程度。

第十六条 招考各科插班新生,除前条规定之资格外,须具有插班相当程度。

第十七条 本大学招考手续及试验科目,另行规定之。

第十八条 新生应于入学前填具志愿书,呈送本大学学监核存。

第十九条 新生应于入学前由相当保证人填具保证书,呈送本大学学监核存。(保证人对于所保学生在校一切事件均须负责)。

第二十条 本大学除上列第十三、第十四两条之规定外,不得随时收录插班新生。

第五章 休学及退学

第二十一条 学生如有不得已事故自请休学者,须经家长或保证人证明。

第二十二条 学生休学期限定为一学年,每学期须报告状况一次;如愈期限或未按期报告者,即以退学论。

第二十三条 学生休学期未满以前,不得自请复学。

第二十四条 学生如有不得已事故自愿退学者,须经家长或保证人证明,并呈递退学书。

第二十五条 凡自行退学之学生,不得呈请复学。

第二十六条 凡退学学生,因有特别情形经核准复学后,应仍在原级肄习。

第二十七条 学生因违犯本大学惩戒规则应行退学者,或因按照考核成绩规则应行退学者,校长得令其退学。

第六章　改科及转学

第二十八条　本大学学生改科,以相类各科为限。

第二十九条　各科学生改科后,应习满改入科所有四年课程应须之单位,方准毕业;其改入科课程中,有已在原习科习过得有单位者,准其有效,不再补习。

第三十条　本大学学生如有特别情形愿改入不相类各科者,应编入所改科之第一年级。

第三十一条　凡改科学生,须于每年七月一日以前填具改科志愿书,呈请教务长转请校长核办。

第三十二条　本大学学生转学,以转入部辖北京交通大学及唐山大学为限。

第三十三条　本大学铁路管理科学生,转学北京交通大学,应以该科一年级转入二年级为限。

第三十四条　本大学电机、机械两科学生,转学北京交通大学时,应以转入该大学铁路管理科一年级为限。

第三十五条　本大学电机、机械两科学生,转学唐山大学,应以该两科一年级转入该大学本科二年级为限。

第三十六条　本大学铁路管理科学生,转学唐山大学时,应以转入该大学本科一年级为限。

第三十七条　以上各条转学学生,须于每年七月以前填具志愿书,呈请校长核准,备文分请北京交通大学及唐山大学核准后,方得转学。

第三十八条　初录取之新生,不得呈请转学。

第三十九条　北京交通大学铁路管理科一年级学生,或预科毕业学生,应准转入本校铁路管理科相当年级,但转入本大学电机科或机械科一年级时,须先受相当试验。

第四十条　唐山大学学生转学本大学时,应参照以上第三十五条、第三十六条之规定办理。

第四十一条　以上二条转学学生,本大学以新生待遇之。

第七章　毕业及修业凭证

第四十二条　本大学各科学生,肄业期满、试验及格者,给予毕业文凭,得称各该科学士。

第四十三条 各科学生肄业一学期以上,因不得已事故自请退学者,按照试验成绩给予修业证书。

第四十四条 以上各项凭证格式,另定之。

第八章 纳费

第四十五条 每学期学生应纳各费列表如下

总计	杂费	存储费	学生会费	体育费	实习试验费	膳费	宿费	学费	费目
七六·〇	一·〇	五·〇	〇·五	二·〇	一〇·〇	二七·五	一〇·〇	二〇·〇	费额

第四十六条 新生入校除交上列各费外,应再交图书馆费二十元,一次交足后,不再交;又冬夏二季制服费十八元,该费于结算时,有余发还,不足照补。

第四十七条 上列各费,应于每学期开课前一律照交;未交者不许上课,所有缺席钟点以旷课论。

第四十八条 各生交费时,应先赴学监室领交费凭单,到本大学指定之收款银行照交。银行收款后,即照数填入四联收据,一联存根,一联交学生收执,作为交费凭证;一联送交学监查核,填发学生上课证;一联送交会计记账。

第四十九条 存储费为扣拨赔偿损失之用,学期终了时有余退还,不敷照补。

第五十条 所交各费,除膳费及存储费、制服费之余款外,无论有何原因中途休学或退学者,概不退还。

第五十一条 各费均用上海通用银元交纳。

第五十二条 应交各费如有增减,本大学得于学年开始前先行通知。

第五十三条 学生无论因何事故,不得请求免交应纳各费。

第九章 官费生

第五十四条 本大学对于各省官费生与自费生同等待遇。

第五十五条 官费生于入学时,应照自费生交费,逾期不交者,与自费生同样办理。

第五十六条 凡各官费学生,因清款、催款、转学、辍学等事,须呈请各该省或各该管机关时,得呈请本大学备文转达,惟学费逾期不到本校概不负垫款之责。

第五十七条 官费生如因领款催款等事,呈请本校发电报时,其电报费应先交付。

第五十八条　官费生之成绩，由本大学随时报告该管机关。

第五十九条　官费生遇有缺额时，本大学得以班次最高，学业操行成绩最优之该籍学生，函致主管机关递补。

国立交通大学研究所暂行组织规程(1931年6月)

第一章　定名

第一条　本研究所依据《交通大学暂行组织大纲》第十六条之规定而设定，名为交通大学研究所。

第二章　宗旨

第二条　本研究所以遵依孙总理实业计划而研究各项工业及经济问题为宗旨。

本研究所得随时联络铁道部所辖各机关为共同之研究，并得受外界委托代办调查研究或试验事项。

第三章　组织

第三条　本研究所为交通大学之学术研究机关，暂分工业研究及经济研究二部。

第四条　工业研究部暂设各组如下：

甲、设计组　研究并创拟工程上各项技术计划方法标准等以谋交通事业之发展。

乙、材料组　试验并研究各种材料之品类、性质、力量、功用等以谋材料之适用及其改善方法。

丙、机械组　试验并研究各种机械及机件之准度、效率、能力、功用等以鉴定其制造之优劣。

丁、电气组　试验并研究各种电机及电料之准度、效率、能力、功用等以鉴定其制造之优劣。

戊、物理组　试验并研究各种物理仪器之准度、感度等以求工程上衡量之准确。

己、化学组　分析并研究各种品物之性质及成分以鉴定其于工程上之效用。

第五条　经济研究部暂设各组如下：

甲、社会经济组　调查并研究关于交通之各种社会问题，拟议方案以助民生主义之实施。

乙、实业经济组　调查并研究关于交通之各种实业问题，拟议方案以助实业计划之进展。

丙、交通组 调查并研究各种交通政策、计划制度等以图交通事业之整理及发展。

丁、管理组 调查并研究各种实业及公务管理问题、制度方法等以谋科学管理之推进。

戊、会计组 调查并研究各种会计问题、制度方法等以求增进管理之经济与效率。

己、统计组 调查事实、编造统计、拟订改善方案以助经济建设之进行。

第六条 本研究所得于上海大学本部以外设立分所。

第四章 职员及职务

第七条 本研究所得于所属权限内直接对外办理一切事务。

第八条 本研究所设所长一人,综理所务并规画研究事宜,得由校长兼任之。

第九条 本研究所得设秘书一人、会计一人、编辑若干人、事务员及书记各若干人,由所长荐请校长分别聘任之。

第十条 本研究所得设专任、兼任及特约研究员各若干人,由校长、所长聘任之。

第十一条 本研究所专任研究员须常年驻所,兼任研究员于特定时间内到所工作,特约研究员遇有特殊调查或研究事项时到所或在外工作。

第十二条 本研究所各组设主任一人,主持各该组研究事宜,遇必要时并得设副主任一人,均由所长指定研究员兼任之。各组得设助理研究员及研究生各若干人,由所长委任之。

第十三条 本研究所设所务会议,讨论所长交议事宜及审查各组研究成绩,以所长秘书、各组主任及专任研究员组织之。

第十四条 本研究所得设各项委员会审议或执行校长或所长指定之事项。

第五章 经费及设备

第十五条 本研究所经费得由铁道部按照核准预算直接发给。

第十六条 本研究所设备用具除自行购置外,遇不敷时得呈请校长准向大学各院系借用之。

第十七条 本研究所得承受赠品、捐款、补助金及募集研究基金,并对于外界委办事项得酌量收费。

第六章 附则

第十八条 本研究所各组得依据本规程拟订各该组章程及办事细则呈请所长核准

施行。

第十九条　本规程如有未尽事宜得由所长呈请校长转呈铁道部核准修改之。

第二十条　本规程自公布日施行。

交通大学研究所各组章程(1931 年 6 月)

(一) 材料组章程

第一条　本章程依据交通大学研究所暂行组织规程第十八条之规定制定之。

第二条　本组工作范围暂定如下：

甲、调查各项工程应用材料之名称、种类、数量、价格、生产地、经售处等项以资研究。

乙、调查各国材料试验方法及规则，并加以研究及改良。

丙、试验各项工程应用材料之性质等。

丁、研究试验所得之结果并改良其功用。

第三条　本组设主任一人主持本组研究事宜，于必要时得设副主任一人。

第四条　本组设专任兼任及特约研究员、助理研究员及研究生各若干人，分任各项研究工作。

第五条　本组得设书记一人，受主任之指挥办理文牍缮校及保管文件等项。

第六条　本组得设组务会议，遇重要事项须讨论时由主任召集之。

第七条　本章程由所长核准施行，如有未尽事宜得由主任呈请修正之。

(二) 其他各组章程

除第二条外，各组章程一如材料组所规定各组章程之第二条，因其所应有之工作范围不同而各异举例如下：

机械组

甲、测验各种机械之效率力量及安全等。

乙、研究现有机械之改良及新式机械之创制以应我国之需要。

电机组

甲、试验各种电机电料及较定各种电表。

乙、试验各项电话无线电仪器材料及较定长短波电浪表。

丙、研究电气上各种特别问题。

物理组

甲、检验各种物理仪器之准度及感度。

乙、研究各种物理上之问题。

化学组

甲、化验各种应用物品。

乙、研究各种材料在工业上之应用。

社会经济组

甲、调查及研究关于交通之各种社会问题。

乙、拟订社会经济方案以助民生主义之实施。

交通组

甲、调查各种交通事业之状况及其采取之政策、计划、制度等。

乙、研究调查所得之结果以期各种交通事业之进展。

丙、研究孙总理之交通计划及其实施方法。

会计组

甲、调查及研究各种会计制度方法及其组织。

乙、调查及研究各种会计问题。

交通大学学则(1936年)

第一章 宗旨

第一条 本大学根据中华民国教育宗旨以遵依总理遗教研究高深学术,养成交通建设专才为宗旨。

第二章 分院

第二条 本大学暂设下列各学院

一、科学学院

二、管理学院

三、土木工程学院

四、机械工程学院

五、电机工程学院

六、唐山工程学院

七、北平铁道管理学院

第三条　本大学修业年限定为四年。

第三章　证书

第四条　本大学学生习满应修学程,经考试及格者,除给与毕业证书外,得称各该科学士。

第五条　凡学生修业在一学期以上因不得已事故自请退学者得按照成绩给予修业证书。

第六条　各项证书及格式给予办法另定之。

第四章　学历

第七条　本大学以八月一日至一月三十一日为第一学期,二月一日至七月三十一日为第二学期。

第八条　年假、寒假、春假、暑假休业日数及其他纪念日与例假日均于校历中规定之。

第五章　入学

第九条　本大学每学年之始录取一年级新生一次。

第十条　投考新生须具下列资格

甲　须体格健全,品行端正,毫无嗜好,确能服从校规,服从中国国民党党义。

乙　须具有公立或已立案私立高级中学或同等学校之毕业程度。

第十一条　报考程序分别如下:

一、考生应在报名期内亲自到校报名;

二、考生须交纳报名费及本人半身四寸相片四张(报名费及相片录取与否概不退还);

三、呈验毕业证书或证明书;

四、报考介绍书应由各该中学校长直接填寄;

五、领取准考证及考试日程表;

六、远道学生不及于报名期内赶到者得托人代办上述(二)(三)两项事件并代领考试日程表,但须于考试前一日亲自到校领取准考证。

第十二条　试验科目分别如下:

(甲)科学及工程一年级应试科目

1. 国文

2. 党义

世界史

世界地理

注:史地得由考生任选一种,于报名时认定

3. 英文

4. 数学

甲 高等代数

乙 解析几何

丙 平面三角

5. 物理

6. 化学

(乙)管理一年级应试科目

1. 国文

2. 党义

世界史

3. 英文

4. 物理

化学

注:投考实业管理者两种全考,投考其他各门者,得由考生任选一科于报名时认定。

5. 数学

6. 经济大意

簿记

世界地理

投考实业管理者,得由考生任选一种,投考其他各门者任选两种于报名时认定。

第十三条 新生除考试成绩及格外须受口试、军训考验与体格检查及格方得录取。

第十四条 新生于入学时应填具志愿书并觅学院所在地方或附近城市之正当职业保证人填具保证书各一份,交本校训育部存核,保证人对于所保学生一切事件均负责。

第六章 纳费

第十五条 学生入校时须先赴注册处报到,领取缴费凭单至学校指定之收款银行缴清各费，凭收据赴校医处查验体格，持证回至注册处领取入学证向训育部呈验。

第十六条　逾期注册者须另纳注册费三元。

第十七条　各宿舍铺位由训育部凭入学证分配，学生不得任意占定。

第十八条　学生每学期应缴各费列表如下：

项别	数目
学费	20 元
宿费	10 元
存储费	10 元
体育费	3 元
医学费	2 元
代收各费	
膳食	32 元
学生会费	1 元
洗衣费	3 元
总计	81 元

附注：

(一) 应缴各费须以国币缴纳。

(二) 存储费如于上学期已缴足又并无扣除自可不再补纳。

(三) 代收各费如印讲义费、学会费随时订定者故不列入。

第十九条　新生入校除缴纳上述各费外，应另缴图书馆费十元，体育馆费十五元、又冬季制服费二十五元、夏季制服费十元，均一次缴足，制服费于结算时有余发还，不足照补。

第二十条　上述存储费一项长存校中，如因赔偿有所扣除致不满十元时应即补足俟毕业或退学时发还。至其他各费无论有何原因中途休学退学者概不发还。

第二十一条　应缴各费如有增减，本大学得于学期开始前先行通知。

第二十二条　学生逾期不遵章清缴各费者应令退学。

第七章　津贴生

第二十三条　凡受各方经费之津贴生(以下简称津贴生)于入学时应照自费生缴费，逾期不缴者亦如自费生处理。

第二十四条　凡津贴生因清款、催款、转学、辍学等事项呈请各该管机关时得呈由本大学备文转达,惟津贴费逾期不到本校,概不负垫款之责。

第二十五条 津贴生之成绩每学期得由本大学报告各该主管机关。

第二十六条 津贴生遇有缺额时,得由本大学函请各该主管机关,以班次最高学行最优之该地方或机关学生递补。

第八章 休学及退学

第二十七条 学生如因重病暂请休学,经家长或保证人申请附有医生证明书,经学校许可者休学一年或一学期。其未得学校许可而擅自旷课者以退学论。

第二十八条 学生在休学期中,须于每学期终了时由家属来信报告病况一次,逾期不到校或未经按期报告者以退学论。

第二十九条 学生休学以一次为限,期满后不得续请休学。

第三十条 学生休学期限未满不得自请复学,至期满请求复学非经校长或院长核准不得到校上课。

第三十一条 学生在学期中如有不得已事故自愿退学者应由家长或保证人向校长或院长呈递退学书。

第三十二条 学生在开学后两星期内不到校除呈请告假照准者外,均以自行退学论。

第三十三条 学生因违犯本大学各项规章中有退学之规定者应令退学。

第三十四条 学生身心衰弱,成绩平庸者得令其退学。

第三十五条 凡退学之学生不得呈请复学。

第九章 转院

第三十六条 本大学性质相同之各院学生得转他院其办法列下:

(甲)学生转院以在本科第一、第二年级者为限。

(乙)学生转院应在第二学期考试前由家长将转学理由呈请所属学院院长核准。

(丙)由所属院院长将该生转院理由并该院院长之意见,函请校长室秘书商得所转学院院长之同意,并呈候校长核准施行。

(丁)凡转院学生以前所修之科目,如成绩在七十分以上者应否准其免读由转入学院之院长核准办理。

(戊)凡经核准转院之学生,由所属学院给予在学之学业成绩证明书,于开学前持向所转学院报到。

附一　选科生入学条例

第一条　本校为现在社会服务人员有志补习起见，设选科生若干名。

第二条　选科生须先到注册处报名，得院长同意后呈请验职业证明书并填各项志愿书随缴注册费洋二元。

第三条　选科生所选科目不得过五科。

第四条　选科生须自理膳、宿，如校内有空余宿舍，选五科者得请求主管舍务员酌请寄舍。

第五条　选科生选读三科以上者，照三门学科纳费，每门每学期须交学费洋十元，此外应缴纳体育费洋三元、存储费五元、医学费二元、图书馆费十元、体育馆费十五元，如选读一门或二门其图书馆及体育馆费二十五元得予免缴。

第六条　选科生得与正式生受同等之各项试验，每学期终了时由注册处填送学业成绩报告。

第七条　选科生如愿转入他校肄业者得由注册处考查该生成绩酌给证书。

第八条　选科生未经本校入学试验合格后不得请求为正式生。

第九条　选科生中如中途退学，所有应缴未交各费须补交清楚，其已缴各费除代理性质外概不发还。

第十条　选科生须与正式生一律遵守本校校规。

第十一条　选科生也须经过政治检查、体格检查，并填具誓书。

第十二条　本条例如有未尽事宜得随时修正之。

附二　试读生暂行办法

一、本校每年招生如有余额，得酌选志切升学而成绩尚佳者若干名为试读生。

二、试读生注册及缴费手续照正式生办理。

三、试读生试读除经学校特准外以一年为限。

四、试读生成绩考试与正式生同。

五、试读生在试读期内，学期成绩平均在六十分以上，所有及格各科学分相加过于应得学分百分之七十，或学期成绩平均在六十分以上，所有及格科目过于该学期应修科目百分之七十而操行成绩在乙等以上，得呈请改为正式生。

六、试读生应遵守本校一切章则。

七、凡正式生受查看处分者亦改称试读生，并适用本办法各条之规定。

八、本办法由校长核准施行。

学行规则(上)

第一章 考试

第一条 本大学各学院考试分学期考试与临时考试两种。

第二条 各科目除第七条所规定者外,无论在一学期内讲授完毕与否,应于该学期期末举行学期考试。

第三条 各教员应按照学生平时成绩酌记分数,并得依情形之需要随时举行临时考试,所有分数归入积分计算。

第四条 凡各科平时积分不满四十分者,或缺课时间超过一学期之实在授课时间五分之一者,应扣除各该科学期考试,但缺课时间未超过实在授课时间三分之一,而其缺课理由已详呈校长认为有特别情形核准者不在此限。

第二章 学业成绩计算

第五条 各科目除本章第七条所规定外,学业成绩四成以学期考分计算,六成可以平时积分计算。倘遇特殊情形时,得由教员商请本院院长另行酌定办法。

第六条 各科目成绩以百分为满,六十分为及格,应分甲、乙、丙、丁四等如下:

甲:九十分至一百分

乙:八十分至八十九分

丙:七十分至七十九分

丁:六十分至六十九分

凡四十分以上六十分以下者列于戊等;不满四十分者不列等。

第七条 凡不凭考分之科目,即以平均积分为学期成绩。

凡应试验而无大考者,其因报告不全应作零分。如因此而有留级之关系,得由院长或主任拟具办法另行请校长核定。

第八条 学期平均成绩以学分为根据,其计算方法如下:

一、以科目之学分数乘该科成绩分数,其所得之数为学分积。

二、每学生每学期所习各科目学分之数相加得学分总数。

三、每学生每学期各科目之学分积相加得学分总积。

四、以学分总数除学分总积得学期平均成绩。(例见下表)

例

科目	学分数	分数	学分积	科目	学分数	分数	学分积
国文	4	85	340	图画	2	100	200
历史	3	80	240		20		1 590
英文	6	60	360		学分总数		学分总积
数学	5	90	450				

$$平均成绩=\frac{1\,590}{20}=79.50$$

第九条　将各学期平均成绩相加以学期数除之得毕业成绩。

第十条　各科目学期成绩以在该学期内所得之考分积按照本规则第五条核算,不得与该科目之他学期成绩平均计算。

第十一条　各科目无论因何事故而缺席均扣分,所扣分数应照旷课扣分表规定于平均积分内扣除。(旷课分数表另定之)

第三章　补考

第十二条　凡学生学期平均成绩在六十分以上而所有未及格各科学分数相加不过于该学期应得学分总数百分之五十者,或其未及格之科目不过于该学期所修科目百分之五十者准其补考。

第十三条　凡学生有成绩列入戊等之科目除第四章第二十条之规定外准其补考。

第十四条　凡学生因有特别事故不能参与学期考试,由训育部通知注册处,呈准校长或院长特许者准其补考。

第十五条　凡学生遇考试无故不到或托故规避者,无论属何科目不准补考。

第十六条　凡补考应于次学期开学后第一星期内行之。不论因以上第十三条或第十四条所述之原因补考,均以一次为限。倘遇特殊情形补考时不及到场应试,由注册处转请校长或院长准其第二次补考,但须纳补考费每科三元。

第十七条　应补考而不到者除校长特许外其成绩应以零分计算。

第十八条　计算补考成绩,如系有病或因事故未考而补考者仍按本规则第五条办理,如系因不及格而补考者,评定考分以七十分为最高度。

第四章 补习、补读、留级、停学、退学

第十九条 凡仅有积分而无考试之科目，学生因旷课过多至功课欠缺，而积分在六十分以下，四十分以上者准其补习。

第二十条 凡学生对于所学各科目有下列情事之一者必须补读，不准补考，并须另缴补读费，每科五元，三科及三科以上者十五元。

(甲)学期成绩不列等者。

(乙)因平时积分不满四十分而扣除学期考试者。

(丙)因缺课过五分之一未经特准而扣除学期考试者。

(丁)因考试犯规扣考或补考不及格者。

(戊)凡无须考试之科目，其积分不满四十分者。

(己)凡学生于学期考试及补考未到而得校长或院长准予补读者。

毕业班学生补读限于两年内举行。

第二十一条 凡学生学期成绩不合第十二条之规定者，或其平均成绩在六十分以下而所有未及格各科学分数已过百分之三十者，或其未及格之科目过于该学期所修科目百分之三十者，不准补考。在第一学期须令停学一学期，期满后仍留原级，在第二学期须令留级，该级已得之学分一并取消。

留级者对于各学科其原有成绩已过七十分者经各院院长核准得免其补读。

留级学生经各该院院长之许可，得于准免补习之学科时间内修习上级学科，惟以预习学科已及格者为限。

第二十二条 凡学生有下列情事之一者应令退学。

(甲)前已留级或停学一次，接联第二次仍须留级或停学者。

(乙)新生第一学期成绩不合第十二条之规定者，或其平均成绩在六十分以下而所有不及格科目之学分数过于该学期学分总数百分之三十者，或其未及格科目过于该学期所修学科百分之三十者(新生于第一学期内即请长假者复学后仍作新生论)。

第五章 操行

第二十三条 学生操行须依下面之标准而考核之。

一、关于品行者，自治方面，基于个人人格之修养，不得有侮辱、诬蔑或挑拨离间他人以及顽强轻薄卑劣一切不名誉之语言举动。守法方面，基于尊重公益之观念，对于一切章则，均应遵守，不得矜才逞辨饰非诿过，以及其他不规则之语言举动。

二、关于课业者，在学校一切之章则下，受业时间，应尊重教师之指导，如有疑问，不得出以诘难之辞色，并不得妨碍同学之听讲，自修时间应自勤勉，不得懒散，不得扰害同学之潜心研究。

三、关于服务者，在学校一切之章则下忠实担负责任，不得苟且傲慢，并不得假借公益希图个人私利。

第二十四条　操行成绩以百分为满分，六十分为及格，应分甲、乙、丙、丁四等如下：

(甲)九十分至一百分

(乙)八十分至八十九分

(丙)七十分至七十九分

(丁)六十分至六十九分

不满六十分者不列等。

第二十五条　考核操行不及格者得令退学(即学业成绩及格亦不得升级或毕业)。

第二十六条　前项成绩平日由训育部考核于学年终了时送请训育长及院长评定之。

第六章　补习

第二十七条　本大学为增进学生实事上之经验起见，于研究学理外另行规定时间，令学生实地练习。

第二十八条　实习分校内校外两种，校内实习于各科工厂及试验室(或实验室)内行之。校外实习由校长或院长商定相当处所派往。

第二十九条　学生实习时应各备记录簿详记实习情形及其心得。

第三十条　实习时如有疑义得陈请教员或实习处所所派之指导员解释。

第三十一条　实习完毕后应由教员或实习处所评定成绩，报告本大学考核。

第三十二条　上项报告及各生记录簿经考核后作为各科目学业成绩之一部分。

第三十三条　校外实习所需费用由各生自备。

第三十四条　在各处实习时除遵守本大学规则外应遵守各该处所一切规章。如有违犯，分别惩戒。

第七章　参观

第三十五条　本大学为增进学生实际上之智识起见得随时由校长或院长商定各种工厂、局、所派遣学生参观。

第三十六条 学生参观得由教职员率领指导。

第三十七条 学生应各就参观所得编制报告,由教员评定分数归各该科目平日积分计算。

第三十八条 学生参观厂、所及往返日期应遵本大学之规定,不得自由更改。

第三十九条 参观费用应由学生自备,如遇路途遥远,旅行舟车等费较巨时,得由校长或院长酌察情形量予补助。

第四十条 参观时除应遵守本大学规则外应遵守参观厂、所一切规章,如有违犯,分别惩戒。

学行规则(下)

第一章 教室

第一条 教员上课下课,学生均应起立致敬,回答时也应起立。

第二条 学生须准时上课,未经教员特许,不得擅自退席。

第三条 学生坐位须照编定号数。

第四条 上课时不得阅览非本课应用之图书。

第五条 不得在黑板、讲台及课桌上任意涂写。

第六条 除本课有疑义请教员讲解外,不得无故向教员驳诘或陈述本课以外之事。

第七条 教室以清洁为主,不得随意涕唾及掷物于地。

第八条 有犯本章各条者一经查出应由训育部分别惩戒。

第二章 试场

第九条 凡主试委员、主试教员及监试员负有执行本规则之权责。

第十条 监试者对于试题除有不清楚或错误之处概不答复。

第十一条 学生须依编定座号入座不得紊乱,并不得于发给试题时撤离座位。

第十二条 试卷及稿纸均由学校发给学生,除应用笔墨仪器及经考试委员会特准之书籍外,不得夹带片纸只字。

第十三条 不得抢替传递或交谈互阅。

第十四条 发题后未交卷前非经主试或监试员之许可不得离场,并同时不得有两人或两人以上外出。

第十五条 学生如须向主试教员发问应先起立,不得离座并不得作任何声音。

第十六条　交卷时须将试纸及草稿纸一并缴进。

第十七条　交卷后应即退出,不得逗留场内或翻阅他人试卷。

第十八条　规定时间满后,无论完毕与否,须一律交卷。

第十九条　凡违犯第十一条至第十八各条者,其试卷作为无效,如在学期考试时应由考试委员会会同各该院院长或科主任呈请校长分别惩处。

第三章　工厂及试验室或实验室

第二十条　学生在工厂实习时须着工作衣服。

第二十一条　实习功课未完毕时未经教员允许不得擅离。

第二十二条　学生不得遣使工人帮助工作。

第二十三条　凡领用工厂或试验室(或实验室)器具须先得教员之许可,用毕后,必须立即归还。

第二十四条　学生如有损坏领用器具情事,应照价赔偿。

第二十五条　各工厂及试验室(或实验室)非实习时间须得管理人员许可方准入内。

第二十六条　凡违犯本章各条者应由教员陈明校长或院长分别惩戒。

第四章　测量实习

第二十七条　各测量班应于开始实习前由教授分为若干队,每队设正副队长各一人,并由教授派定之。

第二十八条　各队长应负各该队一切责任,副队长除协助正队长外,并于正队长请假时代理其职务。

第二十九条　各队应按照教授拟定之实习日程,凭仪器领用单向仪器室领用仪器。

第三十条　每日实习终结时,各队应缴回所借仪器由助教照领物单逐件点收,如有发现遗失或损坏等情,应由各该队长查出负责人赔偿,如该队长不能指出负责人时应令该队共负赔偿之责。

第三十一条　各生应备实习日记簿,将当日工作详细纪录呈交教授校阅。

第三十二条　如遇天雨不能实习时,由教授随时分配计算绘图等工作,在室内上课。如无此项工作可分配时,须于星期六下午或星期日补行实习。

第三十三条　凡违犯本章各条者应由教员陈明校长或院长分别惩戒。

第五章 请假

第三十四条 学生如因事或因病不能上课但并不离校者,须于事前自向训育部声明缺课事由及时间起讫,领得假单,方为有效,凡新生应注册缴费后方准请假。

第三十五条 学生如因事离校在一日以上三日以下,须于离校前自向训育部声明请假事由及时间起讫,取得假单,方可离校。

第三十六条 学生如因事离校在三日以上,须于离校前由家长或保证人来函(如因病回家调养者须得校医证明)向训育部声明请假事由及日期方得准假。

第三十七条 在本大学之公共集会时间内,学生得一律参与,其因事或病不能出席者,须向训育部请假。

第三十八条 无论缺课或离校,须自行向训育部请假,非不得已时不得委托他人代请。

第三十九条 无论缺课或离校如不向训育部请假,一经查明以旷课论。

第四十条 学生在外如因急病不及请假或开学时因病不能如期到校,可由家长或保证人代为请假,但已回校时仍须自向训育部声明并补行请假手续。

第四十一条 学生补假须在一星期内为限,否则以无假离校或无假缺课论,如请假期满而所事未完或病未痊愈须照以前各条继续请假,否则以无假离校或无假缺课论。

第四十二条 学生请假在一日以上者须于假满后持销假单至训育部销假。

附:暑假测量实习细则

第一条 每届暑假,土木工程二、三年级各班学生概须依照指定日期地点,全体出发实习三星期。

第二条 各测量设班主任教授一人,教授及助教若干人,由院长呈请校长指派之。

第三条 各主任教授除主持该班实习外应负所领校款及其他事务上之责任。

第四条 每测量班分若干队,每队设正副队长各一人,由该班主任教授指派之。

第五条 各队长应负各该队一切责任,副队长除协助正队长外,并于正队长请假时代理其职务。

第六条 各队实习日程,应领仪器及指导教员名表,由主任教授预先排定布告之。

第七条 各队应按照教授拟定之实习日程凭仪器领用单向助教领用仪器。

第八条 每日实习应由教员于出发前点名。

第九条 每日实习完毕后各队应缴回所领仪器,由各助教照领用单逐件验收,如有发现损坏或遗失等情而该队长不能查出该项损坏或遗失仪器之责任者时,应由该队共负赔偿之责。

第十条　每天实习以八小时为度,实习六天得休息一天。

第十一条　如遇大雨不能出外实习时,由各教员指导学生在室内绘图及计算。

第十二条　各生应备实习日记簿,将当日工作详细记录呈交教授核阅。

第十三条　实习期间各项日用及膳宿等费概由学生自理,各生津贴经部令核定每日国币七角五分。每七日发一次,由各队长将各该队学生应领津贴及各学生签字收据送请主任教授核准后领款分发。

第十四条　各级测量队备有普通药品以便急救之用,如遇发生重症须延医诊治或须住院者另行自理。

第十五条　在实习期内如有擅离实习地点或故意旷课者不给津贴。如旷课日数超过实习日数五分之一者不给学分。

第十六条　本规则自校长核准之日施行,如有未尽事宜,得由院长呈请修正之。

奖惩规则(1936年)

第一章　奖励

第一条　本大学各院学生于上学期考试完毕平均成绩在九十分以上兼品行端正者,经教务会议审查合格得请校长退还该学期学费以示鼓励。

第二条　学生对于所习科目有所特长,在本校展览会、运动会、辩论会等经审查评定成绩优异者得由学校给以相当奖品。

第三条　学生对于所习学科有所发明或著述确有心得切于实用,经院务会议评定后得请校长核准呈部奖励。

第四条　学生在校对于公共治安、学生自治及其他公事服务尽职而操行优异,每学年由训育部提出,校务会议评定呈请校长给以相当奖品。

附:奖学金规则

一、老山德培奖学金

此项奖学金为前清工程顾问英人老山德培先生所捐赠计英金一千磅由铁道部存入银行,将每年所生利息奖给本校各院学生毕业考试列前五名者。现计每名约得三十元。

二、民六奖学金

1. 此项奖学基金由南洋民六级同学捐赠存入稳妥银行,将每年所生利息百分之九十提为奖学金。

2. 凡请求奖学金者得于每年五月三十一日以前用书面呈请校长,如审查合格得准在秋季开学时给予奖金以充是年之学费。

3. 此项奖学金自民国十八年起由上海各学院中之高级学生学行优良而须资助者轮流得奖,以管理学院、土木学院、机械学院、电机学院、科学学院为先后次序。

三、宁大奖学金

1. 宁大奖学基金存入稳妥银行,将每年所生利息为奖学金。

2. 自十八年度起以上海工程学院二年级生、管理学院二年级生、科学学院二年级生为得奖先后之次序。每三年轮流一次。

3. 工程或科学二年级生中以物理、化学、算学、英文、国文五科在第一及第二学年中(并无补考情事)平均成绩最高,操行列入甲等者得奖。

4. 管理二年级生中以会计、经济、运输(或其他由该院长预定者)中文、英文在第一及第二学年中(并无补考情事)平均成绩最高,操行列入甲等者得奖。

四、念珠奖学金

念珠奖学基金存入稳妥银行,以每年所得息金制成奖品,奖给全校各学院女生成绩最优(在八十五分以上)、操行列入甲等之一人,以上海管理学院、科学学院、土木工程学院、机械工程学院、电机工程学院、北平铁道管理学院、唐山工程学院为得奖先后之次序。如每年度内轮到之学院无合格者,依次递补。

五、稼成奖学金

1. 此项奖学基金由前平汉路工务处长王稼成先生之戚友捐赠以纪念其公忠服务铁路之劳绩。

2. 此项基金计国币一千元,由本大学存殷实银行生息。

3. 每年秋季开学时由本大学提取利息按照土木、机械、电机三工程学院先后次序轮奖上海本部四年级生上学年学行优良者一名。

六、上海银行奖学金

1. 本奖学金由上海商业储蓄银行捐赠本大学上海本部学生以资鼓励。

2. 本奖学金每学期可备分发之数为六十元,给予第一、二、三年级学生各一名,每名二十元。

3. 得奖学生之资格规定如下:

一年级　学业成绩指数最高而品行评列甲等者。

二年级　参加校际运动比赛最有成绩而学业成绩及格者。

三年级　学生自治服务最勤而学业成绩及格者。

附注：成绩指数即指个人成绩与本班平均成绩之比。

4. 学生领受本奖学金在同一年级以一次为限。

5. 本奖学金由本大学训育长、体育主任、注册主任于每学期开学后根据前学期各项成绩提出有前列资格之学生送请奖励委员会审查议决，陈明校长核准给予之。

七、明华银行奖学金

1. 本奖学金由上海明华商业储蓄银行捐赠本大学上海本部工科贫寒学生，以资提倡而励苦学。

2. 本奖学金每年学额暂定以六名为限。

3. 工科各级学生，学行优良而家境实系清寒者得于第一学期开学前两星期向主管院长室请求报名领取应填表格。

4. 请求生之表格由校长指定委员会三人至五人审查之，如认为合格则由学校备函交由各该生持向上海明华商业储蓄银行领取奖学金。

5. 该项奖学金分两学期领取。

八、邦柱纪念奖学金

1. 本奖学金额为国币二十元于基金利息内提充之。

2. 本奖学金给予上海土木工程学院三年级学生中家贫学优者，每学期一名。

3. 凡请求本奖学金者应于每学期开始时至院长室办理登记手续，由院长汇提奖励委员会审查呈请校长核给之。

九、甲子学术奖金

1. 本奖金由甲子级同学捐赠以鼓励学术研究为宗旨。

2. 本奖金由基金利息提充给予本校学生于学术研究有特殊成绩经评定合格者，每年二名，每名五十元，以自然科学、应用科学、社会科学为给奖先后之次第（如第一年为自然及应用科学，第二年为应用及社会科学，第三年为社会及自然科学等）。

3. 学生应征者应将其研究成绩不拘文字或模型于学年终止前送交奖励委员会，由会聘请相当学术团体或专家评定之。

4. 各项成绩经评阅者认为无一合格时，则其奖金由学校保留并入基金内生息。

十、程义乾纪念奖学金

1. 本奖学金系本校已故毕业生程义乾之亲友所捐，赠名为程义乾纪念奖学金。

2. 本奖学金由基金利息提充,奖给本校管理学院及科学学院入学试验成绩最优之新生各一名。每名每学期二十元,以第一学年为限。

3. 本奖金由本校奖励委员会于秋季开学一月后呈请校长核给。倘合于规定资格之学生已得他项奖学金或补助金,则以同院新生依照入学试验名次递补之。

十一、嘉礼纪念奖学金

1. 本奖学金由校友徐昭诚先生捐赠,名为嘉礼纪念奖学金。

2. 本奖学基金存入稳妥银行,以每年所得利息制办中英文会考奖章。

十二、陈母奖学金

1. 本奖学金由校友陈怀书先生移赠其刘太夫人八旬寿仪而设,故名陈母奖学金。

2. 本奖学基金国币一千元存入稳妥银行,以每年所得利息金奖给一年级学生二人。

3. 得奖学生以每年入学试验数学科成绩优良,经录取入学修业第一学年课程者为准,其名额分配如下:

甲 科学学院数学系一名。

乙 科学学院除甲项一名外,管理学院、土木工程学院、机械工程学院、电机工程学院依次轮奖一名。

附注:其余各省各县之津贴补助金、奖学金及各项奖品奖状等另行布告。

第二章 惩戒

第五条 学生有违背校章之行为,由学校斟酌轻重,予以劝戒、记点、警告、退学之处分。

第六条 凡学生在一学期内受记点之处分者,操行成绩不得列入甲等;受记点处分满十点者,不得列入乙等;满二十点者不得列入丙等;满四十点者不得列入丁等。

第七条 一学期内记点绩数每达二十点者给予警告一次,在校前后得三次警告者,应即退学。

第八条 凡学生初次犯过形甚轻者应予劝戒之处分。

第九条 学生有犯下列各款之一而情节较轻者,应分别予以记点之处分:

一、违背本校规则各条款之一者应记一点至十点之处分。

二、无故旷课者依照附表记点。

三、在校与同学有交恶情事,形诸词色者应记五点至十五点之处分。

四、凡有不正当行为有关学校风纪者,应记十点至十九点之处分。

旷课记点表

附注	记点数	旷课时数	附注	记点数	旷课时数
	0	1		26	26
	0	2		27	27
	0	3		28	28
	1	4		29	29
	1	5		30	30
	2	6		31	31
	3	7		32	32
	4	8		33	33
	5	9		34	34
	6	10		35	35
	7	11		36	36
	8	12		37	37
	9	13		38	38
	10	14	第二次警告	40	39
	11	15		41	40
	12	16		42	41
	14	17		43	42
	16	18		45	43
	18	19		47	44
第一次警告	20	20		49	45
	21	21		51	46
	22	22		53	47
	23	23		55	48
	24	24		57	49
	25	25	退　　学	60	50

第十条　学生有犯下列各款之一者应给警告：

一、曾经劝戒仍不悔改者；

二、犯第九条各款而情节较重者；

三、对于教职员无礼者；

四、一学期内记点积数每达二十点者。

第十一条　学生有犯下列各款之一者应令退学：

一、凡有不法行为，经学校认为与本校秩序或名誉有重大妨碍者；

二、在校言行与其求学志愿不符者;

三、每学期内开课后满十四日未曾到校,亦未请假或假期满后未经续假照准者;

四、在校前后得三次警告者;

五、考试舞弊者;

六、学生过劣难以造就者。

第十二条 学生于犯警告者处分后,在学年内不得被选充当班长或学生团体职员。如系现任职员犯警告处分者,应将任职撤销另选他生接充。

第十三条 学生于两学期内连犯警告处分或已犯警告处分两次者,永不得被选充当班长或学生团体职员。

第十四条 学生因事所受警告处分如逾两年,不犯同样过失操行列入甲等者,得由训育部提出校务会议议决,陈请校长核准撤销之。

附:贷费规则

第一条 本大学为体恤贫寒学生起见得给予贷费(衣食书籍等费不包括在内)俾便继续学业。

第二条 贷费名额暂定每年三十五名。

第三条 凡在本大学肄业一年以上之学生,家境确系贫寒操行列入甲等,学期考试各科均能及格且平均成绩在七十分以上者,得请求贷费。

第四条 请求贷费之学生应于每学年终了时备具请愿书及保证人签名盖章之函件直接向各该学院院长请求,经院长提出校务会议通过后得照学级高下依次递补。

第五条 凡业经核准之贷费生,如次年仍愿继续时须由保证人备函证明家境并无变迁,即得继续。但如学业成绩有不及格或操行列入乙等以下则应撤销贷费,其已得之贷费仍应照本规则第七条、第八条规定办法清偿之。

第六条 贷费生如中途退学或因他故离校,其贷费应即缴还,否则向保证人追缴。

第七条 贷费生毕业时应向学校陈明清偿贷费办法方得领取毕业证书,但清还期间至多以两年为限。

第八条 如贷费生于毕业后两年内仍未清偿贷费时,除特别情形外,本校得迳函其任职之机关或公司请代扣还。

第九条 贷费生之核准名单应于秋季学期开学后二星期内决定。

第十条 本规则经校务会议通过后送请校长核准公布施行,如有未尽事宜得随时修正之。

后　记

在学校党政的领导下，在校史编纂委员会和校史编写团队十多年的精心编研、反复打磨下，《上海交通大学史》八卷本，在校庆120周年来临之际，正式推出了。其中1—4卷，于2011年校庆115周年时问世，并荣获中国高等教育学会“第八次优秀高等教育科学研究成果”著作类一等奖。

《上海交通大学史》是由十余位老中青结合的研究人员参与编著而成的学术著作，是集体智慧的结晶。编纂的指导思想、体例原则、结构框架、重大问题的把握等都经过集体讨论研究，比较全面地记录了上海交通大学从1896年到2006年110年的办学历程和发展轨迹。在编纂中，努力将110年的交大发展历史置于中国近现代社会经济、政治、文化的巨大背景中进行研究。全书采用纵横交叉、点面结合、宏观与微观统一的方法，紧扣学校发展的主要内涵，全方位、多角度、有侧重地展示学校不同时期的发展历程。从浩瀚的文书档案等第一手资料和召开有关专题座谈会、组织个别访谈交流中，深入挖掘和研究校长办学理念、教师敬业教学、学生勤奋学习、校友爱校情结等生动事例与精神品格；同时，也不忘长年在基层守护交大一草一木的普通员工，多角度展现交大历史长河中的个人魅力与人生智慧，尽可能做到见物、见人、见情。全书图文并茂，力求既具学术性，又有可读性。

《上海交通大学史》第三卷由盛懿同志执笔。在编著过程中，王宗光、毛杏云、叶敦平、潘鋐、范祖德等同志对大纲的确定、初稿讨论、书稿审阅付出了艰辛的劳动。

上海师范大学叶书宗教授对书稿进行了认真审读。张玉瑜等教授给予大力帮助。朱积川同志提供了部分照片。章玲苓、周陆瑛同志做了很多具体工作。上海交通大学党史校史研究室、档案馆、出版社鼎力支持。写作过程中使用了西安交通大学档案馆所藏的档案资料。在此谨表示诚挚的谢意!

由于学校历史悠久,文献史料丰富,编纂任务艰巨,编写水平和编纂时间有限,书中难免有疏漏和失当之处,敬请广大读者、同行、专家、校友批评指正。

《上海交通大学史》编写组

2011年2月第一稿

2016年2月修订